毛泽东品先秦诸子

董志新 著

Mao Zedong
Pin Lunyu

毛泽东品 论语

北方联合出版传媒（集团）股份有限公司
万卷出版公司
2021年·沈阳

ⓒ 董志新 2015

图书在版编目（CIP）数据

毛泽东品《论语》/ 董志新著. —沈阳：万卷出版公司，2015.2
（2021.9重印）

（毛泽东品先秦诸子）
ISBN 978-7-5470-3390-6

Ⅰ.①毛… Ⅱ.①董… Ⅲ.①毛泽东思想研究②《论语》—研究 Ⅳ.①A84.63②B222.25

中国版本图书馆CIP数据核字（2014）第246288号

出 品 人：王维良
出版发行：北方联合出版传媒（集团）股份有限公司
　　　　　万卷出版公司
　　　　　（地址：沈阳市和平区十一纬路25号 邮编：110003）
印 刷 者：辽宁新华印务有限公司
经 销 者：全国新华书店
幅面尺寸：170mm×240mm
字　　数：580千字
印　　张：30
出版时间：2015年2月第1版
印刷时间：2021年9月第2次印刷
责任编辑：高　爽
责任校对：高　辉
装帧设计：范　娇
ISBN 978-7-5470-3390-6
定　　价：68.00元

联系电话：024-23284090
邮购热线：024-23284050
传　　真：024-23284521

常年法律顾问：李　福　版权所有　侵权必究　举报电话：024-23284090
如有印装质量问题，请与印刷厂联系。　　　　　　联系电话：024-31255233

争鸣是诸子百家·····································001
　　——毛泽东谈春秋战国"百家争鸣"与先秦子学

品读卷

我读了"六年孔夫子"（品读史之一）·····················003
从《论语类钞》到《讲堂录》（品读史之二）···············011
义理以《论语》为主干（品读史之三）·····················015
孔夫子的《论语》传下来了（品读史之四）·················018
从《论语》谈到"朱注"（品读史之五）·····················023
《论语新探》"有些新的见解"（品读史之六）···············027

应用卷

学而篇第一

学而时习之，不亦说乎·································035
　　我幼年学的是"学而时习之"························036
　　开头学的是"学而时习之"··························038
　　不是讲"学而时习之"······························040
　　吟诵"学而时习之"································042
　　学习应和独创相结合······························044
　　读的就是"子曰：学而时习之"······················047
有朋自远方来···049
吾日三省吾身···052
　　修养功夫和自省功夫······························053
　　盖叫天《"吾日三省吾身"》更好些··················055

行有余力，则以学文……………………………………058
语曰，过则勿惮改……………………………………060
革命不能那样温良恭俭让……………………………063
礼之用，和为贵………………………………………066
  统一战线"目前是和为贵"…………………………067
  求达"和为贵"之目的……………………………069
  孔夫子打麻将——和为贵…………………………070
  重庆谈判反复强调"和为贵"………………………072
  还是平和好，只要和了就行了……………………079
  我们跟台湾"和为贵"………………………………080
《论语》上说"言可复也"……………………………083
"贫而乐"是蠢话………………………………………085

为政篇第二

无不一言以蔽之…………………………………………089
"不相信"七十而不逾矩…………………………………092
  吾十有五而志于学…………………………………093
  三十而立"靠不住"…………………………………094
  快四十的人早该"立"了……………………………095
  才而立之年就这么泄气……………………………097
  三十未立，四十半惑………………………………098
  五十搞出一个大寨来………………………………100
  转告他"六十而耳顺"………………………………102
  七十岁还是会逾矩的………………………………104
  "不相信"七十而不逾矩……………………………106
二千年来之学者"学而不思"……………………………108
知之为知之，不知为不知………………………………110
  对外宾宣传要"知之为知之"………………………111
  一支为一支，两支为两支…………………………112
  你这个人很实在……………………………………114
  "不知为不知"，可赞………………………………115
父慈子孝是孔夫子的辩证法……………………………118

语曰："人而无信，不知其可"	121
孔子之"百世可知"	124

八佾篇第三

是可忍，孰不可忍	127
蒋介军"是可忍，孰不可忍"	128
血吸虫"是可忍，孰不可忍"	130
子入太庙，每事问	133
学个孔夫子的"每事问"	134
"每事问"是一种美德	135
成事不说，遂事不谏，既往不咎	138
我们共产党人既往不咎	139
既往不咎是我们的一贯政策	141
党的政策是"既往不咎"	143
既往不咎，意见保留	145

里仁篇第四

孔子尝言志矣	147
一则以喜，一则以惧	150
国民党人"一则以喜，一则以惧"	150
中国胜利，英国一则以惧，一则以喜	152
批斯大林"一则以喜，一则以惧"	154
讷于言而敏于行	157
孔子之训，讷言敏行	157
你的名字就叫"敏"	159

公冶长篇第五

叫作知其一，而不知其二	161
宰予昼寝	165
这是宰予的理论	166
学学"宰予昼寝"	168
对军阀要"听其言，观其行"	170
敏而好学，不耻下问	173

喜欢"敏而好学，不耻下问"的人 ………………………… 174
　　不耻下问，先做学生 ………………………………………… 175
　　要学孔夫子不耻下问 ………………………………………… 176
三思而后行 …………………………………………………………… 178
　　孔夫子提倡"再思" …………………………………………… 179
　　慎之又慎，三思而行 ………………………………………… 180

雍也篇第六

有颜回者好学 ………………………………………………………… 182
　　夫子以好学称颜回 …………………………………………… 183
　　颜子则早夭矣 ………………………………………………… 184
冉求好义与原宪知耻 ………………………………………………… 187
学颜子之箪瓢 ………………………………………………………… 190
革命不能文质彬彬 …………………………………………………… 193
敬鬼神而远之 ………………………………………………………… 195
　　鲁迅对这种人敬鬼神而远之 ………………………………… 197
　　我说就是"敬鬼神而远之" …………………………………… 198
　　采取"敬鬼神而远之"的态度 ………………………………… 200
孔子之言谓博学于文 ………………………………………………… 203

述而篇第七

学而不厌，诲人不倦 ………………………………………………… 205
　　福泽谕吉有诲人不倦之志 …………………………………… 206
　　学习的敌人是自己的满足 …………………………………… 207
　　徐海东"学而不厌" …………………………………………… 209
　　这个品质使你成为中国杰出的革命教育家 ………………… 211
　　柳亚子勤勤恳恳诲人不倦之意 ……………………………… 213
　　与汪东兴谈默而识之 ………………………………………… 214
然而甚矣吾衰矣 ……………………………………………………… 216
送先生一块猪肉才能上学 …………………………………………… 219
临事而惧，好谋而成 ………………………………………………… 221
　　临事而惧与慎重选举 ………………………………………… 222

陈毅"临事而惧"是优点……………………………223
　　临事而惧，这是好的………………………………225
饭疏食饮水，乐在其中矣………………………………227
假我数年，卒以学易……………………………………230
生而知之与学而知之……………………………………233
　　"生而知之"不可信…………………………………234
　　人是学而知之………………………………………235
　　哪里有什么生而知之的圣人呀……………………236
　　我不是生而知之的圣人……………………………238
　　学而知之与生而知之………………………………239
三人行必有我师…………………………………………241
　　"三人有师"与不耻下问……………………………242
　　三人行必有我师，向人学嘛………………………243
　　对苏联的经验只能择善而从………………………244
　　交友可择善而从之…………………………………246

泰伯篇第八

人之将死，其言也善……………………………………248
朱德临大节而不辱………………………………………250
可不要按孔夫子的"由之"去做…………………………253
才难，不其然乎…………………………………………256
　　现在这样"才难"的时候……………………………257
　　地方必有才难之叹…………………………………259
　　邓小平"人才难得"…………………………………261

子罕篇第九

客观地看问题即"四毋"…………………………………265
子在川上曰：逝者如斯夫………………………………267
四十、五十而无闻焉，不足畏矣………………………270
续范亭"有松柏气节"……………………………………273
足于共学适道……………………………………………276

乡党篇第十

圣人之自卫其生也·················280

先进篇第十一

"过犹不及"是重要思想方法之一·················284

答复子路和冉有不一样·················289

颜渊篇第十二

己所不欲，勿施于人·················292

  抗战时期提出"己所不欲，勿施于人"不适当·················293

  "己所不欲，勿施于人"适用同一阶级·················295

  我睡觉也不愿被人打扰，己所不欲，勿施于人嘛·················297

"内省不疚"是孔夫子的实话·················299

四海之内皆兄弟·················302

百姓足，君孰与不足·················305

  当时收地租大概是收百分之二十左右·················306

  百姓是社，君是国家·················308

  还是"百姓足，君孰与不足"的老话·················310

君君臣臣的事·················312

仁者爱人，君子固穷·················315

子路篇第十三

正名是观念论·················319

樊迟请学稼·················324

  孔子不喜欢生产运动·················325

  不大注意人民的经济生活·················326

  给毛岸英讲樊迟学稼的故事·················327

欲速则不达·················330

  文化教育工作不要犯盲动主义·················331

  欲速不达，先学楷书·················332

  医生看病要防止欲速不达·················334

  欲速则不达，不如慢一点·················335

一言兴邦，一言丧邦·······338
　　先生一言兴邦·······339
　　一言兴邦是精神变物质·······341
言必信，行必果·······343
　　共产党的"言必信，行必果"·······344
　　应该言必信，行必果·······344
　　奉劝江青要言行信果·······345
你还缺一个"狂者进取"·······348
古人说"君子和而不同"·······351

宪问篇第十四

仁者不忧，知者不惑，勇者不惧·······354
　　知、仁、勇古称"三达德"·······355
　　昏乱的道德观·······356

卫灵公篇第十五

本人"军旅之事，未之学也"·······359
仁人·害仁·成仁·······363
　　杀身成仁之事·······364
　　真正诚心救国之志士仁人·······365
言不及义·······368
　　言不及社会主义·······368
　　没有要点，言不及义·······370
孔夫子"就是有党"·······373
安见温饱之不可以谋也·······375
　　关于"君子谋道不谋食"·······375
　　不是处在"学也，禄在其中"的时代·······377
当仁不让，有求必应·······380
孔子的有教无类·······383

季氏篇第十六

季氏将伐颛臾·······386
　　反共顽固派的"季孙之忧"·······388

不患寡而患不均·····389
既来之，则安之·····391

阳货篇第十七

诗可以兴观群怨·····394
说孔子"患得患失"·····397
反对饱食终日的亡国现象·····399

微子篇第十八

往者不可咎，来者犹可追·····402
四体不勤，五谷不分·····405
  脱离实际，四体不勤·····406
  孔夫子教学也有问题·····407
不要求全责备·····409

子张篇第十九

纣之不善，不如是之甚也·····412
  君子恶居下游·····413
  桀纣之恶，未有如此之甚也·····415
  纣之不善，不如是之甚也·····416
君子之过也，如日月之食焉·····419
  我们一定要请他更正·····419
  改也，人皆仰之·····422

尧曰篇第二十

存亡绝续·····425
  民族国家存亡绝续之日·····426
  现在是中国存亡绝续的关键·····427
不是"不教而诛"·····430

主要参考书目·····432

争鸣是诸子百家

——毛泽东谈春秋战国"百家争鸣"与先秦子学

放眼三千年思想文化波澜壮阔的历史长河，毛泽东特别钟情于春秋战国之时诸子百家自由讨论热烈争鸣所涌起的波光浪彩……

先秦诸子是春秋战国时代思想界"百家争鸣"的主体，"百家争鸣"是先秦诸子创立和传播学说的广阔平台。

儒家、道家、墨家、法家、兵家、农家、名家、杂家、阴阳家、纵横家、小说家，《论语》《孟子》《老子》《庄子》《列子》《孙子兵法》《墨子》《管子》《商君书》《鬼谷子》《荀子》《韩非子》《吕氏春秋》……先秦子学开辟了中国思想文化史上的"黄金时代"。

先秦子学在年深日久的流传中，渐渐形成了中华民族根深蒂固、约定俗成的文化心理。

哲人常讲：儒家拿得起，道家放得下，墨家挺得住，法家做得彻，兵家干得成！

人们常说：入世则孔孟，出世则老庄；儒家重修身，道家讲炼养；儒家治世，道家济世……

一生中从先秦子学中不断汲取精神营养的毛泽东，评论"百家争鸣"和先秦子学也是他口中笔下的经常话题。

春秋战国时代"百家争鸣"

两千四百余年前"百家争鸣"的学术运动与新中国成立之初制定的"百

争鸣"学术方针，有一种血缘式的内在联系。

1956年夏初，中共中央提出"百花齐放，百家争鸣"（史称"双百"方针）这一繁荣和发展我国文化和科学事业的基本方针，这个方针所以能够提出，其前提包括总结了春秋战国时代诸子百家学术争鸣的历史经验。

"双百"方针的提出有个历史过程。

1951年，毛泽东为中国戏曲研究院成立题词"百花齐放，推陈出新"。

1953年，毛泽东提出，历史研究工作的方针是"百家争鸣"。

1956年4月25日至28日，中共中央召开了有省、市、自治区党委书记参加的政治局扩大会议。4月28日，毛泽东在会议上做总结讲话，正式提出把"百花齐放，百家争鸣"作为繁荣和发展我国文化和科学事业的一项基本方针。他讲道：

> 百花齐放、百家争鸣问题。艺术问题上的百花齐放，学术问题上的百家争鸣，我看应该成为我们的方针。……"百家争鸣"，这是两千年以前就有的事，春秋战国时代，百家争鸣。讲学术，这种学术也可以讲，那种学术也可以讲，不要拿一种学术压倒一切。你讲的如果是真理，信的人势必就会越来越多。（《毛泽东文艺论集》，中央文献出版社2002年版，第143页）

5月2日，毛泽东在最高国务会议第七次会议总结讲话中又说：

> 在艺术方面的百花齐放的方针，学术方面的百家争鸣的方针，是有必要的。这个问题曾经谈过。百花齐放是文艺界提出的，后来有人要我写几个字，我就写了"百花齐放，推陈出新"。……百家争鸣，是说春秋战国时代，两千年以前那个时候，有许多学派，诸子百家，大家自由争论。现在我们也需要这个。（《毛泽东文艺论集》，中央文献出版社2002年版，第144页）

作为提出"双百"方针，尤其是提出"百家争鸣"的历史借鉴，毛泽东在五天的两次讲话中，都特别提到春秋战国时代的诸子百家的学术争鸣，这是为"百家争鸣"方针的提出寻求历史根据。换句话说，春秋战国时代先秦诸子的"百家争鸣"的学术活动，为当今提出"百家争鸣"方针的正确性提供了历史佐证。

毛泽东谈历史上的"百家争鸣"，讲清了三方面内容：

一、"百家争鸣"发生在春秋战国时代

这是两千年以前就有的事情。关于"百家争鸣"发生的历史时期和社会背景,有两种提法:一种说发生在春秋战国时代,一种说发生在战国初期到西汉中期汉武帝时。这两种提法,只是后一种说法比前一种说法在时间上后延了八十年(秦统一到汉武帝继位,前221—前140),"百家争鸣"结束于秦焚书坑儒,还是结束于汉"独尊儒术",二者并没有本质上的区别。笔者的意见是"百家争鸣"经历了三个阶段:

春秋末战国初为发轫期。随着老子、孔子、孙武子在此时期的出现,随着《老子》《论语》《孙子兵法》的编撰流行,儒家、道家、兵家开始创立成型,这一时期各家主要是创立学说,互相辩驳的情况并不明显。

战国之时为兴盛期。此期儒家的孔子诸弟子、子思、孟子和荀子,道家的庄子和列子,墨家的墨翟,法家的商鞅、申不害和韩非子,兵家的吴起、孙膑和尉缭子,以及名家、农家、杂家、阴阳家、小说家、纵横家的各类代表人物纷纷登场,各家争相授徒讲学,著书立说,辩驳攻讦,激浊扬清,高潮迭起,持续不断。秦、齐、楚等大国发动一统天下的争霸战争,使鬼谷子、苏秦、张仪、鲁仲连等纵横家登上历史舞台,纵横之术左右学术历史几十年。齐国"稷下学宫"的出现,使文化精英东移,会聚齐鲁,形成了"百家争鸣"的文化中心和鼎盛时期。

秦统一到西汉中期为衰落期。秦始皇焚书坑儒,儒家遭到重创,百家萧疏,法学独秀是凭借专制的力量而得以短暂的独尊。汉初与民休息,用黄老之术,实际上是道家崛起,成为学术领袖。汉武帝用董仲舒之策"罢黜百家,独尊儒术",儒学独领风骚成为"在朝"学派,其他各家被打入冷宫成为"在野"学派。

春秋战国时代是中国历史上的重要过渡时期,由于封建主义经济和私有制的发展,复杂多变的政治斗争的演变,以及士阶层的形成,在思想文化战线出现了"诸子百家"和"百家争鸣"的灿烂时代。这个时期新旧阶级之间、各诸侯国之间、各阶层之间的斗争复杂而激烈,代表各阶层、各派政治力量的学者或思想家,都企图按照本阶层或本集团的利益和要求,对社会对万事万物做出解释或提出主张,于是出现了一个文化思想领域里的"百家争鸣"的局面。

二、"百家争鸣"有许多学派,史称"诸子百家"

参加"百家争鸣"的各种学派,史称"诸子百家"。其言"百家",形容学派之多、著作之众,并非实数。"鸣"指有所抒发或表达。"争鸣"指自由论辩,各抒己见。"百家争鸣"指我国古代春秋末至西汉初儒、道、墨、法、兵、名、杂、农、阴阳、纵横等各家在政治上、学术上展开各种争论,形成诸子蜂起、学派并作、学术繁荣、自由论辩、相互争鸣的盛况和局面。

战国和秦汉时期的思想家评述过"百家争鸣":

庄子探讨了诸子百家的成因和特点,有论述为:"百家之学,时或称而道之。天下大乱,圣贤不明,道德不一,天下多得一察焉以自好。譬如耳目鼻口,皆有所明,不能相通,犹百家众技也,皆有所长,时有所用。"(《庄子·天下》)

荀子亦言:"今诸侯异政,百家异说。"(《荀子·解蔽》)是说"百家异说"的出现,实则因为"诸侯异政"的现实需要。

庄子和荀子只说"百家",并没有区分哪一家。《庄子·天下》和《荀子·非十二子》对其所论及的学派,都是只举人作为代表,而未标家名。若以后来所分家数核之,二者所论皆不外儒、道、墨、法、名五家。

直至西汉太史令司马谈在《论六家要旨》中,将百家概括为六家,即阴阳家、儒家、墨家、名家、法家、道家,并对各家学说之短长进行了剖析。(《史记·太史公自序》)

班固在《汉书·艺文志》中据刘歆《七略》,又将百家分为十家九流,除六家外,增加纵横家、杂家、农家、小说家。除小说家外实为九流。班固说:"凡诸子百八十九家……皆起于王道既微,诸侯力政,时君世主,好恶殊方,是以九家之术蜂出并作,各引一端,崇其所善,以此驰说,取合诸侯。其言虽殊,辟犹水火,相灭亦相生也。"(《汉书·艺文志》)班固并就十家的起源及其学说的优劣短长问题进行了探讨。

诸子学说的主要代表人物有孔子、老子、墨子、庄子、孟子、宋钘、彭蒙、田骈、慎到、杨朱、孙武、孙膑、惠施、商鞅、兒说、许行、公孙衍、张仪、邹衍、韩非子、荀子等。

诸子履历,简述如下:

孔子(前551—前479),鲁国人,儒家创立者,春秋末期教育家、思想家。曾经周游列国,推行政治主张,不被接受。晚年归鲁,专门授徒讲学,整理典籍。他的主要思想是"仁者爱人"的学说,主张"重民""教民""富民"。在政治上,主张"为政以德",以礼治国,维护君臣、上下、贫富之间的等级秩序。提倡"中庸之德",认为不偏不倚、无过无不及是最好的道德和方法。一生"弟子三千,贤人七十二"。孔子及其弟子言论被门人后学编辑为《论语》。孔子逝世,儒家分为八派,有子张、子思、颜氏、孟氏、漆雕氏、仲良氏、孙氏、乐正氏之儒。

老子(约前580—约前500),姓李名耳,一说姓老氏,名聃。道家创始人。只当过周朝"守藏室之史",孔子向他问过礼。他提出"道"的范畴,"道"是虚无,它产生天地万物。阐发了"反者道之动"和"贵柔守雌"的辩证法思想,蕴藏着无比精湛的智慧。政治上主张"无为",憧憬"小国寡民"的理想社会。

其著作为《老子》。

孙武（约前535—前480），齐国人，兵家创立者，所著的《孙子兵法》十三篇，是我国最早的兵法。提出"兵者，国之大事""知彼知己者，百战不殆"（《孙子兵法》）等军事思想。曾参战西破强楚，北威齐晋，南服越人。

墨子（前478—前392），墨家创始人，鲁国人，出身于小生产者的士。他博通古书，创立墨家团体。有十大主张：兼爱、非攻、尚贤、尚同、节用、节葬、非乐、非命、天志、明鬼。中心思想是"兼爱"，主张"爱无差等"，不分轻重厚薄，一视同仁地爱人。兼爱还要利人，有力量帮助别人，有财物分给别人，有道德学说教化别人。墨子相信老天爷有意志（"天志"）和小鬼赏善罚恶（"明鬼"），这是墨子思想的局限性。其著作为《墨子》。

孙膑（约前378—前302），齐国著名军事家，是孙武的后裔，因受庞涓的忌害，被处以膑刑（去膝盖骨），故称孙膑。马陵之战，他协助田忌统率齐军，大败魏军。于是，庞涓自杀，太子申被俘，十万魏军被歼。1972年4月，山东临沂银雀山出土的汉墓发现竹简本《孙膑兵法》。

孟子（约前372—前289），鲁国贵族孟孙氏的后裔，曾受业于孔子的孙子子思的门人，为战国时代儒家学派的代表人物。他的政治思想主要继承孔子的"仁"，并且在主张性善论的基础上，发展成为"仁政"学说。其具体内容就是要求当权者注意改善劳动者的生活处境，使"民有恒产"，即不失去土地，实际上就是要巩固耕织结合的小农经济。他的"仁政"学说以重民思想为基础，认为民、社稷、君三者相比，民最重要，因此他特别强调统治者得民心的重要性。他与万章之徒整理编辑成自己的著作《孟子》七篇。

庄子（约前369—前286），名周，道家思想的集大成者。提出"道"是"自本自根，未有天地。自古以固存"（《庄子·大宗师》）的精神本体。论证了万物齐一和区分事物不可能的相对主义认识论。主张"不谴是非，以与世俗处"（《庄子·天下》）的人生观。庄子传世著作为《庄子》一书。

杨朱（约前395—前335），魏国人。其学说的中心思想是"为我"，即"贵己"。《孟子·尽心上》说他"拔一毛而利天下，不为也"。《韩非子·显学》也说他"不以天下大利，易其胫一毛"。他重视生命，即"贵生"，要求适当地满足人的欲望要求，反对过分纵欲。认为"侵物"即掠夺别人的财物是下贱的事。

慎到（约前395—前315），赵国人，以区区布衣，在齐湣王时游说于齐之稷下，后世多道其学。（《史记·孟子荀卿列传》）在稷下学宫讲学时提出"以道变法"（《慎子》佚文）和"事断于法""势位足恃"（《韩非子·难势》）的思想，属法家重势派。慎子亦学黄老道德之术，曾发明序其指意，著十二论

(《史记》之《田敬仲完世家》《孟子荀卿列传》)。至其学术，则有属于道家者(《庄子·天下》)，亦有属于法家者(《荀子》之《非十二子》《解蔽》)。

许行(约前390—前315)，楚国人，是农家的代表人物。滕文公执政时，许行从楚国来到滕国居住，弟子有数十人，儒家门徒陈相及其弟陈辛弃儒拜许行为师。他们靠自己种地吃饭，打草鞋穿，织席子铺用，过着自食其力的生活。主张贤人应与农民共同耕种，解决吃饭问题。提倡人人平等劳动，物物等量交换，以实现其改革理想。

申不害(约前385—前337)，郑国人，治黄老刑名之学。为韩昭侯之相十五年，"内修政教，外应诸侯"，致使七雄最弱者之韩，亦"国治兵强"，"终申子之身"而"无侵韩者"。(《史记·老庄申韩列传》)《史记》说他"著书二篇，号曰《申子》"。

惠施(约前370—前310)，宋国人，名家的著名代表，曾任魏惠王相，博学善辩，学富五车，为庄子好友。他是名家的"合同异"派，论证"万物毕同毕异"，提出"至大无外，谓之大一；至小无内，谓之小一"。又引申出"泛爱万物，天地一体"的思想。(《庄子·天下》)

兒(倪)说，宋国人，是名家"白马非马"论的首倡者。曾在稷下学宫以善辩知名，说他"善辩者也，操白马非马也，服稷下之辩者"(《韩非子·外储说左上》)。

田骈，战国时代齐国人。他本学黄老，借道明法，与慎到齐名。曾讲学稷下学宫，雄于辩才。从彭蒙之师学到"贵齐"要领，主张"齐万物以为首"，认为万物的同一是首要的。认识到"万物皆有所可，有所不可"(《庄子·天下》)。要求人们放弃一切是非，摆脱各自的是非利害，回到"明分""立公"的自然之理，从"不齐"中实现"齐"。《汉书·艺文志》著录《田子》二十五篇，列入道家。已佚。

宋钘，宋国人。齐宣王时与尹文同游稷下学宫，他认为"虚而无形"的是"道"(《管子·心术上》)，它是宇宙的本体。提倡"见侮不辱""使人不斗""以禁攻寝兵为外，以情欲寡浅为内"(《庄子·天下》)。其思想主流，为道墨两家"忘我"精神的结合。他周游天下，上说下教，宣讲内容着重联系生活常情，使人们易于了解。《汉书·艺文志》著录《宋子》十八篇，早佚。

公孙衍，战国时代魏国人，纵横家中的合纵派代表，主张联合诸侯以抗秦。公元前333年，他赴秦游说，任大良造，后来张仪为大良造，于公元前323年返回魏国，魏惠王任为将，他联合赵、燕、韩、魏、中山五国互相为王，合纵抵抗齐、楚、秦。公元前319年，魏国驱逐张仪回秦，公孙衍为相。第二年，公孙衍联合赵、韩、燕、魏、楚，挂五国相印，推楚怀王为纵长，由三晋出兵攻秦，秦大败联军，合纵以失败而告终。

张仪（？—前310），魏国人，战国时代纵横家中的连横派代表，主张联合诸侯事秦。他游说入秦，秦惠王任为相。公元前322年他去魏劝说魏惠王实行联秦韩以攻齐楚的政策。当时惠施为魏相，主张联合齐楚抗秦。魏惠王听信了张仪的游说，罢惠施相，任张仪为相，这是连横说的胜利。秦要求魏事秦，魏不从，即出兵攻占曲沃、平周两地。秦的东进政策，使东方各国生畏，遭到了公孙衍的联合诸侯抗秦政策的排斥。公元前319年，魏驱逐张仪回秦，接受了公孙衍的合纵政策，说明连横又破产了。公元前313年，张仪入楚，收买了楚旧贵族，并以献出商於之地六百里为诱饵，使楚同齐断绝关系。楚怀王不听屈原的劝阻，遂与齐断交。当楚派人向秦索地时，张仪以六里相许为由，拒不承认六百里，公元前312年，楚发兵攻秦，遭到了失败。

鲁仲连，战国时代齐国人。常为人排难解纷，不受酬报。长平战后，秦军围赵邯郸，魏使游士新垣衍间道入城，劝赵尊秦为帝，以纾急患。鲁仲连面折辩者，反复诘难，坚持义不帝秦，稳定了士气民心。平原君要封他，他再三不受。后田单反攻聊城，燕将死守不下。他写信给守将，晓以利害，使城不战而下。田单欲赏以爵位，他逃隐海上。《汉书·艺文志》著录《鲁仲连子》十四篇，今佚，清人有辑本。

邹衍（约前324—前250），齐国人，战国后期阴阳家的代表，是稷下学官的辩者。公元前257年，齐王派他使赵与公孙龙辩论。他善谈天，齐人称他"谈天衍"。提出"五行相生""五行相胜"说，以及"五德终始"的历史观。

荀子（约前325—前235），名卿，赵国人，十五岁到稷下学习，齐襄王在位（前283—前265）时，荀子第二次回到齐国，"荀卿最为老师"，他三次被推为德高望重的"祭酒"。他提出"天人相分"和"制天命而用之"的天道观，"知道察，知道行"和"虚壹而静"的认识论，"制名以指实"的名实论，主张"性恶"的人性论，阐发了"隆礼至法"的政治论，还写下了音乐理论《乐论》。他是战国末期著名的儒家大师和先秦思想的批判总结者。

韩非子（约前280—约前233），原是韩国公族，战国末期思想家，法家代表人物。一生不得志，然其学说，"切事情，明是非"（《史记·老子韩非列传》），"采其意而校其事，持久历远遏奸劝善，韩氏未必非，孔氏未必得也"（《孔丛子·韩非非圣人辨》）。故谋杀韩非之李斯亦不得不称其言为"圣人之论""圣人之术"（《史记·李斯列传》）。法家之理论、实绩卓著，不仅促成强秦之一统，且亦支撑我国封建帝制达两千余年。

三、"百家争鸣"是说大家自由争论

先秦诸子的"百家争鸣",主要围绕"古今""礼法"之争和"天人""名实"之辩展开,内容涉及政治、经济、军事、伦理道德以及哲学本体论、认识论、逻辑学等各个领域。

战国早期法家商鞅就反对儒家《诗》《书》《礼》《乐》文化。商鞅反对儒书与儒术是很突出的。《韩非子·和氏》说:"商鞅教孝公……燔《诗》《书》而明法令。"显然,商鞅变法时就烧过《诗》《书》。至于反对儒书与儒术的实例,《商君书》中不胜枚举。如《商君书·农战》说:"农战之民千人,而有《诗》《书》辩慧者一人焉,千人者皆息于农战矣。""虽有《诗》《书》,乡一束,家一员,犹无益于治也。"这是说儒家的《诗经》和《书经》都有害于重农、重战两个政策,不利于法治。《诗》《书》《礼》《乐》,都是儒家的教材。商鞅为了贯彻他的农战政策,决意反对这些。战国末期法家韩非子也反对儒书儒术。《韩非子·五蠹》说"明主之国,无书简之文,以法为教;无先王之语,以吏为师",正是继承商鞅反对儒书儒术的主张。

法家以儒家为对手,道家也是如此。《史记·老子韩非列传》载:"世之学老子者则绌儒学,儒学亦绌老子。'道不同不相为谋',岂谓是邪?"道家书《庄子·杂篇》有庄子后学所作《盗跖》一文,专攻儒家鼻祖孔子。这则寓言故事是以义军的领袖盗跖与孔子的对话为纲目,在往返对话中,盗跖慷慨陈词,痛斥孔子的虚伪和尧、舜、汤、武的罪行,其主旨则在于抨击儒家所推崇的古代圣贤的作为,批评儒家提倡的礼教规范,讽刺世俗儒士对荣华富贵的追逐,反衬道家尊重人的自然本性、提倡顺天之理、轻利全生思想的正确性。

墨家与儒家争鸣毫不含糊,痛快亮出旗帜,《墨子》中设《非儒》上下篇。墨子借晏婴丑诋孔子的话说:"孔某深虑同谋以奉贼,劳思尽知以行邪。劝下乱上,教臣杀君。"又说:"孔丘盛容修饰以蛊世,弦歌鼓舞以聚徒,繁登降之礼以示仪,务趋翔之节以观众。博学不可使议世,劳思不可以补民。"由于儒者"繁饰礼乐以淫人,久丧伪哀以谩亲,立命缓贫而高浩居,倍本弃事而安怠傲;贪于饮食,惰于作务",就会不可回避地"陷于饥寒,危于冻馁"(《墨子·非儒下》)。因此,"儒之道足以丧天下"(《墨子·公孟》)。

战国中后期,齐国的稷下学宫是"百家争鸣"的重要场所,都城临淄成为学术中心。由于齐国经济发达,政治开明,以及拥有良好的文化政策,齐国君王给予士人优厚的物质待遇,吸引了当时几乎所有的著名学派代表人物汇集稷下。齐国稷下学宫的建立,又为"百家争鸣"繁荣文化创造了有利的客观条件。稷下学宫创建于齐威王(前356—前321)初年,学宫规模宏大,"为开第康庄

之衢，高门大屋"，天下贤士荟萃于此。(《史记·孟子荀卿列传》)到齐宣王时，"喜文学游说之士，自如邹衍、淳于髡、田骈、接予、慎到、环渊之徒七十六人，皆赐列第，为上大夫，不治而议论，是以齐稷下学士复盛，且数百千人"(《史记·田敬仲完世家》)。到齐湣王、齐襄王时期，荀况"三为祭酒"，"最为老师"。学宫之终结，大约在齐王建时期，前后绵延近150年，最盛时竟聚集数千人。

稷下学宫广招人才，各家各派兼收并蓄。战国诸子之主要学派都有重要代表人物出入学宫。如儒家前有孟轲，后有荀卿，另有颜斶、王斗、田过、公孙固等；道家及黄老学派有环渊、接予、季真、慎到、田骈、彭蒙等；墨家有宋钘、告子等；名家有尹文、田巴、兒说等；慎到、田骈等亦属法家，或称道法家；阴阳家有邹衍、邹奭；纵横家有淳于髡、鲁仲连等。

学宫诸子荟萃，各展其说，论辩自由。《史记正义》引《鲁连子》曰："齐辩士田巴，服狙丘，议稷下，毁五帝，罪三王，服五伯，离坚白，合同异，一日服千人。"此论辩之盛可以想见。而徐劫弟子、年仅十二岁的鲁仲连以田巴之言空洞无济于实事，斥之曰："先生之言有似枭鸣，出城而人恶之"，竟使田巴叹服而"终身不谈"。

孟子是天下知名的雄辩学者。齐威王、齐宣王在位时期，孟子两次入齐住十余年时间，在稷下学宫讲学，都曾受到重视，被授予"客卿"的礼遇。"百家争鸣"，孟子之所以好辩善辩，也是出于捍卫儒家学说的需要。孟子认识到"圣王不作，诸侯放恣，处士横议，杨朱、墨翟之言盈天下。天下之言不归杨，则归墨"，"杨墨之道不息，孔子之道不著"。杨朱和墨家学说的兴盛，严重威胁到儒学的命运和生存。孟子批判杨墨"为我"与"兼爱"的学说："杨氏为我，是无君也；墨氏兼爱，是无父也。无父无君，是禽兽也。"孟子拒杨墨，同时也批评其他学派的思想。他关于"性善论"的思想，许多就是在对告子"性恶论"思想的批评中阐明的。孟子批评兵家说："善战者服上刑。"(《孟子·离娄上》)这显然是反对兵家重战、备战、善战学说以及法家"奖励军功"和农战政策，从而确立儒家非兵休战的思想。孟子批评农家许行"贤者与民并耕而食"的主张，鼓吹"劳心者治人，劳力者治于人；治于人者食人，治人者食于人"。(《孟子·滕文公上》)说明社会发展必须有分工，治国者不能兼事生产，其思想反映了社会分工的现实。许行主张无分贵贱君民并耕的理想是好的，却不合乎当时社会发展的现实，只能流于空想。孟子在与不同意见的辩难中阐述自己的思想，他的批评争鸣可以看出当时的学术风气。

"百家争鸣"既表现为诸子的分歧，也表现为诸子的融合。"百家争鸣"的自由论辩所形成的学术思想发展的必然趋势，就是各家思想学说的相互汲取与融合。各家对于先秦的学术都有所损益，因而都有所创新，同时也有所继承。诸子百家互相发难批驳，欲证明对方错自己对，就要认真探明、辨清对方的弱点，以图击中要害；又要看准对方的长处，经过汲取加工，为己所用。因此，当时的思想界虽然分为各种学派，但又始终存在着"道为一体"的观念，走向融合。

战国晚期儒家代表荀况，长期熏陶于稷下学宫，其时社会发展明显趋向于政治统一的历史趋势，与稷下学宫各家思想相互撞击、汲取、交融的学术环境，在荀况的思想学说中留下深深的烙印。荀况并不偏激，他注意分析各家学说的短长，以儒家思想学说为主体，兼取道家、法家、名家之长，从而形成了独具特色的荀学思想体系。

墨子虽然尽力非儒，但墨儒毕竟有着大致相同的时代背景和同源共生的文化根基，这使两家在一些基本问题的看法上渐渐趋同。如墨子主张"兼爱""爱无差等"，并以之批判儒家的宗法道德观念。然而，在不少方面，墨家的价值取向几乎与儒家如出一辙，墨家把父慈子孝的伦理道德遭到破坏作为天下丧乱的原因。在《尚贤中》里，墨子认为："入则不孝慈父母，出则不长弟乡里，居处无节，出入无度，男女无别，使治官府则盗窃。"由此可以看出，墨家与儒家虽然对立，但他们仍有不少相通之处。

稷下学宫的各派学者利用齐国提供的良好环境与条件，潜心研讨，互相争鸣，取长补短，丰富和发展了各自学派的学说，促进了思想文化的大融合。这种融合在杂家著作《管子》中有充分体现。根据现有资料判断，《管子》中的某些篇章反映了管仲的事迹和思想。战国初年，"田氏代齐"，夺取了齐国政权，继承和发扬了管仲的思想，实行变法，形成了管仲学派。《管子》其书绝大部分是管仲学派的文集，也掺杂了其他稷下学者的论述。《管子》其书内容异常丰富，近人罗根泽《管子探源》说："《管子》……在先秦诸子，裒为巨帙，远非他书所及。《心术》《白心》诠释道体，老庄之书未能远过；《法法》《明法》究论法理，韩非《定法》《难势》未敢多让；《牧民》《形势》《正世》《治国》多政治之言；《轻重》诸篇又为理财之语；阴阳则有《宙合》《侈靡》《四时》《五行》；用兵则有《七法》《兵法》《制分》；地理则有《地员》；《弟子职》言礼；《水地》言医；其他诸篇亦皆率有孤诣。各家学说，保存最夥，诠发甚精，诚战国秦汉学术之宝藏也。"可以说，《管子》吸纳先秦诸子的精华，兼有道、法两家之长而无其短，又掺以儒、兵、农、阴阳各家学说，竟是中国历史上最早最大的杂家，任何一家的思想均不足以涵盖此书的丰富内容。任继愈认为，管仲学派是战国时代齐人继承和发展管仲的思想而形成的一个学派，它介乎儒家学派和法家学派二者之间，对宗法制采取半保留、半否定的态度，主张把宗法制和中央集权制有机地结合起来，把礼治和法治有机地结合起来，既强调以法律来加强王权，又重视用宗法道德来巩固封建统治。说到底，它是"百家争鸣""诸子融合"的产物。

"百家争鸣"是中国学术文化史上的"黄金时代"，反映了当时的社会矛盾和社会变革。这个时期的文化思想，奠定了整个封建时代文化的基础，对其后中国历史和文化的纵向延续和横向发展都产生了深远影响。

焚书坑儒挫折了"百家争鸣"的生动局面

毛泽东也分析过先秦诸子"百家争鸣"走向衰落的原因。

1958年11月20日，毛泽东召集柯庆施、李井泉、王任重和陶鲁笳四人，到他在武汉东湖畔的住所开座谈会。

在这次座谈会上，毛泽东详细地谈了自己对商纣王、秦始皇、曹操这三位历史人物的评价。谈到秦始皇，毛泽东说：

> 人们从书中得知，秦始皇有焚书坑儒的恶行，因此把他看作是大暴君、大坏人。焚书坑儒当然是坏事，它把蓬蓬勃勃发展起来的百家争鸣的生动局面给挫折了。但我们对什么事都应当有分析，秦始皇并不是不问什么书都焚，也不是不问什么儒都坑。他焚的是"以古非今"的书，坑的是孟子一派的儒，其实只有460人。孟子主张"法先王"，所以孟子一派的书是"以古非今"的。而荀子一派则相反，主张"法后王"，推行法家一派的学说。秦始皇是主张"法后王"，反对"法先王"的。所以，他并不坑荀子一派的儒，也不焚荀子一派的书。秦始皇"以古非今者族"的主张值得赞赏，当然，我并不赞成秦始皇的滥杀人。当时，要由奴隶制国家转变为封建制国家，不实行专政是不行的。但对孟子一派采取焚书坑儒的办法，太过火了。政治上要实行专政，文化上要提倡百家争鸣、百花齐放，我们现在就是这样。这一条秦始皇是办不到的。（陶鲁笳：《毛主席教我们当省委书记》，中央文献出版社1996年版，第104页）

毛泽东此次谈话的主旨，是为秦始皇翻案，是为秦始皇焚书坑儒的恶行辩护。他认为秦始皇的焚书坑儒不是肆意妄为，而是有所限制：并不是不问什么书都焚,也不是不问什么儒都坑;焚的是"以古非今"的书,坑的是"法先王"孟子一派的儒;目的是维护中央集权的封建专制国家。这是毛泽东从政治上看问题的结论。

即使这样,毛泽东仍然深刻指出了焚书坑儒对"百家争鸣"的负面作用:

负面作用之一:"焚书坑儒当然是坏事,它把蓬蓬勃勃发展起来的百家争鸣的生动局面给挫折了。"请注意,人们将焚书坑儒定位为"恶行",毛泽东将其定位为"当然是坏事"。所谓焚书坑儒,是秦始皇统一六国后发生的两大事件,是秦始皇为巩固中央集权而实行的文化专制措施。"焚书"事件发生于秦始皇三十四年(前213)。始皇置酒咸阳宫,大宴群臣,儒学博士淳于越对于当面肉麻吹捧秦始皇的仆射周青臣不以为然,并就分封、郡县问题向秦始皇提出了不同意见。丞相李斯抓住淳于越主张"师古"的言论大做文章,指斥读书人"不师今而学古,以非当世,惑乱黔首",如不加以严禁,必将使"主势降乎上,党与成乎下"(《史记·秦始皇本纪》),因此建议秦始皇下令焚书。秦始皇采纳了李斯提出的建议和办法,遂下令焚书:除《秦记》、医、农、卜筮之书外,凡六国史书、民间收藏的《诗》《书》、诸子等书籍,一律限期三十天内交官府烧掉,逾期不交者,黥为城旦。此后若再有"偶语《诗》《书》者"弃市,以古非今者灭族。严禁私学,有愿习法令者,以吏为师。"焚书"事件使儒生们大为不满,产生诽议。第二年,当秦始皇搜寻欺骗了他的方士侯生、卢生时,意外地发现咸阳的儒生对他进行所谓的"诽谤","或为妖言以乱黔首"。始皇大怒,"于是使御史悉察问诸生,诸生转相告引,乃自除。犯禁者四百六十余人,皆坑之咸阳"(《史记·秦始皇本纪》)。这就是历史上的"坑儒"事件。儒家、道家、兵家都是以对《诗》《书》《易》《礼》的文化反思来建构自己的思想体系,关东六国的士子大都在思想上反对暴秦,所以烧《诗》《书》、杀儒生的焚书坑儒事件,是以强权政治宣告文化上"百家争鸣"局面的被迫结束。毛泽东在"百家争鸣"前面加上"蓬蓬勃勃"的形容词,又指出焚书坑儒"挫折了"这个局面,可见内心里他对"百家争鸣"局面的夭折是多么惋惜。

负面作用之二:"对孟子一派采取焚书坑儒的办法,太过火了。"毛泽东指出史实,秦始皇"焚的是'以古非今'的书,坑的是孟子一派的儒"。毛泽东说:"不赞成秦始皇的滥杀人。"虽然秦始皇巩固刚刚建立起来的全国统一的、中央集权的封建国家,需要专制手段,但是毛泽东仍然认为,对以孟子为代表的儒生儒书采取焚书坑儒的办法是"太过火了"。从传统哲学上说是"过犹不及";用现代语言说,这是谴责秦始皇文化政策太"左",以消灭思想载体的办法实现思想一统，是不可取的危险的文化政策。

负面作用之三："文化上要提倡百家争鸣，百花齐放"，"这一条秦始皇是办不到的"。毛泽东把政治问题与文化问题做了区分，他说，"政治上要实行专政，文化上要提倡百家争鸣、百花齐放，我们现在就是这样"。这是对比"我们"的政策与秦始皇的政策，指出其不同点。"百家争鸣"，极权的、专制的秦始皇是不能办的，也是根本"办不到"的。

毛泽东这些批判是深刻有力的，点到了问题的实质。解读毛泽东谈论"百家争鸣"的思想观点时，在注意到毛泽东为秦始皇焚书坑儒辩护的一面时，千万不要忽略了毛泽东对焚书坑儒另一面的严厉谴责。毛泽东后一种思想更为重要，对今后的文化建设更有意义。历史现象是复杂的，毛泽东的思维是辩证的。我们不能把毛泽东对焚书坑儒的辩证性评论理解得片面了。

孔子是后来汉朝的董仲舒捧起来的

秦朝的焚书坑儒是极权专制文化政策的恶果。各地儒生并没有完全屈服于高压，采取各种办法暗中抵制。著名的"鲁壁藏书"事件是其典型代表。秦始皇下焚书令，追令天下交出儒家书籍，否则罹罪。孔子九世孙孔鲋将一些儒家书籍藏于室内壁中，然后持礼器投奔陈胜起义军，进行武装抗争。百余年后，西汉初封到曲阜的鲁恭王刘馀为了扩建宫室，在拆毁孔子旧宅时，发现这批古籍，被称作"古文经"。不久，王莽新政用它与西汉立于学官的"今文经"抗衡，推衍出古文经学。

焚书坑儒之时，朝廷内博士手中的诸子书并未焚掉。秦朝博士有七十人，其中既有"五经"博士，也有诸子传记以及方技数术博士。据《史记·秦始皇本纪》和《汉书·艺文志》所载，伏生为治《尚书》博士，黄疵为秦博士，则在名家，又有占梦博士。汉承秦制，初仍有博士七十人，但"备员弗用"。这个时期，文化政策还允许诸子百家之术存在，只是限制在朝廷博士圈子之内。私人授徒讲学，自由进行学术争鸣的局面已荡然无存。

真正使"百家争鸣"局面彻底消失的是汉武帝时期的"罢黜百家，独尊儒术"事件。

汉初推行"与民休息"的政策，社会经济得到恢复，出现了"文景之治"，但同时社会矛盾已开始暴露，至武帝时不仅外部匈奴为患日趋严重，内部矛盾也更加激化，并不断发生农民起义。汉初"无为而治"的黄老思想已不能适应新形势的需要。

汉武帝即位，建元元年（前140）丞相卫绾奏："所举贤良，或治申、商、韩非、苏秦、张仪之言，乱国政，请皆罢。奏可。"（《史记·武帝本纪》）建元五年（前136）"置'五经'博士"。因窦太后好黄老言，受其干扰，当时未果。建元六年，窦太后卒。元光元年（前134），汉武帝就如何加强中央集权、巩固封建统治等治国大计，三次策问儒生董仲舒。董仲舒是《春秋》公羊派大师，今文经学创始人，他上"天人三策"，极力推荐《春秋》"大一统"的理论，指出："《春秋》大一统者，天地之常经，古今之通谊也。今师异道，人异论，百家殊方，指意不同，是以上无以持一统，法度数变，下不知所守。臣愚以为诸不在六艺之科孔子之术者，皆绝其道，勿使并进。邪辟之说灭息，然后统纪可一而法度可明，民知所从矣。"（《汉书·董仲舒传》）武帝采纳这一建议，罢黜百家博士，只立"五经"博士，从而确立了儒学和儒家经典的权威性的统治地位。而儒家以外的诸子学，由于无进身之路，日益衰微。《汉书·武帝纪赞》："罢黜百家，表章'六经'。"《汉书·董仲舒传》亦云："推明孔氏，抑黜百家。"从此儒家思想定于一尊。后世将汉武帝采纳董仲舒的建言实行这一文化政策概括为"罢黜百家，独尊儒术"。

"罢黜百家，独尊儒术"事件对于"百家争鸣"学术局面的最后摧毁，毛泽东似乎没有正面评论。但是，1954年到1958年他在评说"孔学"（儒学）的历史命运时，明确指出儒术独尊是董仲舒"捧起来的"：

> 对孔夫子，自董仲舒以来就说不得了，"非圣诬法，大乱之殃"。（《毛泽东文集》第六卷，人民出版社1999年版，第346—347页）

> 孔子是后来汉朝的董仲舒捧起来的，以后不大灵了。到了唐朝又好一点，特别是宋朝的朱熹以后，圣人就定了。到了明清两代才登上"大成至圣文宣王之位"。（许全兴：《为毛泽东辩护》，当代中国出版社1996年版，第335—336页）

毛泽东讲清了两点：董仲舒在"罢黜百家，独尊儒术"上起了重要作用；这种"儒术独尊"从汉朝延续到清代。

"百家争鸣"学术活动，肇始于春秋末期，衰落于西汉中期，经诸子创说、稷下学宫、合纵连横、焚书坑儒、信奉黄老、独尊儒术等重大学术事件，前后历时三百余年（从孔子卒年即公元前479年到汉武帝元光元年即公元前134年）。其兴盛期约有二百年——以战国初庄周《庄子·天下》到战国末荀况《荀子·非十二子》所记载评述诸子学术活动和学术纷争为标志，是确确实实的诸子百家

"争鸣"期。

"百家争鸣"是辩证法

对春秋战国时代诸子蜂起、"百家争鸣"的学术局面,毛泽东是向往的。他曾经长期思考过这个中国思想史最为重大的学术运动,从中得出一个十分新鲜的结论:战国时代的"百家争鸣",这是辩证法。

辩证法中的否定之否定规律,可以表达为肯定——否定——否定之否定(肯定)这样三段式表达事物发展过程的公式。毛泽东也喜欢用三段式来表达事物发展过程,如:团结——批评——团结;再如:平衡——不平衡——平衡。

1958年5月8日,毛泽东在中共八大二次会议的讲话提纲中,正是用三段式表达事物发展过程公式,来肯定"百家争鸣"是充满辩证精神的学术运动。毛泽东写道:

先进的东方,落后的欧洲

十五年后走向反面,尾巴一定翘起来,如果不注意的话。不要紧,再来一个否定,又生动活泼了。

你看:希腊的辩证法—中世纪的形而上学—文艺复兴

你看:战国时代的百家争鸣—封建时代的形而上学—现代的辩证法

客观存在的,不是吗?

设置对立面,十分必要

如何设置?客观存在的(《建国以来毛泽东文稿》第七册,中央文献出版社1992年版,第195—196页)

研究毛泽东的专家许全兴先生在《毛泽东晚年的理论与实践》一书中,引证了毛泽东这段讲话的记录稿:

事物总是要走向自己的反面。希腊辩证法,中世纪形而上学,文艺复兴。这是否定之否定。中国也是如此,战国时代的百家争鸣,这是辩证法,封建时代的经学——形而上学,现在又讲辩证法。(许全兴:《毛泽东晚年的理论与实践》,中国大百科全书出版社1993年版,第353页)

毛泽东在这里是用表达事物发展过程的三段式公式，来讲欧洲和中国两千四百余年的思想大趋势的特点。战国时代的"百家争鸣"，活跃着对立和对峙的各种学派，思想的长河波翻浪涌，辩驳争鸣精彩纷呈，充满学术生气和思想活力，在矛盾和碰撞中各家学派都得到了长足发展。所以，这个时期的思想界充满辩证精神。这是个需要大思想家并且产生了众多大思想家的时代，"百家争鸣"成了产生大思想家的平台和推动力。这个时期出现的众多学派学说，奠定了中华民族两三千年的思想理论基本框架，活力四射的时代也注定是魅力无穷的时代。

毛泽东把春秋战国时代的"百家争鸣"定位为"这是辩证法"，高屋建瓴，一语中的，把握住了这个时代思想文化发展的本质、内涵和特征。两千年整个封建时代，儒术独尊，经学称霸，一直是统治阶级的意识形态和主流文化，形成了一个自我发展、自我繁殖的封闭文化圈，减弱了、僵化了甚至丧失了儒家学派创立和兴盛时期所表现出的既独树一帜又兼收并蓄的创造性和开放性，体现的是形而上学文化模式。最终将自己退化为文化变革的冲击对象。这就是五四运动"反孔"的深层原因之一。

毛泽东这样分析、评价中国三千年的思想文化史，显然出于对学术自由的十分看重，是提出和推行"百家争鸣"学术发展方针的需要，也就是需要"现代的辩证法"。他的这种追求，发生很早，可以上溯到五四运动时期。1919年7月21日，他在《健学会之成立及进行》一文中说：

> 自由讨论学术，很合思想自由、言论自由的原则。人类最可宝贵，最堪自乐的一点，即在于此。学术的研究，最忌演绎式的独断态度。中国什么"师严而后道尊"，"师说"，"道说"，"宗派"，都是害了"独断态度"的大病，都是思想界的强权，不可不竭力打破。像我们反对孔子，有很多别的理由。单就这独霸中国，使我们思想界不能自由，郁郁做二千年偶像的奴隶，也是不能不反对的。（《毛泽东早期文稿》，湖南出版社1995年第2版，第368页）

显然，毛泽东很早就已经发现儒术的"独霸中国"，没有学术自由，没有思想自由，没有学界内部的对垒冲突，争辩争鸣，就没有学术进步和思想进步，并终将导致民族文化的萎败倾向和国民心理的奴化痼习。所谓"演绎式的独断态度"，也就是思想文化领域的形而上学。因此，毛泽东十分赞赏和珍爱春秋战国时代的"百家争鸣"自由讨论的学术局面，并将它加以改造利用，制定了"百花齐放，百家争鸣"的"双百"方针，用以指导中国艺术和学术的发展。

二十二种子书与先秦子学中的"人民性"

毛泽东如此评价春秋战国时代的"百家争鸣"学术活动和文化现象，源于他从启蒙时代就开始了的对先秦诸子学说的学习和思考。

毛泽东最早阅读的先秦子书是儒家的《论语》和《孟子》。这个情况，毛泽东在延安时有回忆。

1936年10月，美国记者埃德加·斯诺到陕北采访，毛泽东一连几夜，叙述了他自幼年以来的半生经历。其中他说：

> 我八岁那年开始在本地一个小学里读书，一直在那里读到十三岁。清早和晚上我在地里劳动。白天我读儒家的《论语》等"四书"。（《毛泽东一九三六年同斯诺的谈话》，人民出版社1979年版，第5—6页）

"四书"包括《论语》《孟子》《大学》《中庸》。毛泽东少年时代读过的《论语》，现存下册，系宋朱熹所辑《论语集注》本，石刻线装，封面有毛泽东用毛笔书写的"论语下 咏芝"——"咏芝"是毛润之的另一种读音和写法。内容包括"《论语》卷之六至卷之十"。这半部《论语》现在收藏于韶山纪念馆。

少年毛泽东先后在韶山冲南岸、关公桥、桥头湾、钟家湾、井湾里、乌龟井、东茅塘七处私塾读书，上了六年学，他所读的主要是儒家经典——"四书五经"。对这六年的私塾读书经历，毛泽东后来形象地概括为"读了六年孔夫子"。他追忆道：

> 我过去读过孔夫子的书，读了"四书五经"，读了六年。背得，可是不懂。那时候很相信孔夫子，还写过文章。（1964年8月18日，毛泽东在北戴河《关于哲学问题的谈话》）

毛泽东读了六年私塾，读《论语》《孟子》《左传》这些书，背诵如流。后来他说起自己的幼年，学的是"子曰：学而时习之，不亦说乎"（《论语》首篇首句）这一套，这种学习的内容虽然陈旧了，但是对他识字学文化大有好处。

毛泽东探索先秦子学之路就是从韶山冲的私塾开始的，他最初读到的是儒家孔子、孟子两位大师的著作。

进入青年期，毛泽东有五年在湖南省立第一师范读书。此时，他已经能从研究国学的视角有计划地读先秦子书。1916年2月29日，毛泽东致信同学萧子升谈"中国应读之书"。其信前半部分已亡佚，后半部分是：

> 右经之类十三种，史之类十六种，子之类二十二种，集之类二十六种，合七十有七种。据现在眼光观之，以为中国应读之书止乎此。苟有志于学问，此实为必读而不可缺……惟此种根本问题，不可以不研究。故书之以质左右，冀教其所未明，而削其所不当，则幸甚也。（《毛泽东早期文稿》，湖南出版社1995年第2版，第37页）

毛泽东选出应读书七十七种，可注意的是"子之类二十二种"。可惜的是，信的前半部分遗失了。从行文看，毛泽东在上引的信文前面，似开列了经、史、子、集七十七种书目，但现存手稿部分缺失，就不能下断语了。

尽管如此，我们的判断仍然可以找到依据。

我国古代子书创作第一个高峰期即在春秋战国"百家争鸣"时期。汉代史学家班固即在《汉书·艺文志》中设了《诸子略》《兵书略》等类目，著录当时诸子类著作情况。为了更好地提高研读实效，古代学者尝试在卷帙浩繁的子书中选编精华。清代光绪元年（1875）至光绪三年（1877），浙江书局分册辑刊而成的诸子丛书《二十二子》较有特色，也最为引人注意。《二十二子》所收子书具有较高的代表性。以中国古代哲学为主，兼及中国历史、文学、政治学、社会学、天文学、军事学、医学等。研读子书，应该从先秦子书入手，方能理清诸多学派的各自源头。《二十二子》所收先秦子书，如《老子》《庄子》《管子》《列子》《墨子》《荀子》《尸子》《孙子（兵法）》《晏子春秋》《吕氏春秋》《商君书》《韩非子》等，均为先秦诸子百家的代表作（《尸子》较弱一些）。儒家的代表人物孔子、孟子的《论语》和《孟子》，因为属于经学范围，《二十二子》丛书没有收入。但是，毛泽东所列书目有"经之类十三种"，"十三经"是个固化了的概念，其中必定包括《论语》和《孟子》。这样，毛泽东所列国学七十七种书目，先秦子书占十四种。这些著作奠定了中国古代思想文化的基本内容与主要范畴，可以大致了解我国子书开创期的主要线索及其发展脉络，有助于人们从较广的学术视野观察中国古代文化。

毛泽东与萧子升商讨"中国应读之书",其中"子之类二十二种"与《二十二子》仅仅是偶然巧合呢,还是毛泽东把《二十二子》作为了选书参考呢?看毛泽东从儒家《十三经》中确定"经之类十三种"的思路脉络,毛泽东极有可能受《二十二子》的启发,确定了"子之类二十二种"。《二十二子》风行于清末民初,正在湖南省立第一师范学校读书的毛泽东,很有可能在学校图书馆接触到这套丛书,作为自己选书的蓝本。

过了二十年,毛泽东已是政党领袖。此时,他从中国革命的实际需要出发,指出了要用马克思主义观点总结包括先秦子学在内的中国历史经验。1938年10月14日,在党的六届六中全会上,毛泽东郑重提出:

> 今天的中国是历史的中国的一个发展;我们是马克思主义的历史主义者,我们不应当割断历史。从孔夫子到孙中山,我们应当给以总结,承继这一份珍贵的遗产。这对于指导当前的伟大的运动,是有重要的帮助的。(《毛泽东选集》第二卷,人民出版社1991年第2版,第534页)

在这里,毛泽东把儒家的开山祖师孔夫子作为"历史的中国"的标志性人物,与近代伟大的资产阶级革命家孙中山相提并举,可见毛泽东对儒家学派、对先秦诸子在中国思想文化发展中的作用是十分看重的。中国的思想文化史,乃至中国的全部历史,不从孔夫子理起,不从先秦子学理起,是茫无头绪的,也说不清来龙去脉。毛泽东这个判断,是最有历史洞察力的。

正是在毛泽东这个指示的引导下,曾经在北平大学里开过先秦诸子课的陈伯达,于1939年春天,一连写了《老子的哲学》《孔子的哲学思想》《墨子哲学思想》等总结先秦诸子哲学思想的学术论文。毛泽东在审读这些文章时,写下六七千字的修改意见,对孔子和墨子哲学中不少具体观点做出了新颖独到的评论。指出孔子的功绩不只在教育普及一点,孔子在认识论与社会论上"有它的辩证法的许多因素,例如孔子对名与事、文与质、言与行等等关系的说明";指出墨子是"中国的赫拉克利特"(古希腊唯物主义哲学家),是"古代辩证唯物论大家"。(《毛泽东文集》第二卷,人民出版社1993年版,第156—165页)

此期前后,毛泽东又在下力气讨论先秦兵家代表人物孙武子的《孙子兵法》。那时他正在总结研究中央苏区反"围剿"革命战争和抗日战争的经验教训和战略问题。毛泽东多次写信给在西安做统一战线工作的叶剑英和刘鼎,要他们购买一批军事书籍来。1936年9月26日给刘鼎写信,告诉他:"不要买普通战术书,只要买战略书,买大兵团作战、战役学书。中国古时兵法书如《孙子》等也买一点。写信到南京国府路军学研究社,请他们代办。"(夏征难:《毛泽东与中外军事遗产》,大连出版社1997年版,第65页)同年10月22日,毛泽东又致信叶剑英、刘鼎:"我们要的是战役指挥与战略的,请按此标准选买若干。买一部《孙子兵法》来。"(《毛泽东文集》第一卷,人民出版社1993年版,第453页)毛泽东在上述两封信中,都明确提到《孙子兵法》,从中反映出他对《孙子兵法》的重视之程度和要求之迫切。他认为《孙子兵法》是"战略书",认为孙武子是"中国古代大军事学家"(《毛泽东选集》第一卷,人民出版社1991年第2版,第201页)。1938年5月26日至6月3日,毛泽东在延安抗日战争研究会上作《论持久战》的讲演,强调"知彼知己"对认识战争现象的重要,他说:"孙子的规律,'知彼知己,百战不殆',仍是科学的真理。"(《毛泽东选集》第二卷,人民出版社1991年第2版,第490页)

抗日战争初期,毛泽东对先秦子学的研究进入了一种新的境界。

毛泽东历来主张对历史遗产,对传统文化,要汲取精华,剔除糟粕。他自己也做这方面的工作,对先秦子学采取批判继承的态度。1958年他在审订中宣部部长陆定一的《教育必须与生产劳动相结合》一文时,加写了一段话,其中说道:

> 中国教育史有人民性的一面。孔子的有教无类,孟子的民贵君轻,荀子的人定胜天……诸人情况不同,许多人并无教育专著,然而上举那些,不能不影响对人民的教育,谈中国教育史,应当提到他们。(《毛泽东文艺论集》,中央文献出版社2002年版,第191页)

这里虽然是从教育史的层面切入,但是毛泽东事实上指出了儒家三位巨子即孔、孟、荀三人的学说中"有人民性的一面","影响对人民的教育"。我们所看重的不仅是毛泽东所举的例证,还有这个评价所包含的评价先秦子学的方法论意义:毛泽东所肯定的正是儒家三位巨子学说中的平民教育思想、民本思想和古代唯物论观点,这显然是儒家学派的思想精华。这种唯物史观的研究方法,完全适用于对先秦子学全部学派和全部著作的研究。

毛泽东是思想巨人,但是他很服膺先秦子学的博大精深,建构自己的思想体系时,常常将先秦子书带在身边,随时参考。1959年10月23日,毛泽东从北京出发到南方视察,外出前他列了一个很长的书单。在他指名要带走的书籍中,先秦诸子和涉及研究先秦子学的著作主要有:

《荀子》《韩非子》《论衡》《张氏全书》(张载),关于《老子》的书十几种。

标点本《史记》《资治通鉴》。

冯友兰:《中国哲学史》。

范文澜:《中国通史简编》。

吕振羽:《中国政治史》。

郭沫若:《十批判书》《青铜时代》《金文丛考》。(龚育之、逄先知、石仲泉著:《毛泽东的读书生活》,三联书店1986年版,第18—19页)

从这个书单摘要中可以看出,毛泽东所带的先秦子书,有儒家的《荀子》,有法家的《韩非子》,有道家的《老子》——而且有"十几种"之多。有司马迁的《史记》,有先秦诸子的传记和学术活动史料。

冯友兰、范文澜、吕振羽和郭沫若四人,或是哲学史家,或是政治史家,或是历史学家,都是现当代中国治史的顶级人物,他们的著作《中国哲学史》《中国通史简编》《中国政治史》《十批判书》等,大都对先秦诸子的学说做过系统的梳理和透彻的分析。这些史学哲学著作对晚年毛泽东的子学观影响甚大。

1959年12月10日至1960年2月9日,毛泽东着眼检讨我国和苏联在社会主义经济建设中的经验教训,先后在杭州、上海和广州,组织读书小组研读苏联《政治经济学(教科书)》(下册)第三版。在研读时的谈话中,毛泽东评价儒家鼻祖孔子:"孔子也因为在许多国家受了挫折,才转过来决心搞学问。他团结了一批'失业者',想到处出卖劳动力,可是人家不要,一直不得志,没有办法了,只好搜集民歌(《诗经》),整理史料(《春秋》)。"毛泽东评价法家政治家李斯说:"李斯的《谏逐客书》,有很大的说服力,那时候各国内部的关系,看起来是领主和农奴的关系,每个家族都有自己的战车、武士,一个国家统一的程度很差。李斯是拥护秦始皇的,属于荀子一派的,主张法后王。"(《瞭望》1991年第35期,转引自盛巽昌等:《毛泽东这样学习历史,这样评点历史》,人民出版社2005年版,第234—235页)毛泽东引用《老子》中的名言"千里之行,始于足下"来说明社会主义的分配原则眼前利益要服从长远利益;引用《孟子·滕文公上》的名言"物之不齐,物之情也"来说明社会主义计划经济活动中平衡与不平衡的关系。这里涉及儒道法三家的老子、孔子、孟子、李斯和他们的著作(子书)。(《读苏联〈政治经济学教科书〉的谈话(节选)》,《毛泽东文集》第八卷,人民出版社1999年版,第136、119页)

法家厚今薄古，儒家厚古薄今

毛泽东晚年于十年内乱的"文革"中，对先秦子学，主要是对儒法两家的评价陷入一种极端：他从政治需要出发，在"文革"动乱难于掌控的情况下，又错误地发起了"评法批儒""批林批孔"运动，绝对肯定法家，绝对否定儒家，使其儒法观完全倾斜，脱离了学术轨道。

"文革"之初的毛泽东就开始否定孔子的"圣人"地位。1966年11月20日，毛泽东在会见参加武汉地区座谈会的曾思玉、王六生、刘建勋等人时说：

> 我劝同志们看看鲁迅的杂文。鲁迅是中国的第一个圣人。中国第一个圣人不是孔夫子，也不是我。我算贤人，是圣人的学生。（《毛泽东同参加武汉地区座谈会人员谈话记录》，逄先知、金冲及：《毛泽东传（1949—1976）》下卷，中央文献出版社2003年版，第1609页）

1968年10月13日，毛泽东在中共八届十二中全会开幕式上的讲话中，提到范文澜的《中国通史简编》和郭沫若的《十批判书》，就当代几位学者"崇儒反法"史学观点散论漫谈起来。毛泽东认为范文澜对儒家、法家都给予了地位：

> 范老基本上也是有点崇孔啰，因为你那个书上有孔夫子的像哪。……但是，在范老的书上，对于法家是给了地位的，就是申不害、韩非这一派，还有商鞅、李斯、荀卿传下来的。（许全兴：《毛泽东晚年的理论与实践》，中国大百科全书出版社1993年版，第450—451页）

这次谈话，只是随便提到先秦思想史儒法两家，毛泽东并未想号召人们去钻进故纸堆，研究老古董，展开批判。

但是，"九一三"林彪事件之后，出于"文革"形势难以掌控，毛泽东扬法批儒倾向急剧升温。1973年5月的一天，江青看望毛泽东，见毛泽东那里放着大字本的郭沫若《十批判书》。毛泽东给了江青一本，并说："我的目的是为了批判用的。"他还把自己写的一首诗念给江青听：

郭老从柳退，不及柳宗元；

名曰共产党，崇拜孔二先。（许全兴：《毛泽东晚年的理论与实践》，中国大百科全书出版社1993年版，第448页）

毛泽东的四句诗，批评郭沫若的《十批判书》崇儒抑法贬秦，肯定柳宗元的《封建论》赞郡县制废分封制。从思想史的角度说，毛泽东明确亮出了褒法贬儒的思想旗帜。

1973年5月20日到31日，中共中央召开工作会议，主要议题是为召开中共十大做准备。在会上，毛泽东要求政治局的同志，当然也包括中央委员和候补委员在内，都要认真看书学习，不要光抓生产，还要注意路线、意识形态、上层建筑，要懂得历史，学点哲学，看些小说。5月25日晚，毛泽东在中央政治局会议上讲话。他说：

郭老的《十批判书》有尊孔思想，要批判；但郭老功大过小，他在中国历史的分期上，为殷纣王、曹操翻案，为李白籍贯作考证，是有贡献的。对中国的历史要进行研究，从孔夫子到孙中山，从乌龟壳（甲骨文）到现在，都要进行研究、总结，要有知识。（《周恩来年谱（1949—1976）》（下卷），中央文献出版社1997年版，第595页）

此处，毛泽东一方面说要批判"尊孔思想"，另一方面又说"从孔夫子到孙中山，从乌龟壳（甲骨文）到现在，都要进行研究、总结"，这与1938年他在中共六届六次会议上的提议"从孔夫子到孙中山，我们应当给以总结，承继这一份珍贵的遗产"（见本节前面的述评），思想观点完全一致。

7月4日，毛泽东在中南海游泳池住处召见了王洪文、张春桥两名"文革"新贵。毛泽东谈话中有一段说：

什么郭老、范老、任继愈、杨柳桥之类的争论。郭老又说孔子是奴隶主义的圣人。郭老在《十批判书》里头自称是人本主义，即人民本位主义。孔夫子也是人本主义，跟他一样。郭老不仅是尊孔，而且还反法，尊孔反法，国民党也是一样啊！林彪也是啊！（《毛泽东年谱（1949—1976）》第六卷，人民出版社2013年版，第485页）

毛泽东把"尊孔反法"与政治运作扭结到一起。8月5日，毛泽东召见江青，对她说：

> 历代政治家有成就的，在封建社会前期有建树的，都是法家。这些人都主张法治，犯了法就杀头，主张厚今薄古。儒家满口仁义道德，一肚子男盗女娼，都是主张厚古薄今的。（《毛泽东年谱（1949—1976）》第六卷，人民出版社2013年版，第490页）

这次谈话中，毛泽东的扬法贬儒已达极点。"九一三"事件中，林彪一伙攻击他是"当代的秦始皇"。对手的比附和攻击，激起了他的愤慨。这使他的评法批儒论始皇，不少为争辩与批驳的激愤之语，很难说是深思熟虑后的准绳之言。这些话语在1973年产生了令人遗憾的后果。

1974年1月18日，毛泽东批准下发了本年第一号中共中央文件，就是由江青直接指挥编辑的材料《林彪与孔孟之道》（之一）。中央通知说："林彪是一个地地道道的孔老二的信徒，他和历代行将灭亡的反动派一样，尊孔反法，攻击秦始皇，把孔孟之道作为阴谋篡党夺权、复辟资本主义的反动思想武器。"于是，一场比"评法批儒"更为荒谬的"批林批孔"运动在全国蔓延开来，这里的儒法之辩已经毫无学术味道。

从上述引语中可以看出，毛泽东"评法批儒"好强调儒家"法先王"，厚古薄今，复古倒退；法家"法后王"，厚今薄古，改革进步。这里藏着隐忧，即担心否定"文革"。当时的思维定式是：拥护维护"文革"的即是思想激进的左派，是革新派；抵制反对"文革"的即是观念保守的右派，是复辟派。这个评批目的，这个政治功利，这个价值取向，使"评法批儒"一开始就不是在争论学术是非，而是一种政治运作，是在较量政治短长。"四人帮"借题发挥的"影射史学"乘机甚嚣尘上。现在回头看，毛泽东晚年那一场评批运动虽然声势浩大，但是并未给毛泽东增加新的荣誉，实事求是地讲，那是他先秦子学品读史上的"滑铁卢"。

"文革"中带有浓烈政治色彩的"评法批儒""批林批孔"运动，不可能正确评价儒家、法家思想，不可能批判地继承儒法两家思想的精华，并给予其在我国思想文化史上弥足珍贵的一席之地。今天，它们的阴影早已渐去渐远。整体扫描毛泽东品读先秦子学的"全息"图像，仍然可以使我们在拂去灰尘后看到耀眼的光芒。

晚年毛泽东读先秦子书的情况，还有一种记载。毛泽东的图书管理员徐中远先生编制的《毛泽东晚年读过的新印大字线装书目录》，提供了较为全面的信息。从 1972 年 7 月 8 日到 1976 年 8 月 31 日，给毛泽东特别印制的大字本线装书，涉及先秦各家子书的有如下之著作：

  道家有研究老子的著作：《老子简注》，高亨注译，1 册；《老子校诂》，马叙伦校，1 函 5 册。
  儒家有批判孔孟的著作：《四书评》，（明）李贽著，1 函 4 册；《从银雀山竹简看秦始皇焚书》，卫今著，1 册；《鲁迅批判孔孟之道的言论摘录》，上、下册；《鲁迅批孔反儒文辑》，上、下册；《关于孔子杀少正卯问题》，赵纪彬著，1 函 5 册；《孔丘教育思想批判》，冯天瑜著，1 函 6 册；《批林批孔文章汇编》（一）（二），上、下册。与此相关的还有两种书籍，大约当时是供"批判参考"之用：《十批判书》，郭沫若著，1 函 8 册；《五四以来反动派、地主资产阶级学者尊孔复古言论辑录》，1 册。
  法家有商鞅和韩非的著作：《商君书注释》，高亨注译，1 函 6 册；《商君书·更法》，（战国）商鞅著，1 册；《论商鞅的历史功绩》，陕西师大师生著，1 册；《论商鞅》，梁效著，1 册；《韩非子》，1 函 6 册；《韩非子·孤愤》，1 册。
  兵家有孙武和孙膑的著作：《孙子兵法》，1 函 1 册；《孙膑兵法》，1 函 1 册；银雀山汉墓竹简（《孙子兵法》《孙膑兵法》），1 函 10 册。
  杂家有吕不韦的著作：《吕氏春秋集释》，许维遹释，1 函 10 册。
  （徐中远：《毛泽东晚年读过的新印大字线装书目录》，《毛泽东晚年读书纪实》，中央文献出版社 2012 年版，第 496—500 页）

这些特制的大字线装书，涉及先秦道、儒、法、兵、杂五家。其中没有印制儒家诸子的著作，只有研究或批判儒家（主要是孔子）的著作，研究的如郭沫若的《十批判书》，批判的如《孔丘教育思想批判》——这是"评法批儒""批林批孔"特殊政治生活衍生的畸形文化现象。其他四家则是原著或注释类、研究类的著作同时印制，供毛泽东和中央高层领导阅读使用。尽管其间抹上了政治运作色彩的阴影，从中我们还是可以看出毛泽东终身不忘地关注先秦子学的浓厚情趣。

毛泽东一生品读先秦子书的实践活动，构成了"毛泽东品先秦诸子"丛书写作的对象和材料。据初步梳理统计，毛泽东品评引用先秦诸子代表性著作数量相当可观：

儒家孔子的《论语》达180次，其中肯定性评价引用160次，否定批评性引用只有不到16次，还不到十分之一（毛泽东评论孔子生平数十次不在本书之列）。

儒家孟子生平事迹和《孟子》达108次，其中肯定性评价引用达105次，否定批评性引用只有3次。

儒家荀况生平事迹和《荀子》5次。

道家老子生平事迹和《老子》达55次，其中肯定性评价引用51次，否定批评性引用只有4次。

道家庄子生平事迹和《庄子》达50次，其中肯定性评价引用48次，否定批评性引用只有2次。

道家列子著作《列子》达18次，全部是正面肯定性的。

墨家墨子生平事迹和《墨子》8次，7次是正面肯定性的。

兵家孙武子生平事迹和《孙子兵法》达99次（包括品评引用战国兵家、孙武后代孙膑生平事迹7次），其中肯定性评价引用97次，否定批评性引用只有2次。

法家商鞅生平事迹和《商君书》3次。

法家申不害生平事迹3次。

法家韩非生平事迹和《韩非子》17次。

法家李斯生平事迹和《谏逐客书》3次。

杂家管仲生平事迹和《管子》11次。

纵横家鬼谷子、苏秦、张仪、子贡、鲁仲连、叔孙通生平事迹7次。

毛泽东对先秦儒、道、兵、法、墨、杂、纵横家诸子代表性人物20人生平事迹和著作，品评引用共达567次之多。其中肯定性评价引用539次，否定批评性引用只有28次。

这组数据说明，毛泽东在品读先秦子学著作中，真正贯彻了汲取精华、剔除糟粕的批判继承性原则，做到了旧籍新解、古为今用。有人因为毛泽东在五四运动和"文革"中说过一些"批孔"的话，就判定毛泽东是全面"反孔派"；还有人因为毛泽东在著作和谈话中引用不少孔孟语录，就判定这是把马克思主义"儒家化"。其实，这两种说法都偏离了历史事实。如何继承传统文化遗产，如何借鉴旧时代思想家的思维成果，毛泽东可谓深思熟虑。他紧密联系中国革命和建设的实际，运用唯物史观，艰辛开拓，不懈努力，进行理论创立和文化整合，真正弘扬中华民族的优秀思想文化传统，使先秦子学得到现代阐释和现代转换，作为马克思主义中国化的养分和沃土，寻求到中国风格和中国气派。

品读卷

我读了"六年孔夫子"

（品读史之一）

《论语》被誉为"东方的《圣经》"，也可以说"《圣经》是西方的《论语》"。《论语》是影响中国数千年思想史最为深广巨大的学术著作，是一部充满人生智慧的大书。像孔子被认定为影响世界历史进程的十大思想家之一那样，《论语》早已走向世界，是全人类的思想宝库。

19世纪最后一个年代，后来成为东方巨人的毛泽东来到人世间。1893年12月26日，那是对崛起的现当代中国很有意义的日子——毛泽东诞生在湖南省湘潭县韶山冲一个农民家庭。当年的韶山冲还是一个交通不便、风气闭塞的山村。

毛泽东的少年时代，正是清朝末年。那时科举还没有废除，学堂已经开设，西学东渐已是时代的风气，东瀛求学也成了一种时尚。但是在韶山这个偏僻闭塞的山冲，新思潮的冲击力却十分微弱，在村塾学堂里学生们读的仍然是"四书五经"。

1902年，九岁的毛泽东被父母送到韶山南岸私塾，开始接受启蒙教育。启蒙先生是邹春培。这是一所十分正统的私塾，不容有丝毫外来的异端邪说，"四书五经"具有至高无上的地位。因此，毛泽东的启蒙教育也不例外，是从"四书五经"开始的。

旧时村塾蒙学最普通的教材是"三、百、千"，即始读《三字经》《百家姓》《千字文》等启蒙读物，继而点读《论语》《孟子》《诗经》《左传》等儒家经典。毛泽东自幼聪慧，读书刻苦，从小就深受古代文化的熏陶和影响。

"四书五经"这个词儿,在旧社会略识之无的人都知道的。据《礼记·互解》及《庄子》记载,经原本有六部,即《易》《书》《诗》《礼》《乐》《春秋》,后来由于秦始皇焚书,《乐》散失,仅存《乐记》一篇,被并入《礼记》之中,于是成为"五经":即《周易》《尚书》《诗经》《礼记》《春秋》。"四书"的确定,则是南宋大儒朱熹所为。他在实际教学中,为了完善儒家学说,在原有"五经"的基础上,把《论语》《孟子》也提升到经的地位,再从《礼记》中分出《大学》《中庸》两篇,与《论语》《孟子》并列,合称之为"四书"。朱熹将四书编在一起,并以毕生精力作注解,以之构成自己理学体系。从元仁宗皇庆二年(1313)起,规定为科举用书,一直沿用到清末。

　　20世纪初年,即1902年,毛泽东开始了他一生与伟著《论语》那十分缠绵又十分纠结的关系。

　　早年阅读《论语》等儒家经典的情况,毛泽东在延安时有回忆。1936年10月,经不住美国记者埃德加·斯诺的坚决请求,毛泽东一连几夜,叙述了他自幼年以来的半生经历。他说:

> 我8岁那年开始在本地一个小学里读书,一直在那里读到13岁。清早和晚上我在地里劳动。白天我读儒家的《论语》等"四书"。(《毛泽东一九三六年同斯诺的谈话》,人民出版社1979年版,第5—6页)

　　毛泽东少年时代读过的《论语》,现存下册,系宋人朱熹所辑《论语集注》本,石刻线装,封面有毛泽东用毛笔书写的"论语下 咏芝"——"咏芝"是毛润之的另一种读音和写法。内容包括"论语卷之六至卷之十"。这半部《论语》现在收藏于韶山纪念馆。

　　毛泽东说"在本地一个小学里读书",这里的"小学"就是村塾,而且不是"一个",而是几个。少年毛泽东在南岸私塾读了两年半,这期间,即已点读了记录孔子言行的《论语》,虽则能背,却并不深懂。

　　少年毛泽东读《论语》,虽然起初时不懂,可他不懂就问,一问到底,养成了好习惯。

　　南岸私塾启蒙先生邹春培,五十岁左右,是位乡里落第秀才。身穿一件长袍,脸部瘦弱苍白,颏下留着稀疏的胡子。从事私塾教育多年,远近颇有名气。

　　当时,私塾是沿袭孔子私人办学的一种教育形式。一般是一个先生执教,所教的内容主要是"四书五经"。先生靠死记硬背,记住其中的句段,至于内容大都是半懂不懂。所以,老师一般不讲解,只告诉学生断句认字,再带学生读一两遍。这叫作点书。然后,叫学生自己读,最后到老师那里背诵。私塾先生每人有一根"戒尺",有的用木板制成,有的用竹片制成,专门用来责打背不出书或不守塾规的学生,理论根据是"不打不成才"。毛泽东所受的正规教育,就是从这种"不打不成才"的封建专制教育开始的。

毛泽东读书很用心,领悟能力强,记忆力也非常好。入学后先学《三字经》,继而读《幼学琼林》,接着点读《论语》《孟子》。邹先生教了半辈子"子曰诗云",没有碰到这么聪颖的孩子,对毛泽东这个学生打心底里满意。但也有让邹先生头痛的事,那就是毛泽东提出的问题特别多。

毛泽东读书从小就特别肯动脑筋,喜欢提问题,随着所读的书增多,问题也跟着多起来。在读到《论语》以后,他提的问题,有的邹先生也无法回答。邹先生有一本《康熙字典》,干脆就叫毛泽东自己翻这本工具书。这实际上是为毛泽东另外请来了一位知识渊博的"老师"。

邹先生要求学生大声读书,他喜欢书声琅琅。可是毛泽东总喜欢默默地看书,读书不出声,只是嘴巴动。为此,邹先生批评过毛泽东。但毛泽东还是习惯于默读。邹先生很生气,就叫毛泽东背书,并为他加码点书。

毛泽东对先生说:"春培阿公,你老人家不要点,少得费累。"

邹先生以为他不想读书了,马上说:"你是来读书的,不点书如何要得?"

毛泽东告诉先生:"你不要点,我都背得了。"

邹先生听了不相信,就点了几段没有教的书,让毛泽东背。结果毛泽东居然一字不差地背出来了。原来先生没有点的书,他也能认得、懂得,因为毛泽东开始学会翻《康熙字典》了。

于是,邹先生每天只布置他背诵内容,叫毛泽东自己读一遍,纠正读错的字词,然后叫他熟读,放学时背诵。这在通常情况下,邹先生应该轻松多了。但是,毛泽东没完没了的问题,越来越叫邹先生头痛,不得不需要更加认真准备。

有一次,邹先生点书点到《论语·述而篇》第十一章:"子曰:暴虎冯河,死而无悔者,吾不与也。"(其中,"暴虎":空着两手和猛虎搏斗;"冯河":不用船而涉水过河。比喻有勇无谋,鲁莽冒险——笔者按)

这里有段故事:春秋时代,孔子外出讲学,子路佩剑前往接近孔子。孔子想收他为徒,子路说自己用剑不用读书,孔子说读书可以让他有勇有谋。

子路于是拜孔子为师，他问孔子统率三军时愿意与谁共事，孔子说不愿与那种空手打虎及徒步过河的有勇无谋的人共事。

邹先生点书刚点到此，毛泽东接着就问："春培阿公，人怎么能'暴虎'呢？"

邹先生解释："人是不能'暴虎'的，这是打比方。"

毛泽东接着又问："世上没有人能'暴虎'，这个比方，不是放空炮？"

邹先生解释不清楚了，只好马上制止："不许这样说'圣人书'！"这下虽然暂时封了毛泽东的嘴，但是问题仍然没解决，师生双方都不痛快。

学问学问，不仅在于学，也在于问。勤学好问，是毛泽东自少年时代开始培养起来的良好习惯。这里有好奇心和求知欲望。

少年毛泽东在南岸私塾读《论语》十分用功，至今韶山还流传着他代同学李庆丰受过背诵《论语》十二则的故事。

有一次，先生邹春培用右手持戒尺击打了一下桌面，发话道："李庆丰，把昨日教的那段《论语》十二则背出来！"

被点了名的学生是一位身材瘦小的男孩子，看上去十来岁的样子，战战兢兢地离开座位，走到老师指定的位置停住脚步，看一眼老师那威严的面孔，然后转身面向大家，呈现着一副惊慌的样子，嚅动了两下嘴唇却没有吐出一个字来……

邹春培将戒尺"啪"的一声打在了木桌上："快背！"李庆丰被吓了一跳，两眼含着泪花开始背书："子曰：学而时习之，不亦说乎……"只此两句，李庆丰再也背不出来了。

邹春培上前一戒尺打在了李庆丰主动伸出来的手掌上，李庆丰眼泪汪汪地继续背道："学而时习之，不亦说乎……有朋自远方来，不亦乐乎？人不知而不愠，不亦乐乎……"

"瞎背！"邹春培又一戒尺打在了李庆丰的手上，李庆丰的眼泪像断了线的串珠大滴大滴地滚淌下来，抽泣着，实在背不下去了……

这时节，学生们一个个心惊胆战地用眼睛紧盯着先生，唯恐先生转移怒气喊出自己的名字来；唯独坐在几排课桌前方的毛泽东忽然站起身来，缓声对老师说："先生，我来背吧！"

"你来背？"邹春培余怒未消地看了毛泽东一眼，心中知道站在他眼前的这位自告奋勇的学生很好学，也知道他能够背出来，但还是板着脸说，"你接着背，差错一字打一下手掌心，莫怪我不讲情面！"

毛泽东转身面向大家，不紧不慢地背诵道："人不知而不愠，不亦君子乎……曾子曰：吾日三省吾身，为人谋而不忠乎？与朋友交而不信乎？传不习乎……子曰：君子食无求饱，居无求安，敏于事而慎于言……"

毛泽东十分熟练地背诵着，同窗学友们一起静静地听着，邹春培消了些气，走回到大木桌前坐下来慢慢地喝了一口茶水。当毛泽东一字不差地背完了《论语》十二则，邹春培慢慢开口道："可以了，你坐下！"

这里所说《论语》十二则，是指《论语·学而篇》前十二章。章，又称为"则"。

毛泽东会背《论语》，才自告奋勇替同学"受罚"。

少年毛泽东《论语》背诵得好，可他并不完全死记硬背，在半懂不懂中也尝试着"运用"，结果还闹了一场"游泳闹学"的笑话。

南岸塾馆附近有个南岸水塘，是毛泽东等私塾小朋友游泳的乐园。

现在，南岸塘边还插着一块铁牌，上书："毛泽东同志少年时代游泳过的池塘。"1963年11月，郭沫若参观韶山时，曾指着这口池塘叹服地说："毛主席是小时候游池塘，老年游长江啊！"

在南岸塘，曾经发生过十岁的毛泽东"游泳闹学"的故事，起因与读《论语》有关。

那是一个赤日炎炎的夏天。南岸蒙馆的小阁楼上，闷热得就像蒸笼，灼人的太阳光透过伸手可及的瓦缝射进教室内，散发出难耐的热气。到了下午，热气更加逼人。孩子们的脸上沁着豆大的汗珠。

邹春培先生不停地摇着芭蕉扇，向学生吩咐道：他下午有事外出，不在蒙馆，学生务必尽心温课，不得走动喧哗。等他回来以后，将点读新课——《论语·先进篇》中的《子路曾皙冉有公西华侍坐章》。

毛泽东虽然调皮，可是读书却从不含糊。邹先生走后，他先将昨天学过的课文温习了一遍，然后，便开始预习老师下午将要点读的新课。

  子路、曾皙、冉有、公西华侍坐。
  子曰："以吾一日长乎尔，毋吾以也。居则曰：'不吾知也！'如或知尔，则何以哉？"
  子路率尔而对曰："千乘之国，摄乎大国之间，加之以师旅，因之以饥馑，由也为之，比及三年，可使有勇，且知方也。"夫子哂之。
  "求，尔何如？"对曰："方六七十，如五六十，求也为之，比及三年，可使足民。如其礼乐，以俟君子。"

"赤,尔何如?"对曰:"非曰能之,愿学焉!宗庙之事,如会同,端章甫,愿为小相焉。"

"点,尔何如?"鼓瑟希,铿尔,舍瑟而作。对曰:"异乎三子者之撰。"

子曰:"何伤乎?亦各言其志也。"曰:"莫春者,春服既成,冠者五六人,童子六七人,浴乎沂,风乎舞雩,咏而归。"

夫子喟然叹曰:"吾与点也!"

读到这儿,毛泽东又把这个句子重念了一遍,而后突然停住不读了。

原来,邹先生预习点读的新课内容主要记录的是:

一天,当子路、曾皙(点)、冉有、公西华四位弟子侍坐的时候,孔子让他们各言其志。

子路愿当将军,冉有愿当文官,公西华愿当司仪,曾点则说:

"暮春三月,春天衣服都穿好了,我陪同五六位成年人,六七个小孩子,在沂水旁洗洗澡,在舞雩台上吹吹风,一路唱歌,一路走回来。"

孔子听完上述各人的主张,长叹一声说:"我赞成曾点的主张呀。"

毛泽东读至此,眼前忽然一亮:看来,古时就有"童子"和"冠者"下河游泳的先例,而孔夫子也很赞同。眼下,天气这么热,我们何不也到池塘里冲个凉?"可是,先生回来后要责问怎么办?"他脑子一转悠,计上心头。于是,与邻座的小伙伴咬起了耳朵……

一会儿,十几个蒙童像从笼中放出的小鸟,欢呼雀跃地跑出蒙馆。大家站在杨柳依依的南岸塘边,望着清凉澄澈的塘水,心里痒痒的,等着"孩子王"毛泽东发号施令。毛泽东一个猛子扎进碧水清波中。其他学生娃们,也学着他的样子,一个个脱得赤条条的,"扑通""扑通"地跳进塘里。他们就像一群鸭子一样,尽情地在水中嬉戏,早把先生的吩咐忘到了九霄云外。

邹先生回馆,小阁楼空无一人,心里好生纳闷儿:都到哪里去了呢?他朝窗外一望,但见学生们正在水中玩得开心。一看这情景,非常生气,跑到池塘边,铁青着脸,狠狠地吼道:"孺子不可教也!"

学生们霎时像老鼠见了猫,从水里爬上岸,连衣裤也不敢穿,一窝蜂地拥进教室里。回到蒙馆,大家低头垂眼,等候先生发落。唯独毛泽东神态自然,若无其事。

邹先生用戒尺狠狠地拍打着讲台,指着这一二十个小学生问:"我是怎么教你们的?"

学生们低着头回答:"要好好温习功课!"

"这次是哪个带头?"当时,同学们看见先生手里的戒尺,早就吓得全身发抖、魂不附体了,连大气也不敢出。这时,毛泽东向前一步说:"春培阿公,是我喊他们去的,与他们无关,要打要罚,就打我罚我吧!"

邹先生拿起戒尺,就要打这个"罪魁祸首"。

毛泽东说:"春培阿公,你莫生气,让我把话讲完,再打行吗?"

邹先生没好气地说:"好,你说!"

毛泽东从容不迫地说:"是你教我们,言行要遵照孔夫子说的去做。可是,孔夫子是最赞成游泳的呢!"

邹先生更生气,用戒尺指着毛泽东说:"这是胡说八道,孔夫子教诲我们'学而时习之,不亦说乎',要'温良恭俭让',谁教你们戏水,谁要你们学猫叫狗跳的?"

这时,毛泽东很快跑到自己座位,从书包里抽出那本《论语》,翻到《先进篇》第二十六章,递给邹先生,说:"你看,这是你要点读的课文,这里说到孔夫子问他的学生的志愿,曾皙答道:'莫春者,春服既成,冠者五六人,童子六七人,浴乎沂,风乎舞雩,咏而归。'孔子听了曾皙的回答很高兴,就说:'吾与点也。'这不是孔夫子也很赞成我们少年儿童到河塘里去游泳吗?而且,他还赞同先生带我们童子一起游呢!"

同学们听了,禁不住笑了。这一笑,对邹先生来说,心里无疑是不大好受的,是有点儿丢面子的。于是,邹先生在这种情况下,大发脾气,用戒尺在桌上狠狠打了几下:"大家听着!"

学生们听到戒尺响,吓得全身起鸡皮疙瘩,笑声也就戛然而止,教室里瞬间安静下来。

邹先生接着说:"即使是这样,弟子们也是由先生带着去游泳的,不是像你们不听话,背着先生去戏水。"

毛泽东又天真地说:"那就请先生带我们去游吧,行吗!"这下使邹先生更左右为难了。

一场"游泳风波"就这样平息了。

少年毛泽东借《论语》中孔子和曾点的话鼓动大家去游泳,似乎有点"恶作剧"的味道。但是,不可否认刚到十岁的蒙童毛泽东,读枯燥无味的经书,却天性聪敏机灵,常常用从老师那里学到的有限知识,把书读"活"了,和现实生活贴得很近。

1904年秋,毛泽东转到关公桥私塾就读,以后在其他私塾读书时,又继续深入地学习了《论语》，逐渐明白了其中不少事理。

少年毛泽东先后在南岸、关公桥、桥头湾、钟家湾、井湾里、乌龟井、东茅塘等七处私塾读书，先后上了六年学，他所读的主要是儒家经典——"四书五经"。对这六年的私塾读书经历，毛泽东后来形象地概括为"读了六年孔夫子"。他还追忆道：

> 我过去读过孔夫子的书，读了"四书""五经"，读了六年。背得，可是不懂。那时候很相信孔夫子，还写过文章。（陈晋主编：《毛泽东读书笔记解析》，广东人民出版社1996年版，第1页）

曾兼任过毛泽东秘书的李锐，在其著作《毛泽东早年读书生活》中是这样说的："毛泽东八岁被送进私塾，一直读到十六岁，中间曾停学二年，经过同父亲力争，才又读了一年。六年私塾，读《论语》《孟子》《左传》这些经书，读得背诵如流。后来他说起自己的幼年：学的是'子曰学而时习之，不亦说乎'一套，这种学习的内容虽然陈旧了，但是对我也有好处，因为我识字便是从这里学来的。"事实上，当时的学习远不是只起了识字的作用，这些对于儿童来说枯燥难懂的书本，读熟了，就有些近似于电脑的软件储存，以后用起来是现成的。毛泽东幼年时代的记忆，显然帮助了他后来的'古为今用'。我们看五卷《毛泽东选集》，其中许多孔孟之言常用得恰到好处。"

六年（从八岁到十六岁，中间有两年停学）私塾生活，读的虽然是《论语》等"四书五经"这些枯燥无味的经书，毛泽东对它们也不感兴趣，但却为他打下了较为深厚的古文和旧学的功底。

从《论语类钞》到《讲堂录》

（品读史之二）

毛泽东在二十岁那年，遇到精通《论语》的好老师杨昌济。近现代《论语》的研究类著作，毛泽东较早接触并接受其思想正是他的老师杨昌济的著作《论语类钞》。这部书是杨先生学习《论语》的心得。

杨昌济（1871—1920），号怀中，字华生，湖南长沙县板仓人。出身于书香门第，家学渊远。自幼饱读圣贤之书，深受中国传统文化，主要是儒家典籍的熏陶，服膺孔孟程朱的学说，他的思想基本属于儒家。戊戌变法时，参加湖南维新活动。1903年留学日本，六年研习教育学。1909年考入英国伦敦阿伯丁大学，主攻哲学和伦理学；1912年毕业，获文学士学位。在德国短期考察后，1913年春返国。在外国留学达十年之久，他广泛接触到了西方近代思潮和西方哲学，因而能够联系欧洲学术思想来重新解释孔孟程朱陆王的学说。他的思想已经不同于传统的儒家，就其思想的倾向来说，当属于近现代新儒家的一员。1913年至1918年，曾在湖南省立第一师范学校、第四师范学校、高等师范学校、商业专门学校等校任教。毛泽东曾受学于其门下。1918年夏，应蔡元培之邀，赴北京大学任伦理学教授，直至1920年病逝。

杨昌济不仅是一位学贯古今、融通中外的学者，更是一位爱国心切、道德高尚、思想进步的教育家。青年时期他即具有爱国思想（留学时改名怀中）。与当年一般竞学法政、实业、军事等科的留学生不同，他在外国潜心研究教育和哲学，探求做人的道理。归国时正逢辛亥革命，谭延闿想延揽他做教育司长。他不愿做官，只选择了冷清的师范教员。很显然，这是由于他不满现实，有所抱负，想从教育着手，为国家培植人才。这种特殊的出身经历、渊博学识及高尚的人格，使之成为最受学生欢迎的老师。

当年毛泽东、蔡和森、萧子升等一批热血青年，围绕在他的周围。以培养人才为己任的杨昌济先生，深感这些好学上进的学生十分可爱，很乐意和他们交往。他从毛泽东、蔡和森这批胸怀大志、朝气蓬勃的优秀青年身上，看到了人才脱颖而出的希望，感到无限慰藉，便竭尽心力，加以培养。

杨昌济除正常授课外，还把自己的作品《论语类钞》作为教学参考书，传授给学生们。他通过教学竭力将自己的思想和知识传授给学生。他教书不是照本宣科，往往将自己的心得，如《论语类钞》中的有关篇章，向学生讲解，以启发学生触类旁通、独立思考。他的教学和为人，对正处于人生观、世界观逐步形成阶段的毛泽东及其学友们，影响之大是可想而知的。

1913年春，毛泽东考入湖南省立第四师范学校预科（第二年合并到湖南省立第一师范学校）。担任修身课老师的杨昌济，常把《论语类钞》作为教材，这对毛泽东等人进一步加深对《论语》的理解和领悟，所产生的影响无疑是很大的。

这年10月至12月，毛泽东听杨昌济老师的修身课，也听袁仲谦老师的国文课，毛泽东有课堂笔记《讲堂录》保存下来。对比《论语类钞》的论说与《讲堂录》的记载，就会十分明确、十分具体地看出《论语类钞》对学生时代毛泽东在各方面的影响。

比如：《论语类钞》在解释"子曰：三军可夺帅也，匹夫不可夺志也"这一句时，说："王船山谓豪杰而不圣贤者有之矣，未有圣贤而不豪杰者也。《论语》中如此节语言，可以见圣人之精神矣。"（《杨昌济文集》，湖南教育出版社1983年版，第69页）这意思在《讲堂录》里有一点发挥："王船山：有豪杰而不圣贤者，未有圣贤而不豪杰者也。圣贤，德业俱全者；豪杰，歉于品德，而有大功大名者。拿翁（指拿破仑——引者注），豪杰也，而非圣贤。"（《毛泽东早期文稿》，湖南出版社1995年第2版，第589页）孔子这句话出自《论语·子罕篇》第二十六章。孔子意思是说："三军可以丧失他的主帅，一个人却不可以丧失他的志向。"孔子说，即使是个普通人，也要有坚定的志向。何晏《论语集解》引孔安国语："三军虽众，人心不一，则其将帅可夺而取之；匹夫虽微，苟守其志，不可得而夺也。"儒家强调保持人格尊严，重视主观精神作用，以"志为至要之本"。杨昌济在讲解《论语》"三军可夺帅也，匹夫不可夺志也"这句孔子的话时，还对学生这样说道："人有强固之意志，始能实现高尚之理想，养成善良之习惯，造就纯正之品性。""意志之强者，对于己身，则能抑制情欲横恣，对于社会，则能抵抗权势之压迫。道德者克己之连续,人生者不断之竞争。有不可夺之志,则无不成矣。""临难毋苟免,见危授命,乃意志之强,同于良心之强之状态也。古来殉道者,宁死而其志不可夺;反对之者,但能残虐其身体,不能羁束其灵魂。其志事虽暂挫于一时,而前仆后继,世界卒大受其影响。"杨昌济还讲道:"近世教育学者之说曰,人属于一社会,则当为其社会谋利益。若己身之利益与社会之利益有冲突之时,则当以己身之利益为社会之牺牲。虽然,牺牲己之利益可也,牺牲己之主义不可也。不肯抛弃自己之主义,即匹夫不可夺志之说也。"

再如:《论语类钞》中解释"曾子曰:士不可不弘毅,任重而道远"这一句的时候,说:"吾无过人者,惟于坚忍二字颇为著力,常欲以久制胜,他人以数年为之,吾以数十年为之,不患其不有所成就也。"(《杨昌济文集》,湖南教育出版社1983年版,第68页)曾子这句话出自《论语·泰伯篇》第七章。大意是,曾子说:"读书人不可以不心胸宽广,意志坚强,因为他肩负着重大使命,路程又很遥远。"关于这一点,毛泽东在《讲堂录》中记的是:"以久制胜。即恒之谓也,到底不懈之谓也,亦即积之谓也。"(《毛泽东早期文稿》,湖南出版社1995年第2版,第601页)

《讲堂录》中还有不少毛泽东或其师引用《论语》中警句格言的记录,探索人的天性、人类社会、中国、世界、宇宙这些"大本大源"问题,以确立人生奋斗目标和宏图大志。

如毛泽东在课堂笔记《讲堂录》中记道:

> 君子谋道不谋食,系对孳孳为利者而言,非谓凡士人均不贵夫谋食也。
>
> 志不在温饱,对立志而言,若言作用,则王道之极亦只衣帛食粟不饥不寒而已,安见温饱之不可以谋也。(《毛泽东早期文稿》,湖南出版社1995年第2版,第597页)

"君子谋道不谋食"见《论语·卫灵公篇》。

再如:

> 乐利者,人所共也,惟圣人不喜躯壳之乐利(即世俗之乐利),而喜精神之乐利,故曰饭疏食饮水,曲肱而枕之,乐亦在其中矣,不义而富且贵,于我如浮云。(《毛泽东早期文稿》,湖南出版社

1995年第2版，第591页）

其中"故曰"二字后所引孔子语见《论语·述而篇》。

杨昌济老师结合对《论语》的讲解，要求学生树立奋发向上的人生观。他反对混世，经常劝告学生要有远大理想，要精通一门学问艺业，认真做事，服务社会，不为个人打算，争做一个公正、有道德、有益于社会的人。他认为，为人一定要有理想，要研究哲学，没有哲学思想的人便很庸俗。他强调个人应该为社会牺牲自己的利益，但绝不能牺牲自己信仰的主义。

学生毛泽东对老师杨昌济敬佩尊重，对他用《论语类钞》《达化斋日记》等著作构建的学说很信服。1915年7月他在致同学萧子升的信中说：

> 弟观杨先生之涵宏盛大，以为不可及……（《毛泽东早期文稿》，湖南出版社1995年第2版，第14页）

这里"杨先生"即指杨昌济老师。1936年，毛泽东同美国记者斯诺在延安谈话时，这样谈到担任修身课老师的杨昌济：

> 给我印象最深的老师是杨昌济，他是一位从英国回来的留学生，我后来同他的生活有密切的联系。他讲授伦理学，是一个唯心主义者——但是是一个道德高尚的人。他对自己的伦理学有强烈信仰，努力鼓励学生立志做一个公平正直、品德高尚和有益于社会的人。（《毛泽东一九三六年同斯诺的谈话》，人民出版社1979年版，第26页）

在学校生活中老师的思想行为与学生人生观和世界观的形成关系重大。一个好老师自身的思想、品格和行为，往往对学生产生深远的影响。杨昌济解读《论语》的这些见解，给毛泽东留下深刻印象。他受老师的影响开始懂得高尚理想、砥砺精神对于人生的重要意义，并已经做好为实现自己的理想而不惜奋勇献身的精神准备。

《讲堂录》的相关记录表明，二十岁的毛泽东在杨昌济老师及其《论语类钞》的引导下，对《论语》的品读已经不是寻章摘句或一知半解的肤浅常识性学习，而是结合古今中外的学术名著中的相关者，从构建新的人生观、世界观出发，融会贯通，申述己意。

义理以《论语》为主干

（品读史之三）

1915年，毛泽东二十二岁。那时一批大文化人正忙于倡导国学，学生毛泽东为思想潮流所裹挟，也参与议论之列，并在构建国学系统的范畴内重新定位《论语》的学术史地位。

国学，即中国学术，是有别于西方学术的中国特有之学术系统的简称。1907年（清光绪三十三年），此时毛泽东年方十四岁，还未走出韶山冲。刘师培、章太炎、邓实等创办了《国粹学报》。在其第二十七期，邓实发表了《国学精论》一文。1910年，章太炎先生的《国故论衡》刊印以后，风行海内外，成为莘莘学子的必读之书。所以，国学又被称为国故、国粹、国故学，西方学者则称之为汉学。

早在"学在官府"的殷周时代，中国已经出现了明确的学术分工与学科分类。《诗》《书》《礼》《乐》《易》《春秋》，既是当时流行的六种重要典籍，又是官府职掌的六种专门知识门类。在春秋时代，还出现了为后世儒家所称道的"孔门四科"。即孔门弟子根据其学业特长分为德行、言语、政事、文学四科。

至清时，有人按清朝的四库全书，把国学分为四部，即经、史、子、集。清朝的学者姚鼐的《古文辞类纂》则认为可以分三门：曰义理，曰辞章，曰考据。晚清大儒曾国藩在此三门的基础上，把"经济"从"义理"中独立出来，与义理、考据、辞章并列，从而形成"儒学四门"的说法。他说："为学之术有四：曰义理，曰考据，曰辞章，曰经济。"（曾国藩:《曾国藩全集》，岳麓书社1986年版，第442页）

曾国藩提出了"儒学四门"的观点，并对此作了详细的说明："义理者，在孔门为德行之科，今世目为宋学者也；考据者，在孔门为文学之科，今世目为汉学者也；辞章者，在孔门为言语之科，从古艺文及今世制艺师赋皆是也；经济者，在孔门为政事之科，前代典礼、政书及当世掌故皆是也。"（曾国藩：《劝学篇示直隶士子》，《曾国藩全集》，岳麓书社1986年版，第442页）

到了清代道光、咸丰之际，曾国藩已经将"经济之学"视为中国重要的学术门类了。并明确将"孔门四科"与"儒学四门"联系起来。在曾氏看来，孔门德行之科，即为后来的义理之学，宋儒周、程、张、朱之学，即为义理之学；孔门言语之科，即为后来词章之学，唐宋时代的韩、柳、欧、曾、李、杜、苏所谓八大家者，属于词章之学；孔门文学之科，即后来的考据之学，汉代以后的许、郑、杜、马、顾、秦、姚、王等大家，属于考据之学。这样，"孔门四科"发展到清代，已经形成"儒学四门"，并且得到了晚清学人的普遍认同。

在"孔学四门"中，曾国藩始终把"义理"放在首位，其地位高于其他三科，强调在治学之前，首先要学习程朱理学。所谓"义理"，是指经籍包含的意义和道理。《礼记·礼器》曰："义理，理之文也。"而在其他三科中，曾国藩强调的是"经济"，称之为"政事之科"，一切考求各种关系到国计民生的学问都包括在内，与"义理之学"互为表里。

曾国藩的以上言论不仅把"经济"独立出来，予以突出的地位，将"孔学三门"发展为"孔学四门"，增强了儒学的实用性、应变性，而且又阐明了"孔学四门"之间的关系，明确地把"义理之学"视为根本，而其他三科则为"义理"的辅助，以"义理之学"纲领其他三科，坚持了儒学正统。

曾国藩的新四分法，备受青少年时代的毛泽东推崇。1915年9月6日，他在给好友萧子升的信中说：

> 顾吾人所最急者，国学常识也。昔人有言，欲通一经，早通群经。今欲通国学，亦早通其常识耳。首贵择书，其书必能孕群籍而抱万有。干振则枝披，将麾则卒舞。……仆观曾文正为学，四者为之科。曰义理，何一二书为主（谓《论语》《近思录》），何若干书辅之。曰考据亦然；曰词章曰经济亦然。"（《毛泽东早期文稿》，湖南出版社1995年第2版，第25页）

曾文正，即曾国藩，晚清重臣，官至两江总督、直隶总督等。

这里，毛泽东显然是肯定了曾国藩的"孔学四门"分类法，并赞同其"义理之学"为根本的观点。那么，在"义理之学"中，又以何书为主干呢？毛泽东在致萧子升的信中明确指出："谓《论语》《近思录》。"

为了说明问题，需要对《论语》《近思录》这两本书及其历史地位、思想价值等作一下扼要的了解：

《论语》是一本语录体的书，记录了孔子一生的言行，由孔子的弟子整理编撰而成，是孔子的思想录，为中国古代儒家的一部重要经典。自公元前140年（汉建元元年）汉武帝采纳了董仲舒的"罢黜百家，独尊儒术"的建议后，儒家逐步发展，成为此后两千多年来中国传统文化的正统和主流思想。《论语》在经部中占有最主要的地位。而孔子是儒学的创始人，儒学的基本思想都在《论语》中，所以《论语》也被称为"中国人的《圣经》"。

《近思录》，取《论语》子夏曰"博学而笃志，切问而近思，仁在其中矣"之义，即近思者，切问而近思之意也，谓之与人伦日用密切相关。共14卷。成书于南宋淳熙二年（1175），系南宋人朱熹、吕祖谦合编之理学入门书。依次辑录北宋新儒家周敦颐、程颢、程颐、张载"四君子"的言论，计622条。从宇宙生成的世界本体到孔颜乐处的圣人气象，按照宋明理学的修身、齐家、治国、平天下的修养程序为标准，分为十四门，对研究北宋理学有重要的史料价值。代表着宋代理学主体的《近思录》，是中国古代儒家思想文化发展成熟的理论形态，标志着古代思想文化的发展水平，堪称后世性理诸书之祖。

所以，在青年时代的毛泽东看来，国学当以"义理之学"为根本，"义理之学"当以《论语》《近思录》为主干。因为《论语》"孕群籍而抱万有"，上承商周以来易变礼制仁义忠恕文化根脉，下绍两汉经学、宋明理学和清代实学文化传统，举凡史学、哲学、人学、美学、诗学、社会学、政治学、伦理学、教育学、心理学，都可以从这里找到源头——这大概是毛泽东对《论语》的最初评论，也是较高的评价。

孔夫子的《论语》传下来了

（品读史之四）

品读《论语》，毛泽东也关注《论语》的传播史。

1957年5月1日，《人民日报》刊载了中共中央发出的《关于整风运动的指示》，决定在全党开展整风运动。整风运动中的基本做法是所谓"大鸣大放"，其中包括"大字报"上墙。

7月9日，毛泽东在上海干部会议上，在讲到"大字报"时说：

> 大字报是个好东西，我看要传下去。孔夫子的《论语》传下来了，"五经"、"十三经"传下来了，"二十四史"都传下来了。这个大字报不传下去呀？我看一定要传下去。比如将来工厂里头整风要不要大字报呀？我看用大字报好，越多越好。（1957年7月9日毛泽东在上海干部会议上的讲话）

从1957年整风到1966年开始的十年"文革"，实践证明"大字报"不是一种可行的民主形式，这在党的历史决议中已经作了结论。但是当时毛泽东认为"大字报是个好东西"，无论是整风，还是"反右"，都可以通过"大字报"的方式方法展开辩论。所以，他接着说"大字报""要传下去"，并说《论语》、"五经"、"十三经"、"二十四史"都传下来了。以此为例证，说明"大字报""一定要传下去"。

这里，毛泽东是用"孔夫子的《论语》传下来了"作比喻，说明"大字报"也一定要传下去。

然而，从另一个角度看，毛泽东无形之中对《论语》作了评价:《论语》传下来了。

从字面意思看，似乎是说《论语》这本书，没有佚失，没有被焚毁，流传了下来。其实，更深层的意思，是指孔子的思想及其所创立的儒家学说也传承下来了。

这里重点讨论《论语》的流传问题。

从传世本《论语》看，孔子生前只有学生的听课笔记，并无《论语》一书。因为《论语》杂乱无章，成书缺乏逻辑，明显是各个弟子笔记的综合，孔子本人并未参加《论语》的整理和编辑。

关于《论语》的成书，有两种典型说法：一是班固在《汉书·艺文志》中的说法："《论语》者，孔子应答弟子、时人及弟子相与言而接闻于夫子之言也。当时弟子各有所记，夫子既卒，门人相与辑而论纂，故谓之《论语》。"一是宋人邢昺《论语正义》引郑玄《周礼注》释论、语二字的说法："答述曰语，以此书所载，皆仲尼应答弟子及时人之辞，故曰语。而在论下者，必经论撰，然后载之，以示非妄谬也。"

由于历史资料的缺失，历来关于《论语》之源流的研究，仅上溯至汉代。对先秦孔子言论即《论语》的原始结集本，有这样几种意见：一种意见认为《论语》在先秦时期不只是一部，而是有多种本子同时存在。孔门弟子升堂入室的有七十二子，也应该有七十二种不同的《论语》。七十二贤人中，除去早夭者、病废者、非善亡者、从政改道者等，那么也有几十种笔记流传下来。《论语》是孔子某位弟子，如书中被称为有子的有若，后期弟子子夏，依据自己和各家的笔记整理的。一种意见认为孔子死后，儒分八派，各派所传之孔子学说，难为别派所承认，后由子夏主持结集成《论语》的原始本子。一种意见认为先秦流传仅孔子言论零章散篇，至西汉时才删重补缀，集成一书。但是这种意见不好确定整理者。

战国时代，法家、墨家、道家、兵家交相攻击儒家，秦时因法家耸言"儒以文乱法"，《论语》也遭秦火焚书之祸。但焚而不绝，如孔壁藏者有之。

汉以前文献中引述《论语》者，或简称之为《论》《语》《传》《孔子曰》。

西汉继秦，《论语》始交好运。汉文帝时置《论语》博士，《论语》开始列于学官。后又"罢传记博士，独立五经而已"（赵岐《孟子题辞》）。汉景帝以后，鼓励民间献书，《论语》出现了三种本子，即《鲁论语》《齐论语》《古论语》。《古论语》出现很奇特，汉景帝时在孔子故居的"坏壁"里，发现了孔氏后人暗藏的一批先秦典籍，其中，有古文《论语》，后称《古论语》。《古论语》二十一篇,据说,与《鲁论语》《齐论语》相比,篇次不同,而"文异六百四十余字"(桓谭《新论·正经》)。南朝梁人皇侃《论语疏叙》引刘向《别录》说:"鲁人所学,谓之《鲁论》;齐人所学,谓之《齐论》;孔壁所得,谓之《古论》。"《鲁论语》二十篇,为现行《论语》所据之本。《齐论语》二十二篇,多《问王》《知道》两篇。另二十篇中章句也较《鲁论语》为多。《古论语》二十一篇,无《问王》《知道》两篇,但分《尧曰》篇的"子张问"为另一篇,于是出现了"两《子张》"。王充《论衡·正说》曾说《齐论》《鲁论》《古论》等不同的传本其沿革:"夫《论语》者,弟子共纪孔子之言行,敕记之时甚多,数十百篇,以八寸为尺,纪之约省怀持之便也。……汉兴失亡。至武帝发取孔子壁中古文,得二十一篇,齐、鲁(二)、河间九篇:三十篇。至昭帝女读二十一篇,宣帝下太常博士。时尚称书难晓,名之曰传,后更隶写以传诵。初孔子孙孔安国以教鲁人扶卿,官至荆州刺史,始曰《论语》。今时称《论语》二十篇,又失齐、鲁、河间九篇。本三十篇,分布亡失,或二十一篇,目或多或少,文赞或是或误。"可知西汉还有《河间论语》的版本,由于其早佚,其篇章、内容已无可查考。

汉武帝独尊儒学后,《论语》的地位日益提高。《论语》的三种传本在官府都有人传授。汉元帝时张禹(?—前5年)为太子讲授《论语》,其编《张侯论》,随太子继位(是为成帝)其地位益尊。此时,《论语》被视为"五经之辖辖,六艺之喉衿"(赵岐《孟子题辞》),即达到五经非《论语》则无以运行的地步。东汉时被列为六经之一,后又列为七经之一(《孝经》名为经,但汉人称为传,后也被列为经,与《诗》《书》《易》《礼》《春秋》《论语》合为七经)。

汉代还出现两种影响较大的《论语》合编改订本。一为《张侯论》,由西汉末安昌侯张禹混合《齐论》《鲁论》,"删其烦惑,除去《齐论·问王》《知道》二篇,从《鲁论》二十篇为定"(《隋书·经籍志》)。张禹师事夏侯建,夏侯建师事夏侯胜,他们是代代传授而较有根据的。一为东汉末郑玄(127—200)注本《论语》,郑注本主要根据《张侯论》本,而复以《齐论》《古论》校之,并为之注,遂流行至今。郑玄《论语注》曾盛行当时,但已亡佚,现在所能见到的只是许多辑佚本。

《论语》在汉代已有注本,相传孔安国曾为《古文论语》撰训解,但世不传。马融也为《古文论语》作注。包咸、周氏为《张侯论》撰作章句。郑玄以《张侯论》为本,参考《齐论》《古论》,而为之注,曾盛行于当时。可是这些注本早佚。其部分义释保留在三国魏人何晏(190—249)诸人之

《论语集解》中。清人马国翰《玉函山房辑佚书》有郑注之辑佚本。敦煌千佛洞石室也发现有郑注之残本。

西汉之后，《论语》已经成为经典，没人再敢妄加编删改动了。无论文字是否通顺，意思是否一贯，大家能做的就是注释，并在"微言"中寻找"大义"。《论语》的内在逻辑和思想深度，完全淹没在了汉代以来浩如烟海的注释中。

魏晋时期，何晏与孙邕、郑冲、曹羲、荀颛五人合作《论语集解》，杂采汉魏经师孔安国、包咸、周氏、马融、郑玄、陈群、王肃、周生烈八家之说，而将自己意见列在最后，为研究《论语》思想的重要参考。唐以后开始只署何晏一人之名。此书宋代亡佚，直到清末，才得日本正平本回到中国，现已收入《十三经注疏》。三国魏人王肃也撰《论语解》，与郑注故意立异，但今不传。《论语集解》中可见其说之部分。

南北朝时期，南朝梁人皇侃（488—545）编《论语义疏》，以《论语集解》为主，而兼采老庄、玄学、佛语之说入疏，可证《论语集解》所集诸儒之说。南宋时曾亡佚，清乾隆间复由日本觅回。

宋人邢昺（932—1010）根据皇侃《论语义疏》，翦其枝蔓，辅以义理，撰《论语正义》，开义理说经风气之先。但邢疏已经不若《论语义疏》的多存古义了。清人阮元（1764—1849）有校勘，见《重刊宋本十三经注疏》。南宋绍熙元年（1190），朱熹把《论语》《大学》《中庸》《孟子》合为"四书"刊印。朱熹辑集宋儒十一家学说，撰《论语集注》，重义理但也并非不注意训诂，对后世有较大的影响。

元延祐年间复科举，以《四书集注》试士，此后《论语》文句变为八股教条。如康有为所说："盖千年来，自学子束发诵读，至于天下推施奉行，皆奉《论语》为孔教大宗正统"（《论语注》）。

清代《论语》注本甚多，但以焦循（1763—1820）《论语通释》较为精审，以刘宝楠（1791—1855）《论语正义》最为详博。近代康有为（1858—1927）《论语注》尊今文经学，其引证以今文学为主，正伪古之谬，发大同之渐。

近人注本多不受汉学、宋学之囿，并注意诠释之简洁、通俗。其中以杨伯峻《论语译注》与钱穆《论语新解》流传较广。

自古至今，《论语》各种注本有三千余种，真正的汗牛充栋、学海书山。

《论语》在中国思想史、文化史、教育史上都产生过很大影响，其思想内容、思维方式与价值取向也影响着中华民族的心理素质。

毛泽东说"孔夫子的《论语》传下来了",看似简单的一句话,却点出了《论语》两千年的传播史,揭示了《论语》在传统文化中的历史地位。他把《论语》与"五经""十三经""二十四史"放在一起来考量,是把它们看作子学、经学、史学代表作来看待,是放在传统文化至高点上来看待。

从《论语》谈到"朱注"

（品读史之五）

毛泽东读过的《论语》，现在保存下来的是宋代朱熹《论语集注》的下部。在两千年的时间里，《论语》注疏注解类的著作可谓汗牛充栋，可朱熹的《论语集注》最为出众，由于明清统治者的提倡，此书流传之广、影响之大，在同类著作中无与伦比。

1958年9月，毛泽东在安徽视察工作，同行的有民主人士张治中、公安部长罗瑞卿等人。

毛泽东与张治中相识相交，始于1945年秋毛泽东到重庆谈判和张治中三上延安。这次，张治中、罗瑞卿等陪同毛泽东南下视察。

> 在合肥，张治中、曾希圣和罗瑞卿在毛泽东处聊天。毛泽东向张治中介绍看《楚辞》，因而由《楚辞》谈到《论语》，谈到《论语》的朱注，谈到朱熹。由朱熹谈到程颢、程颐，谈到周敦颐，谈到宋明理学的四大学派，谈到客观唯心主义，谈到中国古代具有朴素的原始的唯物主义思想的人物。（余湛邦：《张治中与中国共产党——张治中机要秘书回忆录》，中共中央党校出版社1991年版，第178—179页）

"朱注"，即指南宋理学集大成者朱熹的《四书章句集注》，简称《四书集注》。这里，又具体指其中的《论语集注》。《四书集注》是朱熹注释儒家经典"四书"的重要著作，也是一部儒家理学名著。其内容分为《大学章句》一卷、《中庸章句》一卷、《论语集注》十卷以及《孟子集注》七卷。

朱熹（1130—1200），字元晦、又字仲晦，号晦庵。谥号文公。婺源县（原属徽州地区）人。青年时师事李侗，为二程（程颢、程颐）四传弟子。南宋著名思想家、教育家，程朱理学集大成者。他建立的理学，影响了尔后学术思想的发展达六七百年之久，在明清两代被提到儒学正宗的地位。

儒家文化先有"五经"，后有"四书"。"四书"说法始于南宋，是由朱熹确立的。"五经"之内不包括《论语》和《孟子》。《论语》等"四书"这些儒家经典，在先秦并没有受到特别的重视。《孟子》《大学》《中庸》，直到韩愈、二程，特别是到了朱熹，才受到了异乎寻常的重视。朱熹认真研究"五经"，认为"五经"内容丰富而且庞杂，表达的意义不够集中、明确，无法形成完整的思想理论体系。朱熹重新选定文本，首次将《礼记》中的《大学》《中庸》两篇分出，与《论语》《孟子》并提，合称为"四书"。

朱熹认为《大学》中"经"的部分是"孔子之言而曾子述之"，"传"的部分是"曾子之意而门人记之"；《中庸》是"孔门传授心法"而由"子思笔之于书以授孟子"（《四书章句集注·大学章句、中庸章句》）。《大学章句》《中庸章句》成书于南宋淳熙十六年（1189），基本上是朱熹自己的注释；《论语集注》《孟子集注》成书于淳熙四年（1177），多引用二程及程门弟子的言论注释。四者上下连贯传承而为一体，代表了由孔子经过曾参、子思传到孟子这样一个儒家道统，而程颢、程颐和朱熹则是这一道统的继承者、发扬者。

在注释方式上，朱熹不同于汉唐学者的作风。汉唐学者注释，注重经书的原本，文字的训诂和名物的考证分量很重，做法烦琐。朱熹注释则注重阐发"四书"中的义理，并往往加以引申和发挥，其意已超出"四书"之外。总之，朱熹注释"四书"，目的不仅仅是整理和规范儒家思想，宣扬和贯彻儒家精神，其更主要的目的是把"四书"纳入自己的理学轨道，用"四书"中的哲理作为构造自己整个思想体系的间架。从这个意义上说，《四书章句集注》不仅是儒家学说的大成，而且是朱熹儒学体系的基础。

朱熹集注《论语》最为精心。他引用二程的话说："程子曰：学者当以《论语》《孟子》为本。《论语》《孟子》既治，则六经可不治而明矣。读书者当观圣人所以作经之意，与圣人所以用心，圣人之所以至于圣人，而吾之所以未至者、所以未得者。句句而求之，昼诵而味之，中夜而思之，平其心，易其气，阙其疑，则圣人之意可见矣。"（《论语集注·读论语孟子法》）程朱用当时的价值观论述了为《论语》《孟子》作集注、深研细读《论语》《孟子》的意义。

《论语集注》中以《学而第一》用力最深,认为"此为书之首篇,故所记多务本之意,乃入道之门,积德之基,学者之先务也"(《论语集注·学而第一》按语)。朱熹在解释孔子"君子务本,本立而道生。孝悌也者,其为仁之本与"这句话时,说道:"仁者爱之理,心之德也……孝悌乃是为仁之本,学者务此,则仁道自此而生。"以"爱之理,心之德"概括解释孔子的"仁",颇具道学家义理之学的特色。

朱熹倾毕生心力注"四书",前后经过四十余年,毕力钻研,死而后已。朱熹称其集注乃多年研究成果,"沈潜反复,盖亦有年,一旦恍然似有以得其要领者,然后乃敢会众说而折其中"。而且"脉络贯通,详略相因,巨细毕举,而凡诸说之同异得失,亦得以曲畅旁通而各极其趣"(《四书章句集注·中庸章句序》)。"四书"经过他的反复研究,颇为完整,条理贯通,无所不备。

南宋绍熙元年(1190),朱熹知漳州,刊刻"四书","四书"之名由此确立。"四书"的产生,确立了孔子思想的主导地位,使中华文化由"五经时代"发展到了"四书时代"。"四书"突出《论语》、孔子和孔子思想。

朱熹集注"四书",其主要目的是借此宣扬程朱理学思想。在注释中,选取前人注解并附己意,多从义理上发挥。他把理学家特有的许多概念和思想加给"四书",如在《大学章句》一节中,加进了他认为原文缺佚的"致知在格物,物格而后知至"(《四书章句集注·大学章句》)的思想命题。此书注意从整体上探求与把握原书的思想体系,剖析疑似,辨别毫厘,而疏于名物训诂。书中就哲学、政治、教育等方面大量发挥理学论点,力图赋予孔孟思想以理学色彩。

朱熹死后,《四书章句集注》逐渐风行,被视为"六经之阶梯"。南宋以后被历代封建统治者所推崇。南宋宁宗嘉定五年(1212),把《论语集注》和《孟子集注》列入学官,作为法定的教科书。明清时期理学成为官方哲学,占据着封建思想的统治地位,御定此书为读注本,为学官教科书和科举考试的标准答案。《四书章句集注》被统治者捧到了一句一字皆为真理的高度,对中国封建社会后期思想产生了深远巨大的影响,是研究儒家学统及朱熹思想的一部重要著作。

1958年11月21日,毛泽东在武昌会议上谈到有实无名问题时说:

> 有实无名,可不可以比方一个人学问很高,如孔夫子、耶稣、

释迦牟尼,谁也没有给他们安博士头衔,并不妨碍他们行博士之实,孔子是后来汉朝董仲舒捧起来的,以后不太灵了。到了唐朝好一点,特别是宋朝朱熹以后,圣人地位就定了。到了明清两代才被封为大成至圣文宣王之位……(许全兴:《毛泽东与孔夫子》,人民出版社 2003 年版,第 331 页)

毛泽东虽然评说朱熹没有具体讲到《论语集注》,但是说"宋朝朱熹以后,(孔子的)圣人地位就定了",显然主要是肯定了《论语集注》在维护巩固孔子地位中的历史性作用。

毛泽东谈《论语》,谈"朱注",谈朱熹在《论语集注》疏解中的功劳和贡献,表明他对"朱注"和《论语》传播史是相当熟悉的。

《论语新探》"有些新的见解"

（品读史之六）

现当代学者研究《论语》的著作，毛泽东了解较多、提到较多的是赵纪彬的《论语新探》。

赵纪彬（1905—1982），又名赵化南，原名济焱，字象离，笔名向林冰、纪玄冰等。河南内黄人。近现代著名哲学家、思想史家。

赵纪彬从五岁起，父亲就教他背唐诗，兼及孔孟。九岁入私塾时能流畅地背诵《论语》《孟子》。十年的童蒙教育，使他打下了坚实的古文字基础。他大概没有想到，他的一生从此与"孔孟之道"结下了不解之缘。赵纪彬十七岁时靠亲友资助去北京求学。受到新思潮的影响，开始接受马克思主义。其间写有《与人论"孔学"书》，由此开始了他的"批孔"生涯。

赵纪彬1926年加入中国共产党。1934年后转入文化教育界，先后任复旦大学、东北大学、东吴大学、山东大学教授。曾长期从事中国哲学史、思想史、伦理学、逻辑学和逻辑史的教学研究。抗战期间，以马克思主义为指导，批判当时蔓延的哲学无用论和哲学消灭论，提出"站在中国化运动的变革立场上，运用辩证法法则于实际"（《关于辩证法法则的实际运用问题》），并据此撰写《中国哲学史纲要》一书，称其研究课题在"发现中国哲学中辩证法、唯物论要素的发展法则"（《中国哲学史纲要·序论》）。能突破当时流行的正统观念，注意发掘封建社会中"异端人物"的思想的价值，如唐人刘禹锡、柳宗元，北宋人王安石等。又撰《论语新探》，"对于春秋社会性质及孔门哲学思想有所探索"，"持论固有异于时贤"。

中华人民共和国成立后，又历任山东大学文学院院长、河南省第二师范学院院长、开封师范学院院长、中国科学院河南分院副院长、河南省历史研究所所长，1964年调任中共中央党校哲学教研室任顾问，并兼任中国社会科学院历史所研究员。1962年《论语新探》再版时，特别对"关于孔门阶级基础与哲学体系及孔墨显学对峙的实践意义""普遍有所修改"；1976年，曾据"批林批孔运动"的需要修订出第三版，增收《孔门异同》篇，"阐述儒家内部的路线性分歧或学派性对立"，产生过较大政治影响。

主要著作有与侯外庐、杜国库等合著的《中国思想通史》，还有《中国知行学说简史》《哲学要论》《中国哲学思想》《困知录》等。河南人民出版社1985年起出版《赵纪彬文集》四卷。

1964年，赵纪彬写的《关于"一""二"范畴的形成过程问题》和《孔子"和而不同"的思想来源及其矛盾调和论的逻辑归宿》两篇文章，分别发表在《哲学研究》1965年第二期与第四期。其中第二篇文章是赵纪彬著作《释一二》初稿的第三章，约二万字。文章对《论语·子路篇》里说的"君子和而不同，小人同而不和"进行了全面的考察分析。

文章提出："在孔门内部，'先进'的颜回与子贡是一个对立面，'后进'的有若与樊迟亦是一个对立面。樊迟与子贡同近于变革派别，……均为春秋末期的进步思潮在孔门内部的反映。"认为："矛盾只能通过斗争来解决，不能利用调和来避免，凡调和矛盾者必陷于自相矛盾；孔子当过渡时期因反对变革而调和矛盾，其自相矛盾亦必更为露骨。正因为如此，孔门遂亦不能不成为矛盾集合体。"结论是："凡此史实证明：孔子从'和而不同'的'君子'维新立场出发，力求将过渡时期的阶级矛盾'一以贯之'，而历史辩证法的铁则，却使孔子的'从周'愿望彻底破产。"

《哲学研究》是毛泽东经常阅读的学术杂志之一。1965年12月他在《哲学研究》第四期上读到赵纪彬的这篇文章，在文内作者名下画了双杠，在文章题目上面写道：

> 孔门充满矛盾。（龚育之、逄先知、石仲泉：《毛泽东的读书生活》，三联书店1986年版，第81页）

看来，毛泽东是同意文章观点的。赵纪彬文章提出的"矛盾只有通过斗争来解决，……凡调和矛盾必陷入自相矛盾"，在哲学观点上，也是吻合毛泽东当时的思路的。

在这期《哲学研究》的扉页上，毛泽东还写有批注：

1965年《哲学研究》第二期、赵纪彬,《论语新探》。(陈晋:《毛泽东之魂(修订本)》,中央文献出版社1997年版,第288页)

批注内容即指赵纪彬发表在《哲学研究》1965年第二期上的《关于"一""二"范畴的形成过程问题》一文。这是其《释一二》初稿的第二章。因在第四期上赵文标题的注中提到了第二期上的这篇文章。毛泽东记下来,可能是表示有兴趣找来第二期《哲学研究》读一下这篇文章;也可能是表示因读第四期的这篇文章而联想到读过的第二期上的文章。

因为赵纪彬的文章强调矛盾不能调和,只能通过斗争来解决;孔门就是一个矛盾集合体,孔子死后,"儒分为八",儒墨对峙,都是一分为二,孔门内部也不例外。这都是毛泽东很赞赏的观点。

当时,毛泽东对"反对孔夫子"的书,很感兴趣,都注意看。赵纪彬所著《论语新探》,就是一本"反对孔夫子的书",他看过了,还想再看。

对于孔夫子,对于《论语》,学术界向来有不同评价。"文革"前夕,毛泽东不仅自己非常悉心关注起"反对孔夫子"的论著,还向康生等人推荐这方面的文章。

《论语新探》是赵纪彬的一本专著。在东北大学任教期间,他讲授《论语》专题,其讲义初名为"论语杂考",后题为"论语新探"。1948年8月由中华书局首次出版。当时书局方面觉得书名太冷门,怕有碍销路,改成了《古代儒家哲学批判》。1958年人民出版社出版本书时,才恢复《论语新探》原名,分上、下两部。1962年再版;1976年第三次修订出版。

初版时分上、下两部,上部为"历史证件",收"释人民""君子小人辨""原贫富"三篇;下部为"儒学究元",收"自然稽求""学习知能论""两端异端解""说知探源""崇仁恶佞解"五篇。再版又增收"仁礼解故"一篇入下部。在初版和再版中,该书"将孔丘思想看成为两面性体系,以为既有可供继承的遗产,又有必须批判的糟粕",不失学术上一家之言。

赵纪彬认为《论语》是古代前期儒家的直接文献。春秋为奴隶制社会的矛盾激化时代。《论语》中的"人"与"民"是当时社会两大主要对立阶级,亦即奴隶主与奴隶的关系。"人"代表奴隶主阶级,"民"代表奴隶阶级。孔门所代表的古代前期儒家,是"人"中的"君子"学派,前期墨家则为"人"中的"小人"学派。孔门以"君子"为培养目标,墨子以"君子"为批判对象。先秦孔墨显学的对立,即为当时奴隶主阶级内部维新与革命两条政治路线的派别斗争在学术上的反映。《论语》中的"教"与"诲"同,"诲"字以"人"为对象,"教"字以"民"为对象。"爱人"与"使民"不同,"诲人"与"教民"有别。从春秋时代起,"君子"与"小人"才开始分裂成两个对立的重要派别,"君子"劳心,"小人"劳力。"君子"成为孔门求学做人的理想境界与臧否人物的标准。孔门的自然知识,不但完全是直观的原始知识,而且亦有一部分尚未脱离神学的宗教观念。孔门世界观是宗教天道观;认识论是把经验、感觉限定于内省体验之中的先验论;逻辑学是调和矛盾及"因己推人"的类比演绎。孔门与西周一样,道德论不是独立的学问,而是政治论中的组成部分,或其必需的方法。孔门的政治逻辑是"学以成德,德以从政"。还认为孔丘不以"仁"改造"礼",而以"礼"限定"仁"。

作者在书中强调:"孔门所代表的古代前期儒家,是'人'中的'君子'学派,而以继承西周维新路线,维护氏族遗制、调和春秋矛盾为自觉的历史任务;……先秦孔墨显学的对立,即为当时奴隶主阶级内部维新与革命两条政治路线的派别斗争在学术上的反映。"(《论语新探》,人民出版社1959年版,第3页)由此可见,赵纪彬发表在1965年《哲学研究》第四期上的《孔子"和而不同"的思想来源及其矛盾调和论的逻辑归宿》一文的观点,同他此前的《论语新探》是一脉相承的,对孔夫子是持学术批判观点的。

原来,毛泽东对赵纪彬并不陌生,从前在延安就读过赵纪彬就逻辑问题与潘梓年的商榷文章《模写论中的感觉与思维问题》等,并肯定了他的观点。至于赵纪彬在学术上一向以"批孔"著称,他的一些著作和文章也得到了博览群书的晚年毛泽东的关注。后来毛泽东还阅读过赵纪彬的其他著作,读过赵纪彬的《论语新探》,并且是在1965年12月读《哲学研究》上的文章之前读的。在同年10月8日的一次谈话中提到日本人写的基本粒子的对话文章时,毛泽东还顺便让康生去研究一下《论语新探》这本书。

为此还专门给康生写有一封信:

康生同志:
　　此书有暇可以一阅,有些新的见解。本年九月号《哲学研究》,有他的一篇文章,也可以一看。

毛泽东 十月七日

毛泽东信中所说的"此书",即指赵纪彬的《论语新探》一书。

"文革"前夕,赵纪彬的著作和文章得到毛泽东的肯定,这在当时是非同小可的事。但是，赵纪彬在"文革"期间的悲剧亦由此而拉开序幕。"文革"爆发后，与众多知识分子一样，赵纪彬在中央党校被挂上"资产阶级反动学术权威"的牌子，参加"黑帮"劳动。1966年8月26日，哲学室"文革"小组负责人向全室传达了康生的书面指示："黄松龄、赵纪彬二人，年老有病，建议不参加劳动。"

在1968年10月31日，毛泽东在召开的中共八届十二中全会闭幕会上，他说：

> 广东的那个杨荣国，我也没见过这个人，看过他的书……在党校教书的那个赵纪彬，这两位都是反对孔夫子的。所以我对于这两位的书都注意看。（陈晋：《毛泽东之魂》，吉林人民出版社1993年版，第276页）

1969年春，中央党校干部下放去河南干校，康生在全校干部大会上宣布："赵纪彬因有病不去干校，李慎仪（赵纪彬的夫人）也留在党校照顾赵纪彬治疗。"在"文革"期间，康生几次保护赵纪彬，显然与毛泽东在1965年写给他的那封信有关。

1974年8月20日，毛泽东在湖北武昌东湖客舍同李先念谈话，汪东兴参加。当谈到国内情况时，毛泽东说：

> 现在是要团结、稳定。批林批孔联系一块，我看许多人对孔夫子不太懂呢。过去我劝郭老看杨荣国的书，不大注意，又劝他看赵纪彬的《论语新探》。（《毛泽东年谱（1949—1976）》，第六卷，中央文献出版社2013年版，第542页）

因在"批林批孔"中许多人"不大懂"孔夫子，毛泽东提倡看杨国荣、赵纪彬两位"反对孔夫子"的书，还向大史学家郭沫若推荐《论语新探》，可见他对这部研究《论语》力作的看重。

《论语新探》的论题、结论和方法，均有独特性，是现代较有影响的分析和批判孔子思想的学术著作。它凝聚着赵纪彬毕生研究孔学的心血和成果。该书以哲学的修养，阶级分析的方法，逻辑的思辨，宋、汉学的取舍，文字的训诂，成为当代研究孔学很有特色的一家之言，具有很高的史料和学术价值，是不可多得的精神文化财富。该书影响较大，1978年被美国学者莫斯·罗伯茨译成英文在美出版。分"历史证件""儒学究元"上、下两部,十余万字。1981年,高桥均翻译的该书日文本也在日本出版。

毛泽东的眼力是深邃的,他多次把《论语新探》纳入思想视野,不仅仅是因为思想的共鸣,还因为他力图用辩证唯物论和历史唯物论的方法来继承批判文化遗产的期待得到响应,并得到实际成果。无论如何,《论语新探》是用新的世界观和方法论研究《论语》的力作。

应用 卷

学而篇第一

学而时习之，不亦说乎

《学而篇》是《论语》的第一篇，主要讲"务本"的道理，内容涉及学习、仁义、孝道、礼节、修养等诸多方面，是后人学习孔子思想的入门之学。

"学而时习之，不亦说乎？"大概是孔子最广为人知的一句名言。毛泽东品《论语》说得最多的大概也是这句话。这不仅仅因为它是整部《论语》的第一篇第一句，还因为长期以来，它似乎成了《论语》和儒家思想的代名词，也被视为中国传统文化的典型代表语句。

此语见《论语·学而篇》第一章：

> 子曰："学而时习之，不亦说乎？有朋自远方来，不亦乐乎？人不知而不愠，不亦君子乎？"

说：通假字，通"悦"，喜悦，高兴。愠：含怒，怨恨。

孔子说的大意是："学了知识或技能以后，找一定的时机去实践，不也高兴吗？有志同道合的人从远方来求教，不也快乐吗？人家不了解我，我却不怨恨，不也是君子吗？"

《论语》第一篇第一章也是整部书的压卷之作，旧时家喻户晓。它专论学习，着重讲述学习的方法和态度，两千多年来，在知识分子中广为流传，影响深远。宋代大儒朱熹对此篇评价甚高，以为是"入道之门，积德之基"。

"学而时习之，不亦说乎？"能作为《论语》开章的第一句，极不简单，微言大义，讲的是学习方法：孔子施教强调学与习相结合，将"习"作为教学活动的一个有机组成部分。孔子在这里所讲的"学"，主要是指学习西周的《礼》《乐》《诗》《书》等传统文化典籍。"习"，主要指练习、实践。孔子教人学"六艺"包括礼、乐、射、御、书、数六科，均须不断练习实践，方能真正掌握。如"射"，指射箭，是习武；"御"，即骑马、驾车，不付诸实践何以能学会？《史记·孔子世家》："孔子去曹适宋，与弟子习礼大树下。"这是孔子重视将书本知识转化为实际能力的教学思想的反映。从"学"到"习"的过程，隐含一种从理论到实践的过程，倡导的是学以致用的思想。

学与习相结合是孔门之学的特征之一，为历代所推崇。清初思想家、教育家颜元指出为学者"千年大患只为忘了孔门'学而时习之'一句也"（《习斋言行录》卷下）。

孔子生平以"学不厌而教不倦"自许，一个"说（悦）"充分表现出孔子的好学乐学精神和情趣。这一章可视为孔子的夫子自道，是其自学之自述。孔子在这里叙述的此种求学态度和方法，在今天看来，仍极有参考价值。

我幼年学的是"学而时习之"

毛泽东每当谈到自己少年时学习中国传统文化，往往便搬出这句话来，即简洁明快，又生动形象。有时取原意，有时代指"四书五经"之类的旧学，也有时因语言环境的不同含有其他意思。这需要在读书时依据语境认真地去理会和领悟其真实用意。

1942年2月1日，毛泽东在延安中共中央党校开学典礼会上演讲时，曾深有感触地回忆道：

> 我幼年没有进过马克思列宁主义的学校，学的是"子曰：学而时习之，不亦说乎"一套，这种学习的内容虽然陈旧了，但是对我也有好处，因为我识字便是从这里学来的。（《整顿党的作风》，《毛泽东选集》第三卷，人民出版社1991年第2版，第818页）

为了建设一个真正的马克思主义政党，毛泽东不失时机地向全党发出了一系列学习马列主义理论的号召，并倡导组织了全党的整风运动。

1942年2月，毛泽东先后在中央党校开学典礼上作《整顿党的作风》

的报告和在中央宣传部干部会议上作《反对党八股》的报告，全面论述了整风的任务、内容、办法和意义，这标志着整风学习在党的各级干部和党员中普遍开始进行。

《整顿党的作风》是延安整风时期全党学习的重要文献之一。毛泽东在这篇文章中指出，整风的任务是："反对主观主义以整顿学风，反对宗派主义以整顿党风，反对党八股以整顿文风。"

毛泽东引用"学而时习之，不亦说乎"是在论述反对主观主义以整顿学风的问题时。关于主观主义，毛泽东指出：党内的主观主义有两种，一种是教条主义，一种是经验主义。这两种主观主义，都是理论与实际相脱离的，都是只看到片面、没有看到全面的错误方法论。要避免主观主义带来的错误，就必须使有书本知识的人向实际方面发展，然后才可以不停止在书本上，才可以不犯教条主义的错误。有工作经验的人，要向理论方面学习，要认真读书，然后才可以使经验带上条理性、综合性，上升成为理论，然后才可以不把局部经验误认为是普遍真理，才可不犯经验主义的错误。

在论述学习理论以避免犯经验主义错误的问题时，毛泽东特地谈到了学习理论与学习文化的关系问题。他强调"工农干部要学理论，必须首先学文化。没有文化，马克思列宁主义的理论就学不进去。学好了文化，随时都可学习马克思列宁主义"。接着他结合自己的学习经历指出：自己幼年并没有进过马克思主义的学校，而是在传统学校学习了"子曰：学而时习之，不亦说乎"之类的陈旧文化，"但是对我也有好处，因为我识字便是从这里学来的"。毛泽东这里使用《论语》开篇这句古语，是用以代指"四书五经"之类的旧学，而非取其原意。

接下来毛泽东进一步指出：何况现在不是学的孔夫子，学的是新鲜的国语、历史、地理和自然常识，这些文化课学好了，到处有用。我们党中央现在着重要求工农干部学习文化，因为学了文化以后，政治、军事、经济哪一门都可学。否则工农干部虽有丰富经验，却没有学习理论的可能。这里毛泽东将"子曰：学而时习之，不亦说乎"的旧学与"国语、历史、地理和自然常识"的新学对比，一是说明学习的内容变化了，再也不必走过去的弯路，从"学而时习之"开始学习了；二是说学好文化知识，是学习马克思列宁主义理论的基础，不管是过去学过旧学的人，还是现在学习新学的人，只要端正了扎实学习的态度和方法，就一定能提高自己的马克思主义理论水平，克服主观主义的错误。

引《论语》开章之言以强调学好文化知识，并把它当作提高干部马列主义理论水平的一个基础，这是毛泽东根据延安时期干部队伍文化水平的具体情况而提出来的。虽然这只是一般的号召和建议，但对于搞好全党整风运动，起到了不可低估的作用。

开头学的是"学而时习之"

20世纪50年代曾担任过河北省委书记、河北省省长的李尔重在回忆文章《向毛主席那样学习和思考》中写道：

我们几次对他老人家说："主席应该多腾出些时间，多写些文章，留给后代。因为您的马列主义修养不是一般人能赶得上的。"他总是笑着说：

> 我的学习是从唯心主义学起。开头学的是'子曰：学而时习之'，后来，学了点外国的哲学，十月革命后，才学的马克思主义。什么'百分之百的布尔什维克'，别听那一套。我上井冈山，也是大革命失败逼出来的。蒋介石的刀子逼着你去想自己办过的蠢事，逼着你去实事求是地想问题、找出路。在我被撤职、晒太阳、捉虱子的时候，我才更深入地想了问题。人，不是生下来的圣人，实践的磨炼，才出真知。（余飘主编：《中外著名人士谈毛泽东》，大众文艺出版社1999年版，第50页）

毛泽东八岁入私塾，先后在韶山冲附近的几家私塾上六年学。在毛泽东少年时代，虽然科举已经废除，但学堂里学的仍然是"四书五经"这一类旧学，也就是毛泽东所说的"我的学习是从唯心主义学起。开头学的是'子曰：学而时习之'"。在毛泽东看来，以孔孟为代表的儒学，就其思想性而言，无疑是唯心主义的。

1910年秋，十六岁的毛泽东辞别了双亲，第一次离开家乡，到邻县湘乡的"洋学堂"去从师求学。从此，也就走出了风气闭塞的韶山冲。

在东山高小这所"洋学堂"，毛泽东第一次知道了康有为和梁启超，并借到了一套《新民丛报》。这是梁启超于戊戌变法失败后亡命日本时，从1902年到1907年在日本横滨创办的刊物。梁启超对封建主义的批判，对西方资产阶级社会政治学说的介绍，使毛泽东觉得无比新鲜。由于年龄和知识的增长，他对这些新学的理解和接受显然要比前两年读到的《盛世危言》更多。

1912年春毛泽东考取了省立第一中学，在长沙图书馆，他读了亚当·斯密的《原富》、赫胥黎的《天演论》、斯宾塞的《逻辑》及卢梭的著作等。严复翻译的《原富》《法意》《群己权界论》《群学肄言》等书，都是18、19世纪欧洲社会学说方面的名著，这些较之中国传统的封建主义经典来说，依然是进步的东西，这是不论《论语》《孟子》都完全没有的全新的道理。

严复（1854—1921）是中国第一批到英国留学的人，也是中国近代第一个系统介绍西方资产阶级学术文化的启蒙思想家。自1896年至1908年，他先后译出了西方八大名著。他原原本本地介绍西方的名著，着重介绍了近代自然科学的方法论，使中国人比较系统地了解西方学术。严复的这些译本给了青年毛泽东很大的影响。后来，在《论人民民主专政》一文中，严复和洪秀全、康有为、孙中山被并列于"代表了在中国共产党出世以前向西方寻找真理的一派人物"。

1913年至1918年毛泽东在长沙"一师"学习五年半时间，在这块培育"拄天大木"的沃土里，他遨游于古今中外的书海之中，如饥似渴地对"中学"和"西学"兼收并蓄，并在苦苦求索中和良师的指点下，确立了远大志向和学习目标。

五四运动前后，毛泽东进入北京大学"旁听"学习后，开始接受马克思主义，他义无反顾，为中华民族的复兴而不懈奋斗。

在延安时期，毛泽东曾对一个外国友人说过这样一番话：

> 我是从农村生长出来的孩子，小时也上过私塾，读过孔孟的书，也信过神，母亲生病也去求过神佛保佑哩！旧社会的东西对我都产生过影响。有段时间受到梁启超办的《新民丛报》的影响，觉得改良派也不错，想向资本主义找出路，走西方富国强兵的路子。十月革命一声炮响，马列主义传入中国，我才逐步接受了马列主义……（尹高朝：《毛泽东的老师们》，甘肃人民出版社1996年版，第4页）

毛泽东什么时候开始接触马克思主义？是什么书籍引导他成为一个马克思主义者？1936年他同斯诺谈起过。他说：

> 我第二次到北京期间，读了许多关于俄国所发生的事情的文章。我热切地搜寻当时所能找到的极少数的共产主义文献的中文

本。有三本书特别深刻地铭记在我的心中，使我树立起对马克思主义的信仰。我接受马克思主义，认为它是对历史的正确解释，以后，我就一直没有动摇过。这三本书是：陈望道译的《共产党宣言》，这是中文版的第一本马克思主义的书；考茨基的《阶级斗争》；以及柯卡普著的《社会主义史》。到了1920年夏天，我已经在理论上和在某种程度的行动上，成为一个马克思主义者，而且从此我也自认为是一个马克思主义者了。（李锐：《毛泽东早年读书生活》，万卷出版公司2005年版，第375页）

一个人的生活道路不可能超越他所处的环境和历史。毛泽东，这位农民的儿子，童年和少年时代接受的是传统风俗习惯和孔孟儒学的熏陶。从孔孟之道、宋明理学，到王船山、顾炎武；从康有为、梁启超、严复到孙中山；从赫胥黎的进化论、康德的二元论，到18、19世纪欧洲的民主主义、空想社会主义以至托尔斯泰主义……他的思想历程是曲折的。在北大"旁听"学习期间，他有幸结识了陈独秀、李大钊二位思想导师之后，才得以接受马列主义的启蒙教育。自1918年8月至1920年4月的两次北京之行，他在老师的引导及自我反思、自我扬弃之中，逐渐树立了马克思主义的政治信仰，做出了"走俄国人的路"的抉择，走上了一个职业革命家的道路……

从事革命后，在土地革命时期，他对仅有的几本马列著作反复研究，独立思考，学以致用。延安时期他才有可能系统读到一些马恩列斯的著作。"大跃进"失败以后，他才着意研读政治经济学。由此可见，毛泽东走上革命的道路，成为一个真正的马克思主义者，是在生活的实践中不断学习、不断发展、不断完善，一步步成长起来的。他在同河北省委书记、省长李尔重的谈话中，也说他的学习是从"学而时习之"（"四书五经"等旧学）学起的，后来才学的马克思主义。

不是讲"学而时习之"

毛泽东读《论语》，最先接触的第一句话自然是《论语》的首句"学而时习之"；毛泽东品《论语》用得最多、最活的一句话，也是这句"学而时习之"。

1957年7月9日，毛泽东在上海干部会议上的讲话时说：

> 白话没有阶级性，我们这些人演说讲白话，蒋介石也讲白话。现在都不讲文言了，不是讲"学而时习之，不亦说乎"，"有朋自远方来，不亦乐乎"。无产阶级讲白话，资产阶级也讲白话。（1957年7月9日毛泽东在上海干部会议上的讲话）

所谓白话，指的是以现代汉语口语为基础经过加工的书面语。它是比较于文言而说的，没有文言，也就无所谓白话。白话文即用白话写成的文章。

白话不仅是"写"的，也是"说"的。写和说统一，就是"言文一致"。所以白话不仅能看得懂，读出来也能听得懂。白话虽然经过加工，它的基础是现代口语，所以容易听懂。老百姓的口语好比是"粗制品"，书面的白话文章好比是"精制品"。

而文言与白话的不同，则在于它是以古汉语为基础经过加工的书面语。最早的文言，如甲骨文、金文、《尚书》之类，可能就是当时的口头语，被记录下来，即白话。在后人看来，它们同时又是"文言"的始祖。

古代的正式文体是文言文。古代在东汉以前，使用竹简、丝帛等作为文书载体，必然要求文字简洁。

文言除少数通俗文章外，一般只能看得似懂非懂，读出来是听不懂的。因为我们脑袋里储存的是现代汉语，不是古汉语。比如，电视里常常朗读文言诗词而不配备字幕，观众听起来就会感到莫名其妙。

由于文言文是经过省略和美化的书面语。成为完全不同于口语的另一种语言。一般很难理解字面意思，一定要用脑筋，经过反复思考才能大体知道所表达的意思，所以学习起来是比较困难的。如盛行于元明清的八股文，即属于文言文，讲究一定的格式，注重形式，束缚人们的思想。

东汉时改进了造纸术，随着工艺的改善，加上宋代活字印刷术的发明，这些都为白话文体的出现奠定了物质基础。

历代不少学者为了让更多的人看懂书面文字，都主张书面语同口语相一致。可是直到辛亥革命之前，还没有人自觉地去实现以白话文代替文言文这个重大的变革。1917年《新青年》发出提倡科学和民主、打倒孔家店的号召。思想的解放带来文体的解放，觉醒了的广大人民群众，掀起了民主主义的浪潮，为白话文运动打下了群众基础。

白话是中国的现代通用文体。白话文最终取代文言文成为主要的书面表达方式，是"五四"白话文运动的结果。

"五四"时期的白话文运动，是文体改革上的一个革命，它宣告了文言文时代的结束、白话文时代的开始。数千年来，中国通用的书面语没有白话文的合法地位，只有与口语脱节的文言文才算正统。直到"五四"时期，才把这种反常的局面翻了过来，开辟了一个白话文学的新纪元。

白话文是中国发展的需要，它简练，通俗易懂。以白话文运动为发端的文学革命，对传播新思想，繁荣文学创作，推广国民教育，起了重要作用。

毛泽东在1957年讲话中也说，现在都不讲文言了，不是讲"学而时习之，不亦说乎"的时候了。意思是说，文言文的时代将一去不复返了。

毛泽东在这里所引用的"学而时习之，不亦说乎"，显而易见，已完全失去它的原意。这是毛泽东活用《论语》的一个具体鲜活的例子。

《论语》离现代久远，其语言属于文言，与"五四"以后的白话不同。但不管文言，还是白话，作为一种语言，它都是没有阶级性的。所以，毛泽东在讲到白话没有阶级性时，引用了"学而时习之"这一古语，说明语言没有阶级性。无产阶级可以用，资产阶级也可以用。谁都可以用白话。这种喻证可谓恰到好处。

吟诵"学而时习之"

1957年，冯友兰受邀请出席了中国共产党召开的全国宣传工作会议。会上毛泽东讲话时，着重讲了知识分子问题、准备整风问题和加强党的思想政治工作问题，并继续强调贯彻"百花齐放，百家争鸣"的方针。分组讨论时，冯友兰和毛泽东编在一个小组。小组会就在毛泽东的家里开，由毛泽东主持。

这之前，《光明日报》发表了冯友兰写的《论中国哲学遗产的继承问题》的文章，其中有一段话的大意是说：一个命题有其抽象意义和具体意义，例如《论语》中所说的"学而时习之，不亦说乎"，其抽象意义可以继承，无论学什么东西，学了之后，都要及时地、经常地温习和实习，这就是很快乐的事；但是，孔子所说的学习内容是《诗》《书》《礼》《乐》《春秋》，这是它的具体意义，是不必继承也不可继承的。

这天，冯友兰到毛泽东家去参加小组会，一进门，毛泽东就幽默地对着冯友兰吟诵道："学而时习之，不亦说乎。"在场的同志都笑起来，冯友兰也腼腆地笑了。他内心更为毛泽东能在百忙

之中关心他的研究成果而感到无限荣幸。(孙琴安、李师贞:《毛泽东与名人》,江苏人民出版社1993年版,第443页)

冯友兰(1895—1990),字芝生,河南唐河人。出身于"诗礼之家"。幼年时,入自家私塾,接受的是"四书五经"启蒙教育。1915年考入北京大学哲学系,开始接受较为系统的哲学训练。1919年赴美留学,并获得哥伦比亚大学哲学博士学位。回国后历任中州大学、广东大学、燕京大学教授,清华大学文学院院长兼哲学系主任。1952年后一直为北京大学哲学系教授。在燕京大学任教期间,冯友兰讲授中国哲学史,完成《中国哲学史》上、下册的撰写,该书后作为大学教材,冯友兰为中国哲学史的学科建设做出了重大贡献。

从1939年起,截至1946年,七年间冯友兰先后出版了六本书:《新理学》《新世训》《新事论》《新原人》《新原道》《新知言》。这六部书,构成了一个完整的"新理学"哲学思想体系,使他成为中国当时影响最大的哲学家,并因此而奠定了他作为"现代新儒家"的地位。

中华人民共和国成立后,冯友兰放弃其新理学体系,接受马克思主义,开始以马克思主义为指导研究中国哲学史。

1956年《人民日报》发表毛泽东的文章,提出了"百花齐放、百家争鸣"的"双百"方针,用以指导中国的文化事业。

冯友兰应邀参加了中国共产党全国宣传工作会议。分组讨论时,毛泽东对着他吟诵"学而时习之,不亦说乎"显然有用意。说明毛泽东已经看过了他发表在《光明日报》上的《论中国哲学遗产的继承问题》一文,并以此幽默的方式表示欢迎冯友兰的到来。冯在这篇文章中对孔子的"学而时习之,不亦说乎",就其抽象意义和具体意义发表了一些新议论。其观点应该说毛泽东起码是认同的。在小组会上,毛泽东还多次鼓励冯友兰发言。散会的时候,毛泽东像老朋友一样,亲切地拉着冯友兰的手说:"好好地鸣吧。百家争鸣,你就是一家嘛!你写的东西我都看。"

冯友兰是著名的哲学家,在中国古代哲学的研究上有独到的造诣。他研究孔学、儒学、宋明理学和中国哲学史,一直受到毛泽东的关注。

1968年秋,毛泽东在中共八届十二中全会上讲话中还提到:

> 北京大学有一个冯友兰,是讲唯心主义哲学的,我们只懂得唯物主义,不懂得唯心主义,如果要想知道一点唯心主义,还得

去要找他；还有个翦伯赞，搞帝王将相，我们若要懂点帝王将相，找他。翦伯赞是讲帝王将相的，我们要想知道一点帝王将相的事，也得去找他。这些人都是有用的。对于知识分子，要尊重他们的人格。还是让他们当教授，拿薪水。（孙琴安、李师贞著：《毛泽东与著名学者》，人民文学出版社2003年版，第310—362页）

冯友兰作为一个哲学史家、哲学家、教育家，他的著作在学术研究方面的价值是极高的。毛泽东认为冯友兰的哲学是唯心主义哲学，这应视为学术上的不同见解。毛泽东与冯友兰的来来往往，表明两人之间仍存在着共通之处，那就是他们都珍视中华古代文化在现实中的意义。所不同的是，冯友兰是对宋明理学的继承、创新和发展，而毛泽东更偏向于破旧立新中的"破"与"新"。毛泽东所创造的哲学是"实事求是之学"，冯友兰的哲学就是"新理学"。二者有共同的话语，但基本倾向相互对立。毛泽东在延安研究哲学时虽然没有研究冯学，但明确指出冯学的思想源头即宋明理学，是唯心主义的宇宙观。

值得注意的是冯友兰在研究"中国哲学遗产的继承问题"时，提出了"抽象继承法"与"具体继承法"的概念，并举《论语》"学而时习之，不亦说乎"这个命题加以说明。他的研究采取了有汲取有剔除的辩证态度，把"继承问题"推进一步，使人们在阅读传统文化典籍时有所遵循，实际上不少学人运用的正是这种方法。毛泽东尽管从总体上认为冯先生的"新理学"是唯心主义，当时也没有对这种方法赞成肯定，但是他承认冯先生是"百家争鸣中的一家"，又说冯先生"写的东西我都看"。可见内心里还是很欣赏冯先生的哲学研究成果。

学习应和独创相结合

1958年"成都会议"是继"南宁会议"之后，再次批判反冒进，破除迷信，解放思想，推动以高速度为中心的"大跃进"，并酝酿总路线的重要会议。

在这次会议上，为启发大家破除迷信，推动"大跃进"运动，使会议开好，于是联系到党在历史上犯教条主义错误的教训，同苏联的关系，以及对斯大林所犯错误的认识等问题。

3月10日，毛泽东作了长篇讲话。讲话中侧重谈了关于坚持原则与独创精神的问题。

中华人民共和国成立后，如何搞好社会主义经济建设，对于中国共产党来说是一个新课题，也是摆在全党和全国人民面前的一项重要任务。

以毛泽东为代表的中国共产党人，既立足本国又借鉴国外，决定学习和借鉴苏联经验和体制模式，并在此基础上建立起社会主义制度，确定我国经济建设与社会发展的基本框架。

在探索我国社会主义建设模式的过程中，毛泽东之所以把目光瞄准了苏联，是因为苏联先于中国建立社会主义制度并已经取得社会主义建设经验。在社会主义建设的问题上，中国是一片空白，而苏联已经具备了比较成功的经验。毛泽东曾指出：我们要进行伟大的国家建设，我们面前的工作是艰苦的，我们的经验是不够的，因此，要认真学习苏联的先进经验。因为，苏联的经验将帮助我们在中国经济建设过程中尽可能地避免许多错误和少走许多弯路。

苏联的经济建设体制模式从20世纪30年代形成，发展到50年代，对苏联经济的恢复和迅猛发展起到了非常明显的推动作用。二战后，苏联一跃成为仅次于美国的经济强国。苏联社会主义经济建设的成就，使毛泽东欢欣鼓舞。中华人民共和国成立之初，他多次表示要按照苏联的道路走下去，把苏联的先进经验都学到手。

学习借鉴并搬用苏联体制模式，也是由中国国情决定的。中国是共产党领导的人民民主专政国家，沿着社会主义道路前进，这是中国国情与苏联国情最大的相同点。

我国第一个五年计划的制定和苏联当时的援建工程，涵盖了我国工业建设主要领域，涉及我国经济建设的各个方面。这些工程，一方面帮助我国建立了比较完整的基础工业体系的骨架，同时把苏联企业的一整套管理方法和经营方法带入中国，进一步促进苏联模式在中国的运用。

经过苏联的帮助和"一五"期间的经济建设，我国也逐渐形成了自己的经济体制。这一体制既搬取了苏联经验中与我国情况相适应的部分，也搬取了苏联模式中的弊病以及根本不适合我国情况的东西。尽管期间有这样那样的教训，但由此奠定了我国工业建设和经济发展的基础，巩固了社会主义制度，发展了中国社会主义事业。

其实，毛泽东对苏联经验和经济体制是保持高度警惕的。1958年毛泽东在成都会议上就讲过："'只能搬'，也不尽然。我党历史上有一部分人犯教条主义。"他指出，学习苏联及其他国家的长处，这是一个原则。"学而时习之，不亦说乎"，孔夫子说过的。学习和借鉴外国经济建设的成功经验，用于我国的社会主义建设事业上，避免少走弯路，如孔夫子所言，的确是件快乐的事情。

毛泽东接着指出：学习有两种方法，一种是专门模仿，一种是独创精神，我们也可称作被动的学习与主动的学习。然而，我们党的历史上，总有一些人善于照搬照抄，缺乏独创精神。毛泽东说，中国"左"倾机会主义者差不多都是在苏联受到影响的，革命战争时期如此，全国解放以后也是如此。结果造成很严重的教条主义。因为我们不懂，完全没有经验，只好搬。这种对苏联模式的硬搬，实际上是把苏联的经验孤立起来，不看中国实际。

对我国借鉴搬用苏联模式的做法，分析其原因：主要是我国重工业的设计、施工、安装都不行，没有经验，中国没有专家，只好抄外国的。既然是抄，自己不会鉴别，把苏联的设计用到中国，必然有一部分是不正确的，是生搬硬套的。其次是我们对整个经济建设的情况不了解，对苏联和中国的经济情况的区别更不了解，只好盲目服从。认为苏联的一切都是好的，没有错误的，以致对苏联的一些规章制度照搬照抄。

毛泽东历来主张："马克思主义的'本本'是要学习的，但是必须同我国的实际情况相结合。"我国选择苏联体制模式后，毛泽东仍然坚持这个原则，在实践中积极倡导走中国自己的道路，把苏联经验和苏联模式的正确方面运用到中国。毛泽东很早就注意到苏联模式中有并不适合我国情况的问题，提倡从中国实际出发探索适合中国情况的社会主义建设模式。

1953年斯大林逝世后苏共对斯大林个人崇拜的逐步批判，以及苏联社会主义建设中存在的弊病的暴露，尤其是1956年苏共二十大对斯大林个人崇拜和苏联体制模式的批判，在我国历史上产生了巨大的反响，促进了毛泽东彻底反思苏联模式、走中国自己建设道路的坚定信念。

毛泽东还指出，苏联经验是重要的，我们要借鉴和学习，但不能搞迷信。我国是一个东方国家，又是一个大国。因此，我国不但在民主革命过程中有自己的许多特点，在社会主义改造和社会主义建设的过程中也带有自己的许多特点，这就奠定了我国独立地探索中国社会主义经济建设模式的理论基础。毛泽东在讲话中着重强调我国在社会主义建设实践中的探索与创新，要有独创精神，就是要努力探索并创造一条适合中国情况的社会主义建设途径。

毛泽东此次引用孔夫子说过的"学而时习之，不亦说乎"，不但把孔子的学习内容与向苏联的学习内容作了比较,而且提出三条重要的学习原则:(一)学习应和独创相结合;(二)学习外国一切长处;(三)克服专门模仿、照抄照搬。

读的就是"子曰:学而时习之"

1959年8月29日,毛泽东的女儿李敏和孔令华举行婚礼,毛泽东请孔令华的父亲孔从洲将军到中南海来为儿女们完婚。

当时孔从洲还在沈阳高级炮兵学校工作,正来北京开会。办喜事的这天上午,毛泽东派秘书把孔从洲接到中南海丰泽园的颐年堂。园内东院菊香书屋是毛泽东的办公室兼住所。

一见面,毛泽东紧紧地握住孔从洲的手,和蔼亲切地说:"今天两个孩子结婚,请你来坐一坐,叙一叙。"同时,拉他向在座的客人介绍说,"这是李敏的公公,孔令华的父亲,孔从洲同志。"毛泽东平易近人,谈笑风生,把孔从洲初次见面的拘谨驱散了。

在颐年堂吃过饭,大家叙谈一会儿,客人们陆续离去。毛泽东留下孔从洲和王季范先生,到他的书房里谈话。王季范同毛泽东是姨表兄弟。

毛泽东客气地请孔从洲和王老坐下,他也在沙发上坐下。他望了望王老,又转过头来问孔从洲:"现在在哪里工作?"

孔从洲说:"在沈阳高级炮兵学校担任校长。"

毛泽东对王老说:"高级炮兵学校是炮兵最高学府(那时没有炮兵学院,炮兵工程学院也还没有成立)。"又转向孔从洲问道:"你在工作上有什么困难没有?"

孔从洲说:"没有什么困难,就是文化水平低,这个任务重。"

王老说:"炮兵要用数学吧?"

孔从洲说:"是的,我数学很差。"

毛泽东听孔从洲讲自己数学很差时说:

你先人孔子是伟大的政治家、思想家、教育家嘛!我幼年读的就是"子曰:学而时习之,不亦说乎?"一套。要不是孔子,我连字可能都不认识哩!他老人家提出的"礼、乐、射、御、书、数"六艺,六门学科就有数学,你是应当学好数学的。(华英编著:《毛泽东的儿女们》,中外文化出版公司1990年版,第179页)

孔从洲回答说:"过去学习基础不好。因生活困难,高小毕业后,上不起学。"

孔从洲1924年参加国民革命军,曾出师北伐。1936年任国民革命军陕西警备第二旅旅长兼西安城防司令,在西安事变中做出过重要贡献。抗日战争时期,历任国民革命军第四集团军少将旅长、新编第三十五师师长、第五十师师长。1946年任国民党陆军第三十八军中将副军长。1946年5月率部于河南巩县起义,后任西北民主联军第三十八军军长,并于同年加入中国共产党。中华人民共和国成立后,曾任高级炮兵学校校长、炮兵工程技术学院院长,解放军炮兵副司令员等职。1955年被授予中将军衔。

"六艺"之称始见于春秋初期的《周礼》:"六艺:礼、乐、射、御、书、数。"孔子办学授徒,为弟子们开设了上述六门课程。

礼,用于维护各种人伦和道德规范;乐,是通过音乐、舞蹈、诗歌等艺术手段使学生从情感上接受道德的熏陶,所以礼乐互为表里,共同完成德育任务;射,是射箭,属于体育课;御,是骑马,属于驾驶技术;书,是识字和自然博物常识;数,是算学知识、历法和数术。可见"六艺"代表了六种基本技能。

据历史记载,早在西周时期"数"作为"六艺"之一,成为贵族子弟必修的一门课程,在一定程度上受到统治阶级的重视。数学知识的延续和发展,主要依靠私授家传。

尽管如此,"数"与后来的八股文比起来,它实在算得上冷门。因为在科举时代,如果有谁钻研自然科学,不仅丧失了获得功名的机会,甚至会遭到打击迫害。中国古代的数学成就是在这样的夹缝中取得的。倘若如科举之八股文一般受重视的话,我们今天的科技不知要发达多少倍。

孔从洲读私塾时,虽然科举制度已经废除,但读的依然是"学而时习之"之类的旧学。由于"数"不为当时所重视,即便学生在书本上学了,但到实际中不被社会重视,仍然不会运用或不适用。也难怪孔从洲十分谦虚地说他没学好。

毛泽东与亲家孔从洲叙谈,说自己幼年读的就是"学而时习之,不亦说乎"一套。并说孔子以"礼、乐、射、御、书、数""六艺"教学,六门学科就有数学。他建议孔从洲学好数学。这次他谈《论语》首章,确实从学习切入,进而深入到孔子以"六艺"授人,最后落脚到要学好数学,旨在推动炮兵教育提升。

有朋自远方来

《论语·学而》第一章还有一句人们常提到的话：

有朋自远方来，不亦乐乎？

此"朋"字即指弟子与志同道合者。《史记·孔子世家》云：定公五年，"鲁自大夫以下皆僭离于正道。故孔子不仕，退而修《诗》《书》《礼》《乐》，弟子弥众，至自远方，莫不受业焉。"对孔子而言，众多弟子来自远方，向他求教，学而不厌，诲人不倦，教学相长，这岂不是一件乐事？又如有志同道合的人从远方来，以文会友，促膝交谈，互倾衷肠，不也是很快乐吗？

毛泽东曾用前一句以迎接友人的到来。

1945年秋，毛泽东赴重庆与蒋介石谈判。这期间，画家尹瘦石与诗人柳亚子正筹备办一个诗画联展。

联展之日日近。一天，尹瘦石趋柳亚子寓所商谈联展事宜。商议甫毕，柳亚子突然一拍大腿，说道：

"哎呀！差点忘了，毛主席约我今天去谈话。你和我一同去，我们请求给主席画张像。如果他能同意，我们在联展中展出，定可大慰民心、震撼渝州。"

"好哇！但是他能同意吗？"

"我这就打电话。"

过了一会儿，接他们的车来了。尹瘦石显然有些兴奋，一边走一边系衣扣、拍打衣服。

汽车在一座小院前停下了。尹瘦石将柳亚子扶下车来，柳亚子告诉他说："这就是桂园。"

办事处主任钱之光早已在门口迎候，稍事寒暄，便把柳、尹二人让进了右边的客厅。

待二人坐定，钱之光便出去报告毛泽东。不一会儿，楼梯上便传来了沉稳的脚步声，紧接着两个人一前一后走进客厅。

"亚子兄大驾光临，有失远迎哪！"毛泽东边走边说进了客厅。

"岂敢岂敢。这位是我的朋友青年画家尹瘦石先生。这位就是毛泽东润之先生。"

"有朋自远方来，欢迎，欢迎！"毛泽东向尹瘦石伸出了右手。

尹瘦石握住那厚实有力的大手，连忙道："毛先生，久仰，久仰！"

（黄丽镛编：《毛泽东读古书实录》，人民出版社2012年版，第129页）

众人落座后，毛泽东点燃一支香烟，说："我们国家的各项事业都需要一个大发展，美术也是一样。延安有一所鲁艺，尹先生可能有所耳闻，他们在抗战中曾起了很大的作用呢……"

毛泽东还谈了小时候的一件趣事："比如绘画，我就是一窍不通。记得小时候上美术课，我在纸上用红笔画了几条线，线上圈一个圈，先生问我是什么，我说是'日出江花红胜火'的诗意画。"

柳亚子，我国著名诗人，生于1887年，江苏吴江人。与毛泽东颇有交谊。两人1926年最初相识于广州，同时出席国民党第二届第二次中央会议。会议期间曾在一起品茶聚谈。这次聚谈在毛、柳的心中都留下了深刻的印象。九一八事变后，柳亚子因反对蒋介石的不抵抗政策，经常为何香凝组织的"寒之友社"成员题画，以表达胸中的愤慨。何香凝把这些画装订成册，托人赠送给了在延安的毛泽东。毛泽东本与柳亚子是旧交，也深知其为人。他在给何香凝的信中曾提到柳亚子，称柳亚子为"有骨气的旧文人"。1941年柳亚子对蒋介石制造皖南事变加以谴责，结果被国民党开除党籍。从此，他更倾心于共产党与毛泽东。

这次，毛泽东赴重庆谈判，两人再次相逢。柳亚子特赋七律一首《渝州曾家岩呈毛主席》，首句云："阔别羊城十九秋，重逢握手喜渝州。"表达了久别重逢的喜悦之情。

毛泽东在初见青年画家尹瘦石时，脱口而出"有朋自远方来，欢迎，欢迎！"反映了毛泽东当时身在重庆，心系天下，广交朋友，以结成最广泛的统一战线，早日实现和平的心境。

毛泽东在这里运用这句话，其意很明显。有朋自远方来，不光给个人带来快乐，它主要的是有益于民众的事业。

吾日三省吾身

孔子讲求反躬自省的修养功夫。"吾日三省吾身"一语出自《论语·学而篇》第四章：

> 曾子曰："吾日三省吾身：为人谋而不忠乎？与朋友交而不信乎？传不习乎？"

曾子说："我每天多次自我反省：替他人办事是否尽心竭力？与朋友交往是否诚实守信？老师传授的学业是否用心复习了？"

曾子（前505—前436），孔子晚年的高足。名参，字舆。春秋末期鲁国南武城人。曾点之子，与其父同受业于孔子。学有成就后，便收徒讲学。父母死后南游楚国，"得尊官焉"。后齐国欲以为相，楚国欲以为令尹，晋国欲以为上卿，但他一概谢绝。专事研习孔学并授徒，终成儒家名师。他性格沉静，忠诚老实，为人谨慎，态度谦逊，并具勇敢精神。他修养全面，在仁、义、礼、信等方面，均按孔子思想行事和修养，特别注意"信"的品德教育。他"孝"行突出，深受孔子赞许。

曾子提出"吾日三省吾身"的修养方法，教育学生慎于待人接物，主动自我反省，注重"慎独"功夫，要求士人具有高度的道德人格和主体精神。

《学而篇》第四章是曾子自述反己省察之功。曾子的自我内省，是严守孔门"仁"的信条的。三省吾身，这种儒家主张内省的一种修养方法，虽由曾子首次提出，但曾子是孔子的得意弟子之一，其思想与孔子教诲无二。

程颐认为:"曾子之三省,忠信而已。"(《论语解》)指的是自我反省的内容。朱熹说:"曾子以此三者日省其身,有则改之,无则加勉。"(《论语集注》)肯定这种经常虚心自我检查精神。

修养功夫和自省功夫

湖南长沙新民学会,是1918年由毛泽东、蔡和森和萧子升等一批进步青年共同发起组织成立的,这是一个革命团体。学会最初的宗旨是"革新学术,砥砺品行,改良人心风俗",后以"改造中国与世界"为方针。

1920年,有一些新民学会会员加入了社会主义青年团,参加了在湖南建立共产党的活动。1921年1月底,毛泽东致学会会员彭璜信中说:

> 日前论及待人态度,意犹未尽。……弟两年半以来,几尽将修养工夫破坏:论理执极端,论人喜苛评,而深刻的自省工夫几乎全废。今欲悔而返乎两年半以前,有此志,病未能也。(《毛泽东书信选集》,人民出版社1984年版,第17页)

彭璜(1896—1921),又名荫柏,湖南湘乡人。出生于贫苦农民家庭。1919年6月与毛泽东等发起成立湖南学生联合会,被推选为会长。不久加入新民学会,同毛泽东成为志同道合的好友。1920年夏,协助毛泽东创办成立长沙文化书社,并组织俄罗斯研究会。同年11月前后,参加毛泽东、何叔衡等六人发起成立的湖南共产党组织的签字活动,成为长沙共产主义小组最早成员之一。1921年秋逝世。

早在长沙"一师"毕业前夕,毛泽东在苦苦探索和老师的指导下,即已确立了远大的志向。新民学会成立后,蔡和森、彭璜等一代意气风发的进步青年,协助毛泽东积极从事社会活动。面对动荡的时局,毛泽东深感吾辈青年责任的重大。他不失时机地经常省察自我。在致彭璜的信中可以深深地感受到这一点。毛泽东反省自己:"两年半以来,几尽将修养工夫破坏:论理执极端,论人喜苛评,而深刻的自省工夫几乎全废。"

修养,古代儒家多指按照其学说的要求培养完善的人格,使言行合乎规矩。毛泽东这里所讲的修养,应该说不完全同于儒学。它是指自己的行为和涵养,如他自己所言:"论理执极端,论人喜苛评",对此,毛泽东深感自责。

通常讲的修养是与人的性格、心理、道德、文化等有着紧密的联系,即一个人综合能力与素质的体现。

假如说个人礼仪的形成和培养需要靠多方面的努力才能实现的话，那么个人修养的提高则要靠自己。良好的修养最能体现一个人的品位与价值，一个有很高个人修养的人，才最具有个性和人格魅力。

毛泽东所言的自省功夫，其"省"与曾子的"吾日三省吾身"的"省"，其意思是一致的。不管是"自省"，还是"三省"，作为一种自我道德修养方法，作为一种对自己的严格要求，每天能数次检查自我，则是完善自己人格，并使之不断升华的必要手段。

青年毛泽东即物穷理，反思立身，严于对自己性格的反思与锤炼，令人钦佩和学习。

毛泽东经过内省和省察，在信中对彭璜的缺点直言不讳地指出："吾兄高志有勇，体力坚强，朋辈中所少。而有数缺点：一、言语欠爽快，态度欠明决，谦恭过多而真面过少。二、感情及意气用事而理智无权。三、时起猜疑，又不愿明释。四、观察批判，一以主观的而少客观的。五、略有不服善之处。六、略有虚荣心。七、略有娇气。八、少自省，明于责人而暗于责己。九、少条理而多大言。十、自视过高，看事过易。"

接着毛泽东又这样评论自己："弟常常觉得一个人总有缺点，君子只是能改过，断无生而无过。兄之缺点，弟观察未必得当。然除一、三两条及第五条弟自信所犯不多外，其余弟一概都有。吾人有心救世，而于自己修治未到，根本未立，枝叶安茂？……略可自慰者，立志真实（有此志而已），自己说的话自己负责，自己做的事自己负责，不愿牺牲真我，不愿自己以自己做傀儡。待朋友、做事以事论，私交以私交论，做事论理论法，私交论情……我觉得吾人惟有主义之争，而无私人之争，主义之争，出于不得不争，所争者主义，非私人也。私人之争，世亦多有，则大概是可以相让的。其原出于'占据的冲动'与'意力之受拂'……意力受拂，最不好过，修养未纯如吾人，一遇此情形，鲜有不勃然奋起者，此则惟有所谓'眼界宽'与'肚量大'者能受之，兄以为何如？"

从信里毛泽东对彭璜和对自己的评价来看，毛泽东和常人在为人处世上的差别就在那么一点点上。正是这么一点点的过人之处，体现了毛泽东的自我修养、自我省察的人格魅力，也展现出青年时代毛泽东不同寻常的风范。这是他把《论语》中曾子所倡导的自省功夫与修养功夫很好结合的成果。

盖叫天《"吾日三省吾身"》更好些

1962年12月31日，辞旧迎新之际，毛泽东对《文艺报》刊载的三篇文章写下了一段批语：

江青：
　　这里有三篇文章，值得一看，看后退我。
　　　　　　　　　　　　毛泽东　12月31日上午四时半
　　周信芳、盖叫天两文也已看过了，觉得还不坏，盖文更好些。
（《建国以来毛泽东文稿》第十册，中央文献出版社1996年版，第232页）

毛泽东所说的"三篇文章"，是指1962年12月11日出版的《文艺报》第十二期刊载的三篇文章：张光年的《无产阶级的天才歌手》，萧三的《第一支全世界无产阶级的革命之歌》和时乐蒙的《唱着革命的战歌前进！》。这三篇文章是纪念《国际歌》作者鲍狄埃和狄盖特的。

毛泽东所说的"周信芳、盖叫天两文"，是指《文艺报》第十二期刊载的京剧表演艺术家周信芳的《必须推陈出新》和京剧表演艺术家盖叫天的《"吾日三省吾身"》两篇文章。

毛泽东把文艺界的有关文章阅后批给江青看，显然是因为江青正在关注着中国文艺界的动向。

盖叫天（1888—1971），中国著名京剧演员。原名张英杰，号燕南，直隶高阳（今河北省内）人。幼时入天津隆庆和科班，习武生，后改习老生。倒嗓后仍演武生，以短打武生为主。长期在上海等地演出，宗法李春来并且有所发展创新，最终形成了自己独特的艺术风格，世称"盖派"。

盖叫天发表在《文艺报》第十二期的《"吾日三省吾身"》文章，未查到，具体内容不详。毛泽东对盖叫天这篇文章不仅看过，而且评价很高，认为"盖文更好些"。对此，只能依据龚义江的《盖叫天传》等相关资料，进行叙述和分析。

盖叫天是一名艺德双馨的京剧演员，非常敬业。1934年，他在演出《狮子楼》时，为了不压伤同台演出的同伴，不慎摔断了右腿腿骨，但却继续演出，强忍疼痛直到幕布被拉上。

受伤后的盖叫天，躺在病床上，一方面与病魔搏斗，一方面想了很多。

他过去一直忙着应付各种演出和生活，很少有时间去仔细回想过去；现在，他有足够的时间了。

他想起小时候学《三娘教子》的情形。他饰演倚哥，放学回家，叫了一声妈，便嚷着要吃饭。三娘要他背出了书才能吃饭。他没办法只好背，可头一句便忘了，妈提醒他说："曾子曰：'吾日三省吾身。'"这句书，他虽然极熟，却始终不懂它的意义，每次在台上只是背戏而已，怪纳闷儿的。后来他向一位老先生请教。盖叫天说："经他一解释，不但明白了词义，而且打开了我的心窍：为人做事，先得思想思想，否则，该往东的，你往了西；该涉水的，你上了山，越走越不通，到头来晕头转向，说不定自己也栽了。唱戏也不例外，如果不想想自己唱的是什么戏，戏的内容会给观众带来什么影响，那是戏唱人，人给摆布了，也丧失了演员自己的品格。要人唱戏，得学会想戏，先分析清楚这出戏的内容，他对观众是有益还是有害。我原本会唱《擒方腊》，可是武松却去和农民起义的英雄为敌，害得自己也失去了一只臂膀，活武松成了死武松，这出戏还能唱吗？"（盖叫天：《"吾日三省吾身"》，1962年12月11日《文艺报》第十二期）

盖叫天的代表作之一是《武松》，而且享有"活武松"的美称，但他的武松戏中就是没有《擒方腊》，其所以付之阙如，原因就在这里。

通过这"吾日三省吾身"的唱词，盖叫天认识到思想反省、自我检查的重要。

盖叫天虽然没有读过书，没有接受过正规的文化教育，但他的知识与辨察力并不比有文化的人低，甚至远远超过一般的读书人。

这主要表现在他善于思考。他常说："种地在耪，读书在讲，学艺在想。"种庄稼，收成好坏，主要依靠勤耕细作；读书欲求深解，主要靠讲解、辨析分明；学艺，师父领进门，修行在自身。这个自身就是要求自身领悟，掌握艺术的规律与特点，从而心明眼亮，艺有所得。所以，他说学艺要勤学苦练，这没有错，但一味苦练，有时不但未练好，反而练傻了，这就是忘了练功更为主要的一条，就是"想"。要边练边想，不断检验自己，哪些地方做对了，哪些地方还做得不够。而且不光是练形体，还要思考形体与内容的关系。

盖叫天学艺演戏，善于思考，边练边想。这与幼年学戏时母亲教育有关。在演艺生涯中，他能不断总结和自我反省，并根据实践演出经验，写出《"吾日三省吾身"》文章,把自己的艺术成就上升到理论上加以提炼和升华。

他总结说,如果光苦练动作,不琢磨一下什么动作该挂什么神情,这样的练功,是"功练人",不是"人练功"。功练人,光顾外面会,没有内心表演,这是不够的。不但要会,而且要有"精、气、神",这才是"人练功"。

由于他在"想",时时"三省吾身",所以他非常善于发现问题,特别是一些舞台上常见的、而往往被人忽略的问题。

经过反复思考、自省,回忆自己从艺几十年来的经过,他认真总结了自己的过失,肯定了既得的成就,更看到走过的弯路,以及在艺术创造中存在的问题。他在自己的作品《"吾日三省吾身"》中,作了全面的认真的总结和回顾。他觉得自己似乎找到了走向艺术更高层次的途径,他要更加信心百倍地坚定地走下去。

盖叫天的文章《"吾日三省吾身"》,既是自己对曾子自省功夫的理解,也是对自己艺术生涯的反思总结,从而更加明确"演什么戏为什么人"的高尚的艺术追求。毛泽东肯定"盖文更好些",也就是肯定了"吾日三省吾身"儒家自省功夫在人们自身修养中的实际效果。

行有余力，则以学文

"行有余力，则以学文"一语，出自《论语·学而篇》第六章：

> 子曰："弟子入则孝，出则悌，谨而信，泛爱众，而亲仁。行有余力，则以学文。"

孔子说的大意是："年轻人在家要孝顺父母，在外要敬爱兄长；要慎于说话而讲诚信，博爱大众而亲近有仁德的人。这样实行了还有余力，就用来学习文化知识。"

这里孔子所说"弟子"，有两种意义：对于长辈来说，是指年幼之人、为人子者；对于师长来说，是指受业的门人、学生。这里当泛指前者而言。

本章所反映的孔门论学，重在德行。孔子的这席话，说明在他眼里，道德和学问两者之间，道德是第一位的。

在孔子看来，年轻人有了道德，在家孝父母、敬兄长，言语慎重而守信用，博爱众人而亲近仁人，要是这样实践还有余力，那就用来做你的学问。否则道德不修，学问再好，于人于己都是无益的。

由于孔门十分注意弟子的道德伦理教育，这使儒学适应了当时的社会需要。这个道理，也启示人们，教育学生和教育子弟，德育和智育要摆放到各自恰当的位子。

1913年春，二十岁的毛泽东以优异的成绩考取湖南省立第四师范学校。这年年底，毛泽东在课堂笔记《讲堂录》中写道：

  古者为学，重在行事，故曰行有余力，则以学文。(《毛泽东早期文稿》，湖南出版社1995年第2版，第586页)

  看来青年时代的毛泽东还是很欣赏孔子"重在行事"的教育思想和为学之道的。这里的"行"，可对译为"躬行""实践"。

  孔子告诫弟子先要躬行"入则孝，出则弟，谨而信，泛爱众，而亲仁"，然后，"行有余力，则以学文"。学文，即以读书为学，指学习文化知识。整句意谓躬行重于学文。这反映了孔子重视行事，重视道德教育，而把文化知识的学习放在第二位的思想。

  孔子的这一辩证思想具有进步性。不仅受到毛泽东的赏识，也对他产生了深刻的影响。学生时代的毛泽东就反对死读书，读死书；是不赞成"两耳不闻窗外事，一心只读圣贤书"的。

  早在1912年，他先考取长沙省立第一中学。但他对这个学校并不满意，感到学校的课程太浅，内容太旧，且校规烦琐。在他从一位国文教师那里借读了《御批通鉴辑览》以后，觉得与其在这里读死书，不如自修更好。这样，他在该校只读半年就退了学，订了自修计划，每天到湖南省立图书馆去读书。在这里，毛泽东第一次看到一幅世界地图，世界之大让他惊叹！他也在这里起步"走向世界"。他读了许多反映18、19世纪西方资产阶级民主主义思想和科学成就的书籍。半年的自修生活，让毛泽东大开眼界，获得了大量的新知识，这是"四书五经"等传统文化中都完全没有的全新的道理。他认为这半年极有价值。

  哲人说：凡有所学，皆成性格。《讲堂录》中这简明凝练的几句话，似乎在毛泽东的一生中，处处可以看到深刻的影响和烙印。"古者为学，重在行事"，毛泽东一生重实践，重行事，重实学；"行有余力，则以学文"，毛泽东一生之"行"乃职业革命家的艰险斗争和繁忙工作，这使他"行"之后的"余力"并不多，但是他抓紧一切可以利用的时间，读过的书报，真可谓海量。孔子说的这八个字，他是完全做到了。

语曰，过则勿惮改

《论语·学而篇》第八章记孔子语：

> 子曰："君子不重则不威；学则不固。主忠信，无友不如己者。过则勿惮改。"

孔子说："君子，如果不庄重，就没有威严；即使读书，所学的也不会巩固。要以忠实和诚信两种道德为主。不要跟不如自己的人交朋友。有了过错，就不要怕改正。"

本章是孔子论述君子的为人之道及交友之道。虽字数不多，却包括好几重意思。可以看出孔子教导弟子，可谓要言不烦。

第一层意思是说君子为人要仪态庄重，否则就会缺少一种威严的气势，学过的东西也就难以获得巩固。主旨是说学习态度应严肃认真，轻狂随便是学不到真东西的。

第二层意思是讲君子为人处世要以讲忠诚、守信用为首要之本。这是孔子道德教育的一贯主张。

第三层意思是论君子处世交友。对于孔子"无友不如己者"这句话，多有不同的释义。

一说，不要和不如自己的人交朋友，这显然不合理，也不现实。一说，不要跟不仁之人交朋友，

这也许比较符合孔子的本意。孔子的这句话应该是有很强的针对性的，

而且有一定的道理。孔子曾告诫子贡为仁的方法——"友其士之仁者",即不仁之人不能帮助朋友为仁,故不可交。

按此意理解,当取后一种说法比较合适。

最后一层意思是说君子要知错必改。要敢于正视自己的错误,勇于改正自己的错误。人非圣贤,谁能没有过错?孔子说过:"过而不改,是谓过矣。"(《论语·卫灵公篇》)是说有过错却不改正,这就真叫过错了。在孔子眼里,任何知错不改的行径,都是他所不愿意看到的。错了就改,说来容易,做到却很难。虽难,也必须这样做,才称得上是君子。

毛泽东对孔子"过则勿惮改"这句话是很熟的,也很看重。1936年年底,毛泽东起草,同朱德、周恩来、彭德怀等18位红军高级将领共同署名,致信蒋介石:

> 今日之事,抗日降日,二者择一。徘徊歧途,将国为之毁,身为之奴,失通国之人心,遭千秋之辱骂。吾人诚不愿见天下后世之人聚而称曰,亡中国者非他人,蒋介石也,而愿天下后世之人,视先生为能及时改过救国救民之豪杰。语曰,过则勿惮改,又曰,放下屠刀,立地成佛。何去何从,愿先生熟察之。(《毛泽东书信选集》,人民出版社1984年版,第88—89页)

日本侵华以后,由于蒋介石的不抵抗政策,日本侵略者很快占领了东三省。以毛泽东为代表的中国共产党人积极呼吁停止内战,一致抗日,并为此多方奔走。然而,蒋介石却始终奉行"攘外必先安内"的国策,一心要消灭红军,置国家和民族利益于不顾。在他的纵容下,日本侵略者步步紧逼,于1935年年底又策动了"华北自治运动",企图将华北变为第二个伪满洲国。

1936年年初,日本策划"华北自治运动"步履艰难,又调整侵华政策,开始由"华北分治"向"全面武力侵华"转变。

日本侵华得寸进尺,让南京国民党政府几乎无路可退。迫于国内民众日益高涨的要求抗日的压力,蒋介石也不得不考虑调整对日政策,假意接受中共提出的建立全民族抗日统一战线的要求,并派人同中共代表"会谈"。名为"会谈",实则是蒋介石借会谈之名,单方面要求中共领导人出国,解除武装力量,接受其改编。这种无理的要求,遭到了社会进步人士的一致反对,谈判一再陷入僵局。

1936年9月，蒋介石在解决了"两广事变"后，又可以腾出手来对付红军和共产党了。他一面邀请中共谈判的同时，又一面调集胡宗南的主力部队分三路大军围剿陕甘宁革命根据地，企图以武力进攻迫使中共接受他提出的谈判条件。毛泽东早就看穿了蒋介石玩弄的阴谋。于是，在主张继续与国民党谈判的同时，毛泽东又果断指挥军队进行武力反击，从政治和军事两方面展开攻势，逼蒋抗日。11月下旬，在中国工农红军第二方面军配合下，第一方面军、第四方面军一部在甘肃环县山城堡打了一场伏击战，全歼胡宗南部一个多旅，又击退其他两路大军，挫败了蒋介石对陕甘宁革命根据地的进攻。在此背景下，1936年12月初，毛泽东写下了这封致蒋介石的信。

毛泽东在信中首先批评了蒋介石围剿根据地的错误做法，"去年八月以来，共产党、苏维埃与红军曾屡次向先生要求停止内战，一致抗日。自此主张发表后，全国各界不分党派，一致响应。而先生始终孤行己意"。接着毛泽东陈述了国内形势，表明了中共对待抗日问题的态度和决心："当前大计只须先生一言而决，今日停止内战，明日红军与先生之西北'剿共'大军，皆可立即从自相残杀之内战战场，开赴抗日阵线，绥远之国防力量，骤增数十倍。"信的末尾，毛泽东要求国共两党"化敌为友，共同抗日"，并在信中引《论语》中的"过则勿惮改"句，表达了希望蒋介石能够改正错误的愿望。劝说蒋介石以民族大业为重，及早停止对红军的进攻，共同外御其侮，救国救民；万不可知错不改，一意孤行，置国家和民族的利益于不顾，沦为历史的罪人。

毛泽东在信中引用《论语》"过则勿惮改"的名言，一则孔子的话简短有力，言明理沛；二则儒家经典，警世箴语，蒋较信服。这样可增强此信的说服力。

革命不能那样温良恭俭让

《论语》记述的并不都是孔子的话,也有部分孔子弟子的言论。《论语·学而篇》第十章记述的就是孔子弟子陈子禽与端木子贡的对话:

> 子禽问于子贡曰:"夫子至于是邦也,必闻其政。求之与?抑与之与?"子贡曰:"夫子温、良、恭、俭、让以得之。夫子之求之也,其诸异乎人之求之与!"

意思是,陈子禽向子贡问道:"我们老师每到一个国家,就一定要了解这个国家的政事,是他自己求来的呢?还是人家主动告诉他的呢?"子贡回答:"老师是靠温和、善良、恭敬、节俭、谦让的态度取得的。他老人家获得政事的方法,大概和别人获得的方法不同吧!"

子贡这里讲的温、良、恭、俭、让,是讲述指容色温柔平和、态度善良和悦、神态恭敬谨慎、言行有所节制、举动谦让有礼,孔子"闻其政"的方法,赞美老师的为人。它既是孔子修身的主要内容,也是儒家提倡的待人接物的仪礼和品德。朱熹注:"温,和厚也。良,易直也。恭,庄敬也。俭,节制也。让,谦逊也。五者,夫子之盛德光辉接于人者也。"(《四书章句集注·论语集注》)它与"仁、义、礼、智、信"一起,被儒家奉为人格道德修养的至高准则,对中华民族的社会风俗习惯有着深远的影响。

从《论语》里的这段话可以看出孔子在周游列国时,对待新到一个国家君臣的态度,同时也表现了孔子的为人:温和、善良、严肃、节俭、谦逊,以此受到了世人的欢迎和尊敬。但这种温和、文雅的人格，有时容易丧失原则和缺乏斗争性。

这一点是毛泽东所不欣赏的。1927年他在《湖南农民运动考察报告》这篇文章中写道：

> 革命不是请客吃饭，不是做文章，不是绘画绣花，不能那样雅致，那样从容不迫、文质彬彬，那样温良恭俭让。革命是暴动，是一个阶级推翻一个阶级的暴烈的行动。（《毛泽东选集》第一卷，人民出版社1991年第2版，第17页）

从1926年下半年起，轰轰烈烈的农民革命运动在中国各地发展起来。农民的主要攻击目标是土豪劣绅、不法地主、城里的贪官污吏和乡村的恶劣习惯等，引发了深刻的农村社会大革命。

农民运动的蓬勃发展，遭到了地主劣绅、国民党右派和一切反革命分子的诋毁和破坏，他们恶毒地攻击农民运动是"痞子运动"，是"惰农运动"，大叫"糟得很"。

此时，在共产党内部，以陈独秀为代表的右倾机会主义者，被国民党的反动势力所吓倒，也害怕"过火"的农民运动会影响到国共之间的关系，不敢支持伟大的农民革命斗争，反而指责农民运动"过火""过左"，极力压制农民革命，反对建立农民革命政权和农民武装等。从而，陷湖南农民运动于危急之中。

为了证明农民运动具有的积极意义，回击和驳斥党内外对农民运动的攻击和责难，1927年年初，中共中央农民运动委员会书记毛泽东，回到当时全国农民运动的中心湖南，历时32天，专门就农民问题实地考察了湘乡、湘潭、衡山、醴陵、长沙五县的情况。在获得了大量的第一手资料后，写下了这篇《湖南农民运动考察报告》。以极其丰富的事实内容和精辟的论述，彻底揭露和清算了反动派诬蔑农民运动的种种谬论，有力地驳斥了党内机会主义者对农民运动的责难和攻击。对农民革命运动给予了充分的肯定和赞扬，极大地鼓舞和支持了正在兴起的中国农民革命斗争。

在谈到农民运动"过分"问题时，毛泽东认为，农民革命所采取的一切行为，"都是土豪劣绅、不法地主自己逼出来的"，农民反抗压迫，农民的眼睛是全然没有看错的。

毛泽东在阐述了农民问题是中国革命的中心问题，歌颂了农民运动的伟大作用和广大农民群众的伟大创造力之后，又对"革命"进行了形象的描述。毛泽东引用了"温良恭俭让"这一《论语》特有的语词，说明革命不同于一般的社会活动，不能用"温良恭俭让"的温和方式来进行。

　　此次毛泽东引用《论语》语词并不拘泥于原意，而是根据特殊语境赋予其特定的含义，这句"温良恭俭让"就是毛泽东活用《论语》语词的典范。在封建时代，"温良恭俭让"作为士子们修身养性的准则，无疑具有其积极作用。但在暴力推翻剥削阶级，用革命手段创建一个新生政权的时候，固守这种准则，只知"温良恭俭让"而不知变通，显然是无法取得胜利的。

礼之用，和为贵

"礼之用，和为贵"也是孔子弟子提出的礼治原则。它见于《论语·学而篇》第十二章：

> 有子曰："礼之用，和为贵。先王之道，斯为美，小大由之。有所不行，知和而和，不以礼节之，亦不可行也。"

这是孔子学生有若（有子）的话。凡《论语》中记载的孔子学生的言论，我们不妨认为也都是表达了孔子思想，因为在《论语》编者看来一定如此，否则，应不会收入到《论语》中来的。

"礼之用，和为贵"，它体现的是儒家的政治伦理思想。礼：泛指奴隶社会或封建社会贵族等级制的社会规范和道德规范。礼的社会功能在于调节人与人之间的关系，使之和谐。孔子认为礼的功能首先是调节统治者的内部关系，"君使臣以礼，臣事君以忠"。也就是君臣父子都摆正自己的位置。其次，礼亦可用来教化庶民，调节统治者与被统治者的关系。"导之以政，齐之以刑，民免而无耻；导之以德，齐之以礼，有耻且格。"（《论语·为政篇》）

"礼之用，和为贵"，什么是"和"？怎样理解"和"？这是问题的关键。

"和"乃"中和"之意。《礼记·中庸》作了这样的解释："喜怒哀乐之未发谓之中，发而皆中节谓之和。""发而皆中节"的"中"，意为"符合"。符合什么？符合"节"，也就是符合常理、法度。礼的作用，中和为贵。其他万事万物的作用，又何尝不以中和为贵？

我国古代既崇尚礼，更崇尚中和。处世中和，是说在礼作用下的中和，要是离开了礼的规范节制，那么中和就会失去优势，难以发挥作用。《礼记·仲尼燕居》说："礼乎礼，夫礼所以制中也。"礼的作用固然在于和，但和不能出乎礼。和必须"以礼节之"，以礼为原则，为基础。以礼为中和的主要标准，是孔子以礼为核心的思想体系的一个重要内容。因此，必知礼之用以和为贵，而又节之以礼，则能如《中庸》所说"和而不流"。

对"和为贵"的理解，现在多以"和"乃和谐、合作、协调、团结之意。就个人而言，讲究的是人与人、人与社会的和谐；就社会而言，讲究的是社会群体的协调、团体的团结。

统一战线"目前是和为贵"

孔子的"和为贵"，毛泽东在著作和讲话中多次征引，在中国革命的实践中灵活运用。

作为马克思主义者，毛泽东对待中国革命的科学态度是"实事求是"的。他深深地懂得中国最终将实现和平与统一。毛泽东在对革命战争进行思考的过程中，从来没有把和平统一之路排除在外。重温党史你会深刻地感到，没有一个人像他那样更加热切地渴望着和平，渴望着和平下的统一。

但是，客观事实却迫使他用另一种方式来获致他心中的和平。

1927年大革命失败后，毛泽东在湖北汉口八七会议上，提出了"枪杆子里面出政权"这一著名论断。

抗日战争爆发后，为了谋求国共第二次合作和建立全国抗日民族统一战线，国共双方先后举行了五次谈判。以"合"来对付强大的敌人。

"和为贵"是毛泽东统一战线理论的具体体现。我们党关于统一战线的理论和政策，是马克思主义同中国革命和建设相结合的产物，是毛泽东思想的重要内容。

1937年11月底，王明、康生及陈云等从苏联回到延安。对于王明等人的到来，毛泽东发表了热情洋溢的讲话，说这是"一件大喜事"，是"喜从天降"。

王明以"钦差大臣"的身份出现在延安。在12月召开的中央政治局会议上，王明打着共产国际和斯大林的招牌来传达指示，并引经据典，讲得颇具煽动性。他一上来就批评："有的同志对统一战线不了解，是要破坏统一战线的。"并说"今天的中心问题是一切为了抗日"。

王明带回的是莫斯科方面的意见,而且其中"抗日高于一切"的口号也不算错,毛泽东自然不能明确抵制。他尽管对王明谈到的一些具体问题还有疑问,但对王明谈话的基本精神,还是赞同的。他明确讲:

> 过去党在实际工作中确有狭隘和不够策略的地方。"我同意王明意见,国共共同负责,共同领导,使国共合作大家有利。"对于统一战线,"目前是和为贵",我们在政治上要有号召,但做的时候要经过国民党。(杨奎松:《毛泽东与莫斯科的恩恩怨怨》,江西人民出版社1999年版,第71页)

不可否认,王明在谈论统战策略手法时表现出相当的灵活性,这给了包括毛泽东在内的中共中央领导人相当深的印象。早在1937年8月政治局洛川会议前后,毛泽东就担心蒋介石搞阴谋诡计,因而从"防人之心不可无"的角度,提出了一系列防范国民党的策略主张。毛泽东在这些方面表现出了高度的阶级警觉性,这恰恰是善于纸上谈兵的王明所欠缺的。但如何能够在不影响抗日大局和国共统一战线的情况下,确保自身利益和革命前途,严格地说,就是毛泽东也还缺少经验。因此,他尽管对王明谈到的一些具体问题还有疑问,对王明谈话的基本精神还是赞同的。

此时,王明与毛泽东的分歧,主要还只是发生在如何兼顾党的利益和统一战线的需要这个具体的策略问题上。人的正确认识总是要经过反复的实践才可能真正形成。面对弱小的红军与相对强大的国民党二百万军队"合作",共同反对强大民族敌人的新局面,采取何种策略方能利国利己,很难说毛泽东抗战伊始就有了十分的把握。因此,当得知王明带来的是共产国际方面的意见,毛泽东自然不会采取抵制的态度。再说与国民党的合作,当初就是以承认国民党在全国的领导地位为前提的,实现国共两党共同领导、共同负责、共同发展,对于力量弱小的共产党又何尝不是件好事呢?

因此,在12月召开的中央政治局会议上,尽管毛泽东过去那些防范国民党的策略主张,很多都被否定了,但毛泽东从国共合作的大局出发,认为对于统一战线,目前还应该是"和为贵",这是主要的。但是,毛泽东对于"和"是有原则的,即如他后来所说:12月会议时"我是孤立的。当时,我别的都承认,只是持久战、游击战、统战原则下的独立自主等原则问题,我是坚持到底的"。(《毛泽东传(1893—1949)》下册,中央文献出版社

1993年版，第508—509页）应该说毛泽东在主张"和为贵"的同时，坚持自己的原则，坚持独立自主地发展自己的力量，在会议上是持保留意见的。

求达"和为贵"之目的

毛泽东多次讲过"和为贵"，讲到"和"。一种情形如前文所述：是为了国家、民族的利益，国内各阶级、各党派要捐弃前嫌，停止内战，一致对外；另一种是指人民内部要讲团结、友爱，不要进行无谓的斗争。

红军长征胜利到达陕北后，陕甘宁边区就成为中国革命的大本营。但在巩固这个大本营的建设方面，毛泽东遇到了各种问题。光是各方面关系就十分复杂，为协调这些关系，增强团结，毛泽东为此做了大量工作。

陕甘宁边区政府与边区中央局在工作上曾一度出现分歧和争论，双方关系不太融洽，毛泽东十分重视协调双方关系，但他的协调并不是一般的和稀泥，而是有原则，有主张，力求从思想深处解决分歧，体现了很高的思想性。

边区政府成立于1937年，政府主席一直由林伯渠担任。谢觉哉是边区政府的另一位主要领导人。林老、谢老德高望重，毛泽东对二老十分敬重。

1938年4月成立边区中央局时，毛泽东委任高岗为书记。高岗则是陕甘红军和陕甘根据地的创始人之一，熟悉边区情况，工作也有魄力。

1941年，抗战进入极端困难时期，各种矛盾都突出起来。边区政府与中央局在财政经济政策问题上意见相左，出现争论。毛泽东不得不花费很大精力来协调双方关系，解决矛盾，主要是说服林、谢二老服从中央局的意见。8月5日毛泽东在给谢觉哉的信中说：

> 此次争论，对边区，对个人，皆有助益。各去所偏，就会归于一是。事情只求其"是"，闲气都是浮云。过去的一些"气"，许多也是激起来的，实在不相宜。我因听多了，故愿与闻一番，求达"和为贵"之目的。现在问题的了解日益接近，事情好办。（《毛泽东年谱（1893—1949）》中卷，人民出版社、中央文献出版社1993年版，第317页）

这里是讲党内领导干部之间的"和为贵"。毛泽东的信说理透彻，态度谦恭有礼，使人不得不叹服。在双方的争论与分歧中，毛泽东既不因林、谢年高德劭就对他们的意见加以迁就，也未因他们的某些偏颇就对他们一概否定。他期望二老不要固执己见，以和为贵，力求在边区的工作和政策方面取得一致。

与此同时，毛泽东还给边区中央局的高岗写信，对于边区的现行政策，既肯定其正当性、必要性，同时又指出存在的缺点和问题，要求他们对林、谢二老多取尊重态度，并希望对出现的具体问题，随时发现随时具体解决。

在解决人民内部矛盾方面，毛泽东依然主张"和为贵"，提倡对于人民内部要讲团结、讲友爱，不要进行无谓的斗争。1944年9月18日，他在中央招待留守兵团学习代表时说：

> 我们的军队一向就有两条方针：第一对敌人要狠，要压倒它，要消灭它；第二对自己人、对人民、对同志、对官长、对部下要和，要团结。（许全兴：《为毛泽东辩护》，当代中国出版社1997年版，第282页）

要和，要团结，是毛泽东的又一种"和为贵"。只适合于人民内部，这是正确处理人民内部矛盾的一个重要原则。同样，在人民内部，在党内，要巩固和发展团结，也离不开斗争，离不开批评与自我批评。从团结出发，经过斗争，才能达到新的团结。这便是毛泽东又一种"和为贵"的辩证思想。

孔夫子打麻将——和为贵

在抗日战争时期，为了对抗共同的敌人，团结抗日，共同御侮，国共两党实行了第二次合作。面对强敌，毛泽东经常将《论语》中的"和为贵"思想，运用于统一战线工作中。大力提倡与国民党搞好关系，坚持"和为贵"主张。

1944年3月5日，毛泽东在中央政治局会议上，在谈到"时局和我们的方针"时强调，今年和去年相比较，形势有所不同，避免内战的可能性增加了。我们在去年对国民党实行政治攻势时，主要是强调批评国民党的一面，现在主要是缓和同国民党的关系。

毛泽东还说：

> 我们的方针是使国民党既不能投降又不能打内战。我们是不愿意打内战的。去年下半年对国民党实行的政治攻势，逼出了国民党十一中全会关于对共产党问题要用政治方法解决的声明，今年可能不会发生内战了。今年这一年很重要，我们要开七大，要搞生产，要继续整风、反特务，这些都要今年完成。现在我们还是处在困难的地位，还有很多困难，例如经济困难，党内整风和反特务斗争的工作还没有完成，我们要有一年的和平环境才能完成上述工作。……最近国民党要周恩来、林伯渠同志到重庆去谈判，我们回答林老可以先去，他们说甚表欢迎。我们的方针是避免内战，集中抗战。对北面高双成更要注意联络，对联络参谋更要改善关系。最近外国记者要到延安来，我们要准备让他们看。我们要采取同国民党搞好关系的方针，即是实行"孔夫子打麻将——和为贵"。（《毛泽东文集》第三卷，人民出版社1996年版，第99页）

这次讲话被整理成《关于路线学习、工作作风和时局问题》一文，收入《毛泽东文集》第三卷。

为了集中力量抗日，巩固国共合作的基础和成果，夺取抗日战争的最后胜利，毛泽东始终主张与蒋介石要"和为贵"。要打开谈判大门，避免内战重演。这是从民族的利益和国家的利益出发，是为中国人民着想。

"和为贵"就是不同党派之间的"长期共存，互相监督"；就是统一战线，团结御侮，共同抗日；就是在革命斗争和建设中，坚持在中国共产党的领导下，团结一切可以团结的力量，调动一切积极因素，化消极因素为积极因素，组成最广泛的统一战线，去战胜困难，夺取胜利。

同年3月22日，毛泽东在中央宣传委员会召开的宣传工作会议上的讲话中还说：

> 拿环境来说，今年比去年好，磨擦仗大概是不会打了。罗斯福不赞成我们中国打磨擦仗，那位蒋委员长也不想打，我们更不想打，大家都不想打，自然就打不起来，所谓"和为贵"。（《关于陕甘宁边区的文化教育问题》，《毛泽东文集》第三卷，人民出版社1996年版，第106页）

中日战争进入 1944 年，日本海军因中途岛海战惨败，太平洋海上交通线已受威胁，日军为挽救其不利态势，1944 年开始从东北、华北抽调约 20 万兵力，分三路向豫中进攻，企图打通大陆交通线，以补救海运困难。面对如此严峻的形势，国民党由于消极抵抗和政治腐败，导致豫湘桂战役惨败。

蒋介石集团内外交困，今非昔比，已无心无力与中共较量。由于抗战旷日持久，共产党方面经济也相当困难。既要在敌后同日军打仗，同时还需要建设，进行生产，以保障军需民用，保障战争的需要。在此严峻形势下，毛泽东无论是做报告，还是即兴讲话，都极力倡导国共合作，搞好关系，反复强调"和为贵"，坚持既团结又斗争的原则。教育、引导党和军队各级领导干部，为争取抗日战争的胜利而不懈努力。

重庆谈判反复强调"和为贵"

抗日战争胜利后，全国人民希望和平建国。然而，蒋介石一面调兵遣将，积极准备内战，同时又迫于各方压力，玩弄"和谈"阴谋，欺骗全国人民和世界舆论。1945 年 8 月 14 日、20 日、23 日，蒋介石三次电邀毛泽东赴重庆举行谈判，"共同商讨国家大计"。

为了尽一切可能地争取实现国内和平，也为了在争取和平的过程中揭露美帝国主义和蒋介石的真面目，以团结和教育广大人民，在蒋介石的再三邀请下，党中央决定派遣毛泽东、周恩来、王若飞到重庆去同国民党进行和平谈判。

1945 年 8 月 28 日，毛泽东、周恩来、王若飞等在张治中、美国驻华大使赫尔利的陪同下，从延安飞抵重庆，受到重庆各界人士的热烈欢迎。

据刘伯承《二野在解放战争中》一文回忆：

> 毛泽东到重庆谈判，下飞机第一句话就是"和为贵"。（黄丽镛编著：《毛泽东读古书实录》，上海人民出版社 1995 年版，第 163—164 页）

所谓"和为贵"，可以这样去理解：就是在解决两党矛盾时，不采取战争形式，而是举行谈判，实行和平解决。毛泽东在儒家哲学的基础上，将"和为贵"纳入现实政治体系，用以处理国共两党之间的关系。但这里强调的"和"与孔子的"和"又有不尽相同之意，是指在一个中国的原则下，两党共存，两党联合，相成相济。然而更多体现在我党提出的和平、民主、团结三大口号基础上，通过谈判，和平共处，以达到祖国的和平统一。

毛泽东到重庆是带着诚意来的，是肩负着国家、民族的希望来的。他明知蒋介石此次谈判缺乏诚意，明知此次来重庆存在着极大的风险，但是，他还是来了。毛泽东置个人生死安危于不顾，从民族利益出发，亲赴重庆，进行国共和谈。他要以实际行动来证明中国共产党是为了真正谋求和平、谋求国家的统一而来的。

来到重庆后，毛泽东敏锐地察觉到，和国民党政府谈判不会有什么十分乐观的结果，在某种程度上，来重庆谈判是为了向各界人士表示中国共产党人热爱和平的强烈愿望，揭露蒋介石假和平、真内战的面目。

因此，毛泽东在与蒋介石代表谈判之暇，抓紧一切时间尽可能地会见各界社会名流。向他们介绍形势并交换意见，宣传共产党关于和平、民主、团结的政治主张，介绍谈判情况，说明谈判尚未达成协议的症结所在，等等，以便团结国民党统治区的各界群众，团结一切可以团结的爱国民主人士，联系一切可能联合的力量，发展最广泛的人民民主统一战线，得到各方的支持、理解和关注。在重庆谈判的40多天中，毛泽东、周恩来广泛会见了各方面人士，多次举行民主党派和各界人士座谈会。

到重庆的第三天，即8月30日下午，毛泽东由周恩来陪同，拜会了宋庆龄女士。

毛泽东在沙发上坐下来，用亲切而尊敬的语气对宋庆龄说："孙夫人，延安人民让我转达他们对你的问候和敬意。在抗日战争最艰难的时候，是你排除种种阻碍，为我们提供了最急需的药品和书籍。我无法告诉你，这些东西对我们的帮助有多大！"

"不要这样说。"宋庆龄摆摆手，"比起在前方英勇抗战流血牺牲的将士，我做的这点工作又算得了什么呢？"

"不，你送来的药物挽救了成千上万抗日将士的生命，功不可没。"毛泽东以真挚的口吻说。

接着宋庆龄和毛泽东谈了很多：关于三民主义，关于两次国共合作，谈得最多的，还是即将展开的国共谈判。

> 毛泽东说："和为贵。现在要争取和平建国，我对此是有信心的。"
>
> "如果你有信心，那么我们也有了信心。"宋庆龄说。（陈景彪、

彭锦华：《黑雾红尘——国共重庆谈判的前前后后》，中国人民大学出版社1992年版，第110页）

9月2日中午，张澜以中国民主同盟的名义，在"民主之家"特园宴请毛泽东、周恩来和王若飞。民盟中央领导人沈钧儒、黄炎培、冷遹、鲜英、张申府、左舜生等作陪。

特园是鲜英家的一所房子，各民主党派人士大约每隔一两周在这里聚会一次，商谈民主、团结等问题。因此大家给它取了个"民主之家"的名号。

毛泽东一进特园，高兴地说："这是'民主之家'，我也回到家里了。"一句话说得满园春色。在客厅里，毛泽东勉励大家说："今天，我们聚会在民主之家；今后，我们共同努力，生活在'民主之国'。"席间，毛泽东反复强调"和为贵"。恳切表达了对和谈的冀望。（黄丽镛编著：《毛泽东读古书实录》，上海人民出版社1995年版，第163页）

张澜（1872—1955），字表方，四川南充人，清末秀才，早年留学日本，回国后，从事教育工作。抗战初期即与中国共产党有过合作。1941年参加发起中国民主政团同盟（后改为中国民主同盟），自1941年10月继黄炎培后任民盟中央主席，直至逝世。1944年10月，民盟发表《对抗战最后阶段的政治主张》，积极响应中国共产党提出的建立民主联合政府的号召。

毛泽东与张澜相知甚早，这次渝都相识，都有"神交已久"之感。在渝期间，毛泽东三访特园，与张澜交换意见。

这次宴毕，毛泽东应特园主人鲜英之请，题写"光明在望"四个大字，启迪诸公。

毛泽东认为：国内政治军事所存在的迫切问题，应在和平、民主、团结的基础上加以合理解决，以期实现全国之统一，建设独立、自由与富强的新中国。他相信只要中国一切抗日政党及爱国人士，团结起来，就一定能实现上述任务。毛泽东对争取和平建国充满信心，他的一言一行也深深影响着他身边的人。

9月5日，毛泽东、王若飞等在红岩村中共中央南方局办事处，邀见了王芸生等人。这天下午3时许，《大公报》总编辑王芸生、编辑主任孔昭恺、采访主任王文彬三人应邀前往。当他们刚进入客厅,毛泽东很快就迈着大步出来了,满面笑容地与他们一一握手,互致问候。

宾主入座以后,王芸生等与毛泽东的谈话就拉开了。王芸生等三人开始还有些拘谨,但见毛泽东谈吐诚恳,神情慈和,平易近人,紧张的心情也就消除了。

当时,双方谈话以毛泽东与王芸生为主,俩人谈得最多,孔昭恺与王文彬很少插话。

"你对目前的国事是如何看的呢?"毛泽东望着王芸生,诚恳地询问。

"我们的思想认识……"王芸生停顿了一下说,"是希望在抗战胜利以后,国共两党能够合作,只要和平,不打内战就好。"

"对,"毛泽东点点头,"我们也深知大后方人民热望和平,反对内战,也深知和为贵。"(孙琴安、李师贞:《毛泽东与名人》,江苏人民出版社1993年版,第611页)

王芸生1901年生于天津,是我国报界的老前辈,在当时很有影响。

毛泽东这次来重庆谈判,王芸生正在重庆主持《大公报》。他在该报曾专就毛泽东赴渝写了一篇《毛泽东先生来了》的文章,文中说:"毛泽东先生来了!中国人民听了高兴,世界人民听了高兴,无疑问的,大家都认为这是中国的一件大喜事。"

由于王芸生主持的《大公报》对中共代表团到重庆谈判作了重点报道,所以其间王芸生与毛泽东等有过几次接触。第一次见面时,毛泽东曾亲切地对王芸生说:"希望你们新闻界的朋友,多为和平宣传。"

"和为贵",这是毛泽东向王芸生等人反复强调的。这次邀见,毛泽东还向王芸生等人讲解了和平、民主、团结的方针和三者之间的关系,以及如何实现和平,如何实现民主宪政;反对独裁,才能保护人民利益,才能达到团结建国的目的等问题。

9月13日,毛泽东接见了《新民报》的部分工作人员。著名小说家张恨水(1895—1967)当时任《新民报》副刊编辑,经周恩来介绍,毛泽东认识了张恨水。张恨水在30年代所写的长篇小说《啼笑因缘》风靡一时,成为国内第一畅销书。抗战爆发后,他将很大精力放在写作抗战小说中,其中最受后人重视的是长篇小说《八十一梦》和《魍魉世界》。

毛泽东对张恨水在抗战时期，以小说诗文为武器，为抗战所起的积极作用很欣赏，特别喜爱他的抗战小说《八十一梦》那种嬉笑怒骂痛快淋漓地揭露国民党达官贵人腐败现象和黑暗面的文章笔调。

时隔不久，毛泽东单独会见了张恨水，长谈了两个多小时。毛泽东问张恨水：

"张先生生活一向可好？"

张恨水答道："还可以，谢谢！主席大智大勇，以民族大业为重。不计前嫌，置个人安危于不顾，亲临重庆，国人无不感佩。和平有望，国家有望啊！"

毛泽东说："不敢当。我们共产党一向是主张和平的。正如先生小说所描写的那样，现实的中国社会魑魅魍魉太多了。多少年来，华夏大地，战火频仍，弹痕累累，哀鸿遍野，黎民菜色。尽罹倒悬之苦的人民无有一日不期望和平哇！"

说到此，毛泽东使劲将手中的烟蒂摁灭，接着说：

> 过去，我们和蒋先生打了几年仗，蒋先生把我们从江西送到了陕西。后来，日本人的枪炮，又帮助我们握了手，所谓"兄弟阋于墙，外御其侮"嘛。现在日本投降了，我们不想，也不能再打下去了，这是大家的意愿，是整个中华民族的意愿。孔夫子说，和为贵，我们就是为了和平而来。我们愿以自己诚心诚意的行动，为实现和平建国的光明前程，做出自己应有的贡献。（武在平：《巨人的情怀——毛泽东与中国作家》，中共中央党校出版社1995年版，第57页）

张恨水频频点头。毛泽东微微一笑，又接着说：

"精诚所至，金石为开，但事物的发展并非那么简单。和平的实现，不仅需要国共双方的一致努力，也需要各党派、各界人士，共同携手，为反对战争、争取和平而做出不懈的奋斗。"

9月22日，毛泽东在重庆召开民主人士座谈会上，还邀请了在重庆的"少年中国学会"的会员宗白华等人。

> 当时毛泽东一见到宗白华，便亲切地问道："你近来诗兴如何？"因为他早就知道他是一位诗人。

"现在写得少了。"宗白华握着毛泽东的手,谦虚地说。

在座谈会上,宗白华对毛泽东说:"对于毛润之先生的'和为贵'的主张,我个人是完全表示赞成的。"(孙琴安、李师贞:《毛泽东与名人》,江苏人民出版社1993年版,第523—524页)

宗白华先生是中国现代著名美学家、翻译家和诗人。

早在"五四"时期,宗白华就加入"少年中国学会",而毛泽东也是当时的会员,所以当时两人就已见面认识。

抗战爆发后,在南京中央大学任教的宗白华便随校一起内迁重庆,一边教学,一边仍从事美学研究,发表不少美学力作。

由于毛泽东曾参加过"少年中国学会",该学会有不少人后来都成为社会名流,因此这次赴渝谈判他忽而灵机一动,与过去的会友谈谈,也可扩大一点统一战线队伍,扩大一点共产党的影响。

于是,毛泽东与周恩来商量后,便在重庆召开民主人士座谈会上时,也邀请了在重庆的"少年中国学会"的会员,宗白华自然也在邀请之列。

毛泽东来重庆已经一个多月了,意识到在某些问题上国共是很难达成一致意见的。所以,周恩来建议毛泽东先返回延安。

1945年10月8日,为欢送毛泽东回延安,国民党谈判代表张治中在军委会大礼堂为毛泽东举行了一个盛大宴会。被邀请者均为国民参政员和重庆文化界、新闻界、党政军各方要员。赴会人数达五百之众,可谓规模宏大,盛况空前。

毛泽东在张治中致辞后发表了重要讲话,他说:

> 近三十年间,世界经历了两次大战,第二次大战的性质与第一次不同,在这次战争中,世界与中国都有了迅速的进步。现在的商谈的目的,是要实现和平建国。中国今天只有一条路,就是和,和为贵,其他的一切打算都是错的。商谈是在友好空气中进行;没有得到协议的问题,相约继续由商量来解决,而不用其他的方法解决。(《毛泽东文集》第四卷,人民出版社1996年版,第31页)

毛泽东在讲话中明确指出:中国今天只有一条路,就是和,和为贵,其他的一切打算都是错的。因为,抗日战争刚刚结束,只有走和平建国之路,在和平民主团结的基础上实现统一,这个方针才符合于全国人民的要求。但就战后形势而言,毛泽东认为,目前形势还存在困难,但经过全国人民和国共两党及各党各派团结努力,一切困难都是可以克服的。彻底实现三民主义,建设独立自由富强的新中国是完全可能的。

经过长达40多天的反复斗争,国共双方终于10月10日签订了《双十协定》。签订协定的仪式就是在张治中家桂园的客厅里举行。这是个四周摆着沙发,能坐十来个人的二十平方米的长方形房子,随着国共两党在此举行《双十协定》签字仪式,这座普普通通的住所,即将写入千古史册,成为供后人凭吊的"驻马坡"。

《双十协定》接受了中共提出的和平建国基本方针,双方协议"必须共同努力,以和平、民主、团结、统一为基础","长期合作,坚决避免内战,建设独立、自由和富强的新中国"。这是国共重庆谈判取得的主要成就。

《双十协定》签字两个多小时后,蒋介石身穿军装,亲到桂园拜会毛泽东。一则算是为中共谈判代表团送行;二则邀请毛泽东同赴国民政府今晚的"双十"节国庆招待宴会。

> 10月10日晚,在国府举行的"双十"节招待宴会上,毛泽东、蒋介石举杯换盏,共同庆祝抗日战争的伟大胜利。席间,毛蒋双方都大谈"和为贵"。(李清华:《雾都较量》,中共中央党校出版社1994年版,第226页)

国共两党重庆谈判历时43天。在这期间,毛泽东无论是会见各界民主人士,还是在民主同盟张澜的特园,或是在国民党官员张治中举行的大型晚宴上,以及赴国民政府的"双十"节国庆招待会上,都反复强调"和为贵"。"和为贵"三字充分表现了毛泽东的和平统一思想。在处理国共两党之间的关系中,毛泽东成功地运用了"和为贵",促成了重庆谈判的成功,使中国共产党关于和平建国的政治主张为全国人民所了解。

重庆谈判期间,孔子师徒"和为贵"三字真言,成了毛泽东手中最为锐利的思想武器。这项带有儒家"中和"思想的政治主张,受到国统区民众和各界的拥护,作用巨大。这表明经过战争的创伤,饱受战乱之苦的中国人普遍厌恶战争的心情。人们期待过安稳的日子,有和平的生存环境、和谐的人际关系;人们渴望和平,期望和平下的统一。说明毛泽东"和为贵"政治主张深得人心,共产党的和平、民主、团结的方针符合人民的愿望和要求。"和"是大势所趋，人心所向。中国最终走向和平统一是顺应历史的潮流，必将势不可当。

还是平和好，只要和了就行了

解放战争后期，辽沈战役、淮海战役、平津战役结束，共产党人取得了战略性的胜利。蒋介石在政治、军事、经济、外交等各方面，都遭到致命打击，为形势所迫，于1949年1月21日宣布下野。李宗仁副总统出任代总统。

李宗仁迫于民意，同意以共产党提出的"八项和平条件"为基础举行和平谈判。在组织国民党的谈判代表团时，李宗仁特意把已辞职回到长沙的刘斐找来，做国民党的谈判代表。于是，刘斐便和张治中、邵力子、章士钊、黄绍竑、李蒸等，于1949年4月1日到达北平，与以周恩来为首的中共代表进行和平商谈。

4月中旬的一天，毛泽东在中南海接见国民党谈判代表中属桂系的刘斐和黄绍竑。

毛泽东问刘斐："你是湖南人吧？"

"是，我是醴陵人。和主席是邻县老乡。"

毛泽东用浓重的湖南口音高兴地说："老乡见老乡，两眼泪汪汪哩！"

听了毛泽东那亲切的话语，刘斐的紧张心情放松了许多。他对毛泽东说："蒋介石打不下去了，让李宗仁来搞和谈，人民要休养生息，和平是大势所趋。"

毛泽东习惯性地打着手势说："人民的要求，我们最了解。我们共产党是主张和平的，否则也不会请你们来。我们是不愿意打仗的，发动内战的是蒋介石为头子的国民党反动派嘛！只要李宗仁诚心和谈，我们是欢迎的。"

在国民党内刘斐虽属桂系，但他多年与湘派的程潜私交甚厚，在他辞去国防部参谋次长回到长沙后，与程潜来往更多了。程潜所以能把陈明仁由武汉调回长沙掌握兵权使他起义成功，还多亏刘斐从中周旋，才通过了白崇禧这一关。那时，刘斐一方面看到了国民党蒋介石必然失败的下场，同时又受到程潜的影响，也就萌生了投靠共产党以求出路之意。

在北京谈判期间，作为国民党的代表，刘斐总要为国民党争争讲讲，但离开谈判桌，却又不得不考虑自己的归宿，何去何从，逼迫他反复思考，难以决断。

毛泽东留他们一块吃顿饭，边吃边谈。当谈到个人爱好时，刘斐心机一动，便想把自己的疑虑用说笑的方式说给毛泽东，并试探毛泽东的态度。

刘斐有些拘谨地问毛泽东："你会打麻将吗？"
毛泽东随口答："晓得些！晓得些。"
刘斐接着问："你爱打清一色呢，还是喜欢打平和？"
毛泽东立刻明白了提出这问题的用意，笑得差点儿把饭喷出来，立即回答道："平和，平和，还是平和好，只要和了就行了。"
一语双关，点破迷津。
刘斐满意地大笑起来。他佩服毛泽东思想机敏，同时又感激毛泽东那寓意情深的回答解除了他的许多顾虑，从而坚定了他投向共产党的决心。
于是，刘斐立刻说道："平和好，那么还有我一份。"（谭玉琛主编：《毛泽东与党外人士》，河北人民出版社1993年版，第94页）

经过半个月的反复磋商，国共双方达成了八条二十四款的《国内和平协定》草案。由于蒋介石幕后操纵，国民党政府拒绝在协定上签字，致使和谈破裂。刘斐和张治中等代表团成员，遂毅然决然地留在了北平，投向人民民主阵线。

前面，曾经提到毛泽东用过歇后语：孔夫子打麻将——和为贵。在这里，毛泽东与国民党和谈代表刘斐交谈，用打麻将术语"平和好"表达了"和为贵"的思想和主张，又暗示欢迎刘斐"和"到人民民主阵线。

这是毛泽东由孔子师徒"和为贵"思想产生的绝妙政治斗争艺术和谈判技巧。

我们跟台湾"和为贵"

全国解放后，如何解决台湾问题，实现祖国的完全统一，始终是毛泽东所考虑的一个重要问题。毛泽东从祖国统一大义着眼，不失时机地发起和平攻势。

1955年5月13日，周恩来总理代表中央人民政府，在全国人民代表大会常务委员会第十五次扩大会议上作关于亚非问题的报告时表示：

"中国人民解放台湾是中国的内政问题。解放台湾有两种可能的方式，即战争的方式和和平的方式。中国人民愿意在可能的条件下，争取用和平的方式解放台湾。"

这是周恩来根据毛泽东的指示，首次公开提出"中国人民愿意在可能的条件下，采取和平的方式解放台湾"的政策。这无疑是毛泽东和平统一思想的具体体现。

1956年初春，毛泽东、周恩来先后发出"国共已经合作了两次，我们还准备进行第三次合作"的信息。

> 4月，毛泽东更清楚地说：我们跟台湾"和为贵"，爱国一家。（王凡：《知情者说——与历史关键人物的对话》，中国青年出版社1995年版，第128页）

同年7月，经毛泽东首肯，周恩来在接见原中央通讯社记者曹聚仁时，进一步提出："只要政权统一，其他都可以坐下来共同商量安排的。"在中共中央通过当时住在香港的章士钊转给蒋介石的信中，还出现了"奉化之墓庐依然，溪口之花草无恙"一类寓意丰富的文字，希望蒋介石能回故乡看看。

蒋介石迟疑良久，本无合作诚意，致使和平统一谈判再度无疾而终。

1957年6月28日，在第一届全国人民代表大会第三次会议上，周恩来也代表毛泽东和中央政府表示：为了早日实现祖国统一，爱国不分先后，不管过去犯过多大的罪过，都本着"爱国一家"的原则，采取既往不咎的态度。欢迎国民党军政人员为和平解放台湾发挥重要作用，希望他们回大陆省亲、探友、通信，准备给予各种方便和协助。

1958年10月6日，毛泽东亲自执笔撰写《中华人民共和国国防部告台湾同胞书》，以时任国防部长彭德怀的名义发表。其书开头就说：

> "我们都是中国人，三十六计，和为上计"。"你们与我们之间的战争，三十余年了，尚未完结，这是不好的，建议举行谈判实行和平解决。"（《建国以来毛泽东军事文稿》中卷，军事科学出版社、中央文献出版社2010年版，第438页）

自20世纪50年代中后期开始，我党就把主要精力用在争取和平统一祖国上来。1956年4月，针对台湾问题，毛泽东提出的"和为贵""爱国一家""爱国不分先后"等政策主张；1958年毛泽东又建议台湾当局"举行谈判，实行和平解决"祖国统一问题。毛泽东为我党确立的争取和平统一祖国的方针，是一个根本性的方针，这个方针反映了祖国统一的根本出路。随着国际形势不断走向缓和，两岸人民和平统一祖国的要求不断增大，我党一直在创造各种条件，用各种努力，寻求和平统一祖国的有效途径。

从毛泽东的临终遗言看，他对生前未能实现中国的最后统一表示遗憾。不过，他仍不赞同用武力方式解决台湾问题。

显然，毛泽东讲"和"，讲"和为贵"，不仅是出于政治斗争策略的一种宣传，而是出于对国家、民族根本利益的高度负责的态度，是中国共产党采取的真诚的政治方针。当然，这种"和"是有原则的，是包含着必要的斗争的。

《论语》上说"言可复也"

《论语·学而篇》第十三章记孔子高徒有若语录:

> 有子曰:"信近于义,言可复也。恭近于礼,远耻辱也。因不失其亲,亦可宗也。"

孔门弟子尊称有若为有子,可见他在孔门有一定地位。他说:"所守的诺言符合义,说的话就能兑现。为人恭敬合于礼,就可远离耻辱。依靠关系亲近的人,也就靠得住了。"

《论语·学而篇》中有子这段话,讲的是孔门儒家的待人交友之道:守信要近义,恭敬要合礼,依靠要亲人。其中最根本的,则是要符合礼的要求,信、义、恭、亲等均属礼的范畴。

"言可复也",是说所守的诺言符合义,说的话就能兑现。有子所说的"复",意为践行诺言。朱熹《四书章句集注·论语集注》云:"复,践言也。"

毛泽东对《论语》中这一思想,是持赞同态度的。1944年5月24日,他在延安大学开学典礼上的讲话中引用了这句话,他说:

> 我们有一条方针,叫"一个不杀"。……我们的方针是教育人,这个方针是确定了的,我现在再一次向你们宣布。有人相信,有人不相信,信不信由你。《论语》上说"言可复也",意思是说过的话是要实行的。中央决定的方针,既然宣布了,就要实行,大

家可以看。(《毛泽东文集》第三卷，人民出版社1996年版，第155页)

毛泽东在讲这段话时，有个前提，即在开学典礼上校长周扬先讲了话，并讲了当时党内开展的整风和审干的情况。毛泽东在讲话中认为这两件工作有很大的意义，改造了人，改造了思想。同时也犯了错误，正在纠正。接着毛泽东侧重讲纠正整风中错误的问题，即重点阐述了整风运动中"一个不杀"的方针。

整风运动，一般又称作延安整风，是中国共产党自1942年2月开始在延安和各抗日根据地所发动的一场政治和文化的运动，持续了约三年时间。整风运动的宗旨是"惩前毖后，治病救人"。目的在于整顿党内存在的非无产阶级思想，肃清王明"左"、右倾机会主义路线，达到革命队伍内部的认识统一，进而团结全党，完成革命任务。

这本是一场普遍的马列主义思想教育运动。然而，整风后来产生了很大偏差，由思想上的整顿转向夸大敌情，大搞逼供信，被康生搞成了"抢救失足者运动"。奔赴延安的革命知识分子不少被"抢救"成"特务"，很多好同志好青年成为异己。许多党员干部对此很气愤，向中央反映。问题最后反映到毛泽东那里。

1943年8月，党中央发布《关于审查干部的决定》，强调在整风审查干部中，反对逼供信，并提出具体的九条方针。毛泽东意识到"抢救"运动的问题，说"这是青年人的灾难"。他提出"一个不杀，大部不抓"的方针。

1943年10月，党中央决定整风运动进入总结阶段，毛泽东在政治局会议上认为审干有"肃反扩大化"的倾向，纠正了"抢救"运动的错误，随后展开甄别平反工作。

为了表明党中央说到做到，言信行果，毛泽东在延安大学开学典礼上的讲话中特别强调整风审干的政策问题。他引证《论语》上"言可复也"的话，申明说过的话是要实行的。中央决定的方针既然宣布了就要实行，大家可以看。这是他向全党也是向自己提出的保证，重申了党的政策，表示一定要付诸实践。毛泽东的这些肺腑之言，在于让人们坚信整风运动的政策是认真的、严肃的，是说话算数的。

"贫而乐"是蠢话

《论语·学而篇》第十五章记孔子与高足子贡的对话：

> 子贡曰："贫而无谄，富而无骄，何如？"
> 子曰："可也。未若贫而乐，富而好礼者也。"

子贡说："贫穷却不巴结奉承，富裕却不骄傲自大，这种人怎么样？"

孔子说："可以了。但是还不如虽然贫穷却快快乐乐，纵然富裕却谦虚好礼哩。"

这段话体现了孔子的道德观和人生观。郑玄《论语注》云："乐谓志于道，不以贫为忧苦。"

孔子的弟子子贡，先贫后富，家累千金，认为能贫而不谄佞，富而不骄逸，可算有美德。以问孔子。孔子在认同子贡看法的同时，又因势利导，给予提升。认为这样还不足矣，勉其应有更高的思想境界，虽贫而能志于善道，不以贫为忧。虽富而能娴习好礼，不以富而倦怠。提出了安贫乐道、富而好礼的主张，这是儒家道德修养的要求。

少年时代的毛泽东，对孔子"贫而无谄"这段话有不尽相同的理解。

1906 年秋至 1909 年夏，少年毛泽东停学在家。除白天参加繁重的体力劳动，晚上帮父亲记账外，还坚持自学，经常在一盏小油灯下读书。

在此之前，毛泽东读了五年私塾，他的红漆书箱里，并没有多少书，除了有几本《诗经》《论语》《孟子》和别的经书外，仅有几本古典小说。这些书毛泽东都看过好几遍了,有的被他读得磨掉了封面,有的卷起了角。一天晚上,他随手拿起一本书看,却是《论语》上册,这是他几年前读过的,他一边看一边记,一边看一边想,突然,有几行大字,映入了他的眼帘:

子贡曰:"贫而无谄,富而无骄,何如?"子曰:"可也。未若贫而乐,富而好礼者也。"看到这里,毛泽东开始怀疑起来了,他想,孔夫子据老师说是一位大圣人,为何说出如此的蠢话来?贫苦的人终年辛劳,吃不饱,穿不暖,他们怎么能够快乐呢?财主老爷看不起穷人,怎么会对他们讲礼遇呢?即算是有时假意奉迎,也是笑里藏刀。这位圣人,只怕是有点糊涂。(韶山毛泽东同志纪念馆编:《毛泽东遗物事典》,红旗出版社1996年版,第335页)

毛泽东小时念私塾时,私塾先生只是要求学生背诵,并不讲解文意。学生虽然对《论语》《孟子》这些儒家经典反复学习,甚至多能倒背如流,但对其意思往往是似懂非懂。

少年毛泽东在理解这句话时,对"贫而乐"三字大惑不解:贫穷怎么还能快快乐乐呢?

1936年,毛泽东向美国记者斯诺谈起自己早年的学生生活时,也有这段记载。毛泽东曾以恳切的语气说过这样一席话:"……对我有影响的事,是本地小学来了一位'激进'的教师。所谓'激进'是因为他反对拜佛,想摆脱神佛,他呼吁人们把庙宇改成学校。他是一个颇受注目、被人议论的人物,我敬慕他,同意他的观点。"

这个被毛泽东称为"过激派老师"的人是李漱清。

李漱清,多年在外读书,是一个思想开明、充满爱国热情的进步知识分子。

有一天傍晚,毛泽东按父亲的吩咐记完账后,就跑到李家场屋去找李漱清。他最近读完了好几本书,很有些"心得",要向老师说说。

毛泽东来到李家场屋,开门见山地对李漱清说:"李先生,你最近让我看的书我都读完了,有几个问题我弄不明白,想请教先生您。"

"润之,你有什么问题呀,请尽管讲吧!"李漱清知道毛泽东有好学多问的习惯,就含笑鼓励他讲下去。

"李先生,我看了这些小说和故事书,所有的人物为什么都是文官、武将、书生,从来没有一个农夫做主人公呢?"

说老实话,毛泽东提出的这个问题,连老师也未考虑过,所以李漱清一时答不上来。毛泽东似乎是早有主见,他继续说道:"对这个问题我以往搞不清楚,现在开始明白了。我发现,书中颂扬的这些文官、武将和书生,他们是百姓的统治者,而这些人是不必种田的,因为土地归他们所有,自然有佃户交租子养活他们。而那些写书的人,也多半是出身富贵人家,他们没有种过田,没有受过人生艰苦,他们怎么会去写种田人的书呢?"

李漱清没想到这个"小"学生竟然提出这样大的问题,而且有了这样深的见解,他不禁暗暗感到几分惊讶。少顷,他点头赞同道:"是的,你这个看法很有道理!"

受到老师的鼓励,毛泽东接着说:"假如我长大以后能够写书的话,我一定要写农民的书,写受苦人的书。"

说到这里,毛泽东话锋一转:

> 不过,总的看来小说还是比经书好。就拿这些年来我读书的情形来说吧,我过去读了几年孔夫子的书,读了"四书""五经",不仅没有读懂,反倒越读越糊涂了。你看《学而》上是怎么写的?子贡曰:"贫而无谄,富而无骄,可乎?"子曰"可也。未若贫而乐,富而好礼者也。"孔夫子是一位大圣人,居然也说出这等的蠢话来!贫困的穷苦人怎么能够快活?地主老财又怎么会对穷人讲理施礼呢?读这样的书,人怎么会聪明啊?相反,那些小说则好看好懂得多,书中所写的人和事让人过目不忘,它的影响比那些经书可大多了哩!可是,我始终弄不明白,学堂里为什么不准人看小说呢?为什么要把它叫作"杂书"呢?(尹高朝编著:《毛泽东的老师们》,甘肃人民出版社1996年版,第93页)

说完,毛泽东不解地望着老师,似乎在等待着答案。

李漱清呷了一口茶,说:"你问得好!这也是我们大清帝国的怪现象。在长沙,我听维新派的先生们说过,西洋人是十分推崇小说的。只有我们古老的大清王朝,只晓得两千多年来老而又老的孔夫子,只晓得抱残守缺,容不下一点新的东西。"

少年毛泽东读《论语·学而篇》第十五章,他那时还生活在贫困的乡村韶山,每天耳闻目睹的大量生活现象,是贫穷的乡民乡亲们在朝不保夕的生活苦海中挣扎。所以他不关注子贡"富而无骄"、孔子"富而好礼"的议论，只质疑"贫而乐"。此时，他还没有较高的理论批判能力，他的"激进派"老师也不能从阶级压迫的角度去评论贫富问题，毛泽东只能说这是人圣人的"蠢话"。

不过，从毛泽东的话中倒可以看出，他小小年纪，就有勇气质疑圣人之书！

为政篇第二

无不一言以蔽之

《论语·为政篇》共二十四章,主要内容涉及孔子"为政以德"的思想、为官从政的基本原则、温故而知新的学习方法、对孝悌等道德范畴的进一步阐述以及孔子本人学习修养的过程和体会。

《论语·为政篇》第二章记孔子评论《诗经》的意见:

> 子曰:"《诗》三百,一言以蔽之,曰:'思无邪'。"

《诗经》是我国第一部诗歌总集。原只称《诗》,后来儒家尊之为经,汉代定为"五经"之一,所以称《诗经》。《诗经》包括西周初到春秋中叶五百年间的诗歌创作,多数属民间歌谣,少数属贵族创作。按乐曲的品类分为《风》《雅》《颂》三大类。原有310篇,今存305篇,概称之为300篇。创作手法主要是赋、比、兴三种。历代注释研究《诗经》的著作很多。《诗经》保存了许多古代的珍贵史料,对数千年中国文学的发展有深远影响。

据《史记》等史籍记载,此书由孔子删定。《史记·孔子世家》:"古者《诗》三千余篇,及于孔子,去其重,取可施于礼义,上采契后稷,中述殷盛,至幽厉之缺。"因此《诗经》系孔子用礼义为标准对古诗的选编。孔子自称:"吾自卫反鲁,然后乐正,《雅》《颂》各得其所。"(《论语·子罕篇》)

孔子将《诗经》列为"六艺"之首,作为教学传授弟子的重要内容之一。孔子研读《诗经》,不仅将其作为一部文学作品,更是把它看作修身养性、登坛理政的参考。主张将学《诗》与通达政事结合起来,以为"诵

《诗》三百，授之以政，不达；使于四方，不能专对，虽多，亦奚以为"（《论语·子路篇》）。《礼记·经解》记述孔子说："温柔敦厚，《诗》教也。"孔子将之视作培养理想人格的手段。

"《诗》三百，一言以蔽之，曰：'思无邪'"，是孔子对《诗经》的总体评价。大意是说：《诗经》虽然包括305篇，但用一句话来概括它的全部内容，就是："思想纯正，没有邪念。"蔽，是遮盖的意思，这里引申为概括。"一言以蔽之"即表示一句话就可概括的意思。

毛泽东使用这一有生命力的语言，是为了概括地主阶级、国民党右派和右倾机会主义对农民运动的攻击。1927年他在《湖南农民运动考察报告》这篇文章中说：

> 农民在乡里造反，搅动了绅士们的酣梦。乡里消息传到城里来，城里的绅士立刻大哗。我初到长沙时，会到各方面的人，听到许多的街谈巷议。从中层以上社会至国民党右派，无不一言以蔽之曰："糟得很。"（《毛泽东选集》第一卷，人民出版社1991年第2版，第15页）

随着第一次国内革命战争高潮的到来，农民运动在湖南、湖北、江西等省份也都蓬勃地发展起来，到1926年年末，形成了以湖南农民运动为中心的全国农村大革命。在我党领导下的工农革命运动已经成为左右全局的问题。湖南农民运动在北伐战争前就已经有了较好的基础，随着北伐战争的胜利，农村中党的力量日益壮大，农会组织也有了较快的发展。农协会员还在后方开展打倒贪官污吏、铲除土豪劣绅、破除封建流毒的农村大革命，在许多地方开创了"一切权力归农会"的新的政治局面。

历来被地主豪绅看不起的、在社会上没有地位的广大贫苦农民，非常猛烈地同地主劣绅在政治、经济和思想文化等方面展开了斗争。面对轰轰烈烈的农民运动，土豪劣绅、不法地主和国民党右派等反革命势力，采取各种手段进行了疯狂的反扑，掀起一股攻击和破坏农民运动的逆流，诬蔑农民运动是"痞子运动""惰农运动"，是"土匪行为"。一时间，指责农民运动"糟得很"的呼声此起彼伏。蒋介石、张静江之流恶毒地诬蔑农民运动是"过火行为"，叫嚣"农民简直赤化"，"要限制"等。

当时，刚建立不久的中国共产党还不成熟，还不能从本质上认清这种现象的实质。以陈独秀为代表的党内右倾机会主义者，在反革命逆流面前，发生动摇犹豫，甚至被反动气焰所吓倒，对农民运动问题做出了错误的判断。在1926年12月汉口特别会议上，做出了限制农民运动的错误决定，极大地伤害了广大农民群众的革命积极性。

为了准确掌握当前农民运动的情况，1927年年初毛泽东在湖南开展了农民运动调查，写下这篇《湖南农民运动考察报告》。在报告中毛泽东引用《论语》"一言以蔽之"的语词，说明从中层以上社会到国民党右派等各方面都在责难农民运动，用一句话来概括，就是骂农民运动"糟得很"。

毛泽东指出这种"糟得很"的结论，"明明是站在地主利益方面打击农民起来的理论"，农民现在所做的"乃是广大的农民群众起来完成他们的历史使命，乃是乡村的民主势力起来打翻乡村的封建势力"，他们的举动"好得很"。

孔夫子"一言以蔽之"：《诗经》的总体思想倾向是"思无邪"！

毛泽东"一言以蔽之"：地主阶级与国民党右派污蔑农民运动"糟得很"！

毛泽东又"一言以蔽之"：农民运动"好得很"！

"不相信"七十而不逾矩

《论语·为政篇》第四章是孔子的"夫子自道",即孔子自述其生平进学、修业的经历。

> 子曰:"吾十有五而志于学,三十而立,四十而不惑,五十而知天命,六十而耳顺,七十而从心所欲,不逾矩。"

大意是,孔子说:我十五岁有志于学问,三十岁开始以礼立身处世,四十岁掌握各种知识不再迷惑,五十岁懂得了天命,六十岁听别人说话能明辨是非,七十岁随心所欲,而不越出规矩。

在孔子看来,人的学习修养是一个随着年龄增长,思想境界能与之俱进的过程。这里,孔子现身说法,既是慰己,也是劝人,要通过不懈努力,使自己的一生能够随着年龄的渐渐增长,逐渐进入到一个善始善终的完美境界。后来的人们遂以此作为人生的一种普遍的法则,指人在学业、家业、事业诸方面循序上升的进程,尤指思想逐渐进入人生的最高境界。

这是孔子一生学习、教育、从政、周游的经验总结,他把一生基本以十年为单位划分为几个阶段,总结了每个阶段的人生经验,是有真知灼见的。因此,他的这些话一直流传了下来,被广泛地使用着。但有的话未免说得有些绝对,而且这是孔子自己的生活体验,不一定符合每一个人的情况。

吾十有五而志于学

"吾十有五而志于学。"十有五,十五岁。有,同"又"。孔子说自己到了十五岁的时候,才开始有志于做学问。

孔子虽然自幼贫贱,但是他却聪明好学。他从小就跟着母亲(颜徵在)识字习礼,五六岁时就能组织儿童模仿操练一些典礼的仪式。从十五岁起,他就明确地立志向学。或许是由于贫贱生活的磨炼,少年时代的孔子自立志时起,就表现出了高远的抱负。由于当时是一个礼崩乐坏、战乱不已的时代,孔子之"志"的一个重要内容,就是要通过恢复"礼"来最终使得社会恢复到西周兴盛时期安顺和乐的状态。为此,他以周公旦所制定的西周礼乐文化的传人而自任,以做到"老者安之,朋友信之,少者怀之"为自己最大志愿,并孜孜以求,终生奋斗不息。

由于孔子虚心好学,不仅谙熟有关周礼的各种礼仪典章种类、具体内容与操作程序,而且还在躬行践履之中不断修己体认,他很早就以"博学而知礼"成为鲁国的闻人。

毛泽东对孔子少而有志尚礼好学的精神,是十分称赞的。1938年7月9日,他在延安抗大讲话时说:

> 孔子说:"吾十有五而志于学。"马克思主义者也有他的志向。但是为什么当时的孔夫子不作共产党呢?那是当时的老百姓不要他作共产党而要他作教书先生,而今天的老百姓则要我们作共产党了。(许全兴:《为毛泽东辩护》,当代中国出版社1997年版,第344页)

1938年6月,抗大在全校掀起迎接"七七"抗战一周年,创造抗战突击队员的革命竞赛运动,提出"向学习突击,向工作突击,向生活突击"等口号,运动历时一个月,涌现出数百名突击队员和一批模范单位。7月9日,毛泽东出席抗大纪念"七一""七七"及突击运动总结大会并讲了话。

毛泽东在讲话中说,中国的抗日战争,自卢沟桥事变以来,四万万人一齐努力,最后胜利一定是我们的。要取得抗战的最后胜利,打败日本侵略者,必须要有坚强的领导,有自己的领袖。没有领袖是做不出事情来的,那不过是空中楼阁而已。

毛泽东说：每个领袖都应当有他的志向。马克思主义者也有他的志向。在谈到志向时毛泽东引用孔子"吾十有五而志于学"的话，鼓励突击队员和与会人员都要树立自己的志向。孔子原话重点在"学"，毛泽东的引用重点在"志"，要求人们立下大志。

孔子少贫且贱，从十五岁起，就立志向学。并不安于独善其身，而是立志要兼济天下，这是孔子的志向。而今天我们共产党人的志向，就是要赶走日本侵略者，建设新中国。

毛泽东接着说，而今的老百姓要求共产党、国民党、八路军、新四军，抗大的诸位突击队员们把日本帝国主义赶出中国去。你们将来出去要为了这个要求而定自己的志向，去当连长、营长、旅长，去做宣传和教育民众的工作，不辞一切辛苦。

毛泽东在讲话中对突击队员提出了新的希望和要求，那就是树立自己的志向，就是要树立打败日本侵略者的志向。这也是向全党和全国人民提出的要求和希望。只要四万万中国同胞都树立了这个志向，团结起来，就一定能打倒日本帝国主义，从而建设一个新中国。

三十而立"靠不住"

"三十而立"，讲的是人生最关键的阶段。"立"什么？ 有多种说法：前人有"学立""立身之本""有所成立"等说；今人有"指学问已经成立""办教育""立于礼"之说。也有说：能立于世，指立身处世站得住脚。笔者倾向后者。

孔子自己回答："立于礼"（《论语·泰伯篇》第八章），意即立身处世能合乎礼。并说："不学礼，无以立"（《论语·季氏篇》第十三章）；"不知礼，无以立也"（《论语·尧曰篇》第三章）。《左传》记载孟僖子令其子去跟孔子学礼时也说："礼，人之干也，无礼无以立。"皇侃《论语义疏》："礼为立身之本；人若不知礼者，无以得立其身于世也。"张载说："强礼然后可与立。"在孔子的心目中，礼是最根本的。在孔子看来，人到了三十岁，懂礼义，说话做事合乎礼，就都有把握了，即以礼可以自立了。

毛泽东对孔子的这一说法，不以为然，认为三十而立"靠不住"。

1949年10月8日，衡阳宣告解放。随即，衡阳市人民政府成立，毛远耀任市长。50年代初毛远耀调北京化工部工作后，经常去中南海看望堂叔毛泽东。1956年毛远耀和弟弟毛远翔到北京开会，希望能见见毛泽东。12

月5日晚上8时,毛泽东又在中南海颐年堂接见毛远耀、毛远翔兄弟。毛泽东在谈话中回忆着童年的生活和故乡的往事,又谈了许多其他事情。最后,毛泽东对他们说:

> 孔子说,七十不逾矩。我说,不一定。因为人的经验总是不足的。孔子又说,三十而立,我说也靠不住。三十几岁还吊儿郎当。缺乏帮助人的思想是不正派的人。别人犯了错误,你去幸灾乐祸,这就是宗派。倒是没有犯过错误的人,容易犯错误。因为他的尾巴翘得太高了。(赵志超:《毛泽东和他的父老乡亲》,湖南文艺出版社1992年版,第266页)

毛泽东对侄辈,是十分关心和爱护的,对他们要求也非常严格,他的侄辈大都在南方生活,毛泽东经常勉励他们安心在"现地"工作。他对侄子如此,对远房侄辈亦如此。

毛泽东在中南海与毛远耀兄弟的谈话中,引用孔子的话说"三十而立"靠不住,认为"三十几岁还吊儿郎当"。这也许是毛泽东对现代社会三十几岁人的一种看法,也大概是对毛远耀兄弟俩的宽慰和勉励,希望他们能努力工作、不断进步。

快四十的人早该"立"了

毛泽东读古书,最大特点是不拘泥、不固执成见。他鄙视那些信而好古,钻到故纸堆里出不来的书呆子;他着眼于现实,历来提倡古为今用,为现实服务。

毛泽东品《论语》,同样反映出他的这一特点。如对孔子"三十而立"这句话,他曾说过"靠不住",持否定的态度。然而,下面叙述的两次毛泽东征引这句话,则又是以肯定的语气讲的。

1942年,全党开始了整风运动。当时,中共中央西北局正在延安召开高级干部会议。毛泽东委托谭政起草《关于军队政治工作问题的报告》。谭政深感责任的重大,他向毛泽东提出了许多问题,与毛泽东一起商讨解决的办法。

夜深了,谭政起身告辞。毛泽东送他出门,像想起了什么事,突然停住了脚步,问谭政:

"你今年多大岁数？"

"三十八岁了。"谭政回答，但不明白这突如其来的问话的意思。

"孔夫子说过'三十而立'，你是快四十的人，那早就该'立'了？"（齐鹏飞、王进：《毛泽东与共和国将帅》，红旗出版社1995年版，第238—239页）

抗日战争爆发后，谭政在中国抗日红军大学第一期受训毕业，即任八路军后方政治部组织部长、政治部主任。在一段较长的时间内，毛泽东兼任中央军委总政治部主任，谭政任总政治部副主任，又成为毛泽东指导八路军政治工作的得力助手。

在这个时期，谭政除了处理日常工作外，还写了不少政策性很强、有益于军队政治工作建设的文章。这些文章深受毛泽东的赞扬。

延安整风开始后，毛泽东针对军队存在的军阀主义和教条主义倾向，以及军队政治工作中暴露出来的一些问题，准备在整风运动中逐步加以解决。为此，他特意找谭政，委托他起草一份《关于军队政治工作问题的报告》，并准备在西北局高级干部会上演讲。

谭政，湖南湘乡人。湘乡东山学堂是个"洋学堂"，闻名三湘。毛泽东就是从这里走进长沙湖南"一师"的。谭政后来也进了东山学堂。在这里他听到了许多少年毛泽东的故事，对毛泽东一直很仰慕，希望有一天能与他相识。

历史也充满着巧合。没想到谭政走上革命道路后，不仅与毛泽东相识，井冈山时期毛泽东任前委书记时，谭政任前委秘书，他成了毛泽东的第一任秘书，并深受毛泽东的器重。从井冈山时起，谭政就一直把自己当作毛泽东的学生，把毛泽东当作自己的老师。他把自己的每一个进步，都看作是毛泽东教育的结果。在井冈山斗争及开辟赣南、闽西根据地的斗争中，谭政对红军的组织建设、思想建设和纪律建设，对贯彻《古田会议决议》，都倾注了心血，做出了积极的贡献。他重视部队政治工作的开展，重视总结战时政治工作经验。在红军行军打仗极为紧张的情况下，他写出了《新田夜间战斗政治工作》《高兴圩以北战斗政治工作》等报告，对红军早期政治工作的创立和发展，做出了重要贡献。

这次，毛泽东知人善用，又委托谭政起草《关于军队政治工作问题的报告》。毛泽东还引用孔子"三十而立"的话,说谭政"你是快四十的人,那早就该'立'了",意在鼓励他承担起起草《关于军队政治工作问题的报告》的任务。

谭政没有辜负毛泽东的期望,依据毛泽东的政治、军事思想,紧密结合我军当时存在的军阀主义、教条主义倾向,以及官兵关系、军民关系矛盾等实际问题,理论联系实际,很快写出了初稿,立即送毛泽东修改。毛泽东反复修改了多遍,并加进去了大量的、十分精辟的话语。这一报告,经过谭政起草并由毛泽东反复修改,终于写成。

1944年4月11日,谭政在西北局高干会议上就此做了报告。此文出台后,立即在党和军队中引起了巨大反响,很多高级干部高度赞扬了它的重大意义,评价它是继《古田会议决议》之后我军政治工作的又一历史性文献。而这一文章,凝结着毛泽东和谭政的共同心血。

才而立之年就这么泄气

生活中的毛泽东并非总是庄重、严肃的。其实,毛泽东是个非常风趣幽默的人。他经常跟身边的人讲故事,开玩笑。对身边的工作人员,不仅非常关心爱护,十分和蔼亲切,也不乏幽默,常开玩笑。

毛泽东第一次畅游长江是在1956年6月底。当时,毛泽东六十三岁,李银桥刚三十虚岁。李银桥照顾毛泽东换好游泳裤后,自己也脱了衣裤,换游泳裤。他发现毛泽东在打量他。

"银桥啊,你已经比较伟大了,发展下去就比我伟大了。"毛泽东说得一本正经。李银桥真蒙住了,不明白毛泽东为什么这样说,甚至有点不安。毛泽东忽然拍拍李银桥的肚皮:"你肚子大了啊,快跟我媲美了!"

李银桥笑了,往回收肚子。

毛泽东又拍拍他的肩膀:"你直起腰来,背不要驼着,也快随我了呢……"

毛泽东有些驼背,李银桥也有点驼背,忙挺胸收腹说:"岁数不知不觉就大了,可我是做不出主席的贡献了。"

"才而立之年就这么泄气?我老了,你还是大有前途的。"

毛泽东说着,走了出去。(张诚主编:《新编毛泽东故事集》,辽宁大学出版社1993年版,第370页)

李银桥（1927—2009），河北省安平县东河疃村人。1947年8月，刚满二十岁的李银桥，来到毛泽东身边。李银桥虽说年龄不大，但他十一岁就参了军，算来也有着近十年军龄了。他先后任毛泽东主席的卫士、副卫士长、卫士长。跟随毛泽东十五年，随毛泽东南征北战，形影不离，堪称毛泽东的贴身侍卫。

第一次在长江游泳，针对李银桥"做不出主席的贡献了"的消极情绪，毛泽东不失幽默地说："才而立之年就这么泄气？我老了，你还是大有前途的。"这里毛泽东借用孔子"三十而立"的话，鼓励和鞭策李银桥不要说泄气话。才刚三十岁嘛，还是大有可为、大有前途的。

1957年，毛泽东访问苏联期间在莫斯科大学接见了中国留学生和实习生，曾语重心长地说："世界是你们的，也是我们的，但归根结底是你们的。你们青年人朝气蓬勃，正在兴旺时期，好像早晨八九点钟的太阳，希望寄托在你们身上。"可以说，在毛泽东眼里，刚近三十岁的李银桥只是个青年人，所以他说李银桥"是大有前途的"。

三十未立，四十半惑

1966年3月18日下午，毛泽东在杭州西湖住地刘庄召开政治局常委扩大会，到会的有刘少奇、周恩来、彭真、康生、陈伯达，吴冷西列席。

会议结束前，毛泽东突然批评吴冷西说：

> 《人民日报》登过不少乌七八糟的东西，提倡鬼戏，捧海瑞，犯了错误。我过去批评你们不搞理论，从报纸创办时起就批评，批评过多次。我说过我学蒋介石，他不看《中央日报》，我也不看《人民日报》，因为没有什么看头。你们的《学术研究》是我逼出来的。我看你是半马克思主义，三十未立，四十半惑，五十能否知天命，要看努力。要不断进步，否则要垮台。批评你是希望你进步。我对一些没有希望的人，从来不批评。（吴冷西：《忆毛主席》，新华出版社1995年版，第152页）

吴冷西时任人民日报社社长。

毛泽东批评吴冷西时，借用孔子"三十而立，四十而不惑，五十而知天命"的话，说："我看你是半马克思主义，三十未立，四十半惑，五十能否知天命，要看努力。"毛泽东批评吴冷西如此办《人民日报》，只能算是"半马克思主义"。

孔子的话是叙述他自己的人生经历。三十而立，前面阐述较多，这里不再重复。四十而不惑：不被异端邪说和外界的事物所迷惑。凭什么不惑？《论语·子罕篇》云"知者不惑"。孔子认为人到四十岁，掌握了各种知识，自然就不容易再受外界的迷惑。

五十而知天命：孔子不是宿命论者，但也讲天命，历来注疏家有多种解释，学术界亦有争论。孔子自己的说法是"不知命，无以为君子也"（《论语·尧曰篇》第三章）。这句是说五十岁知道了上天赋予人的命运的法则。为什么知天命要到五十？大致以为人生五十，阅历增多，深知天底下好多事情非人力所能改变。

毛泽东在杭州西湖政治局常委扩大会上何以突然如此严厉地批评起吴冷西，批评《人民日报》呢？事情大有来头。

1964年年底，江青约中宣部几位副部长座谈，要求中宣部发个通知批判几部影片。当时大家没同意，认为要慎重考虑。江青于是去了上海，上海报纸便陆续批判这些影片，全国其他地方也相继效仿。在这样的压力下，中宣部被迫要《人民日报》批判《不夜城》和《林家铺子》。

鉴于此，中央书记处于1965年3月开会讨论此事。主张赶快"刹车"，于是，《人民日报》先后发表文章，提出不要否定古典文学作品，也不要否定有缺点的现代文艺作品。

但是，1965年11月10日上海《文汇报》突然抛出姚文元的《评新编历史剧〈海瑞罢官〉》。姚文元认为该剧借古讽今，对作者吴晗进行政治攻击，而且还提到吴晗在《人民日报》上发表的关于海瑞的文章。吴冷西不同意姚文元的这些观点，《人民日报》也未转载。直到11月底，经请示中央领导，《人民日报》才转载并加编者按，按语措辞比较缓和，基本倾向仍然是作为学术问题而不是政治问题处理。

事后才弄明白，姚文元的文章是江青策划、毛泽东看过的。1965年12月毛泽东在杭州同陈伯达等谈话时就说，姚文元的文章没有打中要害，要害是罢官，嘉靖皇帝罢了海瑞的官，我们罢了彭德怀的官。

1966年2月，以彭真为首的中央文化革命五人小组，开会研究当时学术讨论的情况，认为要把这场讨论置于党中央的领导下，要降温，因而起草了向中央政治局常委汇报的提纲。当时汇报后毛泽东同意以中央名义批发这个汇报提纲,后来被称为《二月提纲》。

后来才知道,几乎与此同时,江青受林彪的委托,在上海起草要彻底搞掉所谓"文艺黑线"的《部队文艺工作座谈会纪要》。这个《纪要》在4月初中央批发全党之前,经毛泽东看过。毛泽东对姚文元所发表的意见,以及江青搞部队文艺工作座谈会等情况,《人民日报》的吴冷西并不知情,还是按照《二月提纲》的精神组织学术讨论,凡是涉及"庐山会议"及彭德怀的文章,都被删改或不发。

《人民日报》这样做,与毛泽东意见相左,他自然不满意。在这种情况下,《人民日报》无论如何也"跟不上形势",受到毛泽东的批评是在所难免的。吴冷西是毛泽东直接点将到人民日报社负责宣传工作的,到1966年春已近十年。近两年,毛泽东对《人民日报》向"右"转越来越不满意。此次他反用孔子"三十而立"等语,批评吴冷西"三十未立,四十半惑,五十能否知天命,要看努力",显然是敦促吴跟上他"文化革命"的步伐。"未立""半惑"是批评吴思想跟不上形势;"能否知天命,要看努力"是给吴今后如何表现留下空间,大有"以观后效"之意。

后来的历史证明,此次毛泽东借孔子语批评吴冷西"未立""半惑"是批错了。是年,毛泽东年过古稀。孔子说:"七十而从心所欲,不逾矩。"毛泽东在这一年发动了"文化大革命",揭开了"晚年错误"的序幕。毛泽东自己逾越了历史唯物论的规矩。

五十搞出一个大寨来

1964年12月26日,第三届全国人代会散会后,周总理遵照毛泽东的安排,带着陈永贵、邢燕子、王进喜、董加耕四位劳动模范到人民大会堂的一个小宴会厅,让他们和毛泽东主席同桌就餐。被邀在同桌就餐的还有钱学森、曾志、彭真、罗瑞卿等同志。

一开始,毛泽东对大家说:"今天既不是做生日,也不是祝寿,而是实行'三同'。我用自己的稿费请大家吃顿饭。我的孩子没让来,他们没有资格。这里有工人、农民、科学家、解放军,不光是吃饭,还要谈话嘛!"

毛泽东在谈话中,含蓄地又一次肯定了大庆和大寨这两个先进典型。他先问在座的余秋里同志读了几年书,余答"三年小学"。他说:"三年小学能搞出个大庆来,就不错嘛!"接着,毛泽东对陈永贵说:"你是庄稼专家了,多大岁数啦?"陈答:"五十岁。"他说:"五十而知天命,搞出一个大寨来,很好!"陈永贵当时未听懂他的湖南话,无意识地点了点头。事后才知道他讲话的意思,后悔自己不该点头。(陶鲁笳:《毛泽东教我们当省委书记》,中央文献出版社1996年版,第169页)

陈永贵,20世纪50年代至70年代山西昔阳县大寨村的党支部书记。

大寨村自然环境非常恶劣。陈永贵带领农民自力更生,艰苦创业,使大寨每年都有新的发展,集体经济越来越巩固,群众的生活水平也稳步提高。但陈永贵并不满足,他在带领大寨农民整修土地,建设稳产高产梯田的过程中,摸索出一套农业生产管理制度,总结出一套工作经验。

60年代初,山西省委决定在全省宣传陈永贵这个典型,推广大寨的生产管理经验。

1963年夏,大寨村遭遇特大洪水。农民辛辛苦苦干了十几年才修好的梯田,全部被洪水冲垮,大部分房屋被冲毁。这时,许多社员都失去了信心。陈永贵信心十足地说:咱们人没有少一个,人还在,这就是胜利。只要人还在,地冲垮了可以重修,房子冲垮了可以重建。山西省委和晋中地委得知大寨受灾的严重情况后,十分重视。决定从国库中调出一批救济粮和救济物资,从地方财政上再拨一部分救济款,扶持大寨村。

但出乎意料的是,陈永贵和大寨党支部做出了"三不要,三不少"的决定,即不要国家救济粮、不要国家救济款、不要国家救济物资;当年社员口粮不少、社员收入不少、上交国家的统购粮不少。当时,山西省委和晋中地委很多干部不相信大寨大队能做到"三不要,三不少"。但是,陈永贵他们以实际行动做出了回答。1963年下半年,大寨在陈永贵的带领下,以极高的干劲,抢修梯田,重建房屋,抢种庄稼。经过几个月的苦干,大寨在大灾之年夺得了大丰收。1963年粮食产量不但没少,反而比上年增产,平均亩产增产200斤,不仅社员的口粮充足,还上交给国家12万斤粮食。这确实是创造了一个奇迹。

1964年2月10日,《人民日报》发表了《大寨之路》的通讯报道,专门配发了社论《用革命精神建设山区的好榜样》。

1964年3月27日,毛泽东南下。28日到达河北省邯郸市,在那里他把山西省委书记陶鲁笳、河北省委书记林铁请到专列上,听取他们的汇报。陶鲁笳在向毛泽东汇报时专门提到了陈永贵。这引起了毛泽东的重视,他饶有兴趣地听了陶鲁笳的介绍，还问："陈永贵是哪几个字？ 他识不识字？"陶鲁笳当即在纸条上写了"陈永贵"三个字，并说："陈永贵，四十二岁扫盲，今年五十岁，现在能读报，还懂得什么叫'逻辑'。不久前陈永贵在太原做报告，赵树理听了很佩服，对我说，陈永贵的讲话没有引经据典，但他的观点完全符合毛泽东思想和辩证法。"

毛泽东用肯定和赞赏的语气说："陈永贵识字不多，干的事情不少。穷山沟里出好文章，唐朝柳宗元在我们湖南零陵县做过官，那里也是个穷山区，他在那里写过许多好文章。"接着，毛泽东叮嘱陶鲁笳，一定要把陈永贵的材料送给他。

自从听了陶鲁笳的汇报后，毛泽东对陈永贵的事迹十分关注。他到南京后，一直对身边工作人员和各地干部提起陈永贵的事迹。他肯定的是陈永贵自力更生、艰苦奋斗的精神。在中国经济还十分落后的情况下，这种精神显得特别宝贵。5月10日，毛泽东在南京一次会议上公开肯定陈永贵和大寨。他说："山西有一个陈永贵当党支部书记的大寨大队，陈永贵领导的大寨大队，就有一种精神，他那里就能自力更生、艰苦奋斗。"

毛泽东借用孔子"知天命"一词，似乎颇有"道破天机"之意。其实，毛泽东认为陈永贵五十岁的人了，能搞出个大寨这样的先进农业典型，很不简单。这是毛泽东对陈永贵事迹的充分肯定和赞赏，并称赞他是"农业专家"。

转告他"六十而耳顺"

1958年"大跃进"开始了，人们热情很高。武汉大学的学生搞党史调查时，把鄂城县委门口的两条标语"宁肯少活十年，不愿落后一天！""人有多大胆，地有多高产"引用在调查稿中，并转送到校长李达那里。李达看了很气愤，指着这两条标语对梅白教授说："第一条是表示决心，害处不大，第二条是唯心主义，属于哲学问题。人的主观能动性的发挥是有条件的。"说着，便要梅白带着打印稿，陪他去找毛泽东理论，辩明是非。

李达一见到毛泽东，就发起火来："润之，'人有多大胆，地有多高产'，这句话通不通？"

梅白没想到李达火气这么大，便赶紧解释说："这口号是学生在调查中发现的。"

毛泽东没发火，说："这个口号同一切事物一样也有两重性。一重性不好理解,一重性是讲可以发挥人的主观能动性。"

李达听得不耐烦了,打断了毛泽东的话,气冲冲地说:"你认为人的主观能动性是无限大的。人的主观能动性的发挥离不开一定的条件。人的主观能动性不是无限大的。现在人的胆子太大了。润之,现在不是胆子太小,你不要火上加油,否则可能是一场灾难……"

梅白见此一则怕李达惹毛泽东发火,二则怕他年龄太大,过分激动对身体不利,便碰了碰他,示意他不要再讲了。

不料这个动作恰巧被毛泽东发觉了,他也生气了,对梅白说:"小梅,你不要搞小动作,你让他说,不划右派。"

两人争论虽然激烈,但毛泽东的一贯作风是对事不对人。

李达此时完全陷于激动的情绪之中,根本就不管毛泽东的反应,继续说道:"现在人们不是胆子太小,而是太大了,头脑发烧。你脑子发热一点,下面就会不得了,就会烧到40度、41度、42度!这样中国就会遭难。这点你信不信?"

毛泽东听到这话,坐不住了,一下站起来,刚想发火,看见梅白在旁,又强压下去,只是在屋子里走来走去……毛泽东虽然激动,但是还是控制住自己,停了停,缓和语气说:"还是我在成都会议说过的那句话,头脑要热又要冷。"

李达说:"对,现在你先冷!"

随后,梅白送李达回家。途中李达又诚恳地对梅白说:"润之的'两论'(即《矛盾论》和《实践论》)多好,却想不到现在主客观颠倒至如此程度!要正确地改造世界,首先得弄清楚情况才好下决心,你劝劝他吧!"

送走李达,毛泽东在屋里踱步吸烟,又坐在沙发上喝茶默想。

梅白送走了李达刚回来,毛泽东便对他说:"小梅,今天我们两个很不冷静,这在你们青年同志面前示范作用不好。我肝火大,但我还是压制,差点儿与李达干起来。"

毛泽东又坦率地说:"我现在认识论上发生了问题,离开客观走向主观唯心主义。我和李达的争论,我是错误的。"

梅白见毛泽东并不因李达所提的意见而生气,反而承认自己错了,于是,就把刚才路上李达所说的话,都转告了毛泽东。

毛泽东听罢,颇为动情地说:"很好!"毛泽东是个很重感情的人,听了梅白的转告,这时的心情也好多了。他还让梅白教他说英文"我亲爱的鹤鸣兄"。

事后，毛泽东对梅白说：

> 孔子说过："六十而耳顺。"我今年六十三，但不耳顺。听了鹤鸣兄的话很逆耳。这是我的过错。过去我写文章提倡洗刷唯心精神，可是这次我自己就没有洗刷唯心精神。

毛泽东又对梅白说：

> 小梅，你通知鹤鸣兄，我们可以再谈，转告他"六十而耳顺"，感激他的帮助。（李银桥：《在毛泽东身边十五年》，河北人民出版社1991年版，第246页；贾思楠编：《毛泽东人际交往实录》，江苏文艺出版社1989年版，第162页）

六十而耳顺。耳顺：古来有多种解释。郑玄注："耳顺，闻其言而知其微旨也。"孔子说自己到了六十岁，一听别人言语，便可以分别真假，判明是非。一个人一辈子听各种各样说话，听到了六十岁，便入耳能辨。现在人们理解"耳顺"，就是能听进各种意见。

李达，字永锡，号鹤鸣，湖南零陵人。著名哲学家和大学教授。中国共产党的创始人之一。与毛泽东为世交，两人同籍湖南，同是中共一大代表。延安时期，毛泽东拜读过李达的《社会学大纲》，非常赞赏，认为是一本好书，是中国人自己写的第一本马克思主义的哲学教科书。他在书上作了很多批注。解放以后，毛泽东的《实践论》《矛盾论》公开发表，李达对这"两论"作了通俗宣传，写了两本《解说》。

冷静下来的毛泽东，认识到自己当时思想上存在的急躁情绪和唯心精神。搞"大跃进"，一心想尽快让群众富裕起来没错，错在把人的主观能动性强调到不适当的程度。所以，才有与李达之争。毛泽东经过反思，马上意识到自己"六十三了不耳顺"，思想上存在问题，并勇于承认错误。他还让梅白转告李达'六十而耳顺'，可以再谈谈，感激他的帮助。

毛泽东对"六十而耳顺"一语是信服的，并身体力行。

七十岁还是会逾矩的

孔子一生，对自己的暮年比较满意："七十而从心所欲，不逾矩。"矩，即规矩，亦即一切法度准则。一个人到了七十岁，就能随心所欲，想做什么就做什么，任何念头都不超越礼法。做人做到随心所欲、应付自如，不超越礼法的规矩，真可谓人生最高境界。

对孔子"七十而从心所欲，不逾矩"的说法，毛泽东提出了质疑，认为不可能。

1945年4月20日，毛泽东在中共六届七中全会上的讲话，引用了孔子这句话，他说：

> 决议把许多好事挂在我的账上，我不反对，但这并不否认我有缺点错误，只是因为考虑到党的利益才没有写在上面，这是大家要认识清楚的，首先是我。孔夫子七十而从心所欲不逾矩，我即使到七十岁相信一定也还是会逾矩的。(《对〈关于若干历史问题的决议〉草案的说明》，《毛泽东文集》第三卷，人民出版社1996年版，第284页)

1945年4月20日中共六届七中全会在延安闭幕。全会通过了《关于若干历史问题的决议》，总结了中国共产党成立二十四年来的历史，着重批判了以王明为代表的"左"倾机会主义、教条主义错误，全面肯定了毛泽东的历史功绩和领导地位。

在《决议》通过前，毛泽东又对《决议》性质和内容方面的一些重要问题作了说明，这就是后来收入《毛泽东文集》第三卷的题为《对〈关于若干历史问题的决议〉草案的说明》。

毛泽东在讲话中还联系自己作了自省，认为《决议》尽管从全党利益的角度出发，把很多功劳都挂在自己头上，但这并不是说明自己没有缺点和错误，而是没有挂而已。并说这是大家要认识清楚的。他还引用孔子的话说，"我即使到七十岁相信一定也还是会逾矩的"。意思是说，或许只有孔夫子那样的圣人才能做到"从心所欲不逾矩"，而一般的人，包括他自己，总是会犯错误的，即使到了七十岁也避免不了。

毛泽东坦陈自己也是"会逾矩"的，应该说这不仅仅是一种谦虚和谨慎，还是一种清醒的认识和理性的表白。毛泽东这里对自己作了一个客观的剖析，更主要的意图是要说明没有人是不犯错误的这样一个事实。而问题的关键在于如何正确对待自己所犯错误以及犯过错误的同志。这里，就是要始终贯彻党的"惩前毖后，治病救人"的方针。这是延安整风中一直实施的，也是《关于若干历史问题的决议》中特别强调的原则问题。

毛泽东《对〈关于若干历史问题的决议〉草案的说明》的讲话，实事求是，深入浅出，说理透彻，保证了全会顺利地通过了《关于若干历史问题的决议》，为中共七大的胜利召开奠定了思想基础。

"不相信"七十而不逾矩

1956年11月15日，毛泽东在中国共产党第八届中央委员会第二次全体会议上的讲话，主要讲了经济、国际形势等四个问题。在谈到我国第一个五年计划总结经验教训时，他说：

> 经验是永远学不足的。一万年以后，搞计划就一点错误不犯？一万年以后的事情我们管不着，但是可以肯定，那个时候还是会犯错误的。青年要犯错误，老年就不犯错误呀？孔夫子说，他七十岁干什么都合乎客观规律了，我就不相信，那是吹牛皮。（1956年11月15日毛泽东在八届二中全会上的讲话）

前文已经提到，1949年12月5日，毛泽东在中南海接见远房侄辈毛远耀、毛远翔兄弟，在谈话中也说过：

> 孔子说，七十不逾矩。我说，不一定。因为人的经验总是不足的。

中华人民共和国成立以后，经过三年的恢复，国民经济得到根本好转。在国民经济迅速恢复和发展的基础上，根据党在过渡时期的总路线，由周恩来、陈云同志主持制订我国的第一个五年计划，即1953—1957年国民经济的发展计划。全党于1956年宣布提前完成了计划规定的任务。这使我国初步建立起独立的工业体系，为社会主义工业化奠定了初步基础。

毛泽东谈到中华人民共和国成立初期制订的第一个五年计划时，他认为从前四年的情况可以看得清楚，第一个五年计划根本正确。毛泽东同时也指出"一五"计划存在问题及错误：一是农业生产跟不上工业生产的步伐，在某种程度上忽视了农业的发展。二是1956年出现全局性的冒进，基本建设投资过高，以致造成国家财政紧张。三是社会主义改造过急过快，为以后相当长时间留下后遗症。

怎样看待"一五"计划中的错误,毛泽东在讲话中说:至于错误,确实有,这也是难免的。我们是摸着石头过河,没有这方面的经验。毛泽东还谈到孔夫子七十岁干什么都合乎客观规律是吹牛皮。由此说明青年犯错误,老年也犯错误。

应当说"七十而从心所欲,不逾矩"是一个很高的境界,人不可能在所有的问题上都能够做到不逾矩。孔子虽是自喻,即自我人生经历的回顾和总结,但其说法未免有些绝对化。如毛泽东所言,因为人的经验总是不足的,人的认识能力也是有限的,怎么可能完全认识客观规律呢?如果规律没有完全掌握,又怎么可能一点错误都不犯?一点矩都不逾呢?所以,即使七十岁也是同样会犯错误的。

二千年来之学者"学而不思"

青年毛泽东于1917年下半年至1918年上半年，在湖南长沙"一师"学习期间，读德国哲学家、伦理学家包尔生《伦理学原理》一书。包尔生在该书序论部分写道：

"实往昔学而不思之学派，及有信仰而无诘难之教会，所激而成之，是为开放时代之特征。昔之开放时代，尚已，而今乃复见。"

毛泽东读至此，提笔批注：

吾国二千年来之学者，皆可谓之学而不思。此吾国今时之现象。（《毛泽东早期文稿》，湖南出版社1995年第2版，第134页）

"学而不思"一语，出自《论语·为政篇》第十五章：

子曰："学而不思则罔，思而不学则殆。"

罔：通"惘"，迷惘，引申为受欺骗的意思。殆：有两义，一为危殆，疑不能定；一为疲殆，精神疲怠无所得。当从前解，这里指疑惑。作"疲殆"解，则较勉强。

《论语》这一则是孔子讨论学与思的关系。

孔子说：只读书却不思考，就会迷惘；只思考而不读书，就会感到疑惑。孔子主张学与思相结合的学习方法，认为学习时若不进行积极的思维活动，就会茫然无所得；反之，思维活动若不以学习为基础，就只是空想而徒耗精力，最终仍然没收获。

孔子提倡学思结合。东汉末期徐幹《中论·治学篇》引孔子语："孔子曰：弗学，何以行？弗思，何以得？小子勉之！斯可以为人师矣。"《论语》中还有一些章谈到学与思的两个方面，如《论语·子张篇》："子夏曰：'博学而笃志，切问而近思，仁在其中矣。'"《礼记·中庸》："博学之，审问之，慎思之，明辨之，笃行之。"孔子首倡学思并重，对孔门弟子和后世儒学有很深影响。例如，子夏言博学近思，《中庸》言博学慎思，都认为学与思二者不可偏废，都是孔子这一思想的体现与发展。学与思，孔子更重视"学"的作用："吾尝终日不食，终夜不寝，以思，无益，不如学也。"（《论语·卫灵公篇》）

对于孔子学与思的辩证思想，青年毛泽东是赞赏的，并以此为尺度评判东西方学术之是非。包尔生在文章中论述往昔"学而不思之学派""有信仰而无诘难之教会""为开放时代之特征"。也就是说，过去的信仰是盲目的信仰，无论是理论家，还是宗教家，都没有认真地去思考理论的真理性。特别是西方的中世纪，理论家的核心命题是论证上帝存在的真实性，民众也就盲目地跟着信仰。所以，毛泽东在看到包尔生的这段思想文字时，很有同感，指出"吾国二千年来之学者，皆可谓之学而不思"，学而不思就要受欺骗，东西方同样如此。毛泽东还联想到现实，指出学而不思也是中国"今时之现象"。纵向两千年，横向现实学界，学者的弊端就是学而不思。也就是说学界陈陈相因，一潭死水，毫无生气。此时，在毛泽东视域里，学而不思已不是一般的学习方法，还是评判世界学术发达程度的根本标志。

人类思考是一种理性的劳动。学而不思，死啃书本，书本知识也不会真正为我们所吸收，而实际上是茫无所得。其结果不是故步自封，掉进迂夫子教条主义的泥坑，就是变成死于句下、思想迷茫的书呆子。毛泽东所指出的我国古代和现今学者"学而不思"的现象，可以说是对我国几千年来的思想史、文明史切中要害的评论。

知之为知之，不知为不知

《论语·为政篇》第十七章是一句人们熟知的名言：

子曰："由，诲女知之乎？知之为知之，不知为不知，是知也。"

由：姓仲，名由，字子路，卞邑人。孔子早年高足弟子，少孔子九岁。女：通"汝"，即你。知：用作名词，同"智"，智慧，引申为明智、聪明。朱熹注："子路好勇，盖有强其所不知以为知者，故夫之告之。"（《四书章句集注·论语集注》）

这是孔子对弟子子路讲的一段话。大意是：仲由，我教导给你的知识，知道了吗？知道就是知道，不知道就是不知道，这种态度才是明智的。

这一章反映了孔子对待知识的实事求是的科学态度。朱熹又注："但所知者则以为知，所不知者则以为不知。如此则虽或不能尽知，而无自欺之蔽，亦不害其为知矣。况由此而求之，又有可知之理乎！"（《四书章句集注·论语集注》）

"知之为知之，不知为不知，是知也。"孔子以他的实际行动，实践了自己的理论。《论语·八佾篇》记载一个例子：有人问禘祭的学说，孔子说："不知道啊。要是有人知道禘祭的学说，那他对于治理天下，就好像把东西放在这里一样清楚明白了。"说着指指自己的手掌。

任何一个人，任你本事再大，学识再深，也总会有不懂的地方。对于自己不懂的事物，要是为了面子，硬要装成懂的样子，那就只能是自欺欺人，对于自己和别人，都没有好处。

在这方面，孔子并没有因为不懂禘祭而降低了身价，相反，人们对他更加尊敬了。

这是对学习和知识应持的虚心求教、实事求是的正确态度。只有不欺人，不自欺，不强不知以为知，才可能获得真知。

后来，人们便把孔子这几句话，作为对言过其实和强不知以为知等不良学风的一种劝诫。

对外宾宣传要"知之为知之"

1937年，奔赴延安的知识分子，或其他各类人，越来越多。这样陕甘宁边区的对外接待工作也随之多起来。一次，边区招待所工作人员与外来宾客因开玩笑而发生误会，问题反映到毛泽东那里。事虽不大，却引起了毛泽东的重视，指示有关人员专门开会，就对外来宾客的接待工作谈了自己的意见：

> 对待来宾的宣传工作，一定要实事求是地宣传我们党的政策，宣传我党、我军、抗日根据地人民战争胜利的成绩，解答他们提出的问题，知之为知之，不知为不知，是知也。切不要不懂装懂，自以为是。（孙琴安、李师贞：《毛泽东与名人》，江苏人民出版社1993年版，第1044页）

会议主要由毛泽东讲话。他依然用那个湖南口音很重的话语说话，但态度似乎很严肃。他说：

"现在我国的抗日民族统一战线已经建立起来了。为了打败日本侵略者，我们一定要把抗日民族统一战线坚持下去，并要进一步发展、巩固。统一战线一开展，我们的大门就敞开了，来延安的中外来宾一定会越来越多，你们的工作会越来越繁重。统战工作是争取人、团结人的工作。人的阶级地位、政治立场、学术观点、社会影响，以及他们的生活习惯都各不相同，因此，你们要做好统战工作，首先就要做好对外来宾客的调查研究。日本有个外相，曾说过一句名言：'不认清对象的外交，是盲目的外交。'所以，认清来宾，是你们做好工作的首要步骤。"

边区招待所在接待方面发生一点小矛盾，之所以引起毛泽东的重视，原来是他把接待工作与统一战线联系起来。从小矛盾看到了大问题。

毛泽东要求对待来宾的宣传工作一定要实事求是。他借用孔子"知之为知之，不知为不知"的话，侧重强调接待外宾的态度问题，无论是宣传党的政策，还是解答外宾提出的问题，都要力求做到实事求是，真诚相待，诚恳坦白，切不可不懂装懂，自以为是。只有这样才会取得人们的信任和理解。

毛泽东又接着比较具体地分析说：我们许多干部来自工农，是在农村环境和战争环境中锻炼成长起来的。同志之间相互真诚、热情相待，关系都是很好的。我们今后必须继续发扬这种团结友爱的传统。可是在对外工作中，由于对外来宾客，对有文化、有修养的代表人物，或对剥削阶级的代表人物的思想感情、工作作风、生活习惯都不了解，接触外来客人时总是不大自然，或说话生硬，甚至有的同志把社会交往的一般文明礼貌看成是不必要的客套。

毛泽东的话既指出了问题存在的原因，消除了同志间的误会，又指明了今后接待工作的方式方法等。并就当时有些单位、部门不太重视接待工作，毛泽东当即指示："通知各机关、学校的负责人，向他们说清接待客人参观访问的重要意义，必须尽可能地抽出时间亲自接待，不应把接待外宾看成是额外负担。"由于毛泽东的重视，边区对外接待工作马上有了新起色。

在这里，孔子的"知之为知之，不知为不知"成了真诚相待的接待原则。

一支为一支，两支为两支

中共七大于1945年4月23日在延安杨家岭的中央大礼堂开幕。第二天，即4月24日，毛泽东向大会提交了《论联合政府》的书面政治报告，它成为这次大会的中心议题。

同一天，毛泽东又从书面政治报告中提炼出三个问题，在大会上作了口头报告。其中他讲道：

> 最后一个问题，就是要讲真话。那一天我讲过，我们要谦虚谨慎，不骄不躁。今天再说这样一点，就是要讲真话，不偷、不装、不吹。偷就是偷东西，装就是装样子，"猪鼻子里插葱——装

象",吹就是吹牛皮。讲真话,每个普通的人都应该如此,每个共产党人更应该如此……

什么是不装? 就是"知之为知之,不知为不知"。孔夫子的学生子路,那个人很爽直,孔夫子曾对他说:"知之为知之,不知为不知,是知也。"懂得就是懂得,不懂得就是不懂得,懂得一寸就讲懂得一寸,不讲多了……

关于要讲真话,我们现在发一个通令,要各地打仗缴枪,缴一支讲一支,不报虚数。知之为知之,不知为不知,一支为一支,两支为两支,是知也。这个问题解决了。我们党的作风就可以更切实了。我们一定要老老实实。(《毛泽东文集》第三卷,人民出版社1996年版,第349—351页)

孔子是个大儒,在懂和不懂面前,他的实事求是精神,值得人们效仿。毛泽东对孔子的"知之为知之,不知为不知,是知也"的老实态度,是肯定并提倡的。毛泽东在七大的口头报告中,引用"知之为知之"是在论述关于党内要讲真话问题时的态度。实事求是,是毛泽东思想的灵魂所在,也是中国革命不断走向胜利的最重要指导思想。要做到实事求是,就要做到讲真话。讲真话,普通人应该如此,共产党员更应该如此。怎样才算说真话? 毛泽东说:讲真话"就是不偷、不装、不吹"。

毛泽东在解释"不装"时说,"就是'知之为知之,不知为不知'。"是知也,不要不懂装懂。毛泽东还分析了为什么世界上会出现"装"? 为什么有人感到不装不大好呢? 他认为这是一个社会现象。装的现象现在特别多,在我们党内也特别多。爱装的人,是他母亲生下他来就要他装的? 他母亲怀他在肚子里就在观音菩萨面前发誓、许愿,一定要生一个会装的儿子? 当然不是,这是社会现象。我们党内历来不允许装。

毛泽东还说:"不知道不要紧,知道得少不要紧,即使对马列主义知道得很少、马列的书读得很少也不要紧,知道多少就是多少。"并给大家推荐了五本马列主义的书,建议大家多读。

所谓"不吹",就是报实数,"实报实销"。也就是在向上级报告工作时,实事求是,不要扯谎。那时,正是抗日战争时期,各抗日民主根据地,各个作战部队,打了胜仗都要报告缴获枪炮物资数目。毛泽东还是强调孔子的老实态度,"各地打仗缴枪,缴一支讲一支,不报虚数。知之为知之,不知为不知,一支为一支,两支为两支,是知也"。

毛泽东最后说:"这个问题解决了,我们党的作风就可以更切实了。"

经过学习运动和整风运动,到七大召开之前,中共全党的马克思主义理论水平有了很大的提高,学风也有了很大的转变。但随着抗战胜利的临近,随着党的力量的日益壮大,在一些人的头脑中也不可避免地产生了骄傲自满、好大喜功等情绪。在这些情绪支配下,有的人不是老老实实地联系中国革命的实际去学习马克思主义理论,而是现学现卖,寻章摘句,把别人的东西拿来装门面。这种风气说到底还是没有在学习理论问题上贯彻实事求是作风的一种表现。

因此,毛泽东向党内同志推荐《共产党宣言》《共产主义运动中的"左派"幼稚病》等五本书,它们对提高全党同志的理论水平无疑是很有帮助的。这说明,毛泽东以"知之为知之,不知为不知,是知也"的孔子格言来告诫党员和党的干部"不装",并不仅仅停留在对那些不懂装懂的现象提出批评,更重要的是督促广大党员干部认真而系统地学习一些马克思主义的著作,以提高全党的理论水平。

孔子开创的实事求是的优良学风,在以毛泽东为代表的中国共产党人身上得到了继承和发扬。毛泽东在口头报告中说"知之为知之,不知为不知,懂得就是懂得,不懂得就是不懂得"等几句话,意在告诫全党要采取谦虚的态度,无论做什么事情都要实事求是。

你这个人很实在

1958年8月9日凌晨,南巡的毛泽东乘坐的专列停在了兖州火车站。

毛泽东在专列办公室接见了济宁地委书记高逢五、济宁地委副书记兼滕县县委书记王吉德、滋阳县委书记任志明和滋阳县的两个村支部书记扈振才、周庆和,调查济宁地区农业生产、合作社、水灾等情况。

被接见的五人中,王吉德引起毛泽东的格外注目。

原来,王吉德在田间同群众一块劳动,刚被省里的吉普车接来不久。毛泽东见他裤腿挽着,腿上还有泥点点,慈祥地说:

"不用问,你是个农民出身。"

毛泽东问:"你是哪里人?"

王吉德回答:"微山县南庄人。"

毛泽东又问:"微山湖的鲤鱼是四个鼻孔知道不知道?"

王答："不知道。"

毛泽东笑了，赞誉："你这个人很实在，知之为知之，不知为不知。"毛泽东递给他一支烟问："你担任什么职务？"

"我是滕县县委第一书记。"

毛泽东幽默地说：噢！那你就是滕小国的国王了！"这一句话，把大家逗笑了。（山东省档案馆编：《毛泽东与山东》，中央文献出版社2003年版，第84—85页；王伯福主编：《毛泽东轶事大观》，山东人民出版社1997年版，第310页）

当王吉德向毛泽东汇报了滕县的农业生产、合作社和灾情等情况后，毛泽东还叮嘱他，当地方官不但要掌握地方现在的情况，还应该了解地方的历史。

毛泽东经常到全国各地视察，亲自了解实情，随时掌握和解决存在的问题。

有的地方领导，尤其基层干部，首次见到毛泽东都难免有些紧张。毛泽东总是以他那风趣幽默的言谈举止，化解初次见面时的尴尬局面。

有时，毛泽东凭直接接触的感觉评论干部，多数情况下是给予鼓劲。这次他在专列办公室接见济宁地委领导，当滕县县委书记王吉德回答说不知道微山湖的鲤鱼是四个鼻孔时，毛泽东笑着称赞他："你这个人很实在，知之为知之，不知为不知。"毛泽东随口运用孔子的话，赞誉像王吉德这样亲自参加劳动，密切联系群众的地方干部"很实在"。

"实在"的标志就是孔子提出的"知之为知之，不知为不知"这样一个道理。可见，毛泽东对孔子这句话是肯定的，对说真话、讲实情的干部是欣赏的，十分称赞这种实事求是的精神。不懂装懂，不知道充知道，这无论对人、对己，还是对于社会来说，都将会是有害无益的。

"不知为不知"，可赞

1958年8月10日，毛泽东到天津视察工作，陪同的有天津市市长李耕涛。

中华人民共和国成立之初，在天津协助市长黄敬主持全市财经工作的李耕涛，因为举止文雅，讲话富有神采，并且写得一手漂亮毛笔字，被黄敬称为市府的"文人高干"。李耕涛在天津市委书记处书记、副市长、市长的任上长达十余年,有"文人市长"之称。

毛泽东也许是对这位四十多岁的年轻市长颇有文采早有耳闻,故意要考考他;也许是毛泽东对李市长颇有好感,一时对"耕涛"之名心生好奇。一天,毛泽东突然问李市长:"耕涛同志,田可耕,地可耕,不知这'涛'是怎么个耕法呀?"

二十多岁就当了冀中行署副主任的李耕涛向以学识渊博著称。可是,对自己的名字他只知是父辈赠予,为什么叫耕涛,却从未考虑过。毛泽东这一问,他一时语塞,还真一时回答不上来。

毛泽东笑着说:"回去想一想,解释清了可要告诉我一声哟。"

李耕涛回到家里,连夜翻查典籍,也没能查出个所以然来。他又接连给好几位文史专家打电话求救,都没有一个确切答案。

最后,他想起当年在南开学校与周恩来同班同学的黄钰生先生,于是拨通了黄先生的电话。黄先生接起电话,稍停后对李耕涛说:"请李市长背诵一遍唐朝诗人李贺的诗作《杨生青花紫石砚歌》,看能不能找出结果。"李耕涛背诵起来:"端州石工巧如神,踏天摩刀割紫云。"紫云,那是唐朝砚台用的上等石料紫石。李贺诗中所说的"踏天摩刀割紫云",就是指登上岩顶开采这种石头。李耕涛想到这儿,眉梢一挑,"哼,有了",现出茅塞顿开的神采。

第二天晚上,毛泽东故作认真地问起可否找到"耕涛"两个字的出处。李耕涛胸有成竹地回答:"主席,唐朝诗人李贺有'踏天摩刀割紫云'之说,既然云可割,那涛想必也是可以耕的吧?"毛泽东听罢哈哈一笑:"有理,有理,耕涛同志,你很聪明的。"李耕涛笑着答:"主席,不是我聪明,我是请教了老师的。"他把请教的过程述说了一遍,毛泽东点着头深沉地说:

> 李市长知之为知之,不知为不知,不耻下问;黄老先生学富五车,用在应急。一个可赞,一个当学。好,好,好。(《党史博采》1995年第2期)

李耕涛市长请教专家学者,从唐朝诗人李贺那里找到了"耕涛"一词组合方式的证据,结论是"云可割,涛可耕"。此事毛泽东并不知情。如果素以知识渊博著称的李市长为装门面,并不披露幕后内情,人们也不知道。但是,李耕涛一五一十地把请教黄老师的经过向毛泽东作了讲述。毛泽东听了满意地点着头,高兴地称赞李耕涛"知之为知之,不知为不知,不耻下问"，精神可赞。同时称颂"黄老先生学富五车，用在应急"。毛泽东借用孔子的话，肯定李耕涛这种实事求是、虚心求知的精神，这种老老实实、执着认真的治学态度。

毛泽东问得巧，李耕涛答得妙，也给后人留下一段耐人寻味的佳话。

父慈子孝是孔夫子的辩证法

孔夫子是鲁国人,一生大部分时间生活在鲁国都城曲阜。鲁国的执政官员常向孔子请教各种问题。《论语·为政篇》第二十章记载:

季康子问:"使民敬、忠以劝,如之何?"

子曰:"临之以庄则敬,孝慈则忠,举善而教不能则劝。"

季康子:姓季孙,名肥,鲁哀公时正卿。"康"是谥号。劝:勉励。此处是指自勉之意。孝慈:一说当政者自身应孝慈;一说当政者应引导百姓孝慈。对老曰孝,对幼曰慈。善:指德。能:指才。

鲁国宰相季孙肥问孔子:"要使百姓恭敬、忠诚和互相勉励,该怎么办呢?"

孔子回答说:"你对百姓庄重,他们就会敬重你。你让他们都能孝顺老人,慈爱幼小,他们就会忠诚于你。你举用有德之人,教育才智弱的人,他们自然会互相劝勉了。"

本章孔子论政,在于论述德治亦即礼治的一些具体内容和方法。孔子提倡孝慈,即子女对父母孝敬,父母对子女慈爱。它是孔子伦理思想范畴之一。孔子认为只有对父母孝顺,对子女慈爱,才会受到他人竭诚相待。孟子也把"敬老慈幼"作为人应有的一种重要品德加以提倡(《孟子·告子下》)。经儒家的长期提倡,父慈子孝遂成为中华民族的道德传统。

在孔子那里,父子的关系中,作为子要孝,作为父要慈,"孝慈则忠"。

毛泽东对孔子"孝慈"伦理思想,是予以肯定和大力提倡的。

据萧三回忆,在湘乡县东山高等小学堂时,他与毛泽东常在一起交流各自的读书心得。毛泽东还同萧三谈起他的父亲,说:

> 他很严厉。可是我也找到了对付他的办法。我用孔夫子说的"父慈子孝"来抵制他。(萧三:《毛泽东》,原载萧三的《不可征服的中国》,1940年苏联国立军事出版社俄文版。转引自《党的文献》1993年第3期)

共产党人反对"父为子纲",反对家长制,但不否认家庭中"父慈子孝"的父子关系,1944年3月22日,毛泽东在中共中央宣传委员会召开的宣传工作会议上说:

> 我们还要提倡父慈子孝。过去为了这件事,我还和我的父亲吵了一架,他说我不孝,我说他不慈,我说应该父慈第一,子孝第二,这是双方面的。如果父亲把儿子打得一塌糊涂,儿子怎么样能够孝呢?这是孔夫子的辩证法。今年庆祝三八妇女节,提出建立模范家庭,这是共产党的一大进步。我们主张家庭和睦,父慈子孝,兄爱弟敬,双方互相靠拢,和和气气过光景。(《关于陕甘宁边区的文化教育问题》,《毛泽东文集》第三卷,人民出版社1996年版,第115—116页)

孝这一观念的产生,当始自以血缘为纽带的氏族社会。但用文字形式表述孝内容的却在西周时代,"用孝养厥父母"(《尚书·酒诰》)。

早期儒家代表人物孔子最重孝悌,认为孝悌是仁的基础。曾对"孝"作了新的解释。孝,首先是赡养父母,即"能养"。但孔子认为,仅仅能养还不够。《论语》记载:"子游问孝。子曰:'今之孝者,是谓能养。至于犬马,皆能有养,不敬,何以别乎?'"(《论语·为政篇》)在孔子看来,孝,不仅限于对父母的赡养,而应着重对父母和长辈的尊重。更重要的是"敬养""善养",要尊敬老人。孔子提出:"事父母,能竭其力"(《论语·学而篇》),要经常关心、问候父母,要知道父母的年纪,和颜悦色地善待老人,使老人精神愉快。在孔子看来,尊敬老人仅有好吃好喝是不够的,这同养犬马没有区别,这不能算孝。

孔子还认为父母可能有过失。儿女应该"事父母几谏"(《论语·里仁篇》),即婉言规劝,力求其改正,并非对父母绝对服从。这些思想正是中国古代道德文明的体现。然而孔子论孝,还讲"父母在,不远游""三年无改于父之道,可谓孝矣"(《论语·里仁篇》),表现了其时代的局限性。孔子有关"孝"的思想,对后世影响很大。孟子讲得更清楚:"孝子之至,莫大乎尊亲。"(《孟子·万章上》)所以儒家的孝,最基本的精神是尊亲。

鲁迅在《我们现在怎样做父亲》一文中认为慈和孝是父子间各自应尽的社会责任和义务。孝观念,在不同历史时期的演变中,剔除宣扬封建主义糟粕外,也有一些合理因素,提倡子女对父母的"尊""敬""养老",将孝亲与忠于民族大义相结合,主张死后薄葬节用等。

早在七十年前,毛泽东就提出建立模范家庭是共产党的一大进步。具体项目包括"家庭和睦,父慈子孝,兄爱弟敬,双方互相靠拢,和和气气过光景"。在社会主义社会,仍然要大力提倡父慈子孝、兄友弟恭的家庭美德,特别要提倡子女要赡养、孝敬父母。这是对孔子父慈子孝等辩证思想精华的肯定与借鉴。

语曰:"人而无信,不知其可"

《论语·为政篇》第二十二章:

> 子曰:"人而无信,不知其可也。大车无輗,小车无軏,其何以行之哉?"

这一章是孔子论"信"对于一个人的重要性。句中輗指古代大牛车车辕前面与横木两端相衔接的关键。軏是小马车车辕前面与横木两端相衔接的关键。驾车时,将牛、马驾在辕里,必须将輗、軏扣上,否则无法套住牲口,车也就不能走。

孔子说:"一个人要是不讲信用,真不知他怎么立身社会。就像牛车没有輗,马车没有軏一样,它靠什么行走呢?"

"人而无信,不知其可也。"郑玄注:"不知可者,言不可行也。"孔安国注:"言人而无信,其余终无可。"朱熹说:"人而无真实诚心,则所言皆妄。"(《朱子语类》卷二四)近人蒋伯潜区分信有二义:"说话必须真实;说了话必须能践言。"(《语译广解》)

"信"是孔子伦理思想的范畴之一,指待人处世诚实不欺、言行一致的态度,为儒家的"五常"之一。孔子尤其注重"信",将"信"作为"仁"的重要体现,以为是贤者必备的品德,提出"敬事而信""谨而信"(《论语·学而篇》)。《论语》中讲到"信"的地方不少:"信则人任焉"(《论语·阳货篇》),凡在言论和行为上做到诚实,就会得到他人的信用;"上好信,则民莫敢不用情"(《论语·子路篇》),当权者讲信用,百姓也会以真情相待而不欺上;"自古皆有死,民无信不立"(《论语·颜渊篇》);等等。孔子及后儒极重信,"言忠信,行笃敬"(《论语·卫灵公篇》)是孔门的处世原则。信,作为道德范畴之一,为历代儒家所提倡。

本章孔子以"大车无輗,小车无軏"为例,用来比喻说明"信"的重要。无论是大车还是小车,缺少輗和軏就无法行走。人,不管是什么人,离开了"信"也就无法立身,甚至寸步难行。这里足见孔子把诚实守信看作人应有的起码的道德,起码的道德"底线"。

毛泽东常用孔子此语批评不守信用的人或事。

西安事变和平解决后,蒋介石在洛阳发表了一个声明,即所谓《对张杨的训词》。1936年12月28日,毛泽东针对蒋介石的声明,引用孔子"人而无信,不知其可"这句话,说:

> 蒋氏已因接受西安条件而恢复自由了。今后的问题是蒋氏是否不打折扣地实行他自己"言必信,行必果"的诺言,将全部救亡条件切实兑现。全国人民将不容许蒋氏再有任何游移和打折扣的余地。蒋氏如欲在抗日问题上徘徊,推迟其诺言的实践,则全国人民的革命浪潮势将席卷蒋氏以去。语曰:"人而无信,不知其可。"蒋氏及其一派必须深切注意。(《毛泽东选集》第一卷,人民出版社1991年第2版,第247页)

九一八事变后,东北沦陷,中华民族处于生死存亡的危急关头。以张学良为首的国民党东北军和以杨虎城为首的国民党第十七路军,深受中国工农红军和全国抗日运动的影响,赞同中国共产党的抗日主张,力劝蒋介石停止内战,联共抗日。蒋介石倒行逆施,非但不接受二人建议,反而下令镇压西安学生的抗日爱国运动,并命令张、杨继续率部"剿共"。

1936年12月12日,张学良、杨虎城在西安临潼发动"兵谏",扣押了蒋介石,逼迫他联共抗日。这就是震惊中外的西安事变。事变发生后,中国共产党坚决支持张、杨的抗日爱国行动,主张在团结抗日的基础上和平解决这次事变,派出了周恩来、秦邦宪、叶剑英等人去西安谈判。24日,蒋介石被迫接受了八项抗日主张。25日,张学良送蒋介石回南京。临行前,蒋介石还向张、杨作了停止内战、改组政府、改变外交政策、释放上海被捕的爱国领袖等六项保证。看重义气的张学良对蒋介石深信不疑,决定陪送蒋回南京。然而,一离开西安,蒋介石的态度就发生了很大的变化。他于26日发表了《对张杨的训词》,极力掩盖西安事变的真相,对外称他在西安是被"反动派"包围,并将陪他回南京的张学良软禁,随后又对东北军和西北军进行分化和调离,不久杨虎城也被囚禁。

  毛泽东针对蒋介石《对张杨的训词》写了这篇义正词严的声明。声明的开头,毛泽东对蒋介石的"训词"作了评价:蒋的声明,"内容含含糊糊,曲曲折折,实为中国政治文献中一篇有趣的文章"。建议蒋介石如果要真心改变以前的错误做法,"就应该有一篇在政治上痛悔已往、开辟将来的更好些的文章,以表现其诚意",而"12月26日的声明,是不能满足中国人民大众的要求的"。毛泽东从民族生死存亡的大局出发,表明了中国共产党的态度,诚恳地劝告蒋介石认清形势,改正以往的错误,为国家民族利益考虑,与中国共产党携手抗战,并引用《论语》"人而无信,不知其可",强调为人要讲求信用诚实,劝说蒋介石及其一派从团结抗日的大局出发,认清敌友,信守自己的承诺,履行在西安答应的各项条件,断不可背信弃义。否则,不守信用,不履行自己的诺言,必将遭到全国人民的反对,必将被历史的浪潮席卷而去。

  毛泽东在声明的最后表示,"蒋氏倘能一洗国民党十年反动政策的污垢,彻底地改变他的对外退让、对内用兵、对民压迫的基本错误,而立即走上联合各党各派一致抗日的战线,军事上政治上俱能实际采取救国步骤,则共产党自当给他以赞助",向全体民众表明了中国共产党的立场以及为积极促成全民族全面抗日局面形成的决心和诚意。

  毛泽东引孔子"人而无信,不知其可"八字真言,对西安事变刚刚脱身就开始违背诺言的蒋介石,会产生强烈的心理震撼!

孔子之"百世可知"

《论语·为政篇》第二十三章：

> 子张问："十世可知也？"
> 子曰："殷因于夏礼，所损益可知也；周因于殷礼，所损益可知也；其或继周者，虽百世可知也。"

十世：世，古时称三十年为一世，十世即三百年。

子张问孔子："今后十代的礼仪制度，可以预先知道吗？"

孔子回答说："殷代沿袭夏代的礼制，所增减的可以知道；周代沿袭殷代的礼制，所增减的也可以知道。如果有谁继承周代，即使延续一百代，也是可以预先知道的。"

孔子的这一由往知来、由已知推及未知的演绎推理过程，实际上朴素地揭示了演绎推理的性质和方法。

孔子师徒也讨论"未来学"，预测社会制度（具体说就是礼制）的发展变化。

这一章是孔子论礼的重要内容。孔子把礼分为大小，大礼只能相"因"，小礼可以"损益"。相因是守旧，损益是改良。大礼三代相因守旧是主要的，小礼三代损益改良是次要的。他明白地指出：夏、商、周三代是互相沿袭的，根据过去的三代就可以推知未来的百世，未来百世的礼制一定是沿袭过去三代的。这是指最主要的大礼方面。但三代的礼，也可各有"所损益"，即随时变革的。这是指次要的小礼方面。孔子在《子罕篇》第三章举例具体说明:"麻冕,礼也;今也纯,俭,吾从众。拜下,礼也;今拜乎上,泰也。虽违众,吾从下。"意思是:麻织的帽子,改为丝织的帽子,这是小礼,可以变革;见国君在堂下跪拜,这是大礼,绝不可改变为在堂上拜。儒学后人如马融、何晏、朱熹、顾炎武、王夫之、张之洞等,均认为不可变革者是指三纲五常之类。三代的礼只能相"因",大礼不可变革,这是孔子的根本思想;三代的礼亦可有"所损益",小礼可以变革,这是孔子的枝叶思想。(蔡尚思、吴瑞武:《论语导读》,巴蜀书社1996年版,第84页)

这一章,李零《丧家狗:我读〈论语〉》作了一个很简明的解说:"孔子看历史,主要看三代损益,即后面的礼比前面的礼,增加了什么,减少了什么,除去增加减少的东西,就是始终不变的东西。他是靠这种加减法预测未来。"

孔子提出"损益"这一概念,其含义是减少和增加,当然不排除改造。"损"去了的东西不可知,"可知"必是知其本质。从孔子的回答来看:礼,从古到今,一直到永远,都在变,但其本质不会变,因而不管好久以前或多久以后的礼,都是可以知道的。这里反映了孔子有个"具体礼制可变"的思想,表明孔子并不反对所有的变革。

受传统思想的影响,青年毛泽东认为,圣人、愚人的区别在于得不得宇宙的"大本大源"。1917年3月23日,二十五岁的毛泽东致信老师兼朋友的黎锦熙,内中说:

> 圣人,既得大本者也;贤人,略得大本者也;愚人,不得大本者也。圣人通达天地,明贯过去现在未来,洞悉三界现象,如孔子之"百世可知",孟子之"圣人复起,不易吾言"。孔孟对答弟子之问,曾不能难,愚者或震之为神奇,不知并无谬巧,惟在得一大本而已。(《毛泽东早期文稿》,湖南出版社1995年第2版,第87页)

从毛泽东致黎锦熙的信中可以看出,他认为关键在于要得本,而且是大本,这个大本应该是宇宙、世界、人类、人生等的最根本的道理,是本原性的、决定一切的东西。青年毛泽东认为得一大本即可"百世可知"。孔子思想对青年毛泽东的深刻影响显而易见。

毛泽东受时代思潮和传统思想的双重影响,认为改造中国宜从哲学、伦理学入手。因为在他看来，哲学是探讨宇宙大本大源的学问，哲学就是研究这个本的。要是人能得大本大源，就成了圣人，故他提出普及哲学的治国之道。他在信中说，人人有哲学见解，自然人己平，争端息，真理流行，群妄退匿。普及哲学可使天下皆为圣贤，而无凡愚，可尽毁一切世法，呼太和之气而吸清海之波。

毛泽东在信中明言孔子为既得大本的圣人。他认为圣人由于得了这个本，就能够"通达天地，明贯过去现在未来，洞悉三界现象"，实际上就是说圣人了解了世界发展变化的规律，就能够理解过去、把握现在、预见未来。

青年毛泽东引孔子"百世可知"的观点，可贵之处在于克服了历史唯心主义的社会发展"不可知论"，承认得到大本大源，就能够洞悉过去、现在、未来三界，"虽百世可知"。而且，能够应对弟子之问，"曾不能难"。毛泽东说这"并无谬巧"，只是得到大本而已。孔子的"百世可知"虽然还是圣人的"可知"，还是经验推理的"可知"，但是毕竟走出了历史的迷雾，成为认识社会发展的利器，成为想改造社会追求光明的青年毛泽东思想中的武器。

八佾篇第三

是可忍，孰不可忍

《论语·八佾篇》第一章：

> 孔子谓季氏："八佾舞于庭，是可忍也，孰不可忍也？"

《八佾篇》共二十六章，主要论礼乐之事，是孔子思想体系中重要的一个方面。礼乐又与论学、论政有相通之处，编者便将其放在《学而篇》《为政篇》之后，作为《论语》第三篇。

本章提到的季氏，指鲁国大夫季平子，他长期把持鲁国国政。佾：古代舞蹈奏乐的行列，八人为一行，称一佾。八佾共八行六十四人。按礼的规定，天子用八佾，诸侯用六佾，大夫用四佾，士用二佾。忍：有两种解释，一释为忍心，一释为容忍。

季氏身为大夫，四佾才是他所应该用的。然而，他却用八佾在庭院中奏乐舞蹈，僭用天子之礼。这种大违礼仪的行为，是孔子所不能容忍的。所以，孔子谈论季氏时，批评道："这种事他都忍心做得出来，还有什么事是他不忍心做的呢？"

因为孔子当时并没有讨伐季氏的条件和意志，所以还是不做"容忍"解。但是，随着汉语的演化，"是可忍，孰不可忍"的意思也发生了变化：如果这件事情都能容忍，那还有哪件事情不能容忍！言外之意，这是最不能容忍的事情了。

蒋台军"是可忍，孰不可忍"

毛泽东在讲话或撰文时常用到"是可忍，孰不可忍"这句话。

从1957年12月起，美国先是单方面中断了中美大使级会谈，继而纵容蒋介石集团对大陆进行骚扰破坏。在美国的支持下，国民党军队不断派飞机袭扰闽、浙地区，甚至深入云南、贵州、四川、康西、青海等地，撒传单，空投特务，等等。

> 毛泽东对此有些恼火，他操着湖南乡音说："太猖狂了，是可忍，孰不可忍！要打一些炮，警告他们一下。"（王凡：《知情者说——与历史关键人物的对话》，中国青年出版社1995年版，第129页）

1958年10月6日，毛泽东撰写了《告台湾同胞书》，并以中华人民共和国国防部长彭德怀的名义发表在当日的《人民日报》上。毛泽东说：

> 我们都是中国人。三十六计，和为上计。金门战斗，属于惩罚性质。你们的领导者们过去长时间太猖狂了，命令飞机向大陆乱钻，远及云、贵、川、康、青，发传单，丢特务，炸福州，扰江浙。是可忍，孰不可忍？因此打一些炮，引起你们的注意。（《毛泽东文集》第七卷，人民出版社1999年版，第420页）

自1954年中美在日内瓦就台湾问题举行领事级会谈以来，毛泽东从祖国统一大业着眼，不失时机地发起和平攻势。然而，蒋介石并无合作诚意，加之美国政府竭力阻挠，导致国共第三次合作无疾而终。

蒋介石拒绝和平统一谈判后，加紧了对大陆的骚扰，不断派飞机袭扰闽、浙地区，甚至深入大陆边境，撒传单，空投特务。与此同时，蒋介石还不断向金门、马祖等靠近大陆的岛屿增兵，企图反攻大陆。毛泽东对此有些恼火，第一次提出要打一些炮，警告台湾当局。

这一时期，美国敌视中国的行动也不断升级，对中共发出的恢复中美台湾问题大使级会谈通知置之不理。1958年5月，美国国务卿杜勒斯亲赴台湾，再次以削减军援来要挟蒋介石从金门、马祖等临近大陆的岛屿后撤，企图通过"划峡而治",进而实现其"两个中国"的预谋。

鉴于此,中共一方面从外交领域与美国进行交涉,阐明中央政府的立场,抗议美国"划峡而治""一中一台"的图谋;另一方面,针对美国政府的军事支持和国民党军的武力威胁,积极稳妥地酝酿和筹备炮击金门的诸项事宜,必要时在军事上给国民党以沉重打击,进而震慑美国。1958 年 8 月 23 日,在美国无视中国中央政府声明和国民党军咄咄逼人的形势下,毛泽东做出炮击金门的重大决策,近三万发炮弹从福建前线猛轰金门国民党军阵地,击毙击伤六百余人,摧毁了金门大批军事设施。紧接着,人民解放军又经过随后几天的炮击,基本上控制了对金门的封锁,实现了既定方针。

在当时的形势下,毛泽东之所以做出炮击金门的决策,其目的在于,一是可以严惩蒋介石集团对大陆的骚扰破坏,支持中东人民的解放斗争;二是可以在行动中试探美国侵略中国的企图究竟有多深。从 8 月 23 日到 9 月 4 日,炮击金门取得了预期的效果。美国很快做出反应。9 月 4 日,美国国务卿杜勒斯发表声明,公开威胁要把美国在台湾海峡地区的所谓"防御"范围扩大到金门、马祖等沿海岛屿。随后,他又在备忘录中透露准备重新考虑对中国的政策,说国民党可以自己同中共交战,美国将保护运输;又希望中共不会认真起来;并表示美国不放弃和平谈判的希望。杜勒斯的声明证实了毛泽东对形势的分析和判断:美国人怕打仗,就目前来说很少可能大打起来。

随后,中共中央决定采取新的方针,即"边打边谈",一方面继续对金门炮击,另一方面恢复中美大使级谈判。9 月 15 日,中断了 10 个月的中美大使级谈判在波兰的华沙复会。10 月 6 日,毛泽东撰写了这篇《告台湾同胞书》,并以国防部长彭德怀的名义发表在当日的《人民日报》上。

文告指出,炮击金门的战斗,属于惩罚性质。文告起首,毛泽东在列举了台湾国民党当局在过去长时期内对大陆的一些猖狂进攻行径之后,用"是可忍,孰不可忍"进行诘问,既表明发动炮击战斗是忍无可忍的无奈举措,也阐释了中央人民政府历来以和为本的立场;接着毛泽东分析出国共双方在领土问题上的一个共识:"台、澎、金、马是中国领土,这一点你们是同意的,……台、澎、金、马是中国的一部分,不是另一个国家。世界上只有一个中国,没有两个中国。"从政治上为国共双方架起了联系的桥梁。

随后笔锋一转,指出"美国人总有一天肯定要抛弃你们的……美帝国主义是我们的共同敌人"的最终结局,彻底让国民党方面抛弃幻想。最后,为了人道主义和同胞亲情,毛泽东建议台湾同胞放弃武力,坐到谈判桌上来,"以早日和平解决较为妥善",为台海局势的稳定和双方长远大局指明了方向。

毛泽东起草的这份文告一经发表，立即在世界上产生了震动。它不仅粉碎了美国提出的所谓停火阴谋，堵住了国际干涉的道路，而且进一步扩大了美蒋之间的矛盾。10月25日，毛泽东又起草并以国防部名义发表了《再告台湾同胞书》，宣布逢单日打、双日不打的办法，均以没有美国人护航为条件。此后，福建前线对金门的炮击，完全是象征性的：打是为了给蒋介石拒绝美国要它撤离金马一个理由；不打是为了给蒋军运输补给留出一段时间，而且在炮击时只打沙滩，不打民房和工事。后来又发展到逢年过节停止三天炮击，让金门军民平安过节。这样，台湾海峡的危机逐渐平息，并且保持了相当长时间的平静。

血吸虫"是可忍，孰不可忍"

1958年6月30日，《人民日报》发表了《第一面红旗——记江西余江县根本消灭血吸虫病的经过》的长篇报道，并配发专题社论《反复斗争，消灭血吸虫病》。

毛泽东看了这篇激动人心的报道，极为兴奋，夜不能寐，浮想联翩，乘兴写下了《七律二首·送瘟神》，并在组诗的后记中说：

> 就血吸虫所毁灭我们的生命而言，远强于过去打过我们的任何一个或几个帝国主义。八国联军、抗日战争，就毁灭人一点来说，都不及血吸虫。除开历史上死掉的人以外，现在尚有一千万人患疫。一万万人受疫的威胁，是可忍，孰不可忍？然而今之华佗们在早几年大多数信心不足，近一二年干劲渐高，因而有了希望。主要是党抓起来了，群众大规模发动起来了。党组织，科学家，人民群众，三者结合起来，瘟神就只好走路了。（《毛泽东诗词集》，中央文献出版社1996年版，第234—235页）

血吸虫病是为害最大、传染最速的疫病之一。新中国之血吸虫病，是从旧中国遗留下来的。血吸虫病在中国流行数千年，俗称大肚子病，疫区主要分布在江南，以鄱阳湖、洞庭湖、太湖周围的湖区最为多见，而江西省的余江县则是全国血吸虫病最为严重的地区之一。

据余江县血防史志记载，从1919年到1949年，余江近三万人死于血吸虫病。中华人民共和国成立后全县累计查出血吸虫病人六千二百多人。1951年3月，江西省卫生厅的医师通过调查，首次证实余江县为血吸虫病流行县。

党和政府高度重视余江血吸虫病防治工作。全国解放不久，毛泽东在土改、"三反"、"五反"以及肃反取得胜利的基础上，于1955年发出了"一定要消灭血吸虫病"的号召，余江人民积极响应，掀起了破除迷信、解放思想、限期消灭血吸虫病的群众运动。经过两年多的奋战，于1958年树起第一面消灭血吸虫的红旗。

这是一件了不起的大事，是一个史无前例的创举，全国上下无不欢欣鼓舞。次日，正好是党的三十七周年诞辰。毛泽东兴奋不已，乘兴提笔写下了气壮山河的诗篇——《七律二首·送瘟神》：

> 读六月三十日《人民日报》，余江县消灭了血吸虫。浮想联翩，夜不能寐。微风拂煦，旭日临窗。遥望南天，欣然命笔。
>
> 其一
> 绿水青山枉自多，华佗无奈小虫何！
> 千村薜荔人遗矢，万户萧疏鬼唱歌。
> 坐地日行八万里，巡天遥看一千河。
> 牛郎欲问瘟神事，一样悲欢逐逝波。
>
> 其二
> 春风杨柳万千条，六亿神州尽舜尧。
> 红雨随心翻作浪，青山着意化为桥。
> 天连五岭银锄落，地动三河铁臂摇。
> 借问瘟君欲何往，纸船明烛照天烧。
>
> （《毛泽东诗词集》，中央文献出版社1996年版，第104—105页）

这两首诗最早发表于1958年10月3日的《人民日报》。

中国人民既然实现了推翻一个旧世界的宏伟计划，也就更有建设一个新中国的坚强信心。而改造旧中国正是建设新中国刻不容缓的当务之急。毛泽东当年之所以发出"一定要消灭血吸虫病"的号召，就是认定了消灭血吸虫、解放生产力是改造旧中国迫在眉睫的历史任务！

毛泽东还在《〈七律二首·送瘟神〉后记》中指出血吸虫给人民带来的危害。甚至把它比喻成"敌人"，就其毁灭人类的生命而言，远远强于过去的"八国联军"等帝国主义。毛泽东运用"是可忍，孰不可忍"这一词语，是对血吸虫这个最大、最顽固的"敌人"发出的最强烈的抨击，是对血吸虫肆虐人类的愤怒谴责。同时，指出今日之华佗们干劲渐高，彻底消灭血吸虫大有希望，总结了党组织、科学家、人民群众结合起来形成伟力的经验，充分表明了消灭血吸虫病造福人民的决心、信心和办法。

子入太庙，每事问

《论语·八佾篇》第十五章记载：

> 子入太庙，每事问。或曰："孰谓鄹人之子知礼乎？入太庙，每事问。"子闻之曰："是礼也。"

太庙：鲁国周公庙。周公：姓姬，名旦，约活动于公元前11世纪，周朝初年的政治家，被分封在鲁，是鲁国的始祖。孔子当时在鲁国做官，所以陪同鲁国国君，入太庙去祭祀周公。

鄹：读邹，地名，今山东曲阜东南，孔子出生地。孔子的父亲叔梁纥曾做过鲁国鄹大夫，故当地人称孔子为"鄹人之子"。

本章写孔子陪同鲁国国君入太庙祭祀周公，因为用的是四代礼乐，多不经见，每件事都要发问。有人便嘲笑说："谁说叔梁纥的儿子懂得礼仪呢？他进了太庙，每件事都要向别人请教。"孔子听了这话，便说："这正是礼啊！"朱熹注："孔子自少以知礼闻，故或人因此而讥之。孔子言是礼者，敬谨之至，乃所以为礼也。"（《四书章句集注·论语集注》）此章寥寥几笔，勾画出孔子这位古圣先贤好学善问的形象。他那虚怀若谷的优秀品德，千百年来一直为后人所称颂。

"每事问"在《论语·八佾篇》中的本义，是说他对周公周礼的尊敬和恭谨的态度。同时，"每事问"当是问不确切知道的事情，它也体现孔子重视多见多闻、虚心请教、勤学好问的精神。每事问，遇事不懂，即发问请教,甚至要"不耻下问",这也反映出孔子治学的一种基本态度。

学个孔夫子的"每事问"

毛泽东提倡"每事问"。他在1930年《反对本本主义》一文中引用了孔子的这句名言。

他把"每事问"当作一种工作方法、工作态度与精神,以此来说明解决问题必须重视调查研究。

毛泽东在这篇文章中说:

> 许多做领导工作的人,遇到困难问题,只是叹气,不能解决。他恼火,请求调动工作,理由是"才力小,干不下"。这是懦夫讲的话。迈开你的两脚,到你的工作范围的各部分各地方去走走,学个孔夫子的"每事问",任凭什么才力小也能解决问题,因为你未出门时脑子是空的,归来时脑子已经不是空的了,已经载来了解决问题的各种必要材料,问题就是这样子解决了。(《毛泽东选集》第一卷,人民出版社1991年第2版,第110页)

《反对本本主义》原题为《调查工作》,写于1930年5月。这篇文章是毛泽东为了反对当时党内和红军中的教条主义思想而写的。当时还没有"教条主义"这个名称,而叫"本本主义"。1964年,毛泽东将文章题目改为《反对本本主义》并公开发表。

20世纪20年代后期和30年代前期,在国际共产主义运动中和共产党内盛行把马克思主义教条化、把共产国际决议和苏联经验神圣化的错误倾向。党内有些人熟读马克思主义的本本,认为这是千古不变的教条,却对中国的实际国情知之甚少。这种教条主义的错误倾向,使党在实际工作中有过许多失误,吃了不少亏。在赣南闽西根据地,红四军党内和军内同样存在教条主义的错误倾向,对革命工作和军事斗争产生了很大的消极影响。

为了批判教条主义的错误思想,坚持马克思主义的正确思想路线,1930年5月,毛泽东写了《反对本本主义》这篇文章。在文章中毛泽东精辟地指出:"中国革命斗争的胜利要靠中国同志了解中国情况。没有调查,就没有发言权。"这是毛泽东在《反对本本主义》一文中说出的名言。他针对当时党内许多领导干部不调查、不研究,看到一点表面现象就指手画脚、瞎说一顿的倾向，尖锐地指出："你对于某个问题没有调查，就停止你对于某个问题的发言权。"

毛泽东一生非常重视调查研究。他认为只有经常地深入群众中去，经常地正确地开展调查研究，才能不断了解新情况、发现新问题，才能抓住事物的本质，找出规律性的东西，制定出正确可行的方针政策。

在《反对本本主义》中，他说："你对于那个问题不能解决吗？那么你就去调查那个问题的历史和它的现状吗！你完完全全调查明白了，你对那个问题就有解决的办法了。一切结论都产生于调查的末尾，而不是在它的先头。调查好比'十月怀胎'，解决问题像'一朝分娩'。"

调查就是解决问题。他把调查研究同中国革命的具体实践紧密地相结合，指出进行调查研究的重要性，并列举了调查研究的方法。

为了说明"调查就是解决问题"这个道理，毛泽东建议"学个孔夫子的'每事问'"。毛泽东说：因为你未出门时脑子是空的，归来时脑子已经不是空的了，已经载来了解决问题的各种必要材料，问题就是这样子解决了。对于调查研究的方法，他又说：也不一定要出门去调查，可以召集那些明了情况的人来开个调查会，把你所谓困难问题的"来源"找到手，"现状"弄明白，你的这个困难问题也就容易解决了。毛泽东认为，开调查会是了解情况的可靠方法，解剖麻雀是调查研究的基本功，用间接调查法往往容易了解真实情况，最后要用综合分析法把握事物的本质，找出规律性的东西，才能指导工作。

毛泽东在这篇论述马克思主义认识论的哲学论文中，号召我们学个孔夫子的"每事问"，不仅是学习孔子的这种谦逊谨慎的品德，更主要是提出正确的思想路线，论述调查研究在马克思主义认识论中的作用，从而鲜明地提出"没有调查研究就没有发言权"的科学论断。这是毛泽东多年从事实际调查工作的深切体会的理论概括，也是对那些不做调查研究，致使中国革命遭受挫折的严重教训的经验总结。

在孔夫子那里，"每事问"是丰富周礼知识的学习方法。

在毛泽东那里，"每事问"是解决革命和工作疑难问题的调查方法。

"每事问"是一种美德

1938年冬，延安。一个傍晚，几名内务警卫员在窑洞里，吵吵嚷嚷地在争论学习问题。毛泽东听到嚷声，信步跨进室内。大家见毛泽东进来了，想向毛泽东请教，又怕人耻笑，连那么简单的问题都搞不懂。毛泽东听懂了大家的意思，说：

你们这样想可坏事了。看不出你们还有点难为情的面子思想。工作上不懂就问才能少出偏差，学习上不懂就问才有进步，持这种"每事问"的态度，才是人的美德。

大家听毛泽东这么一说，立即又兴奋起来了。一名警卫员大声问："主席，啥子叫'每事问'？"
"嗨，这不就马上提出疑问来了嘛。"毛泽东高兴地说。
毛泽东吸了一口烟，坐下来，略有所思地讲道：

这话出自古书《论语》里的子入太庙"每事问"的典故。说的是有一天孔夫子进入他家鲁国国君的祖庙里，看到祖庙里摆着各种各样的陈列品，孔子对每样东西都要问个清楚。可有些人便在背后嘲笑孔子说：大学问家，看来也并非如此，只不过是个"每事问"。孔子听到后说："每事问"是一种美德嘛。从此，这种凡有疑问，一问到底，问个水落石出的美德，就一代一代传颂下来。

毛泽东又接着讲：

比如清代有个叫戴震的思想家，他年幼读书时就喜欢打破砂锅问到底。有一天，老师讲《大学》，说："大学之道……这一章叫《经》，是孔子的话，由他的学生曾子记录下来的；以下十章叫《传》，是曾子本人的见解。"这时戴震发问："老师，你这样讲，根据是什么？"老师回答："这是宋朝大学者朱熹说的呀！"戴震想了下又问："孔子和曾子是什么时候人？"老师顿觉戴震提问太浅薄了，便不耐烦地回答："周朝人呗。"戴震毫无顾忌地再问："周朝的孔子到宋朝的朱熹相隔多少？"老师屈指一算，说："哎呀，一千六七百年了！"戴震进一步问："既然相隔那么远的时间，朱熹凭什么作出这样的判断的呢？"老师被问得张口结舌，无话可答，只好点头赞叹道："小子可造，真是个了不起的后生！"从此，"戴震善问"又成了读书人的美德。

（许祖范等编：《毛泽东幽默趣谈》，山东人民出版社1995年版，第153—154页）

毛泽东此次与警卫人员漫谈，对"每事问"典故的来源、善问的作用以及爱问是否丢面子，都做了详细阐述。毛泽东认为，孔子、戴震爱问都没丢面子，而且孔子至今被人们尊崇为中国古代的大教育家。遇着问题能虚心向人请教，绝不是丢脸的事。相反，有疑不问，不懂装懂，那才是真正难为情的事，终究会丢尽脸面的。人们在学习和成长过程中，都不可避免地会遇到难题。此时，只要动嘴问一问，就是解决问题的最好方法！如果碍于面子不问，不懂的问题就会越来越多。所谓学问，就是有学有问，要养成爱问好问的好习惯。只有问，才能得到答案，才能获取知识，才能更好地充实自己，激发求知欲望。

成事不说，遂事不谏，既往不咎

孔子晚年不再到处周游，回到鲁国。那时，是鲁哀公在位。鲁哀公对孔子尊重信任，常就一些政事、礼制问题咨询孔子师徒。《论语·八佾篇》第二十一章记载：

> 哀公问社于宰我。宰我对曰："夏后氏以松，殷人以柏，周人以栗，曰使民战栗。"
>
> 子闻之曰："成事不说，遂事不谏，既往不咎。"

宰我：即宰予，是孔子的学生。

鲁哀公问孔子的学生宰我，做土地神牌位，用哪种木料。宰我回答说："夏代用松木，殷代用柏木，周代用栗木，周代的意思是使百姓战战栗栗。"

孔子听了这话责备宰我说："已经做了的事就不要解释了，已经完成的事就不要劝阻了，已经过去的事就不要追究了。"

咎：追究，责备。孔子主张对别人犯过错误采取的宽容态度。东汉人包咸《论语章句》注："事既往，不可复追咎也。""咎"有错误、罪责含义。东汉人郑玄笺云："咎，犹罪过也。"清人刘宝楠《论语正义》："引申之，凡有过责于人，亦曰咎。"

《论语·述而篇》第二十九章记载这样一个故事："互乡"这么个地方，风气很不好，人们交互为恶，生活在那里的人，一般很难和他们打交道。一次，有个互乡的孩子来见孔子，孔子竟然接见了他，这使得孔子的弟子们都感到非常的不可思议，大惑不解。面对学生们的疑惑，孔子谆谆教诲，对待别人，要"不保其往"。要看到他们的进步，不要死死盯住他们过去的错误，否则就失去了宽厚待人的大度。

"不保其往"也就是既往不咎。孔子与互乡童子的交往，可视为他既往不咎主张的注解。

"成事不说，遂事不谏，既往不咎"这三句话，后人使用较多的是"既往不咎"。

我们共产党人既往不咎

毛泽东对孔子"既往不咎"的待人态度是赞同的。这无论是在革命的战争年代，还是在社会主义建设的和平时期；无论是对待党内犯过错误的同志，还是对待国民党的投诚人员，以及对敌人营垒中可以争取团结的力量，他都坚持既往不咎的原则，从大处着眼，主张一切向前看。由于毛泽东的一贯主张，既往不咎也就成了我党对敌斗争的一项方针和政策。

1938年4月，时任国民党第二战区副司令长官兼前敌总指挥的卫立煌，奉命赴洛阳开会，取道陕北。4月17日途经延安，受到了热烈欢迎。这是卫立煌与毛泽东第一次见面。

晚间，延安召开盛大的欢迎晚会，毛泽东作陪。卫立煌根本无心看演出，只顾与毛泽东说话。

晚会后，毛泽东一路相送至住处。卫立煌深情地对毛泽东说："立煌此经延安，所受礼遇太多，内心很有愧。每每想起过去的历史，立煌更觉不安和内疚。虽说全国抗战后，立煌立志率部在前线抗敌，但打了几次都没能打败敌人，根本不值得表扬。"毛泽东则劝慰道：

> 过去的事就让它过去吧，我们共产党人称之为既往不咎，一切向前看。自抗战以来，卫长官率部在前线抗敌，面对强敌不屈不挠、屡败屡战的精神，就值得赞扬，何况还打得很勇敢呢！卫长官是当之无愧的坚持华北抗战的领导者。（何仁学等编：《真理真情与魅力：毛泽东争取国民党高级将领纪实》，广东人民出版社2000年版，第454页）

卫立煌（1897—1960），安徽合肥人，又名辉珊，字俊如。国民党军二级陆军上将。保定军官学校毕业。1931 年,任国民党政府军第十四军军长。卫立煌是国民党部队中能征善战的将领,1932 年,在对红军的"围剿"中,曾率部攻占鄂豫苏区的军政中心金家寨,蒋介石为了表彰其战功,将金家寨改名为立煌县。抗战爆发后,卫立煌被任命为第二战区副司令长官兼前敌总指挥,率嫡系部队第十四集团军开进山西。

1938 年年初,为了阻击日军南进,卫立煌的指挥部移往霍县。由于日军打通同蒲路后,卫立煌所率的指挥部被阻隔在敌后。为了尽快与开往晋南的大部队会合,卫立煌决定假道陕北。这是一项重要的决定,一项对他的后半生产生重大影响的决定。

得知卫立煌途经延安,毛泽东极为重视,指示一定要搞好接待工作。毛泽东认为,不管怎么说,从抗战大局出发,争取卫将军这样的国民党重要将领,对整个国共合作的局面将有重要影响,所以要采取积极的态度。同时,卫立煌是第二战区副司令长官,为我第十八集团军的上级。从上下级关系考虑,若能争取其支持我军,则对我军的处境,对华北、西北抗日根据地都会有很大好处。所以,欢迎一定要隆重、热情,招待的规格一定要高,使他感到我党的诚意。

延安之行对卫立煌产生了很大影响,使他这位过去的剿共名将切实感受到了共产党和毛泽东合作抗战的诚意。所以,这次在延安受到毛泽东的亲自接见,受到延安太多的礼遇,亲自看到延安的新气象,让他感到很内疚,每当想起过去剿共的历史,更让他觉得不安和有愧。

毛泽东则晓之以理,运用孔子"既往不咎"这一古语,不仅阐明共产党的一贯政策,也是对卫立煌本人的勉励和鞭策。

卫立煌不虚此行,在与毛泽东座谈时,毛泽东向他提出八路军的弹药给养问题,他表示一定要帮助解决。卫立煌是第二战区副司令长官,八路军属第二战区序列,他当然有义不容辞的责任。卫立煌说到做到,他回到西安的第二天就以第二战区副司令长官和前敌总指挥的名义,下令拨给八路军步枪子弹 100 万发、手榴弹 25 万枚和一批军用食品。此后还多次排除干扰,冒险为八路军拨军火,实践了他对毛泽东的诺言。卫立煌由于在延安时受到毛泽东的影响,在整个抗战期间,与我党我军合作得一直较好,尽其所能,给八路军在物资上以帮助。

抗战胜利后,蒋介石发动全面内战,卫立煌将军不愿将人民再次推入战火,他借机出游欧美。1947 年年底,当蒋介石要他回国出任东北"剿总"总司令时,出于对毛泽东的高度信任,他这位国民党的高级将领,却通过苏联驻法国大使馆打电报征求中共中央的意见。蒋介石兵败大陆,卫立煌蛰居香港,拒绝去台,终于在1955年回到了祖国的怀抱,被毛泽东赞誉为"有爱国心的国民党军政人员"。

一句"既往不咎",提炼为一项不计前嫌往前看的政策,产生了何等巨大的威力!

既往不咎是我们的一贯政策

1949年1月21日,固守在北平的国民党华北"剿匪"总司令傅作义被迫接受和平条件,率部出城接受解放军的改编。1月31日,双方圆满完成北平城防的交接,至此,古都北平获得和平解放。2月22日,傅作义驱车来到西柏坡,见到毛泽东后,立刻检讨说:"毛先生,我有罪,我是四十六名战犯之一,我有罪呀!"

"不,你有功!谢谢你,你做了一件大好事,人民是永远也不会忘掉你的!"毛泽东认真地纠正说。

毛泽东的一句安抚,使傅作义紧张的心情松弛下来,但他仍内疚地说:"我以前对毛先生进行过直接的人身侮辱,像我这样一个旧军阀,罪恶严重的人,实难挽回,实难宽恕。"

傅作义仍显得不自在,毛泽东干脆和他坐到了一个沙发上,风趣地说:"过去,我们在战场上见面,清清楚楚;今天,我们是姑舅亲戚,难舍难分。蒋介石一辈子耍码头,最后还是你把他甩掉了。"

为了打消傅作义的疑虑,毛泽东又郑重地说:

> 既往不咎,这也是我们共产党的一贯政策。以前,傅将军屁股坐在国民党反动派一边,打内战是坏事,这是事实。但是傅将军已站在中国人民一边来了,这是好事。我们欢迎你,人民也欢迎你,你就不必多虑了。(吴黔生等著:《肝胆相照》,军事科学出版社1993年版,第199页)

傅作义(1895—1974),山西荣河安昌村(今属临猗)人,字宜生,国民党二级陆军上将。早年毕业于保定军官学校,后在阎锡山部任第十军军长。1930年参加阎冯反蒋战争,任津浦线总指挥。1931年后任国民党政府军第三十五军军长。抗战时期,先后任第七集团军总司令,第八、第十二战区副司令长官、司令长官。解放战争时期，任国民党绥远省政府主席、华北"剿总"总司令。1949年接受中国共产党提出的和平条件，率部起义，对北平和绥远的和平解放做出了贡献。

1948年年底，平津战役在毛泽东的亲自指挥下拉开了序幕。时任国民党华北"剿总"总司令傅作义既不愿意按蒋介石的意图将部队拉到江南，也不愿意将部队拱手送给共产党，而是要与共产党一起搞所谓的华北联合政府。为了打破傅作义依靠自己的实力，建立所谓华北联合政府的幻想，人民解放军在很短的时间内彻底打垮了傅作义精锐第三十五军，迫使傅作义不得不回到谈判桌上。

然而，12月25日，中共中央宣布蒋介石等四十三人为罪大恶极的头等战犯，傅作义名列其中。这又成了他一个极大思想包袱，本来他就怕和平解决后得不到共产党的谅解。眼见解放军兵临城下，主力部队在新保安、张家口连续被歼，又受蒋介石胁迫和极力拉拢，首次派人出城和谈未果，自己又被中共列为战犯。这些让傅作义坐立不安，情绪非常懊丧，思想斗争十分激烈。他一面下令准备战事；一面召集心腹商量，准备继续与中共密谈。

毛泽东之所以把傅作义、卫立煌等国民党高级将领列为战犯，一是揭露蒋介石的假和平阴谋，二是在客观上加强他们在蒋介石一边的地位，防止蒋介石谋害他们。但是，对毛泽东的意图傅作义并不理解。

为了达到和平解放北平之目的，毛泽东针对傅作义的处境和思想情况，及时采取措施，大力加强了对傅作义的政治争取工作。在公布了战犯名单之后，党中央、毛泽东发电指示北平地下党："傅虽列为战犯，但与蒋介石有矛盾，仍要争取。"讲清只要立功赎罪，只要傅作义接受和谈条件，和平解放北平，就是为人民立了大功。以此来解除傅作义对和谈的疑虑。在人民解放军的敦促下，傅作义再度派代表出城和谈，终于在1949年1月21日达成《和平解放北平问题的协议》。

《协议》虽然达成了，按说傅作义应如释重负，但他就是高兴不起来。北伐时傅作义率部守涿州之战；长城抗战，傅将军又孤军保卫绥远，这些壮举虽然曾受到毛泽东的赞扬，但毕竟在解放战争中与解放军真枪真刀地干了三年，就这一点来说，他对人民是有血债的。共产党能否按《协议》对待他，能否对他宽大处理，仍是他此时最大的顾虑。他最后提出要亲自见一见毛泽东。

1949年2月22日，傅作义一行换乘解放军吉普车，来到了中共中央所在地西柏坡。

针对傅作义将军的精神负担，毛泽东引用孔子的话郑重地说：既往不咎，这也是我们共产党的一贯政策。

毛泽东继续说："北平和平解放最好，傅将军为人民做了一件大好事。假如说，你过去有过错的话，那么现在功过权衡，还是功大于过，也是有功人员。对你的部下来说，也是为他们做了一件大好事，保护了他们的生命财产和家庭团圆。如果要打起来，大量的官兵要伤亡，家庭要遭破坏。特别是北平是举世闻名的文化古都，闻名古都被破坏了，我们的子孙后代会骂我们的。"

听了毛泽东一番入情入理的解释，傅作义对共产党的政策有了进一步的理解。西柏坡之行，对傅作义影响很大，尤其毛泽东坦诚相见，肝胆相照的谈话，让傅作义心中疑团顿释。在震惊中外的平津决战中，虽然傅作义与人民解放军几乎打到了最后时刻，并被指定为发动反人民内战的一级战犯，但最终傅作义还是走上了利国利民的和平之路，使北平这座近千年的文化古都得以完整地保存下来，为中华民族立下了大功。他的这一举动受到了毛泽东的高度评价。

对于像傅作义这样最终走上革命道路的国民党将领，毛泽东宽宏大量，捐弃前嫌，既往不咎，以诚相待，使他们全身心地投入到新中国的建设事业之中。

党的政策是"既往不咎"

1950年4月27日，毛泽东在中南海菊香书屋召见了早已率部起义的原国民党绥远省政府主席董其武。在询问了绥远的情况后，毛泽东说：

"听说你手下的一些人，有人害怕共产党。共产党也是人嘛，有什么可怕呢？"

董其武斟词酌句地说："在我们部队，每星期都有一天是共产党的党员组织会，不是共产党员的不能参加；我手下的将士们都不是共产党员，唯恐共产党在背后议论他们什么。"

毛泽东笑着解释说："其武将军，我对你讲：你们六十九军，你还是军长嘛！不过是多一个党小组，这个党小组每星期要过一次组织活动，这是共产党的组织纪律所决定了的，不是专门为你们六十九军定的。"

董其武点头称道："是是，这我知道。"

毛泽东开始吸烟："党的组织活动干什么？不是要议论你们这些人，而是共产党员工作有成绩的要表扬、要巩固、要提高,有缺点的就批评、自我批评、要改正。这是马列主义的武器呢!"

毛泽东熄灭了手上的烟头,喝一口茶水说:"你也喝水嘛!"

董其武端起茶杯喝了一口水。毛泽东继续说:"共产党人是要团结一切可能团结的人,要团结一切可以团结的力量;开诚布公,集思广益,为的是把国家搞好。"

董其武深受感触地说:"我相信毛主席!"毛泽东语重心长地说:

> 你可以大胆地告诉起义人员,共产党的政策是"既往不咎",是希望他们全心全意地为人民服务。过去两种制度,有不少是反人民的事情,人民不追究过去,只看将来。(邸延生:《历史的真言——李银桥在毛泽东身边工作纪实》,新华出版社2000年版,第465页)

北平和平解放后,一次,毛泽东和傅作义又谈到平津战役中的俘虏问题及绥远问题。毛泽东说:"现在俘虏的你的人员,都给你放回去。你可以接见他们,然后都送到绥远去。"

当时的绥远还被傅作义属下董其武的部队占据着。听了毛泽东的话,傅作义不解地问:"都给我,还要送到绥远去,为什么?"

毛泽东严肃又神秘地说:"这里面学问大着哩。国民党的特务不是一贯宣传共产党杀人放火、共产共妻吗?他们回到绥远,可以现身说法,共产党对他们一不搜腰包,二不侮辱人格。这可以帮助在绥远的人学习学习,提高认识嘛!这些人,我们以后还要用哩!"

谈到绥远问题时,毛泽东又告诉傅作义:"有了北平和平解放,绥远问题就好解决了。可以先放一下嘛!等待他们的起义。"

绥远是傅作义将军的后方,是他的"老根据地",驻守绥远省的国民党军队绝大部分经他亲自培植指挥过,守将董其武更对他言听计从、忠贞不贰。平津战役之后,困守华北之国民党军仅占据几座孤城。偏踞绥远一隅的国民党军董其武部,更处于解放区军民的四面包围之中,唯一可走的就是和平起义之路。

毛泽东制定解决绥远问题的决策时,就充分考虑到傅作义将军可能起到的作用。因此在第一次接见傅作义时,就提出和平解决绥远问题的愿望,并明确向傅作义将军承诺,不对绥远用兵。随后又于1949年3月5日,提出了解决绥远问题的根本方针——"绥远方式"。

根据毛泽东解决绥远问题的设想，从1949年3月底开始，解放军代表与傅作义、董其武方面的代表进行和平谈判。6月8日，双方正式签订了《绥远和平协议》，协议的内容体现了毛泽东的设想。双方还商定根据毛泽东的指示，协同傅作义，通过董其武组织起义的准备工作。傅作义考虑到绥远情况复杂，遂派出代表前去协助董其武执行协议。6月20日，解放军方面按《绥远和平协议》精神，组成赴归绥二十人的联络处，开始执行协议。然而，工作一开始就遭到国民党特务和反和平势力的干扰破坏，国民党政府又以停发绥远军政经费和一切补给相要挟，中共和解放军联络处进驻归绥的计划也受阻。傅作义见执行协议的困难的确很大，董其武难以驾驭绥远的局势，请示毛泽东："看绥远怎么办？"

毛泽东感觉到傅作义是在担心中共对绥远的政策有变，便以严肃而坚定的态度告诉傅作义："我们解决绥远问题的方针不变，绥远解决仍用'绥远方式'。同时，绥远和平解放后，用不着像北平那样的军管方式。"最后，毛泽东决定派傅作义赴绥远亲自去参加起义工作。这充分体现毛泽东对傅作义高度信任。傅作义受毛泽东之托，亲赴绥远，董其武也更加坚定了率部起义的决心。他们没有为国民党当局的威胁利诱所动，也没有为特务暗杀阴谋所屈服，经过细心筹划和积极工作，9月19日，绥远省府主席董其武将军以下绥远地区军政各界代表人物三十九人，联名通电，宣布脱离国民党集团，绥远起义成功，绥远终于兵不血刃回到人民手中。

1950年4月毛泽东在中南海召见了董其武。在询问了绥远的情况后，毛泽东说：听说你手下有人害怕共产党，有什么可怕，共产党也是人嘛！他要求董其武大胆地告诉起义人员，共产党的政策是"既往不咎"，人民不追究过去，只看将来。是希望他们全心全意地为人民服务。应该说毛泽东对董其武起义工作情况是满意的，之所以强调"既往不咎"的政策，是因为董其武与共产党共事不多，鼓励他思想上不要有顾虑，放心大胆地搞好起义后的善后工作。这使董其武在思想上有了重要转变，对人民解放军和人民政府的新制度新作风有了新认识，对新中国的未来充满了希望。决心在党的领导下，尽其所能地做好一切工作。

既往不咎，意见保留

1965年秋，国民经济全面好转。毛泽东决定把彭德怀安排到大西南的三线工作。彭德怀没有答应，写了一封信给毛泽东，表示愿意到国营农场去当农民。

9月23日，即毛泽东接到信的第二天清晨，他亲自给彭德怀打电话，叫他过来。彭德怀只好遵命。毛泽东在中南海颐年堂接见了彭德怀，对他说："历史上，真正的同志绝不是什么争论都没有，不是从始至终、从生到死都是一致的！有争论，有分歧不要紧，要服从真理，要顾全大局，大局面前要把个人的意见放一放。"

毛泽东针对彭德怀说自己"臭了"，批评了他，要他不要发牢骚，说："对你的事，看来是批评过了，错了，等几年再说吧。但你自己不要等，要振作，把力气用到办事情上去。"还说，"我没有忘了你，这些年我一直想你的事。你也不要记账，日久见人心，我们再一起往前走吧！"毛泽东还说：

> 我们共事几十年了，不要庐山一别，分手分到底。我们都是六七十岁的人，应当为后代多想事，多出力。庐山会议已经过去了，是历史了，现在看来，真理可能在你一边……我送你几句话——既往不咎，意见保留，努力工作，作出成绩，必要时再带兵打仗去。（智舜编著：《毛泽东与十大元帅》，中共中央党校出版社1994年版，第58—59页）

彭德怀（1898—1974），原名得华，湖南省湘潭县人，中华人民共和国十大元帅之一。1959年7月，彭德怀在中共中央政治局扩大会议（庐山会议）期间，不顾个人安危，为民请命，勇于直言，写信给毛泽东主席，对"大跃进"和人民公社化运动中的错误提出批评，遭到错误的批判，并在中共八届八中全会上被错定为"右倾机会主义反党集团"的首领，免去国防部长等职务。

1965年秋，毛泽东重上井冈山，回京后即吩咐贺龙、康生找彭德怀谈话，由毛泽东提议，党中央通过，分配彭德怀任西南三线建设副总指挥。最后，毛泽东在中南海约彭德怀谈话。这是1959年10月毛泽东与彭德怀中南海交谈后两人第一次见面。谈话到最后，毛泽东亲切地说了十六个字"既往不咎，意见保留，努力工作，作出成绩"送给彭德怀。

时隔六年，这是毛泽东首次对庐山会议错误批判的诚恳反省，也算是对彭德怀的一种安慰和劝勉吧。同时，毛泽东仍然坚持党的既往不咎，团结——批评斗争——团结的方针，希望彭德怀顾全大局，振作起来，为党和人民继续工作。

里仁篇第四

孔子尝言志矣

1913年毛泽东考入湖南第四师范学校，这年冬他在课堂的读书笔记中，即后来称之为《讲堂录》中，记录整理古人关于豪杰与志的言论。他记录孔子言志的话：

> 孔子尝言志矣，曰：志于道，著于德，依于仁，由于义。曰：老者安之，少者怀之，朋友信之。曰：士志于道，而耻恶衣恶食者，未之有也。（《毛泽东早期文稿》，湖南出版社1995年第2版，第589页）

志于道，著于德，依于仁，由于义。语见《论语·述而篇》，原文是，子曰："志于道，据于德，依于仁，游于艺。"大意是，孔子说："志向在道，根据在德，依靠于仁，而游习于礼、乐、射、御、书、数六艺之中。"

老者安之，少者怀之，朋友信之。语见《论语·公冶长篇》，除第二、三句颠倒，与原文相同。这段话记录孔子与弟子颜渊、子路在一起谈论人的志向，孔子首先询问了子路和颜渊的志向，之后，子路对孔子说：想要听听先生的志向。孔子说："我的志向是使老年人安逸，使朋友信任，使年轻人怀念我。"

士志于道，而耻恶衣恶食者，未之有也。语见《论语·里仁篇》第九章，末句是"未足与议也"，其他与原文相同。

士：中国古代指读书人。《汉书·食货志上》："士、农、工、商，四民有业；

学以居位曰士。"即"士"是四民中读书习武的人。其地位在四民之上。

孔子提出的"士"应具备的一种立志追求真理的精神，也为孔门教育之根本目的。孔子意谓读书人立志学习和追求真理，但又以吃穿不好为耻辱，同这种人是没有什么好谈论的。

道：孔子毕生念念不忘的是"从周"，道本意当指周公之道，即周礼。后通常理解为道理、真理、正当的方法、做人的最高标准等含义。"志于道"的"道"即指此而言。"志于道"即有志于学习与实践仁道，孔子对学习与追求这种"道"看得极重，故有"朝闻道，夕死可矣"（《论语·里仁篇》）之志。

"志于道"，是说要有理想，矢志于实现心中的"道"。这是孔子要求"士"应该具备的基本品格。对于这一点，孔子堪称为后儒们做了表率。孟子称赞孔子是"富贵不能淫、威武不能屈"，可谓得之。由于孔子所处的时代是一个礼崩乐坏、天下无道的时代，当时的当政者多是些气识狭小的"斗筲之人"，因而孔子所倡导的仁道并不能大行于天下。孔子不仅少且贱，而且大半辈子时间都是处于贫穷而不显达的状态之下。对此，孔子处之泰然。在他看来，"士志于道，而耻恶衣恶食者，未足与议也"。由于孔子不仅坚守其志而且志于其道、修己不已，达到了仁智双彰、达天知命的境界。

孔子论志的观点，毛泽东是赞同的，而且对他的影响也是很大的。毛泽东在《讲堂录》中摘录这些立志名言，除体会圣贤之志外，还表露出他对自己的理想、道德的追求。毛泽东学生时代就把以天下为己任作为自己的志向。

1910年秋，十六岁的毛泽东第一次走出韶山冲，到东山学堂读书时，就给父亲留下了诗句："孩儿立志出乡关，学不成名誓不还，埋骨何须桑梓地，人生无处不青山。"表明自己求真知、救国家的宏伟志向。在湖南第一师范求学期间，其志向、人格理想进一步确立和成熟，学习目的更加明确，也就是为实现救国救民的远大理想而学习。当时毛泽东被同学称为"毛奇"，意思是他有"立奇志、交奇友、读奇书、做奇事"的志向。

毛泽东把救国和学习、掌握真理紧密地结合起来，而且高度地集中到一点，那就是立志和为实现其志向而斗争。他认为要实现自己的志向，就必须刻苦学习，不怕吃苦，求得真本领，不断充实自己。从而实现"文明其精神"的目的，他在致友人的信中提出"十年未得真理，即十年无志；终身未得，即终身无志"。决心以全部精力，研究社会科学，从探索宇宙观、人生观入手，寻找"大本大源"。

在长沙"一师"期间，他不仅受过西方资本主义文化的启蒙教育，还对陈独秀主编的《新青年》情有独钟,受到了中国先进知识分子激进民主主义思想的影响。他发起成立了新民学会,聚集了一批具有爱国革新思想的进步青年,以至在毕业后不久的五四运动前后,阅读了介绍俄国十月革命和马克思主义的书籍,思想发生了重大变化。

他在学生时代,善于科学地支配时间,分秒必争,奋发学习;以自学为主,独立思考,执疑问难,谦虚请教;不仅学习书本知识,而且"读无字之书",向社会学习,游历湖南长沙、宁乡、安化、益阳、沅江五县,进行社会调查,注重把学习书本知识与实践相结合。

可以说,热爱祖国,同情劳动人民,立志解人民于水火、救国家于危亡,为之而奋力学习,探寻真理,掌握真理,好似一根红线,贯穿毛泽东的学生时代。

一则以喜，一则以惧

"一则以喜，一则以惧"现在是成语，源自《论语·里仁篇》第二十一章：

> 子曰："父母之年，不可不知也；一则以喜，一则以惧。"

孔子说："父母的年纪，不能不时时记在心里。一方面因他们的长寿而高兴，一方面又为他们的衰老而忧虑。"

喜、惧：郑玄《论语注》："见其寿考则喜，见其衰老则惧。"年：是指父母的年龄，实为生日。每逢父母生日，子女既为父母的纪念日和仍然健在而感到欣喜，又为父母离"大限"之期又近了一年而心里充满忧惧，这就是孝顺子女的心情。父母含辛茹苦，带大孩子，乌鸦也有反哺之心，人岂可不孝？孝有行为上的，也有感情上的。作为人子，在感情上，随着父母的年岁老去，对于老人的年龄，时时记在心上。在父母眼前不忘尽人子之孝。孔子把这个心情描述出来，显示了天伦真情，也具有其教诲意义。

毛泽东使用"一则以喜，一则以惧"一语时，其喜与惧的具体内容随着事情内涵的变化而变化，已不再含有子女孝敬老人的原意。

国民党人"一则以喜，一则以惧"

1943年10月5日，毛泽东为延安《解放日报》写的社论，标题是《评国民党十一中全会和三届二次国民参政会》。

毛泽东在社论中说：总之，德国法西斯战争机构快要土崩瓦解了，欧洲反法西斯战争的问题已处在总解决的前夜，而消灭法西斯的主力军是苏联。世界反法西斯战争的问题的枢纽在欧洲；欧洲问题解决，就决定了世界法西斯和反法西斯两大阵线的命运。日本帝国主义者已感到走投无路，它的政策也只能是集中一切力量准备作最后挣扎。它对于中国，则是对共产党"扫荡"，对国民党诱降。毛泽东接着说：

国民党人亦感到了这个变化。他们在这一形势面前，一则以喜，一则以惧。喜的是他们以为欧洲解决，英美可以腾出手来替他们打日本，他们可以不费气力地搬回南京。惧的是三个法西斯国家一齐垮台，世界成了自有人类历史以来未曾有过的伟大解放时代，国民党的买办封建法西斯独裁政治，成了世界自由民主汪洋大海中一个渺小的孤岛，他们惧怕自己"一个党，一个主义，一个领袖"的法西斯主义有灭顶之灾。（《毛泽东选集》第三卷，人民出版社1991年第2版，第915页）

第二次世界大战爆发后，欧洲战场，德国法西斯以"闪电战"先后占领了欧洲14个国家。于1941年6月22日，又对苏联发动突然袭击。苏联卫国战争中，在1942年年初苏军取得莫斯科会战的胜利后，又于1943年2月取得斯大林格勒战役的胜利，从此，苏军开始转入战略反攻阶段。斯大林格勒战役不仅改变了苏德战场的形式，更推动了整个战争形势的转变，成为二战的转折点。1943年7月，苏军又粉碎德军进攻库尔斯克的"夏季攻势"，并转入反攻。

1943年夏，美英军队在意大利的西西里岛登陆，9月，迫使意大利与美英签订停战协定，意大利在投降书上签字，法西斯轴心国开始瓦解。

北非战场：1942年夏天，德意军队进逼阿拉曼，开罗告急。11月起，英军在阿拉曼一带发动反攻，大败德意军，扭转了北非战场的被动局面。1943年5月，美英联军从东路和西路发起进攻，迫使退至突尼斯境内的德意军投降，北非战事至此结束。

1941年12月，日本进攻美国珍珠港基地，把美国拖进了战争。1942年6月，日军军部为了彻底摧毁美国太平洋舰队，进攻美军驻守的中途岛，美军掌握了日军的作战计划，取得了中途岛海战的胜利，从而使太平洋战场的形势发生转折。

无论是苏德战场、北非战场，还是亚洲和太平洋战场的战局，均开始由盟军掌握主动。而在中国战场，由于日本海上交通线有被盟军切断而与南洋军队失去联系的危险。为此，日本决定打通中国至越南的铁路交通线，发动了豫湘桂战役。而国民党顽固坚持依赖外援打败日本、保存内战实力的方针，对日本孤注一掷的冒险进攻估计不足，以致前方兵力薄弱，仓促应付，从而导致豫、湘、桂战役连续失利。

在上述严峻的形势下，国民党于1943年9月份，分别召开了十一中全会和三届二次国民参政会。毛泽东针对国民党召开的这两次会议，写了这篇评论文章。毛泽东在社论中指出：国际局势已到了大变化的前夜，现在无论何方均已感到了这一变化。欧洲轴心国是感到了这一变化，希特勒采取了最后挣扎的政策。自意大利在投降书上签字起，在法西斯阵线面临灭顶之灾的前夜，日本帝国主义者已感到走投无路，它的政策也只能是集中一切力量作最后挣扎。

毛泽东在社论中暗引《论语》语句，指出国民党人亦感到了这个变化。他们在这一形势面前，一则以喜，一则以惧。接着毛泽东分析了国民党一喜一惧的原因。毛泽东十分形象逼真地描绘出国民党一方面高兴、一方面恐惧的那种喜忧参半的神情，也十分辛辣地揭露和讽刺国民党政府那种既喜又忧的矛盾心理。

中国胜利，英国一则以惧，一则以喜

1954年7月7日，毛泽东在中共中央政治局扩大会议上，作了题为《同一切愿意和平的国家团结合作》的讲话。他在讲话中说：

> 中国这个国家，过去是英国为主的一些国家的半殖民地，后来被美国抢去了。我们的胜利不是得之于英国而是得之于美国。今天中国胜利了，英国一则以惧，就是怕共产；一则以喜，就是我们把美国赶跑了，英国可以钻进来做生意，趁着我们和美国还闹别扭的时候，钻进来做生意。中国是一个很大的可以做生意的地方。所以情况是很好的。（《毛泽东文集》第六卷，人民出版社1999年版，第335页）

1954年4月至7月，解决朝鲜问题和恢复印度支那和平问题的国际会议在瑞士日内瓦举行。不久前还在朝鲜战场上短兵相接仍处于敌对状态的中美两国代表同时来到日内瓦。中国政府总理兼外交部长周恩来首次以大国身份参加讨论国际问题。中、苏、美、英、法五国参加两项议题的讨论。关于朝鲜问题没有达成任何协议；关于恢复印度支那和平问题，分别达成关于在印度支那三国停止敌对行动的协议和《日内瓦会议最后宣言》(总称日内瓦协议)。实现了印度支那的停战。在历时三个月的漫长会议中，中国在解决朝鲜问题和恢复印度支那和平这两个主要议题上，都体现出了大国的作用。

同年7月7日，中共中央政治局扩大会议在京召开。周恩来首先在会上作了关于出席日内瓦会议以及访问印度、缅甸和举行中越会谈等问题的报告。周恩来说，在日内瓦会议上我们采取的方针，是联合法国、英国、东南亚国家、印度支那三国，即团结一切能够团结的国际力量，孤立美国，限制和打破美国扩大世界霸权的计划，其中关键的问题是促成印度支那的和平。

在周恩来报告后，毛泽东作了这个讲话。首先肯定了周恩来总理的报告和中国在日内瓦所取得的成绩。毛泽东说：我们几个国家，苏联，中国，还有朝鲜和越南，是团结得很好的，方针是正确的，活动是有成绩的。在日内瓦，我们抓住了和平这个口号，就是我们要和平。而美国人就不抓这个东西，它就是要打，这样，它就很说不过去了，没有道理了。现在要和平的人多了，我们要跟一切愿意和平的人合作，来孤立那些好战分子，就是孤立美国当局。毛泽东肯定和称赞以苏联、中国为主的社会主义阵营的紧密团结合作，同时，指出资本主义世界是很不统一的，四分五裂的。就目前国际形势来看美国人相当孤立。印度支那问题解决后，美国的孤立会继续发展。

毛泽东在分析国际局势后，谈到中国问题时用《论语》中孔子的话形容英国这个老牌帝国主义的心态：惧怕中国革命胜利，又喜欢中国革命胜利。

自1840年英国政府为了保护罪恶的鸦片贸易，公然发动了侵略中国的第一次鸦片战争。腐朽的清廷向侵略者屈膝投降，于1842年8月，签订了丧权辱国的《南京条约》。按条约规定，清廷开放广州、厦门、福州、宁波、上海等五处为通商口岸，又赔款、割香港岛给英国等。

1844年5月18日(道光二十四年)，美国又强迫清廷在澳门签订了《中美望厦条约》，按条约规定美国享有英国在中国的一切特权。

从此，西方列强趁火打劫，相继强迫清廷签订了一系列不平等条约。使中国延续几千年的封建社会逐步解体，开始沦为半殖民地半封建社会。

今天，中国首次以五大国之一的地位和身份参加讨论重大国际问题的日内瓦会议，以周恩来为首的中国代表团团结一切可以团结的国际力量，为会议达成协议做出了重大贡献。这次会议实现了印度支那的和平。

日内瓦会议召开前，中美呈对立关系，美国甚至打算联合英法对印度支那采取直接军事干涉，但英国拒绝参与，美国的军事干涉行动才没有正式展开。虽然从日内瓦会议开始一直到第一阶段结束，中美两国代表团一直处在冷漠和紧张的情绪中，但随后情况出现了转机。通过英国代表的牵线和双方富有诚意的接触，促成了中美双方代表就美国在华被押人员和中国侨民和留学生滞留美国等问题进行了四次正式会谈，并达成了一些建设性的意见。日内瓦会议是中国通过多边外交场合推动中美发展双边关系的重要尝试。虽然这次尝试在改进中美关系的作用上并不明显，但在中美之间架起了一座相互沟通的桥梁，并为1955年正式开始的中美大使级会谈铺平了道路。所以，毛泽东说我们的胜利不是得之于英国而是得之于美国。

毛泽东接着说："今天中国胜利了，英国一则以惧，一则以喜。"那么，英国人惧什么呢？他怕共产吗？因为国民党反动派宣传共产党是共产共妻。而英国人喜的是，中国打败了美国，如今世界局势，美国到处侵略，越来越孤立，中美对立，英国可以钻进来做生意。

毛泽东这里讲的英国可以到中国做生意，已不仅仅局限于表面意思，而是有更深的含义。从毛泽东这篇讲话的全文来看，中心主题是同一切愿意和平的国家团结合作。为了缓和国际紧张局势，不同制度的国家也可以和平共处。毛泽东在文章的最后，还说：国际上我们就是执行这个方针，只要在和平这个问题上能够团结的，就和他们拉关系，来保卫我们的国家，保卫社会主义。毛泽东所讲的今天中国胜利了，英国一则以惧，一则以喜，应当从这个方面去理解其深层含义。

批斯大林"一则以喜，一则以惧"

1958年3月9日，中共中央政治局扩大会议在成都召开，史称"成都会议"。3月10日毛泽东在会上作了长篇讲话。讲话中着重谈到中华人民共和国成立以后，学习苏联犯有教条主义倾向，还特别谈到反对个人崇拜问题。

关于个人崇拜问题，毛泽东讲了一段令人深思的话，他说：1956年，斯大林受批判，我们一则以喜，一则以惧。揭掉盖子，破除迷信，去掉压力，解放思想，完全必要。但一棍子打死，我们不赞成。他们不挂像，我们挂像。（李锐：《大跃进亲历记》，南方出版社1999年版，第189页）

1956年，苏共二十大系统地揭露了苏联在社会主义建设中长期积累下来的问题和斯大林的严重错误。毛泽东和中共中央对此十分关注，并力图从中吸取教训，另辟一条中国式的社会主义道路。在探索中国式的社会主义道路过程中，1957年，我党准备通过整风来提高人们的思想，统一全党的认识，改进我们的工作，并号召党外人士提建议帮助党整风。结果各种矛盾大量暴露出来，毛泽东由于对敌情估计得过于严重，造成反右严重扩大化的错误。自此以后，毛泽东的思想急剧向"左"倾斜。一方面，提出要继续进行政治思想战线上的革命；另一方面，又决心否定苏联模式，通过土法上马和大搞群众运动来发动"大跃进"。

1958年3月10日，毛泽东在成都会议的讲话中指出，中华人民共和国成立以后，中国的经济、文化、教育、军事各方面都受到来自苏联的广泛影响。经济领域的计划工作、重工业建设、银行工作和统计工作，照搬苏联经验，尤为突出。其所以如此，一方面，主要是因为我们不懂，完全没有经验，横竖自己不晓得，只好搬。另一方面，则是由于迷信洋人。毛泽东经常讲要破除迷信，振作精神，开动脑筋，提倡要有独创精神，对于完全照搬苏联经验提出了批评。

毛泽东认为苏共二十大批判斯大林是一个重要转折，"精神上没有压力了，因为破除了迷信。菩萨比人大好几倍，是为了吓人，戏台上的英雄豪杰出来，与众不同，斯大林就是那样的人。中国人当奴隶当惯了，似乎还要继续当下去。中国艺术家画我和斯大林的像，总比斯大林矮一些，盲目屈服于那时苏联的精神压力。"

批判斯大林的个人崇拜后，使那些迷信的人清醒了一些。毛泽东反复强调，要使我们的干部认识到，老祖宗也有缺点，要加以分析，对于经典著作要尊重，但不要迷信，马克思主义本身就是创造出来的。对苏联的经验，一切好的应接受，不好的应拒绝。现在我们已学会了一些本领，对苏联有了些了解，对自己也了解了。

但是，毛泽东此时的心情是复杂的。1958年在"成都会议"上毛泽东坦率地谈了自己的矛盾心情。他说："1956年斯大林受批判，我们一则以喜，一则以惧。"毛泽东征引这句孔子话语，来说明他一直比较矛盾的心情。

过去由于长期受苏联教条主义的束缚，不敢想问题，在对斯大林的错误开展批判后，破除了迷信，可以自由独立地思考了。为我们发展马列主义揭掉盖子，去掉压力，解放思想，这是完全必要的，是一件喜事。

但同时也让毛泽东忧虑的是，像赫鲁晓夫那样的阴谋家、野心家将来可能在我们党内出现，重演"一棍子打死斯大林"的闹剧。

很显然，毛泽东对苏共二十大批判斯大林的这种分析，是贯彻了一分为二辩证法的，使党在巨大历史转变中，相对地保持了清醒头脑：一则以喜，趁机解放思想，摆脱困扰中国革命和建设的斯大林教条主义；一则以惧，不因为批判斯大林而放弃列宁、斯大林这"两把刀子"，坚持马克思主义的纯洁性，坚持走社会主义道路。

讷于言而敏于行

《论语·里仁篇》第二十四章记君子言行修养:

子曰:"君子欲讷于言,而敏于行。"

本章记述孔子对君子言与行关系的看法。孔子认为君子说话要谨慎迟钝,做事要勤勉敏捷。包咸注:"讷,迟钝也。言欲迟而行欲疾。"朱熹引谢良佐注曰:"放言易,故欲讷;力行难,故欲敏。"朱熹又释:"事难行,故要敏;言易出,故要谨。"(《朱子语类》卷二二)《论语》中尚有许多同义之句:"慎言其余,则寡尤;慎行其余,则寡悔"(《论语·为政篇》);"君子……敏于事而慎于言"(《论语·学而篇》);"君子耻其言而过其行"(《论语·宪问篇》)等,均可反映孔子一以贯之的重行慎言思想。

君子立身处世,要勤于做事,手脚麻利;少于讲话,三缄其口,谨慎出语。

少讲话就持重,给人一种稳重感;慎于言语,也可去掉平时草率随意的习惯。否则,言多语失,或随言轻诺,说了的事做不到,岂不失信于人?做事勤勉,既是一种道德,也是对他人、对事业多尽一分责任。

孔子之训,讷言敏行

毛泽东对孔子"讷于言而敏于行"的话比较欣赏,早在1915年8月,

他在准备离长沙回家省亲前,给同学萧子升写了封信。在信中毛泽东写道:

  尝诵程子之箴,阅曾公之书,上溯周公孔子之训,若曰惟口兴戎,讷言敏行,载在方册,播之千祀。今者子升以默默示我准则,合乎圣贤之旨,敢不拜嘉!(《毛泽东早期文稿》,湖南出版社1995年第2版,第18页)

萧子升(1894—1976),字旭东,后来改名萧瑜,湖南湘乡人。他比毛泽东小一岁。两人都到东山高等小学堂读过书。这是一所新式学堂。萧子升的父亲萧岳英是湘乡有名的教书先生,曾留过洋,人很开明。1907年到东山学堂教书的时候,便把儿子也带到了东山。

毛泽东在东山学堂读书的时候,和萧子升的弟弟萧三关系很好。毛泽东和萧子升是这个时候相识的。他们在这里虽然同窗共读只半年时间,但由于志趣相同,两人感情较深。1911年两人先后又到了长沙,萧子升考入了省立第一师范,毛泽东先是进入湘乡驻省中学,1913年也考入了省立第四师范,第二年转入省立第一师范。萧子升1915年秋毕业,毛泽东1918年毕业,与萧子升在长沙"一师"同学近两年,他们结成了最亲密的朋友,并于1918年共同创立了新民学会,萧子升还担任过学会的总干事。

长沙第一师范学校的学生中,杨昌济老师有三位得意弟子:毛泽东、蔡和森和萧子升。他们品学兼优、志趣相投,人称"湘江三友"。他们之中,毛泽东、蔡和森两位后来接受了马克思主义理论,都成了中国共产党与中国革命的领导人。而青年时代的激进分子萧子升则坚持信仰无政府主义,一度在国民党内任职,中华人民共和国成立后长期旅居国外,先后在法国、瑞士及南美乌拉圭,从事文字教育事业。

在1921年夏新民学会解散前,毛泽东与萧子升发生过激烈争论。由于意见不合,信仰不同,他们最终谁也没有说服谁,而分道扬镳。

1915年8月毛泽东在长沙"一师"读书,时萧子升已毕业并在修业学校任教。他在写给萧子升的信中引用孔子"讷言敏行"的话,并誉之为"孔子之训","载在方册,播之千祀"。这说明毛泽东对孔子"讷言敏行"是很相信的,似乎把它当作自己人生的准则,时刻注重少说多做。

应当说从六年私塾,及到长沙求学,毛泽东所熟悉的莫过于《论语》《孟子》等"四书五经"这些儒家经典。对于孔子重行慎言、先行后言的言论,毛泽东在1913年长沙"一师"读书的课堂笔记《讲堂录》中也有记录,如古者为学，重在行事。毛泽东把《论语》中这些言论摘录下来，或写给同学，或记在笔记中，时刻提醒自己的言语和行事。从如今可以见到的毛泽东的大量早期文稿来看，他在长沙求学时期对孔子这些信条还是颇为推崇和相信的。

你的名字就叫"敏"

众所周知，毛泽东还特别取《论语》中"讷""敏"二字，为自己的两个爱女命名，分别叫作"李讷"和"李敏"。李敏是毛泽东与贺子珍的女儿，小名叫"姣姣"，又叫"娇娇"。

1936年冬，毛泽东率领的长征红军队伍到达陕北的保安县，这是个出奇的穷县，毛泽东与怀孕的贺子珍便住在一个十分破烂的窑洞里。听说子珍分娩了，一起长征过来的邓颖超、康克清、刘英等女同志闻讯赶来祝贺。

邓颖超抱起婴孩，瞧着她又小又瘦，油然生起一种怜爱之情："真是个小娇娇呀！"

这一"小娇娇"的称呼获得了认同。

毛泽东听邓颖超这么一说，立即想起了《西京杂记》中的"文君姣好，眉色如望远山，脸际净如芙蓉"，毛泽东正低声吟诵着，贺子珍轻声地询问丈夫孩子取何名字。毛泽东微笑着答道：

"那就叫毛姣姣吧！"

饱读诗书的毛泽东就这样给自己的长女，取了一个正式的名字——毛姣姣。

李敏出生刚一年多，贺子珍由于长征时受过伤一直没好，便离开了延安，去苏联治病。把一个瘦弱的女儿留在毛泽东身边。1940年，经毛泽东同意，四岁的娇娇从延安来到了莫斯科，和妈妈生活在一起。母女俩在异国他乡相依为命。直到1948年年底，她们才跟随王稼祥夫妇从苏联回到东北。

1949年春夏之际，贺子珍的胞妹贺怡带着毛泽东的重托来到东北沈阳接娇娇到北京读书。此刻的娇娇已是十三岁的少女了。她四岁离开毛泽东，转眼近十年了。按毛泽东的嘱咐，娇娇被接到北京香山。因当时毛泽东就住在香山双清别墅。听说娇娇回来了，毛泽东连忙从办公室出来迎接。娇娇看着站在眼前的毛泽东，和画报上的毛泽东一模一样，知道这就是她日夜思念的爸爸。

"快叫爸爸！"贺怡牵着娇娇的手对她说。

"爸爸！"懂事的娇娇叫了一声，激动得扑在了毛泽东的怀里。

毛泽东也激动得抱着女儿，亲了又亲。他连忙请了几位中央领导同志来家坐，并乐滋滋地说："我给你们带来了个洋宝贝。"

娇娇的到来，给毛泽东很大慰藉。

十三岁的娇娇要上中学了，毛泽东打算给她取个学名。一天晚饭后，毛泽东喊来快上中学的女儿说："爸爸再给你取个名字。"

"爸爸，我有名字，我的名字不是叫毛姣姣吗？"

毛泽东笑着说："娇娇是你在陕北保安刚生下来时取的小名，现在长大了，进中学了，我要给你取一个正式学名，而且这个名字要有意义。"

毛泽东打开《论语》，翻到《里仁篇》，指着其中一句话："子曰：'君子欲讷于言而敏于行。'"然后，对娇娇解释说：讷，就是语言迟钝的意思；敏，则解释很多。讲到这里，毛泽东从书案上顺手翻开《辞海》，指着"敏"字解释道：敏字有好几种解释，如敏捷、聪慧、勤勉。《论语》中还说"敏而好学，不耻下问。"杜甫诗曰："敏捷诗千首，飘零酒一杯。"

娇娇听得入了迷，深感爸爸学识渊博。

"你的名字就叫敏，但不一定叫毛敏，也可以叫李敏。"毛泽东对娇娇说。（谢柳青编著：《毛泽东家书》，中原农民出版社，第387—388页）

听毛泽东如此说，娇娇睁大着眼睛，十分不解地问："为什么？大哥叫毛岸英，二哥叫毛岸青，他们都跟爸爸姓毛，我为什么不姓毛？"

毛泽东爱抚地用手拍拍娇娇的头说："娇娇，爸爸姓毛，这是不错的，但是为了革命工作的需要，爸爸曾经用过毛润之、子任、李德胜等十多个名字，而且爸爸特别喜欢李德胜这个名字。现在，爸爸把这个李姓先让给你，难道你不喜欢吗？"

娇娇当然十分高兴，从此，毛娇娇的名字便换成李敏了。

在辗转陕北时，毛泽东化名李德胜，即"离得胜"的谐音。他为自己的两个女儿取名为李敏、李讷，以寄托自己的心愿。毛泽东化孔夫子的名言作为爱女的名字，不也正是表明他内心对孔子所论君子行为一种肯定和欣赏的态度嘛！

公冶长篇第五

叫作知其一，而不知其二

人们常说"只知其一，不知其二"，这话出自《论语·公冶长篇》第九章：

> 子谓子贡曰："女与回也孰愈？"
> 对曰："赐也何敢望回？回也闻一以知十，赐也闻一以知二。"
> 子曰："弗如也！吾与女弗如也。"

子贡与颜回都是孔子的得意门生，颜回更好学。

孔子对弟子子贡说："你与颜回相比，谁更强些？"

子贡回答说："我怎么敢和颜回相比？他听到一件事，可以推知十件；我听到一件事，只能推知两件。"

孔子说："你是比不上他！我和你都不如他。"

"闻一知十"是子贡对颜回的赞词，意谓听到一点，即可推知许多。朱熹《四书章句集注·论语集注》："一，数之始。十，数之终。"子贡赞美颜回能闻始知终，闻少知多，实则是对孔子启发式教育的高度评价。顾炎武说孔子："教门人也，必先叩其两端而使之以三隅反，故颜子则闻一以知十。"（《日知录》卷下）

子贡的可贵之处，在于当孔子问起自己和颜回谁强时，他能客观冷静作比较，从而认为自己远远不及颜回。子贡的回答，得到了孔子的肯定。说明子贡贵有自知之明，这也是一个人的长处。如果子贡看不到这一点，自认为超过颜回，那就会因过高估计自己而止步不前。

对于《论语》中这段话，相信毛泽东是熟知和深有领悟的。他在中央苏区时在寄给彭德怀马列书籍的题字中就灵活地运用了孔子的这一思想。

1933年8月，福建的国民党第十九路军由于不满蒋介石的反动政策，派代表陈公培到三军团与彭德怀商谈如何同红军协同抗日反蒋问题。但由于当时中央的"左"倾关门主义的错误，未能实现与第十九路军的合作。彭德怀当时对此很有看法，只恨自己没有马克思主义的批判能力，渴望用马克思主义理论武装自己。

1933年，毛泽东把《两种策略》送给彭德怀读，附信说"此书要在大革命时读着，就不会犯错误"。他为什么这样讲？因为《两种策略》主要论述无产阶级政党怎样看待和怎样参与资产阶级民主革命，书中提出的争取领导权、同农民组成联盟等策略，恰恰是此前国共合作推进大革命的过程中，中国共产党没有处理好的问题，由此犯了右倾错误，导致大革命失败。

不久，毛泽东又将《"左派"幼稚病》送给彭德怀，又附信说：你看了以前送的那一本书（《两种策略》），叫作知其一而不知其二；你看了《"左派"幼稚病》所反对的如关门主义这样一些"左"倾思潮，在1933年的中国共产党领导层颇为泛滥，"左"倾教条主义在中央的统治正走向高潮。初读列宁这两本书所得的启发，表明毛泽东是联系中国当时的革命实际来领会其要义的。（陈晋：《毛泽东阅读史》，三联书店2014年版，第73页）

彭德怀，1898年出生于湖南省湘潭县彭家围子，幼年读过两年书，因家贫辍学务农，下煤窑做工。1916年入湘军当兵，1922年考入湖南陆军讲武堂，1926年参加北伐战争，1928年加入中国共产党；同年7月22日与滕代远、黄公略等领导平江起义，组建中国工农红军第五军，任军长，后率部到达井冈山，与毛泽东、朱德领导的第四军会师。从1930年6月起任第三军团总指挥，在中央苏区历次反"围剿"中，所率第三军团屡建战功。

毛泽东十分关心和器重彭德怀这位爱将。由于当时中央苏区博古所实行的"左"倾关门主义的错误，导致彭德怀的第三军团未能实现与第十九路军的合作，对革命是个不小的损失。毛泽东得知此事后，为了帮助彭德怀提高马列主义水平，把自己非常喜爱的刚刚得到不久的两本马列著作寄给了他。

毛泽东一生嗜书如命,孜孜不倦的读书生活与他的革命生涯紧密地联系在一起。1932年4月红军占领漳州城之后,据当时陪同毛泽东去找书的漳州中心县委秘书长曾志1987年11月的回忆记载:毛泽东是在漳州龙溪中学得到《资本论》《两种策略》《"左派"幼稚病》《反杜林论》等书和经济类书的。由于当时得到马列著作非常困难,毛泽东得到这几本马列书后真是如获至宝,几乎手不释卷。

毛泽东开始读马列著作,大约是在俄国十月革命和我国五四运动前后,为了寻求救国救民真理,他最初读的第一本著作是《共产党宣言》。在大革命时期,他读了《国家与革命》。在中央苏区时期,他读了《反杜林论》《两个策略》《"左派"幼稚病》《国家与革命》等。在长征路上,他对这几本为数不多的马列著作反复阅读。所以,他在1964年3月接见外宾时说,他是"在马背上学的马列主义"。当然,他对马列的书读得最多的时候是在延安时期。

为了革命的需要,毛泽东不仅自己酷爱读书,还经常与他人共享,把书推荐给其他人看。1933年秋天,毛泽东先后把列宁的《两个策略》《"左派"幼稚病》这两本书介绍给彭德怀。在列宁的著作中,毛泽东读的遍数最多的是《两个策略》《"左派"幼稚病》《国家与革命》《帝国主义是资本主义的最高阶段》《哲学笔记》等。特别是《两个策略》和《"左派"幼稚病》,他读过无数遍。

毛泽东两次寄书给彭德怀,暗引《论语》中的话"叫作知其一而不知其二"与彭德怀交流体会。所谓"知其一",即第一句批语是指大革命时期党所犯的右倾错误;所谓"知其二",即第二句批语指1927年底至1928年春,及1930年6月至9月我们党所犯的两次"左"倾错误。如果不是对"左"倾错误有了初步的认识,毛泽东不会写下"'左'与'右'同样有危害性"这样的话语。这也说明毛泽东之所以特别喜欢列宁的上述两本书,并有深刻的认识,是因为它对中国革命有直接的指导意义。

毛泽东从中央苏区寄书给彭德怀,这对于彭德怀来说有如枯禾得到甘露一般。他曾多次向一些同志提及此事,说他永远忘不了毛泽东对他的亲切教育。直到1959年"庐山会议"上,彭德怀还谈到在江西时,毛泽东送他的《"左派"幼稚病》和《两个策略》两本书,至今还保存着。

在中国革命的斗争实践中,在毛泽东的关怀帮助下,彭德怀的思想觉悟和马列主义理论水平不断提高。在第五次反"围剿"中,他逐渐认识到

"左"倾冒险主义的危害，曾对错误的军事指挥提出严肃的批评。遵义会议上他支持毛泽东的主张，会后率第三军团积极执行新的作战方针，北渡赤水，回师攻占娄山关，再克遵义城，他把灵活机动之战略战术方针称为是马克思列宁主义武库中新的发展——毛泽东的军事辩证法。

宰予昼寝

孔子的学生在日常生活中,也会表现出一些常见的缺点,《论语》对此有记载、有讨论。《论语·公冶长篇》第十章载:

> 宰予昼寝。子曰:"朽木不可雕也,粪土之墙不可圬也,于予与何诛?"

孔门弟子宰予,口齿伶俐,能说善辩。然而,他习惯白天睡觉。对于这件事,孔子非常不满意,以为这种行为有如腐烂了的木头无法雕刻,污秽的土墙无法加以粉刷;对于宰予这样的人没有责备的必要了!实际上已表达出孔子的责备之意。

宰予废学昼寝,孔子责之如"朽木","粪土之墙",以为不可施教,以此勉励弟子勤奋求学。

宰予白天睡觉,并非偶然,所以孔子斥责他为"朽木不可雕"。若偶然为之,也无可厚非;或偶有身体不适,亦情有可原,不至于引起孔子的极大不满。

子在川上曰:"逝者如斯夫,不舍昼夜。"人生短暂,岁月如梭。孔子教导弟子珍惜光阴,好学上进,奋发有为。然宰予昼寝废学,不思进取,故孔子批评他,甚至认为他无可救药。

这是宰予的理论

1939年5月20日，党中央干部教育部在组织部大礼堂召开延安在职干部教育动员大会，毛泽东在讲话中指出，我们党根据历来的经验以及目前的环境，在最近发起生产和学习两个运动。在讲到学习运动时，毛泽东专门讲了宰予昼寝的故事。他说：

> 大家都要努力学习，不可落后，不可躲懒睡觉。从前孔子的学生宰予，他在白天睡觉，孔子骂他"朽木不可雕也"，对于我们队伍中躲懒的人，也可以这样讲一讲，但是对学习有成绩的，就要奖赏，有赏有罚，赏罚严明。不过我们主要的在于奖，假使有个把宰予，也没有什么关系。（《在延安在职干部教育动员大会上的讲话》，《毛泽东文集》第二卷，人民出版社1993年版，第180页）

中央红军来延安已经三年了。倡导全党学习，提高人们的思想觉悟和马列主义理论水平，是完全必要的。毛泽东在讲话中指出了这次发起学习运动的必要性，它具有普遍意义和永久意义。所谓普遍意义就是："延安的人要通古今，全国的人要通古今，全世界的人也要通古今，尤其是我们共产党员，要知道更多的古今。"唐朝韩愈说："人不通今古，马牛而襟裾。"人不知道古今，等于牛马穿了衣裳一样。所以只要是人而不愿做牛马，就要学习。

学习运动的永久意义是什么？毛泽东概括说："不但我们要学习，后人也要学习。"也就是说读书学习，不仅是今天的需要，也是后人为之继承和所必要的。

发起学习运动是有原因的。其直接原因毛泽东从三个方面进行了分析论述。其一是我们共产党要领导革命。几十万、几百万共产党员要领导几千万、几万万人的革命，假使没有学问，是不成的，共产党人就应该懂得各种各样的事情，就要学习。其二，是工作中的缺陷迫切需要克服。也就是要改善我们的工作。毛泽东指出，要使工作做得好，就要多懂一点，单靠过去懂的一点还不够。无论党、政、军、民、学的干部，都要增加知识，才能把工作做得更好。其三，是我们要建设一个大党，不是一个"乌合之众"的党，而是一个独立的、有战斗力的党，这样就需要大批的有学问的干部做骨干。

毛泽东在透彻地分析了发起学习运动的必要性后,又不失时机地向到会的干部提出要求和勉励。要大家努力学习,不可落后,不可躲懒睡觉。他用孔子责备宰予的一句话"朽木不可雕也"对在学习中躲懒的同志提出委婉的批评。不过,毛泽东对此并没有一批评了之,紧接着他对不学习、躲懒的现象进行了分析,并提出在学习上应当提倡的两种精神,即"挤"和"钻"的精神。

毛泽东分析说,有些同志不愿意学习,喜欢躲懒,理由不外有两个:一个是忙得很,一个是看不懂。毛泽东结合中国革命经历和个人切身体会说:

> 中国共产党素来号召学习,在过去中央苏区是如此,来延安3年了,也是如此。大家总推忙得很,学习不可能。这是宰予的理论。我自己过去也总是这样推诿,但近二三年来把这种理论推倒了。(林木森编:《咱们的领袖毛泽东》,解放军出版社1992年版,第204页)

每一个人都有一份工作。除了工作之外,需要生活,有的还要照顾老人、孩子,等等。忙是必不可少的,但再忙也要学习。如何解决忙这个问题,毛泽东说,在忙的中间,要想一个法子,叫作"挤",用"挤"来对付忙。好比开会的时候,人多得很,就要挤进去,才得有座位。又好比木匠师傅钉钉子,用钉子向木板上一"挤",就可以挤进去了。我们现在工作忙得很,也可以用"挤"的法子,在每天工作、吃饭、休息中间,挤出两个小时来学习,把工作向两方面挤一挤,一个往上一个往下,一定可以挤出两个小时来学习的。

对于看不懂这个问题,这种情形的确存在。解决看不懂也有一个法子,叫作"钻",如木匠钻木头一样地"钻"进去。看不懂的东西不要怕,就用"钻"来对付。"钻"就是要进攻。古人称之为攻书。有些人在学习上由于看不懂,感觉一个字,就是"难"。如何克服学习上的"难"?我们要像仇人一样地进攻它,对于仇人我们是不讲感情的。所以马克思主义、列宁主义的理论,固然很难,如果我们以"仇人"的态度不讲感情地攻它,一定是无攻不破的,一定可以把它的堡垒攻下来。

毛泽东总结说,工作忙就要"挤",看不懂就要"钻",用这两个法子来对付它,是一定能搞好学习的。要学到底,不要半途而废,不要骄傲。党政军民学各界都要学习。我们的同志都是同学。

人们不学习,或少学习,总是可以找到一些理由。"总推忙得很,学习不可能。这是宰予的理论。"毛泽东像孔子一样,对宰予的昼寝持批评态度。针对学习中的没时间和读不懂,他提出"挤"和"钻",在具体办法上否定了"宰予的理论",发展了自己的学习思想。

学学"宰予昼寝"

有一次,毛泽东和他的警卫一起散步。警卫员沈同劝他:主席工作起来就废寝忘食,不分昼夜,有时一天少吃一顿饭,有时三天才睡两次觉,生活总是没有规律。主席不是说革命的道路还长得很,身体是革命的本钱吗?长期这样会生病的。毛泽东听了沈同的话后笑了,他说:

> 你说什么叫生活规律?我一件事办不完就放不下,心里总是觉得无着落,好像是白活了一天,欠下了人民的债,就连饭也不想吃,觉也不想睡,管它白天黑夜,有时间就要抢着办事,只有把事情办完了,心里才觉得无牵无挂,坦然舒畅,这时候饭也吃得香了,觉也睡得甜了,有时候还要学学孔老夫子那个学生"宰予昼寝",待吃饱睡足之后,就又可以精神饱满地开始新的工作了。你们还以为我的生活没有规律,其实这就是我的生活规律。
> (沈同:《在毛主席身边的日子:一个警卫员的回忆》,中央文献出版社1993年版,第74页)

诚如毛泽东自己所言,有时候还要学学孔老夫子那个学生"宰予昼寝",待吃饱睡足之后,就又可以精神饱满地开始新的工作了。他认为这就是他的生活规律。

的确,生活中的毛泽东跟普通人不一样,他是按月亮的规律作息的人。据他的秘书林克讲,毛泽东习惯夜间工作,上午睡觉,下午起床一直工作到第二天清晨。这种习惯主要是由于战争年代的环境造成的。在过去漫长的战争岁月里,工作和生活很难有个规律,做不到日出而作、日落而息,有的时候夜间反而比白天还要紧张。白天为了躲避敌人的袭击,以防暴露目标,反倒需要隐蔽起来,经常是到了夜间才能出来活动。因为各部队晚上要汇报情况,必须立即研究,作出部署,以便部队第二天行动。国内外事件的各种信息,往往也是晚上才能集中起来,要及时研究作出对策。

很明显毛泽东的昼寝和宰予昼寝是不同的。孔子的学生宰予是因生活懒惰,不思进取,废学昼寝。毛泽东则恰恰相反,在他身上所体现的是一种使命、责任、积极进取、忘我工作的精神风貌,是在为了革命工作、为了祖国和人民、为了党的事业而夜以继日,自强不息。

毛泽东和卫士们在一起时,还提出过这样一个问题:一个人是为了吃饭才活着呢,还是为了活着才吃饭?他好像知道卫士的答案,他认为,我们不能只是为了吃饭才活着,吃饭、睡觉和锻炼身体,都是为了养精蓄锐,振奋精神,好去继续战斗。这就是他的唯物论。

这就是毛泽东的工作和生活作风!当然他也要休息,也要吃饭,只有待他把需要办的事办完之后,就也吃也喝也休息了。也可以说,他又在养精蓄锐,准备下一步的战斗了。

对军阀要"听其言，观其行"

孔子因为宰予昼寝，不仅对宰予有批评，而且改变了一种看人的方法。《论语·公冶长篇》第十章记载：

> 宰予昼寝。子曰："朽木不可雕也，粪土之墙不可杇也，于予与何诛？"
>
> 子曰："始吾于人也，听其言而信其行；今吾于人也，听其言而观其行。于予与改是。"

对宰予昼寝的批评，已见前篇文章。接下来孔子发表了一通议论，他说："以前我对于人，听了他的话，就相信他能做到；如今我对于人，不仅要听他怎么说，还要考察他如何去做。是宰予这件事使我改变了对人的态度。"

朱熹引胡氏注曰：孔子语听言观行，"特因此立教以警群弟子，使谨于言而敏于行耳。"（《四书章句集注·论语集注》）听其言而观其行。孔子因为宰予而改变了自己过去观察别人的态度。孔子还曾说过："君子耻其言而过其行。"（《论语·宪问》）指君子以言过其实而羞耻。可以看出孔子是提倡言行一致的。不仅仅听他如何说，更主要在于"观其行"，即考察他是否说到做到。

对于孔子"听其言，观其行"的观点，毛泽东是赞同的，并认为其中有辩证的思想。

1934年4月下旬，毛泽东携带几个随员离开瑞金，前往中央苏区南部的会昌视察并指导工作。这是他被冷遇三个月后才又得到的一次工作机会。他先到粤赣省委和省苏维埃政府所在地会昌县文武坝,会见省委书记刘晓、省军区司令员兼政委何长工。毛泽东明确地向他们指出:

> 我们要吸取福建事件的教训,善于利用粤军陈济棠和蒋介石的矛盾,粉碎敌人的"围剿",壮大自己的力量;同时,也要提高警惕,军阀毕竟是军阀,要"听其言,观其行"。(金冲及主编:《毛泽东传(1893—1949)》,中央文献出版社1996年版,第324页)

1933年下半年,蒋介石经过半年准备,发动对中央苏区的第五次大规模军事"围剿"。他吸取前几次"围剿"失败的教训,对根据地实行更严密的经济封锁;在军事上采取"堡垒主义"和逐步推进的新战术。分北路、南路、西路从三面围攻中央苏区。9月下旬,它的主力北路军进占了黎川。

临时中央负责人博古并不懂军事,完全依靠新到苏区不久的共产国际派来的代表李德负责指挥作战。他们放弃过去几次反"围剿"战争中行之有效的积极防御方针,实行"两个拳头打击敌人"的分离作战方法。在黎川失守后又提出"御敌于国门之外"的口号,命令红军主力北上御敌。

毛泽东这时已被排斥在党和红军的领导之外,只负责中央政府的工作。他从第五次反"围剿"的准备阶段时起,就不同意"两个拳头打击敌人"和以后的"御敌于国门之外"的错误方针,认为应该主动放弃黎川,"诱敌深入"集中红军主力,在运动中歼敌。但博古、李德等却急于恢复黎川,强令反击。由于国民党军队在数量上占着绝对优势,导致红军主力连续强攻失利,陷于被动地位。

这时,曾在上海"一·二八"奋起抗日作战的国民党军第十九路军将领蔡廷锴、陈铭枢、蒋光鼐和国民党内反蒋势力李济深等,发动了福建事变,11月在福建成立中华共和国人民革命政府,提出了"打倒日本帝国主义,收复东北失地","打倒卖国残民的南京政府"等口号。在这以前他们派代表同红军谈判合作,双方草签了抗日反蒋的初步协定。福建事变发生后,蒋介石不得不从"围剿"中央苏区的前线抽调九个师转入福建,讨伐第十九路军。毛泽东向中共中央建议:以红军主力冲破国民党军队的围攻线,向广大无堡垒地带寻求作战,并以此援助福建人民政府。但是,博古和李德拒绝采纳毛泽东的这个建议。结果,孤立无援的福建人民革命政府在蒋介石的军事进攻和政治分化下很快失败,红军也因错失时机而无法打破"围剿"。

1934年4月下旬,毛泽东离开瑞金,来到中央苏区南部的会昌视察,在会见粤赣省委书记刘晓、省军区司令员兼政委何长工时,毛泽东向他们指出:我们要吸取福建事件的教训,善于利用粤军陈济棠和蒋介石的矛盾,粉碎敌人的"围剿",壮大自己的力量。

瑞金为临时中央政府所在地。会昌位于瑞金南部,邻近广东。广东简称为"粤"。当时,广东军阀陈济棠与蒋介石有矛盾。所以,毛泽东明确地指示刘晓、何长工,在会昌要善于利用粤军陈济棠和蒋介石的矛盾,以粉碎敌人的第五次"围剿"。同时毛泽东指出,在与粤军陈济棠打交道时,也要提高警惕,军阀毕竟是军阀,要"听其言,观其行"。这里毛泽东引用孔子"听其言而观其行",在于提醒刘晓和何长工,不仅要听陈济棠怎么说,更要注重他怎么做。

在经过一段时间调查研究的基础上,毛泽东指导刘晓、何长工等制定了南线的作战计划和工作部署。针对陈济棠的粤军同蒋介石存在矛盾的情况,他说:总的要摆正"打"与"和"的关系,和平局面是巧妙地打出来的。不能只知道"御敌人于国门之外"的死打硬拼,要利用敌人内部的争斗,发展壮大自己的力量;也要利用统治集团内部的矛盾,加强统一战线工作。一面要依靠群众,开展游击战争;一面可派化装的小分队,潜入陈济棠管区,宣传抗日救国、枪口一致对外的道理,促使粤军反蒋抗日。

在对中央苏区的第五次"围剿"中,号称"南天王"的陈济棠,虽然被封为国民党军"围剿"南路军总司令,但因为不愿为蒋介石卖命,消耗实力,所以迟迟不向中央苏区腹地推进。10月初,何长工和潘汉年根据周恩来的部署,同陈济棠部进行了三天秘密谈判,达成了"就地停战""必要时可以互相借路"等五项协议,为以后中央红军开始长征时顺利突破国民党军队的第一、二道封锁线开辟了道路。

敏而好学，不耻下问

孔子周游列国时，到过卫国。卫国有个大夫孔圉，死后被赐谥号叫"文"。孔子的学生子贡也是卫国人，但是他却不认为孔圉配得上那样高的评价，便去问孔子。《论语·公冶长篇》第十五章记下了师徒这次问答：

> 子贡问曰："孔文子何以谓之'文'也？"
> 子曰："敏而好学，不耻下问，是以谓之'文'也。"

孔子回答说，孔圉好学而谦逊，不怕向职位比他低的人请教丢面子，所以叫作"文"。朱熹注："凡人性敏者多不好学，位高者多耻下问。故谥法有以'勤学好问'为文者，盖亦人所难也。"（《四书章句集注·论语集注》）"孔文子……敏学下问，亦是它好处。"（《朱子语类》卷二九）后来人们便用"不耻下问"比喻虚心学习、勤学好问的精神。

"不耻下问"为儒家倡导的求学态度和方法。是言自己有所不知，不以向社会地位与学问低于自己的人求教为耻。孔子入太庙，每事问，为学生做出了不耻下问的榜样。颜渊亦"以能问于不能，以多问于寡；有若无，实若虚"（《论语·泰伯篇》），虚心请教，为曾子称誉。历代诸儒以不耻下问为学者美德，鼓励学生以文会友，广求知识，多学多问。唐代耻于下问，韩愈乃作《师说》讽世，主张道之所存、师之所存、学无常师。

本章所记孔子回答学生子贡的话。虽很简短，但有意义。特别是文中

"敏而好学，不耻下问"一语，历来被人们广泛地使用着。毛泽东很赞赏"不耻下问"的这种求学态度，他在讲话或谈话中多次加以引用。

喜欢"敏而好学，不耻下问"的人

1938年冬，有一天刚吃过晚饭，几名内务警卫员在毛泽东隔壁的窑洞里，吵吵嚷嚷地在争论问题。毛泽东听到嚷声，信步跨进室内。警卫班长王伦坤急忙喊声："起立！"然后报告："我们在讨论学习问题。"

毛泽东挥手示意说："好好好！日习武夜习文，快坐下，我不打搅你们的争论。"说罢转身欲走。见此，几名警卫员心里又急起来，他们想留毛泽东跟他们聊聊，又怕耽误他休息。这时李长培恭敬地说："主席，我们脑筋太笨啦，学习钻不懂，想问又怕打搅您。"

毛泽东一只脚刚跨出门外，又立即折回来，笑着说：

"聪明在于勤奋，勤奋在于好学好问。不懂就要虚心请教别的同志，或者直接来问我呗，我早就对你们说过嘛！"毛泽东略停顿一下，又接着说："只要我不开会、阅文件，有人来问我，我能不理睬吗？我这个人就喜欢'敏而好学，不耻下问'的人。"（许祖范等编：《毛泽东幽默趣谈》，山东人民出版社1995年版，第152页）

毛泽东到陕北后，身边的几位老警卫员先后调到其他工作岗位，陆续调来几位年轻同志到毛泽东身边做警卫工作，如贺清华、王伦坤、李长培等，他们大都二十来岁，参加革命时间不长，多是本地山里娃，没念过几天书。内务警卫主要负责照顾毛泽东的日常生活和外出随身警卫工作。

能给毛泽东当警卫员，即是组织上的信任，又是一项十分光荣而责任重大的工作。他们虽然年纪轻，但责任心强，工作积极。无论是学文，还是习武，都非常用心。毛泽东平易近人，和蔼可亲，平时把他们当孩子、当亲人一样看待。对他们的学习和生活都十分关心和爱护。

毛泽东看到内务警卫员在争论学习问题时，引用孔子的这句名言，鞭策和勉励他们不懂就问，可以请教别的同志，或者直接来问他自己。只有勤学好问，才能学到知识和本领。

在相互的交流中，当得知警卫员有思想顾虑，怕人讥笑说连那么简单的问题都搞不懂，还跟毛泽东当啥子警卫员呀！毛泽东循循善诱地教导他们说：看不出你们还有点难为情的面子思想。工作上不懂就问才能少出偏差，学习上不懂就问才有进步。

不耻下问，先做学生

《论语》的名言"不耻下问"是一种正确的学习态度，毛泽东将其发展为党委制的一种工作方法。

1949年3月13日，他在党的七届二中全会上作《党委会的工作方法》的讲话，谆谆告诫党的各级党委的领导同志：

> 我们切不可强不知以为知，要"不耻下问"，要善于倾听下面干部的意见。先做学生，然后再做先生；先向下面干部请教，然后再下命令。……这不会影响自己的威信，而只会增加自己的威信。(《毛泽东选集》第四卷，人民出版社1991年版，第1441页)

毛泽东以"不耻下问"来要求党的干部，对不懂得和不了解的东西要问下级，不要轻易表示赞成或反对。毛泽东给"不耻下问"增添了新的含义，使在中国传统文化中表达求学精神的一句名言，成了党的群众路线工作方法的一个原则。

对"不耻下问"这一工作方法原则的提倡，是与毛泽东一贯重视调查研究工作的主张相一致的。在长期的革命实践中，毛泽东系统地总结出了一套关于调查研究的理论。他认为，要对革命实践做出正确的指导，必须建立在对革命的具体实际经过充分深入调查研究的基础之上。毛泽东还指出："没有满腔的热忱，没有眼睛向下的决心，没有求知的渴望，没有放下臭架子、甘当小学生的精神，是一定不能做，也一定做不好的。"他还曾用"态度——不要摆架子"七个字来言简意赅地概括社会调查的经验。也就是说，调查者要深入到群众中去，而且调查对象要有代表性和广泛性。

毛泽东在《党委会的工作方法》一文中特别强调领导干部要有"不耻下问"的态度，但对于一般干部也同样有着教育意义。他要求我们党的各级干部，要虚心向别人学习，也要向比自己地位低的人学习，要甘当小学生，这不是羞耻，而是光荣。他还强调："这不会影响自己的威信，而只会增加自己的威信。我们做出的决定包括了下面干部提出的正确意见，他们当然拥护。"这就意味着，以"不耻下问"的态度听取下面干部的意见，做出正确的决策，这不仅是一个科学决策的过程，同时也体现着党的群众路线、工作作风，是保证党的政策得以顺利执行，并为群众所理解和拥护的重要原因。

要学孔夫子不耻下问

1962年1月，孔从洲因事从南京到沈阳去，2月初，从沈阳回来路过北京的时候，忽然接到通知，说是毛泽东主席要接见他。孔从洲时任南京炮兵工程学院院长。

2月5日早晨7点，孔从洲驱车前往中南海毛泽东的住地。8点整，已经工作了整整一夜的毛泽东，未曾休息，就在中南海岸边游泳池旁接见了孔从洲。孔从洲向他敬礼后，他用那有力的大手紧紧握住孔从洲的手，笑着说：

"咱们是儿女亲家，不必拘礼。上次见面已经很久了，早想见你，一直没有时间，今天随便谈谈。"

孔从洲赶紧说："我很想见主席，但你很忙，我不便占你的时间。"

毛泽东面带微笑地说："今天不就有时间了吗？"

俩人坐下后，从家庭、子女谈到教育，以及有关炮兵建设的各种问题，都谈到了。

毛泽东又问了学院的情况后，说："现在有了炮兵工程学院，你要注意学习，要学点自然科学。"

孔从洲说："上次见面我就说过，我的水平低，数学基础不行，怕担负不了院长这个重任。"

毛泽东不以为然，风趣地说：

不会可以学嘛！我上次就说过，你先人孔夫子不是早就定下礼、乐、射、御、书、数六艺吗？要学孔夫子不耻下问，向老教授学习，拜他们为师。不学习和他们就没有共同语言。多学多问不会影响威信，相反，内行话多了，就不致闹笑话。（李智舜：《毛泽东与开国中将》，中共中央党校出版社1997年版，第52页）

毛泽东在中南海游泳池接见了他的亲家孔从洲。毛泽东非常关心军队的现代化建设,知道孔从洲已调到南京炮兵工程学院任院长,特意在中南海召见他。毛泽东以提问的方式详细了解了炮兵工程学院的情况。然后说:

"炮兵工程学院办校宗旨应当是什么呢? 我看应当是培养具有现代化知识的炮兵科技人才。这一点很重要,因为科学技术天天在进步。"毛泽东认为,我们是一个大国,必须强调自力更生。要研制自己的火炮,就要有自己的专家教授。就是要通过像炮兵工程学院这样的专业院校,来培养自己的具有现代化知识的炮兵科技人才。

毛泽东还谈到了学院的教材情况,他说:

"开始可以用老的,在使用过程中加以充实,逐渐写出自己的。学院要搞科研,教学与科研是相辅相成的,要运用科研成果充实教材,丰富授课内容,提高教学质量。学院要把教学、科研和使用联系起来。当院长的要把眼光放远一点。"

毛泽东认为,学院办得如何与院领导关系很大。所以,他亲切地对孔从洲说,当院长的要把眼光放远一点。要注意学习,要学点自然科学。并借用孔子"不耻下问"一语,循循善诱地教诲孔从洲,要注重多学多问。只有多学多问,才能逐渐由外行转变成内行。内行话多了,就不致闹笑话。这些情深意切的话,使孔从洲受到鞭策和鼓励,他决心尽快变成内行,把学院办好,培养出新型炮兵科技人才。

三思而后行

《论语·公冶长篇》第二十章：

> 季文子三思而后行。子闻之，曰："再，斯可矣。"

鲁国的大夫季文子，对每件事情都要考虑多次才去做。孔子听到了，说："想两次，也就可以了。"

季文子，春秋时代鲁国的大夫季孙行父，历仕鲁国文公、宣公、成公、襄公诸代。死于襄公五年。"文"是谥号。孔子生于鲁襄公二十二年。他说此话时，季文子已死去很久了。

三思，"三"含有多的意思，即多思。凡事三思，一般来说总是利多弊少。季文子行事过于谨慎，瞻顾周详，凡事必反复思考，考虑多次后才决定做与不做。如出使晋国，闻晋侯疾，求遭丧之礼而行，以为有备无虞。春秋时人称之。孔子讥之，以为再思即可。孔子以为，行事务穷理而贵果断，思虑过分，反而有失。这是思考的中庸之道。程颐注："为恶之人，未尝知有思，有思则为善矣。然至于再则已审，三思则私意起而反惑矣，故夫子讥之。"

孔子为什么不同意季文子这样"三思而后行"呢？清人宦懋庸《论语稽》载"文子生平，盖祸福利害之计太明，故其美恶两不相掩，皆三思之病也。其思之至三者，特以世故太深，过为谨慎；然其流弊将至利害徇一己之私矣"云云。对于宦懋庸所言，当代人杨伯峻《论语译注》认为："若以

《左传》所载文子先后行事证明，此话不为无理。"

就是说孔子主张再思即可，是针对季文子的情况而言的。孔子评论季文子这个人，说他做事过分小心，思虑太多，往往都为自己考虑，这样不好。并不是说思考多了不好。孔子还是提倡思而后行、慎重从事的。他提倡"再思"，还说过："学而不思则罔，思而不学则殆。"（《论语·为政篇》）这都是强调思的重要性。

孔夫子提倡"再思"

为了获得知识、才能，孔子提倡勤学好问的同时，还注重"思"。主张学与思相结合。他还提倡"再思"。"思"就是对所获得的丰富感性材料加以科学的加工制作，进行科学的抽象，形成反映事物本质和规律的理性认识。毛泽东对孔子提倡"再思"予以充分肯定。1942年2月8日，他在延安干部会上的讲演中说：

> 孔夫子提倡"再思"，韩愈也说"行成于思"，那是古代的事情。现在的事情，问题很复杂，有些事情甚至想三四回还不够。鲁迅说"至少看两遍"，至多呢？他没有说，我看重要的文章不妨看它十多遍，认真地加以删改，然后发表。文章是客观事物的反映，而事物是曲折复杂的，必须反复研究，才能反映恰当；在这里粗心大意，就是不懂得做文章的起码知识。（《毛泽东选集》第三卷，人民出版社1991年第2版，第844页）

"行成于思"一语，见于韩愈《进学解》："业精于勤荒于嬉，行成于思毁于随。"意思是：学业的精通在于勤奋，荒废是由于贪图玩乐；做事的成功取决于事先认真的考虑，其失败则是由于缺乏思考和计划。

毛泽东的此次演讲后来整理成《反对党八股》一文，他引用"再思""行成于思"这两个典故，并指出它们的历史局限性。孔子和韩愈的主张，在古代一直受到重视，但在新的历史条件下，就显得不足了。毛泽东这里旨在教育全党，无论学习、工作，还是做文章，都必须动脑筋、勤于思考，反复研究，只有深思熟虑，才会少出毛病，少犯错误，才能获得好的效果。

写文章是这样，办其他事情也应如此。提倡和鼓励人们多思考、多想问题是毛泽东一贯的主张。在《学习和时局》一文中毛泽东还说：要善于使用思想器官。脑筋这个机器的作用，是专门思想的。孟子说："心之官则思。"毛泽东强调"凡事应该用脑筋好好想一想"，还说"多想出智慧"（《毛泽东选集》第三卷，人民出版社1991年版，第948页）。"多思""多想"，可以避免盲目性，避免经验主义。

慎之又慎，三思而行

1958年8月25日下午，毛泽东主持召开政治局常委会议，地点是北戴河海滩游泳场的休息室。除了刘少奇、周恩来、邓小平外，还有彭德怀、王尚荣（总参作战部部长）、叶飞（福州军区政委），胡乔木和吴冷西也参加了。毛泽东一开始就说：

> 我们在这里避暑，美国人却紧张得不得了。从这几天的反应看，美国人很怕我们不仅要登陆金门、马祖，而且准备解放台湾。其实，我们向金门打了几万发炮弹，是火力侦察。我们不说一定登陆金门，也不说不登陆。我们相机行事，慎之又慎，三思而行。因为登陆金门不是一件小事，而是关系重大。问题不在于那里有九万五千名蒋军，这个好办，而在于美国政府的态度。美国同国民党订了共同防御条约，防御范围是否包括金门、马祖在内，没有明确规定。美国人是否把这两个包袱也背上，还得观察。打炮的主要目的不是要侦察蒋军的防御，而是侦察美国人的决心，考验美国人的决心。中国人就是敢于在太岁头上动土，何况金、马以至台湾一直是中国的领土。（吴冷西：《忆毛主席》，新华出版社1995年版，第76页）

随着轰轰的炮声，海峡两岸局势又紧张起来。1958年8月23日，福建前线的人民解放军炮兵部队万炮齐轰仍被国民党军占领的金门、马祖及其附近小岛。

早在7月17日蒋介石就宣布台湾、澎湖、金门、马祖全线处于"紧急戒备状态"，表明了他们将有所行动。我空军于7月底开进福建前线，同国民党飞机连续作战，并夺取了福建沿海的制空权。炮兵增援部队也陆续到达。与此同时，7月中旬美军入侵黎巴嫩、英军入侵约旦。中央即考虑在福建前线采取行动，以支持阿拉伯人民的反帝斗争，又打击蒋介石集团在金门、马祖一带经常骚扰我福建沿海的气焰。

在8月23日召开的政治局常委会上，毛泽东说，这次炮轰金门，是我们为了支援阿拉伯人民而采取的行动，就是要整美国人一下。

25日，毛泽东又说，凡事要抓住时机，这次炮打金门，就是抓住美军登陆黎巴嫩。既可以声援阿拉伯人民，又可以试探美国人。看来美国人左右为难，处于东西难以兼顾的境地。

并说：我们炮击金门、马祖，主要目的不是要侦察蒋军的防御，而是侦察美国人的决心。

果然，美国人有了行动。9月初，美当局已下令把地中海的军舰调一半到太平洋来，同时又提出在华沙恢复中美会谈。看来美国人还是怕打仗。炮打金门的火力侦察已达到目的。

9月底，毛泽东说，其实我们也不是不想拿下金门、马祖，但这个问题不单是同蒋介石有关，特别是要考虑美国的态度，切不可以鲁莽从事。美国人也害怕跟我们打仗。我们宣布12海里领海后，美国军舰开始不承认，后来经我多次警告，美舰也不敢入侵我12海里线了。美舰为国民党运输船队护航，向金门运送弹药、给养。当这个联合舰队抵达金门港口时，福建炮兵猛烈炮击，美舰马上掉头逃跑，国民党船队遭殃。可见美国也是纸老虎。但是，它又是真老虎。目前美国在台湾海峡集中了6只航空母舰，实力相当强大，不可轻视，需要认真对待。因此我们现在的方针是打而不登，断而不死。意即只打炮不登陆，封锁金门，断其后援，但不致困死。

此次炮击金门，由于中央在金、马问题上，慎于行事，三思而行，相机行事，打打停停。坚持打而不登、断而不死的原则，达到了威慑美国人、惩戒蒋介石集团的目的，也加深了美蒋双方在金、马问题上的矛盾。

雍也篇第六

有颜回者好学

颜回，孔子学生，是孔子最得意的弟子。字子渊，亦称颜渊。生活清贫，终身未任官职，一生追随孔子至死。他天资聪慧，学习勤奋，能"闻一而知十"。甘于艰苦生活，身居陋巷，衣食不周，仍不改好学之志，深为孔子所称赏。

《论语·雍也篇》第三章记孔子赞颜回好学：

> 哀公问："弟子孰为好学？"
> 孔子对曰："有颜回者好学，不迁怒，不贰过。不幸短命死矣，今也则亡，未闻好学者也。"

鲁哀公是孔子晚年时的鲁国国君。

鲁哀公问孔子："你的弟子中，哪个好学？"

孔子答道："有个叫颜回的好学，他不迁怒于别人，也不再犯同样的错误。不幸短命死了，现在没有这样的人了，再没听说有谁是好学的。"

从本章可以看出，孔子是十分强调好学的。他除了肯定自己好学，也肯定颜渊好学外，从不轻易以好学许人，"未闻好学者也"，再没听说有谁是好学的。

在孔门弟子中，毛泽东数称颜回。

夫子以好学称颜回

孔子称颜渊好学，按说好学的内容、范围很广，但孔子仅强调两点："不迁怒，不贰过。"

毛泽东对这两条也是很看重的，从现在能看到的被保存下来的早期文稿中，便有这方面的记载：

> 夫子以好学称颜回，则曰不迁怒，不贰过。不迁怒，不贰过，盖行事之大难者也。徒众三千，而仅以好学称颜回；称颜回而仅曰不迁怒不贰过，此其故可以思矣。（《毛泽东早期文稿》，湖南出版社1995年第2版，第586页）

颜回好学，除《论语·雍也篇》有记载外，《论语·先进篇》中也有近似的记录：季康子问："弟子孰为好学？"孔子对曰："有颜回者好学，不幸短命死矣，今也则亡。"

孔子在两次回答同样一个问题时，都提到唯有"颜回好学"，说明在孔子的心目中，虽弟子三千，唯有颜回才称得上是好学之人。

孔子为何把"好学"看得如此重要？而且无论是鲁哀公还是季康子，均问同一个问题。问答双方显然都是把"好学"作为一种好品质，也就是一种德行来谈论的，这或许是因为当时社会已经普遍视好学为美德。这在今天而言是无可争议的，也无须加以强调。问题是如何准确地理解孔子这里说的"好学"。如果用今人关于学的观念去解读孔子"好学"的含义，恐怕是远远不够的。在孔子那里，除书本知识外，更指多闻、多见、多实践、不迁怒、不重犯错误等；学不仅主要是指学习做人的道理，一切其他内容的学，也要归结为学习做人。如能联系到这一点去领会孔子说的好学，对于他的"好学乃美德"的思想，就会领会得更准确、更深刻了。

从毛泽东的早期文稿看，他写下孔子称颜回好学这段话，是在长沙省立第一师范读书期间。对于颜回的"不迁怒，不贰过"，毛泽东认为这是一种优秀品行，并深有感触地借此发挥，品行是"行事之大难者也"，因此显得更加重要。又言"称颜回而仅曰不迁怒不贰过，此其故可以思矣"。认为这是很值得深思和耐人寻味的。

什么叫好学？现在一般老师对学生的评价，或家长对孩子的评价，说他好学，就是他很用功，放学回家不贪玩，爱读书，等等。孔子没有说这些，却说颜回好学就是"不迁怒，不贰过"。孔子为什么说好学就表现在"不迁怒，不贰过"这两点呢？"此其故可以思矣。"这个很值得人思考，让人琢磨的。不迁怒于别人，这体现的是一种为学为人的态度。有了问题，有不顺心的事，有不合适的东西，他不从别人身上找原因，或者把责任推到别人身上，或者找别人来发泄，而是反省自己，从自己身上找原因，这样自然就不会迁怒于人。检点自己，而不苛求别人，严于律己，宽以待人，故毛泽东感慨"不迁怒"是很难的事。

"不贰过"，是说颜回从来不犯重复的错误。孔子并没有说他不犯错误，而是说他不犯第二次，不重复犯同一个错误。并且孔子认为这是好学的一种表现。这里反映了非常深刻的道理。《论语》里面很多地方也讲到这个意思。如"过则勿惮改"（《论语·学而篇》），有了过错，就不要怕改正。"过而不改，是谓过矣"（《论语·卫灵公篇》），有了过错却不改正，才是真叫过错了。每个人都会有过错，没有过错的人，是不存在的。不过，有了过错不要紧，问题在于吸取教训，坚决改正，下次不再犯同样的过错，所谓"不贰过"。所以不是要求不犯错误，重要的是要善于从错误中学习，不重犯同样的错误。这说的是对错误的态度。颜回能够经常地反省自己，有了错误能够总结经验教训，找出错误的原因，自我改正，不再犯。

孔子把不贰过看作好学的重要表现，也反映了对学习的深刻见解。学习不只是向书本学习，学习前人已经总结出来的经验、思想，不只是学习正面的东西，而且要从自己的经验中，特别是从自己的错误中学习，从反面经验中学习。孔子的这一思想，无疑对后人是有着重要意义的。

从表面上看，孔子回答鲁哀公、季康子时，说颜回好学，"不迁怒，不贰过"，好像和好学沾不上边。其实，这种品行，这种修养，又哪里离得开好学呢？学习可以陶冶性情，增加涵养，一个人能做到"不迁怒"，正是由于平时长期学习改变气质的结果。"不贰过"，体现了一个人有修养，能自重。这种修养和自重，又无不源于平时的好学！

颜子则早夭矣

颜回虽然好学，可惜他身体不好，只活了三十一岁，就过早地离开了人间。对于颜回早卒，孔子异常悲痛，叹曰："噫！天丧予！天丧予！"（《论语·先进篇》）意即老天爷要我的命呀！

孔子说："有颜回者好学，不幸短命死矣，今也则亡。"（《论语·雍也篇》）表达了孔子非常惋惜和无奈的心情，是对颜回人品和好学精神的追思。

对于颜回的不幸早逝，毛泽东在他的早期文稿中也有所提及。1916年12月9日，毛泽东致黎锦熙信中说：

> 古称三达德，智、仁与勇并举。今之教育学者以为可配德智体之三言。诚以德智所寄，不外于身；智仁体也，非勇无以为用。且观自来不永寿者，未必其数之本短也，或亦其身体之弱然尔。颜子则早夭矣；贾生，王佐之才，死之年才三十三耳；王勃、卢照邻或早死，或坐废。此皆有甚高之德与智，一旦身不存，德智则随之而隳矣！（《毛泽东早期文稿》，湖南出版社1995年第2版，第60页）

黎锦熙，湖南湘潭人，是毛泽东在长沙"一师"读书时的老师。与毛泽东亦师亦友，关系较为密切。1915年秋赴北京师范大学长期从事教学工作。

从教育角度讲，毛泽东在青年时代对"知、仁、勇"是持肯定态度的。古人不仅重视德，也重视知和勇。这里的知，毛泽东当作"智"，作智慧、聪明讲。勇，指克服困难的决心、意志和勇气。

毛泽东把儒学的"智、仁、勇"三达德改造为德、智、体。针对当时世人轻视体育的情形，毛泽东尤其强调了体育的意义。他从长沙致信在北京的黎锦熙，认为德、智甚高者，"一旦身不存，德智则随之而隳矣！"希望黎锦熙能注意适当运动，保护身体。毛泽东认为自古以来，那些不长寿的人，并不是因为他的寿命本身短，也不是因其身体先天虚弱所致。为了说明这一观点，毛泽东谈到了"颜子则早夭矣"等几位古人英年早逝的实例，作为举证。

毛泽东于1917年4月在《新青年》第三卷第二号上，发表了以"二十八画生"为署名的著名体育论文《体育之研究》，也谈到了这一观点，所举的例子也几乎相同。他说：

> （德、智、体）三育并重，然昔之为学者详德智而略于体。及其弊也，偻身俯首，纤纤素手，登山则气迫，涉水则足痉。故有

颜子而短命,有贾生而早夭,王勃、卢照邻,或幼伤,或坐废。此皆有甚高之德与智也,一旦身不存,德智则从之而隳矣。(《毛泽东早期文稿》,湖南出版社1995年第2版,第68页)

文中指出过去的学者由于重德智而轻视体育所带来的弊病:"偻身俯首,纤纤素手,登山则气迫,涉水则足痉。故有颜子而短命",等等。

颜渊、贾谊、王勃、卢照邻,四人死时都很年轻,都在二三十岁。又都是才子,有德有智,可惜皆英年早逝。对此,毛泽东在惋惜的同时,十分感慨道:人生的价值"不在寿命之长短,而在成功之多寡。此其言固矣"。然而,即使有甚高之德与智,一旦身不存,德智则随之而毁矣!

孔子称颜子早夭,是惋惜,是对颜回人品和精神的追思。

毛泽东称颜子早夭,是警世,是强调德、智、体全面发展,是强调体育的重要!

冉求好义与原宪知耻

《论语·雍也篇》第四章和第五章，是讲孔子弟子冉求、原宪虽然好义和知耻，但是都有缺欠，孔子批评了他们行事的另一面。青年毛泽东曾经将这两章的内容连用，故将两章放在一起来讨论。

《论语·雍也篇》第四章载冉求行事：

> 子华使于齐，冉子为其母请粟。子曰："与之釜。"请益。曰："与之庾。"冉子与之粟五秉。
>
> 子曰："赤之适齐也，乘肥马，衣轻裘。吾闻之也；君子周急不继富。"

子华：即公西赤，是富家子弟。冉子：即冉求。

釜：一釜等于当时的六斗四升。庾：一庾等于二斗四升。秉：一秉大约一百六十斗。

第四章大意是：公西赤要出使齐国，冉求替他的母亲向孔子请求带回一些谷米。孔子说："给他六斗多吧。"冉求请求再增加一点。孔子说："再给他加两斗吧。"冉求最后给了他八百斗。孔子说："公西赤到齐国去，乘着肥马驾的车子，穿着轻暖的皮袍。我听说这样的话，君子只周济急需救济的人，而不去帮助富人。"

"救急不济富"是孔子提出的救助原则，沿用至今。在这一章中，引起孔子不满的，是冉求。公西赤是鲁国正卿季孙氏的外交使臣，他的俸禄应该由季氏承担。季孙氏富于周公,而冉求却为他聚敛财富使其更加富有。孔子恨恨地说:"(冉求)非吾徒也,小子鸣鼓而攻之可也!"(《论语·先进篇》第十七章)

冉求有治政之才,一直周旋于鲁国国君与公卿之间,为孔子办了许多事。鲁哀公十一年,冉求率领鲁国军队大败入侵的齐军,孔子称赞冉求的行为"义也"(《左传·哀公十一年》)。冉求乘机说服当政的季康子迎接在外流浪的孔子重新返回鲁国。任季氏家宰时,冉求的才干也同样发挥得很出色,为季氏收税讨债不遗余力。孔子对冉求可说既爱且恨。此次,孔子即批评冉求"不周急"而"继富",违背了"仁"与"礼"的君子之道。

《论语·雍也篇》第五章记原宪行事:

> 原思为之宰,与之粟九百,辞。子曰:"毋!以与尔邻里乡党乎!"

原思:姓原名宪,字子思,鲁国人,孔子前期年轻弟子。宰:管家。

本章大意是:原思为孔子管家,孔子给他俸米九百,他推辞不要。孔子说:"不要推辞。可以分给你的乡亲们啊!"

学生原宪为孔子主管家务,孔子要给他报酬,即使原宪并不需要,孔子仍坚持要给。弟子们为孔子做事,孔子一定要付酬。孔子并未以师长之尊白用工不付酬,亦难能可贵。

1913年冬,毛泽东在湖南长沙省立第四师范预科读书时,课堂笔记《讲堂录》之中,就同时提到冉求之义与原宪之耻的缺欠。毛泽东写道:

> 人之为人,以贤圣为祈向,而孝义廉耻即生焉。然曾参孝点,不识小受大逃之义;申生孝点,不知陷亲不义之通;陈仲子则亦廉哉,则有讥其太矫;冉子好义,而不知周急不继富为君子之道;原宪知耻,辞粟不以与于邻里乡党之中,是何也?学有不足也。(《毛泽东早期文稿》,湖南出版社1995年第2版,第586—587页)

《讲堂录》中的记载表明,毛泽东或他的老师认为做人以圣贤为方向,就能做到孝义廉耻。但是,要努力学习才能做到这一点。那些被先儒列为孝、义、廉、耻的代表人物,有时难免也做出一些有违礼义的事,如"冉子好义,而不知周急不继富为君子之道;原宪知耻,辞粟不以与于邻里乡党之中"。也就是"好义"的冉求有"继富"的缺点,"知耻"的原宪有"辞粟"不为乡人着想的毛病。他们为什么会这样?毛泽东或其老师认为"学有不足也"——其原因在于学习不够、理解不深、体会不到位。

毛泽东《讲堂录》中此段议论中心议题,虽然是强调效仿圣贤树立孝义廉耻的君子人格,但是他的重要思想是强调有足够的学习。他引证《论语·雍也篇》第四章和第五章冉求和原宪的例子,是为了说明其君子人格修养的不全,为"学有不足也"寻求证明。这样,又有劝学含义。

学颜子之箪瓢

《论语·雍也篇》第十一章也记载了老师孔子评论高徒颜回：

> 子曰："贤哉！回也。一箪食，一瓢饮，在陋巷。人不堪其忧，回也不改其乐。贤哉！回也！"

孔子说："颜回真是贤德啊，一筐饭，一瓢水，住在简陋的小巷子里，别人都忍受不了这种穷困的忧愁，颜回却没有改变他的快乐。颜回真是贤德啊！"

颜回家境贫寒，居住在简陋的小巷子里。陋巷意思就是贫民区。现在在山东曲阜还有一个叫陋巷的地方，说是当年颜回住的地方。颜回虽然生活非常贫困，但是他聪慧好学，以贤德者称。孔子说这个颜回真是有修养啊！在饮食上，他就那么一箩筐饭，一瓢水。住在贫民窟里面，便什么都满足了。那样一种十分艰苦的生活条件，对于别人来说，简直是"不堪其忧"受不了，可颜回却安之若素，照样生活得很快乐。对于这样一个贤弟子，孔子不得不从内心深处发出由衷的赞叹："贤哉，回也！"

颜回何以能够在别人无法忍受的生活环境里，生活得如此无忧无虑，依旧很快乐呢？这里关键在于"不改之乐"的"乐"字。如何理解颜回之乐？旧注有的指乐道，有的指乐于学。当以乐道说更符合孔子原意。只有安贫，才能乐道；反过来说，也只有乐道，才能安贫。

安贫乐道，为儒家思想，意为安于贫困生活，以守道为乐。孔子以为生活的真正意义在于行道，人们如果按照道生活，即使生活贫困，精神上也是愉快的。孔子力倡"忧道不忧贫"（《论语·卫灵公篇》）的精神，提出"士志于道，而耻恶衣恶食者，未足与议也"（《论语·里仁篇》）。他经常赞颂那种在贫困生活中自得其乐的精神，说："饭疏食饮水，曲肱而枕之，乐亦在其中矣"（《论语·述而篇》）。为守道、行道而甘于贫困，成为儒家的传统。

安贫乐道，是仁者具有的安适快乐的人生态度。它是以"志于仁而有恒"为前提的。如果一个人没有仁的自觉或者虽有而不能有恒，他就不可能真正长时间地做到安贫乐道。即使在孔门弟子中，也有贤如子路者免不了不能安于贫困的时候。当孔子与众弟子被围于陈蔡之间，七日不得食，面上皆有菜色的时候，子路忍不住要面带愠色地问孔子："君子犹有穷乎？"子贡也对孔子之道表示怀疑，建议孔子"少贬"其道。

孔子感叹"贤哉，回也"，赞美和倡导像颜回那样志于修身行道，不以清贫为意。后儒遂以抑制个人物质生活欲望，保持节操，贫贱不移，作为儒家修身处世的准则。

青年毛泽东对颜回安贫乐道的精神是很欣赏的。1913年12月6日，毛泽东在课堂笔记《讲堂录》中记道：

> 邦无道则愚，邦无道贫且贱焉可也；一箪食一瓢饮，在陋巷不改其乐，遁世不闷之谓也。（《毛泽东早期文稿》，湖南出版社1995年第2版，第594页）

同年12月13日，毛泽东在《讲堂录》中记录了很多、很丰富的内容，其中有：

> 昔颜氏之庶几兮，在隐约而平宽。恶饮食乎陋巷兮，亦足以颐神而保年。
>
> 虽然，退之常答李习之书曰：孔子称颜子一箪食一瓢饮，人不堪其忧，回也不改其乐。彼人者，有圣者为之依归，而又有箪食瓢饮足以不死，其不忧而乐也，岂不易哉。若仆，无所依归，无箪食瓢饮，无所取资，则饿而死，不亦难乎。（《毛泽东早期文稿》，湖南出版社1995年第2版，第612页）

退之，指唐代诗人韩愈，字退之。《答李习之书》，即《答李翱书》，见《韩昌黎全集》卷十六。

1917年8月23日，毛泽东在致黎锦熙的信中，谈到毕业之后如何继续读书深造、组织私塾时说：

> 所忧盖有三事：一曰人，有师有友，方不孤陋寡闻；二曰地，须交通而避烦嚣；三曰财，家薄必不能任，既不教书，阙少一分收入，又须费用，增加一分支出，三者惟此为难。然拟学颜子之箪瓢与范公之画粥，冀可勉强支持也。（《毛泽东早期文稿》，湖南出版社1995年第2版，第89—90页）

毛泽东信中提到"范公之画粥"，是指宋代文学家范仲淹少时励志苦读的故事。范仲淹少家贫，在僧寺里读书，经常煮粥一小锅，待凝结后用刀划成小块，早晚各取两块，外加一点咸菜，即为一天饮食。《宋史·范仲淹传》也记述："昼夜不息，冬月惫甚，以水沃面；食不给，至以糜粥继之，人不能堪，仲淹不苦也。"

毛泽东写这封信时，是在湖南省立第一师范学校毕业前一年。师范学校出来的学生，一般以教书育人为首选职业。但毛泽东与众不同，他认为自己对于人生，对于国家，对于教育，作何主张，尚没有一个明确的认知。担心自己还没有搞清楚问题，如何能给别人讲清楚。所以，他打算继续学习深造，以读书为上，下一步再考虑教书问题。但对于如何继续读书深造，他的想法准备先组织个私塾，集古今教学之长处，计划用三年时间，学习国学。三年之后，出国留学，求西学大要。他还说怀此理想，已四年了；待一年毕业之后，即准备实行。但要实施这个计划，自认为有三件事要办。毛泽东分析后觉得三件事中，唯第三件比较难。因家里不富裕，帮不上什么，自己不去教书工作，没有收入，还要花钱。面对困难，毛泽东没有回避，而是迎难而上，他联想到古人颜子之箪瓢、范公之画粥的典故，拟效仿古人安贫乐道、刻苦自立。以此激励自己，克服物质上的困难，刻苦学习，立志做一番事业。

青年毛泽东在《讲堂录》和书信中三引"颜子箪食瓢饮在陋巷不改其乐"的典故，在于他认为颜渊安贫乐道精神"足以颐神而保年"，是圣贤者的精神依归。贫而不改其乐，是因为贫而不改其志。毛泽东青年时期"身无分文，心忧天下"，形成艰难困苦而不坠青云之志的人格精神，与从颜渊等古圣先贤身上摄取精神营养不无关系。

革命不能文质彬彬

《论语·雍也篇》第十八章：

> 子曰："质胜文则野，文胜质则史，文质彬彬，然后君子。"

大意是，孔子说："质朴多于文采，就像个乡下人，未免粗野；文采多于质朴，就像个管文书的官，有点虚浮。对于一个人来说，只有质朴和文采配合适当，才是个君子。"

文质彬彬，文就是花纹、纹饰，指外表的表现。这里指文采、修饰。引申为文明、文雅。质指朴素的质地，未加修饰的本来状态。引申为质朴、朴实，指内在的品质。彬彬：指文与质配合恰当。

质与文是孔子品评人格修养的一对范畴。在他看来，在一个人修养上，既不能让"文胜于质"而流于文弱，也不能让"质胜于文"而流于粗野，理想的人格就在于质朴与文雅的统一和中和。只有文与质二者配合适当，才是君子应有的文雅风度。

后人却把"文质彬彬"用来泛指人的举止文雅，偏离了孔子的原意。就是说随着历史的演变，文质彬彬渐渐成为一个成语。它的内在含义，也从原来的内朴外文，转移到了既文雅又有礼貌上来。

毛泽东在《湖南农民运动考察报告》这篇文章中，运用了这一成语。他说：

革命不是请客吃饭，不是做文章，不是绘画绣花，不能那样雅致，那样从容不迫、文质彬彬，那样温良恭俭让。革命是暴动，是一个阶级推翻另一个阶级的暴烈的行动。（《毛泽东选集》第一卷，人民出版社1991年第2版，第17页）

1926年以湖南为中心的全国农民运动蓬勃地开展起来了。农民的主要攻击目标是土豪劣绅和不法地主。农民运动建立了农民武装，实现了"一切权力归农会"。

对此，地主劣绅、国民党右派恶毒地攻击农民运动是"痞子运动"，大叫"糟得很"。共产党内部的右倾机会主义者，向反动势力屈服，也跟在地主资产阶级的后面指责农民运动"过火""过左"，甚至极力压制农民革命。

为了化解当时党内外对于农民革命斗争的责难，毛泽东亲自到湖南考察了农民运动，走访了湖南五县，并写就了这篇《湖南农民运动考察报告》。

毛泽东用极丰富的事实内容和精辟的论述彻底揭露了反动派诬蔑农民运动的种种谬论，有力地驳斥了党内机会主义者对农民运动的责难和攻击，对农民革命运动给予了充分的肯定和赞扬。对于这场轰轰烈烈的农民革命斗争，毛泽东高屋建瓴地指出：革命不是请客吃饭，不是做文章，不是绘画绣花，不能那样雅致，那样从容不迫、文质彬彬，那样温良恭俭让。

《论语》里的"文质彬彬"，作为封建时代文人士大夫们的人格标准，无疑是有其文化价值和进步意义的。然而，在推翻一个旧制度、建立一个新政权的社会变革时期，固守"文质彬彬"与"温良恭俭让"的立场，则是对革命的妥协和退让。正是在这个意义上，毛泽东借用《论语》中的这两句话来批驳右倾机会主义者诬蔑农民运动"过分"的说法。

毛泽东接着指出：革命是暴动，是一个阶级推翻另一个阶级的暴烈的行动。从各方面来说革命是不同于一般社会活动的，是不能用"文质彬彬"的改良主义方式进行革命的，也不能以"文质彬彬"的态度来要求农民运动。只有采取暴烈的行动，即像农民运动那样来进行革命，才是真正的革命，才能达到推翻反动的统治阶级，实现革命的最终目的。

敬鬼神而远之

《论语·雍也篇》第二十二章：

> 樊迟问知。子曰："务民之义，敬鬼神而远之，可谓知矣。"
> 问仁。曰："仁者先难而后获，可谓仁矣。"

本章大意：樊迟问怎样才算是智，孔子说："尽力做对人民适宜合理的事情，敬畏鬼神而又远离它，可以说是智了。"樊迟又问怎样才是仁，孔子说："仁德的人有难事做在人前，有收获得在人后，可以说是仁了。"

从孔子回答的内容看，樊迟是把政事分为民事和神事两部分，问怎样处理这二者之间的关系，就算是"知"——有智慧了。从樊迟曾经为自己从政不顺利而产生了"学稼"的想法看（《论语·子路篇》），他提出这问题是很好理解的。

孔子在这里是针对樊迟的问题，运用他关于"未能事人，焉能事鬼"和"未知生，焉知死"（《论语·先进篇》）的理论，说：民事的问题是现实的人的问题，要首先恰当地处理，恰当也就是合乎义，受到人民的拥护；神事的问题是很难说清的，所以对鬼神只能抱"敬而远之"的态度；如果能这样地处置民事和神事的关系，就很符合中庸原则，就"可谓知矣"。

朱熹注："专用力于人道之所宜，而不惑于鬼神之不可知，知者之事也。"（《四书章句集注·论语集注》）《礼记·表记》云："子曰：'夏道尊命，事鬼敬神而远之，近人而忠焉；殷人尊神，率民以事神，先鬼而后礼；周人尊礼尚施，事鬼敬神而远之，近人而忠焉。"结合上述孔子告樊迟语，可看出孔子持与夏人商人不同的鬼神观，并教樊迟从周道。孔子在承认有鬼神的前提下，又提出对鬼神既不轻慢也不要亲近它，这与其在日常生活、社会活动中强调先人事后鬼神的态度相一致。

孔子所处的时代、社会，乃是一个从古代巫觋文化发展而来，祀天、祭祖、祈神的风习还普遍存在的时代和社会。他所推崇的周礼，一个重要方面的内容，就是对于进行这些活动的规定。所谓僭礼和复礼，以及要求"上好礼"，都在很多方面涉及这个问题，而当时思想界对鬼神问题的认识，占主流地位的是肯定鬼神的存在，只有极少数的人表示了怀疑。从这一点来说，决定了孔子不会完全否定鬼神的存在，顶多是和当时的少数人一样，也表现出某种或更高程度的怀疑。

可以肯定地说，孔子是一个有智慧、有修养、十分务实的人，对于没有把握的问题，他情愿"阙疑"（即存疑）。这一点则要求他对于时人的"鬼神观念"和"祭鬼祀神的实际活动"，都抱谨慎的、实用的态度。对于鬼神，孔子的态度是游移的、折中的、实用的，他主张不予讨论；对人该怎样对待涉及鬼神活动的问题，他讲求实效。关于如何祭祀鬼神，则可依礼行事，作为个人修德和教化人民的途径严肃认真地处理。可以用"存而不论"和"敬鬼神而远之"这样两句话来概括孔子对鬼神的态度。

"子不语怪、力、乱、神。"（《论语·述而篇》）意思是：孔子不谈论怪异、暴力、变乱、鬼神一类的事。这一点很能说明孔子思想主张的倾向性。实际上是说，孔子对怪、力、乱、神这四类话题毫无兴趣，认为参与讨论有害无益。

"敬鬼神而远之"表明孔子对鬼神的基本态度，但不等于说孔子心目中没有鬼神的地位，只不过是"存而不论""子不语"而已。孔子认为，人们应该崇拜鬼神，要"敬"；又要对它保持一定的距离，要"远之"。因为太近了，会因借助鬼神的保佑而忽视用宗教教条去统治人民，而且会使鬼神失去神秘性，所以必须是敬而远之，对借助鬼神的力量维护奴隶主贵族的统治才较为有利。

毛泽东常借"敬鬼神而远之"这句话来表明一种既尊敬又保持距离的态度。

鲁迅对这种人敬鬼神而远之

1939年,刚满二十岁的方纪奔赴延安,从事文艺工作。1942年4月底,有一天,方纪正在窑洞里看书。刘白羽来通知,叫他去参加在杨家岭召开的文艺座谈会。于是,方纪与"文抗"的十几个人都去参加了这个座谈会,并听了毛泽东在这个座谈会上的讲话。

不久,方纪为《街头画报》写了一篇评论文章,请毛泽东提意见。毛泽东看了,在文章中添加了下面一段话:

> 可悲的是有这样一种人,对于鲁迅先生的思想并未好好地研究,自己错误了又不好好地反省,一味拿着别人的死骨头,当作自己的活灵魂,恐怕鲁迅先生在生前对这种人也不过是敬鬼神而远之。(孙琴安:《毛泽东与中国文学》,重庆出版社2000年版,第233页)

方纪为《街头画报》写的这篇评论文章,没有查到,当然具体评论内容也就无从说起了。从毛泽东修改此文加的这段话和相关资料分析,与当时批判王实味的活动有关,从思想内容分析似乎还与鲁迅先生有关系。可以看出毛泽东是以批评的语气,对"这样一种人"(大概是指王实味这种人)明知自己错了却不悔悟,不能很好地反省,提出了尖锐的批评和讥讽。毛泽东相信恐怕鲁迅先生在生前对这种人也不过是敬鬼神而远之。

对于像方纪这样的青年作家,其文稿能够得到毛泽东的亲笔修改,无疑是一种巨大的鞭策和勉励。毛泽东所加的这段话,给方纪留下了很深的印象。方纪后来在文章中还特意提起这件事。

方纪是河北束鹿人,原名冯骥。1935年,他参加了"中国左翼作家联盟"。抗战爆发后,他奉命南下武汉、长沙、重庆等地,做宣传工作。在重庆期间曾在周恩来的领导下工作。为了保存抗日力量,冯骥等一批青年于1939年12月从重庆辗转来到延安。他在陕甘宁边区文艺工作者协会,任《大众文艺》编辑。

方纪有幸参加了著名的延安文艺座谈会,聆听了毛泽东的讲话,心里为之一振,眼睛顿觉明亮。开始认识到自己创作上走过弯路,决心踏上文艺创作的新起点。1943年,在批判王实味的活动中,方纪应约为《街头画报》

写了一篇评论文章,并得到了毛泽东亲笔修改和增补。艾思奇把毛泽东的修改稿转交给方纪,并嘱咐一定要把这段话加进去,这给了他以极大的鼓舞和鞭策。

毛泽东为方纪文章增补的这段文字,重点批评"这样一种人"。文字虽短,可明确指出"这种人"的问题的实质是"自己错误了又不好好地反省,一味拿着别人的死骨头,当作自己的活灵魂",这种人虽然模仿鲁迅写杂文,但毛泽东判断鲁迅先生"对这种人也不过是敬鬼神而远之"。这里的"敬鬼神而远之","敬"只是铺垫,"远之"才是要表达的思想。也就是说,即使鲁迅先生活着也要疏远"这种人"。

毛泽东使用"敬鬼神而远之"这句话,从开始就不含有祭祀崇敬鬼神的含义,只取其既尊敬又保持距离的思想内涵,而又侧重保持距离。

我说就是"敬鬼神而远之"

中共七大于1945年4月23日在延安杨家岭召开。开幕的第二天,即4月24日,毛泽东在向大会提交了《论联合政府》的书面政治报告的同时,又在大会上作了口头报告,讲《论联合政府》这个政治报告中没有提到的一些问题。

在讲到生产问题时,毛泽东说道:

> 从一九二一年共产党产生,到一九四二年陕甘宁边区开高干会,我们还没有学会搞经济工作。没有学会,要学一下吧!不然雷公要打死人。当时我们的同志,不管是参加过万里长征的也好,千里长征的也好,老共产党员也好,抗战时期到延安的青年也好,延安人民对我们是什么态度?我说就是"敬鬼神而远之"。为什么会这样?因为他们觉得共产党虽然很好,他们很尊敬,但是加重了他们的负担,他们就要躲避一点。直到去年春季,赵毅敏同志带着杨家岭组织的秧歌队,跑到安塞扭秧歌,安塞正在开劳动英雄大会,那些老百姓也组织了秧歌队,和杨家岭的秧歌队一块扭起来,我说从此天下太平矣!因为外来的知识分子和陕北老百姓一块扭秧歌来了。从前老百姓见了他们敬鬼神而远之,现在是打成一片。(《毛泽东文集》第三卷,人民出版社1996年版,第338—339页)

毛泽东在报告中讲这番话之前，对陕甘宁边区工作做了简要的回顾。他说：1941年边区要老百姓出20万石公粮，还要运输公盐，负担很重，他们哇哇地叫。那年边区政府开会时打雷，垮塌一声把李县长打死了，有人就说，哎呀，雷公为什么没有把毛泽东打死呢？我调查了一番，其原因只有一个，就是征公粮太多，有些老百姓不高兴。那时确实征公粮太多。要不要反省一下研究研究政策呢？要！毛泽东认为，从共产党诞生到1945年七大召开已二十多年了，从中央红军1937年到达陕北也已七八年的时间了，然而，我们还没有学会搞经济工作。所以，延安的群众对我们是"敬鬼神而远之"。

应该说这二十多年的历史，是处于战争年代，从国内革命战争到抗日战争，这一时期全党的工作重心放在军事上，也就难免忽视了经济工作。由于战争给人民带来了灾难。尤其是抗战时期，随着日本对华政策的改变，国民党的政策也转为消极抗日，积极反共。皖南事变后，国民党又掀起了第三次反共高潮，不仅停发了八路军的军饷，而且国民党顽固派对边区进行的军事包围、蚕食政策和经济封锁，使边区政府的经济外援完全中断了。

1941年以后，由于外援中断，边区的财政来源只好靠各种税收和公营企业的发展来提供。这样必然增加赋税，从而加重了边区百姓的负担。其中粮食方面主要还是依靠老百姓。陕甘宁边区虽然没有直接遭受战争破坏，但是地广人稀，只有150万人口，仅1941年边区政府就要老百姓出20万石公粮，供给这么多的粮食，的确是很不容易的，也难怪老百姓哇哇地叫。

1945年4月，毛泽东在《论军队生产自给，兼论整风和生产两大运动的重要性》的社论中指出："抗战八年了，我们开头还有饭吃，有衣穿。随后逐步困难起来，以至于大困难：粮食不足，油盐不足，被服不足，经费不足。这是伴随着1940年至1943年敌人大举进攻和国民党政府发动三次大规模反人民斗争（所谓"反共高潮"）而来的绝大的困难，绝大的矛盾。如果不解决这个矛盾，我们的抗日斗争就不能前进。我们学会了并且正在学会着生产，我们就又活跃了。"（顾龙生编著：《毛泽东经济年谱》，中共中央党校出版社1993年版，第201页）

为了发展经济，解决财政困难，中央和边区政府采取了一系列措施，如调整财政政策，增加税收，政府发行公债；军队开展了大规模的生产运动，开荒种地；等等。在毛泽东"发展经济，保障供给"的正确方针指引下，发展起来的陕甘宁边区和敌后各抗日根据地的生产运动，取得了巨大的成绩，根据地军民胜利地度过了抗日战争的最困难时期。

毛泽东在七大的口头政治报告中讲到我们当时经济工作搞得不好,老百姓对共产党是"敬鬼神而远之",就是说虽然觉得共产党好,他们很尊敬,但由于经济工作没搞好,加重了他们的负担,所以他们"就要躲避一点"。后来,我们开展大生产运动、新秧歌运动,减轻了人民的负担,活跃了群众文化生活,情况便大为改观了。从前老百姓见了我们"敬鬼神而远之",现在是打成一片了。

采取"敬鬼神而远之"的态度

1955年11月17日,毛泽东在《中共中央关于资本主义工商业改造问题的决议(草案)》上作了修改。在这个文件的最后,毛泽东加写道:

> "三反""五反"以后,资产阶级已被孤立,心中惶惶无主,想靠拢我们,许多同志不了解这种变化,他们被"三反""五反"的斗争吓怕了,因而对于(工商业的)资本主义所有制和资产阶级的改造问题存在着悲观主义,怕和资本家接触,有些人对资本家采取若即若离的态度,有人采取"敬鬼神而远之"的态度,对于资产阶级的实际情况不作全面分析,以为如果要说到资产阶级除了消极的一面之外还有积极的一面似乎便将"伤害马克思主义",他们也没有主张没收资本主义企业,但又不相信党、群众和国家的力量可以经过教育说服的方法来改造资产阶级。因此,放任自流,使自己陷于被动。这种倾向在表面上是"左"的,而实质上却是右的。(顾龙生编著:《毛泽东经济年谱》,中共中央党校出版社1993年版,第363页)

全国解放后,随着国家有计划经济建设的开始,从1953年起,中国共产党在全国范围内对资本主义工商业进行了大规模的社会主义改造。

1953年6月,中共中央根据中央统战部的调查,起草了《关于利用、限制、改造资本主义工商业的意见》。9月,毛泽东同民主党派和工商界部分代表座谈,指出:国家资本主义是改造资本主义工商业的必经道路。

对资本主义工商业如何改造呢?也就是废除资本主义所有制,使之逐步转变成社会主义全民所有制。大体上有三种办法:一是没收的办法;一是挤垮的办法；一是赎买的办法。采用哪一种办法好，当时在党内还存在着不同意见。这是一个很重要的问题，需要统一全党的认识。

今天资本家已接受了共产党的领导，解放之初没有采取没收的政策，现在忽然一下实行没收，在政治上对党就不利了。挤垮，就是不给原料，不给生意做，等于让他自动破产，破产就要有损失。毛泽东说过，把资本家挤垮，把他赶到马路上去要饭，然后还是要救济他，要他劳动改造。不论是对地主也好，对资本家也好，总是要把他们改造过来，变成劳动者。这条路是不可避免的。马克思就讲过，无产阶级不解放全人类，自己就不能最后解放。总而言之，我们采取没收的办法也好，挤垮的办法也好，赎买的办法也好，最后还是要把资本家收容起来，加以改造，使他们变成劳动者。因此，用赎买的办法，统一战线的办法，是最好的办法。

1952年的"三反""五反"的斗争，唤起了工人阶级的觉醒，打退了资产阶级的猖狂进攻，使资产阶级原有的威风在绝大多数企业中扫地了。经过"三反""五反"运动，资产阶级已经孤立了，这样有利于对他们的改造。然而，由于运动也带来了负面影响。如毛泽东所指出的那样，许多同志不了解这种变化，他们被"三反""五反"的斗争吓怕了，因而对于资本主义工商业的改造问题存在着悲观主义，怕和资本家接触，有些人对资本家采取"敬鬼神而远之"的态度。毛泽东对党内有些人持这种态度提出了批评。认为持这种态度的人，是对党的政策缺乏了解，对资产阶级的实际情况缺乏全面分析，不相信党和国家的力量可以经过教育说服的方法来改造资产阶级。这是一种对资本主义工商业改造放任自流的行为。

毛泽东在这里引用孔子的"敬鬼神而远之"这句话，是一种比喻，用来说明党内一部分人对资本家敬而远之的心态。"敬"是基于畏，"远"是一种不负责任、放任自流的表现。

毛泽东尖锐指出：这种倾向在表面上是"左"的，而实质上却是右的。我们必须纠正这种错误的消极的偏向。不是放弃对于改造资本主义工商业的领导，而是应该全面规划，加强领导。不是放任自流，若即若离，"敬鬼神而远之"，而是应该采取主动的积极的认真的态度，提出一整套关于改造私营工商业的宣传教育的办法，使资本主义企业和资产阶级分子尽可能广大地和尽可能迅速地获得改造。

1955年10月29日，毛泽东邀集中华全国工商业联合执行委员会委员举行座谈会。会上，毛泽东提出全国工商业者应该认清社会发展规律，掌握自己命运，争取光明前途，并向他们指出共产党和人民政府将对接受改造的工商界人士给予政治上和工作上的适当安排，继续贯彻赎买政策，鼓励他们把自己从剥削者改造成为自食其力的劳动者。毛泽东的讲话，对全国的工商业者是个鼓舞，一定程度上稳定了他们的情绪，推动了资本主义工商业改造高潮的到来。

孔子之言谓博学于文

《论语·雍也篇》第二十七章：

> 子曰："君子博学于文，约之以礼，亦可以弗畔矣夫。"

孔子说："君子广泛地学习文献，再用礼来加以约束，也就可以不至于离经叛道了。"

"博学于文"，孔子认为这是君子所应具备的一种素质，即应具有诗、书、礼、乐等典籍文献的广博知识。他教育弟子要达到"博学"。颜渊是孔子最得意的弟子，最懂得接受孔子的教育思想，身体力行。他喟然叹曰："夫子循循然善诱人，博我以文，约我以礼，欲罢不能。"（《论语·子罕篇》）明清之际顾炎武认为"君子博学于文，自身至于家、国、天下，制之为度数，发之为音容，莫非文也。"（《日知录》卷七）

青年时代的毛泽东对孔子"博学于文"的主张是信服的。1915年9月6日，毛泽东就博学之说致信学友萧子升，表达了自己的观点：

> 仆读《中庸》，曰博学之，朱子补《大学》，曰：即凡天下之物，莫不固其已知之理而益穷之，以至乎其极。表里精粗无不列，全体大用无不明矣。其上孔子之言，谓博学于文，孟子曰博学而详说，窃以为是天经地义，学者之所宜遵循。（《毛泽东早期文稿》，湖南出版社1995年第2版，第21页）

1915年毛泽东还在湖南一师读书。在致萧子升的信中他引证"四书"之言论，阐述自己对博学的认识和见解。《中庸》讲："博学之，审问之，慎思之，明辨之，笃行之。"《中庸》所倡言的这一修身治学之道，对于正在求学的毛泽东来说，自然有很大的启迪意识，因此深受毛泽东的推崇。

毛泽东在这封信所言朱子补《大学》诸语，是指朱熹《大学章句》补传五章里"释格物致知之义"一段。"格物致知"属"修身"的范畴，是儒家学说的一个重要的认识论命题，也是儒家的为学之道。毛泽东在信中引用朱熹的话，表明他赞同朱熹的为学观点，强调要获得真知，就必须广泛深入地学习探究，辨别事物表里精粗，穷尽事物之理。

在学习方法上，毛泽东也颇受孔孟思想的影响。孔子主张"博学于文"，孟子发挥说"博学而详说"。对于孔孟关于博学的论述，毛泽东认为这些博学的方法，是天经地义的，是读书人应该遵循的为学之道。毛泽东反对拘于一家一派之言，主张汇百家之说而成一学。毛泽东在致萧子升的信中广泛征引《论语》《孟子》等"四书五经"这些儒家经典的有关论述，意在说明其博学的主张是见证于古之圣贤的，从而强调"博学"的必要性。

毛泽东认为"博"与"约"是相辅相成的，由博返约，没有广博宏容的知识积累，便很难对学问有精深的造诣。由于毛泽东对这一问题有深刻的认识和理解，因此，博览群书、广泛涉猎已成为青年时期毛泽东读书生活的一个显著特点。

"博学"思想给青年毛泽东的印象很深。正是在"博学"思想的影响下，循"博学于文"的学习之道，毛泽东本人勤奋苦读，不仅体现了青年毛泽东求知的特点，而且贯穿了毛泽东的读书生涯。后来，无论是战争年代，还是和平建设年代，以至在生命的最后岁月里，博览群书一直是毛泽东的兴趣所在。他一辈子好读书，嗜书如命，以书为伴，读书成为他生活中必不可少的一项内容。

述而篇第七

学而不厌，诲人不倦

《论语·述而篇》第二章记载孔子勤奋好学的夫子自道：

> 子曰："默而识之，学而不厌，诲人不倦，何有于我哉？"

孔子说："默默地记住所学的知识，努力学习而不厌烦，教导别人不知疲倦，这几点我做到了哪些呢？"

本章高度概括了孔子的优良学风：沉静下心思，默默地把古圣先贤的典章遗文牢记在心里；刻苦学习从不感到满足，也不感到一点厌烦；教导别人时十分耐心，从不感到疲倦。但是，他还自谦地问道：何有于我哉？孔子觉得这三件事情自己做得还不够，这是孔子的自谦和自信，表明了孔子对学习和教育十分积极和负责任的态度。

这几句话，是孔子学习教育经验的夫子自道。孔子于此所举三事：其一，表达了孔子重在言识（记忆）的知识积累意识。所谓"多闻，质而守之"（《礼记·缁衣》），"多闻择其善者而从之，多见而识之"（《论语·述而篇》）。其二，表达了孔子于求知学问的勤勉不怠。孔子"十有五而志于学"（《论语·为政篇》），强调自己"多问""多闻""多见""多识"，"学而不厌"以至于"发愤忘食，乐以忘忧"，达到了忘我的境地。其三，表达了孔子教授弟子的满腔热忱。《论语》又记孔子语："若圣与仁，则吾岂敢？抑为之不厌，诲人不倦，则可谓云尔已矣。"孔子对人"诲而不倦""循循善诱"，因此大有成果，"弟子三千，贤人七十二"，开我国大规模私人讲学之先河。孔子以广博的知识学问启发和教育学生，使学生在学习上有"欲罢不能"的好学心理欲求。

"学而不厌，诲人不倦"，是孔子对学习与教育的基本态度，是孔子一生学与教活动的高度概括，揭示了学与教之间的辩证统一关系，从认识和方法上对"学"与"教（诲）"进行合理总结。孔子主张学与教相辅相成，既要有乐学精神，又要有乐教热情。这是为学为教者之必备品质。

这几句话，千百年来，一直被人们广泛传诵。

福泽谕吉有诲人不倦之志

毛泽东对孔子"学而不厌，诲人不倦"这两句名言，不仅非常欣赏，而且积极倡导和多次运用。

早在1913年12月湖南省立第四师范读书时，毛泽东在《讲堂录》中就曾引用"诲人不倦"一语，称赞日本一位叫福泽谕吉的教育家。其中写道：

> 不行架空之事。福泽谕吉在庆应大学，以教育为天职，不预款、均利。福氏于学擅众长，有诲人不倦之志。不谈过高之理。心知不能行，谈之不过动听，不如默尔为愈。（《毛泽东早期文稿》，湖南出版社1995年第2版，第581页）

大概是上国文课时，老师在课堂上讲到福泽谕吉这位日本教育家，或学习内容涉及福泽谕吉的事迹，所以，才有毛泽东在听课笔记中记录福泽谕吉的这段话。也许毛泽东在此期间读过与福泽谕吉有关的书籍等，有感而发，随手记在《讲堂录》里。

福泽谕吉（1835—1901），日本明治维新时代的启蒙思想家和杰出的教育家。1834年出生在大坂的藩邸。父亲是一个低级藩士，虽俸禄微薄，但却是一位才学俊秀、德望颇高的汉学者，喜欢收藏中国的古书，恰巧在谕吉诞生那一天，得偿夙愿，购到了中国清代的上谕条例60余册；又逢晚年得子，喜事重重，于是给新生儿子取名"谕吉"。

谕吉少时，不幸父亲早亡，家贫无暇读书识字。直到十多岁，才开始学习中文书籍。二十一岁时，如愿以偿，到长崎学习兰学（荷兰语文及学术）。二十五岁那一年，他接受奥平藩的征聘，到江户教授兰学。由于兰学已不能迎合时代的潮流。不久，赴美留学。而后，又两度赴欧美求学和考察。

福泽谕吉早年学习西学，又三次游历欧美。这前后三次的国外旅行，使谕吉深切体认到日本在国际社会上所处的地位，痛斥当时幕府的压制政策和陈腐的门阀制度。回国之后，他决定致力于教学和译著工作，积极倡导西学，教育英才。

1858年谕吉在江户（今东京）设塾（即庆应义塾大学之前身）讲学。定名为庆应义塾。他仿效欧西私立学校的常例，订定塾则，规定学费，确立课程内容，设立财团法人，锐意革新塾务。主张学习对人生实际有用的"实学"。

谕吉的教学精神，很令人敬佩。明治元年五月，上野发生战争，江户顿时陷入混乱的状态之中，市内的一切公共游艺场所，全都收市，居民也纷纷避难。义塾所在地新钱座，距离上野约八公里。谕吉在遥闻炮声而远望硝烟的紧急情况下，依然从容地授课，一时传为佳话。在兵荒马乱当中，唯一能够独立其间，扶持泰西新学的命脉于不坠的，只有庆应义塾。谕吉坚忍不拔的办学精神，于此可见一斑。

谕吉对于塾生品行的陶冶，也很用心。战乱平定后，塾生人数急剧增加，但多数是身历战斗刚退伍下来的青年，他们性情暴躁，行为狂妄。为了整顿学塾的风纪，改变他们的气质，谕吉一面要求他们严守塾则，一面自己以身作则，躬行实践。经过一番苦心教诲，学塾才归于井然有序。

故毛泽东在长沙读书期间，深为福泽谕吉的教学所钦佩，称赞"福氏于学擅众长，有诲人不倦之志"。

学习的敌人是自己的满足

1938年9月29日，中共党史上具有重要意义的六届六中扩大全会在延安桥儿沟召开。10月14日，毛泽东代表政治局在大会上作了题为《论新阶段》的政治报告。在这次讲话中，他引用了孔子的这句名言，说：

> 学习的敌人是自己的满足，要认真学习一点东西，必须从不自满开始。对自己，"学而不厌"，对人家，"诲人不倦"，我们应取这种态度。（《毛泽东选集》第二卷，人民出版社1991年第2版，第535页）

这次全会的主要任务是总结抗战以来的经验教训，确定党在抗战新阶段的基本方针和任务，解决党内一度出现的右倾错误，统一全党的认识和步调。为此,毛泽东在报告中专门谈了学习的问题,并向全党提出了学习的号召,要求一切有相当研究能力的共产党员,都要研究马克思主义理论,都要研究我们民族的历史,都要研究当前运动的情况和趋势。

关于学习的内容,毛泽东指出:"我们的任务,是领导一个几万万人口的大民族,进行空前的伟大的斗争。所以,普遍地深入地研究马克思列宁主义的理论的任务,对于我们,是一个亟待解决并须着重地致力才能解决的大问题。"他同时指出:"学习我们的历史遗产,用马克思主义的方法给以批判的总结,是我们学习的另一任务。"

在讲到学习方法时,毛泽东强调要将马克思列宁主义的普遍真理和我国的具体实际相结合。他说:"共产党员是国际主义的马克思主义者,但是马克思主义必须和我国的具体特点相结合并通过一定的民族形式才能实现。马克思列宁主义的伟大力量,就在于它是和各个国家具体的革命实践相联系的。对于中国共产党来说,就是要学会把马克思列宁主义的理论应用于中国的具体的环境。"

毛泽东关于学习问题的这些倡议,既是向全党发出的号召,也是向全党提出的新要求。文中"学而不厌"和"诲人不倦",是孔子对他的学生们谈他治学和从事教育工作的经验,长期流传和被人们广泛使用。毛泽东征引这两句名言,在于指导全党无论治学还是帮助同志应持的一种正确态度:对自己,必须努力学习,严格要求;对同志,应该耐心帮助。

对共产党员,毛泽东提出了更高的要求。他说:

"共产党员在民众运动中,应该是民众的朋友,而不是民众的上司,是诲人不倦的教师,而不是官僚主义的政客。""共产党员又应成为学习的模范,他们每天都是民众的教师,但又每天都是民众的学生。只有向民众学习,向环境学习,向友党友军学习,了解了他们,才能对于工作实事求是,对于前途有远见卓识。"(《毛泽东选集》第二卷,人民出版社1991年第2版,第535页)

毛泽东在同一次讲话中,两处借用孔子名言说事论理,可见,他对"学而不厌,诲人不倦"这两句古语深刻而透彻的理解,对其阐述的思想的信服,以及对号召全党学习的重视程度。

作为一党领袖,毛泽东不仅这样说,这样要求全党,他本人更是身体力行。在抗战初期，毛泽东在领导全党抗战工作的同时，他读了大量马克思主义哲学著作，像艾思奇的《哲学与生活》、李达的《社会学大纲》、潘梓年的《逻辑与逻辑学》等书籍，并做了大量批注。同时，他还认真研读了西方军事学家克劳塞维茨的名著《战争论》等军事论著。这之后不久，毛泽东便在全党发起了一场轰轰烈烈的学习运动，为全党马克思主义理论水平的提高产生了深远的影响。

徐海东"学而不厌"

徐海东，1900年出生于湖北省黄陂县一个窑工家庭。曾参加北伐战争和黄麻起义。大革命失败后，返回黄陂家乡，以窑工身份为掩护，继续开展革命活动。土地革命战争时期，任黄陂县区农民自卫军队长，红四方面军独立第四师、第二十七师师长，中国工农红军第十五军团军团长。毛泽东率领红一、三方面军到达陕北时，徐海东率领的红十五军团已巩固、扩大陕北创建的根据地，使中央红军有了落脚点。

抗日战争爆发后，徐海东被任命为八路军一一五师三四四旅旅长，率部挺进华北，开辟敌后抗日根据地。几仗下来，徐海东由于劳累过度，一连吐了3次血。1938年8月，在中央的电令下，返回延安治病。

红军初建时，徐海东虽当过正规军的班长、排长，但毕竟缺乏组织大部队的经验，是靠边打边学，用鲜血交的学费。当时部队火力很差，农民战士普遍缺乏战斗经验，他从当队长起，直至当军长，都是在最前线指挥，并亲自带领战士冲杀，先后9次负伤。当副军长时，他在火线上被子弹从左眼底下打入，从后颈穿出，抬下阵地后第5天才醒来。他苏醒后的第一句话就问："现在几点了？部队该出发了吧？"身边的护士周东屏（后来成为他的夫人）回答："四天四夜人事不省，真把人急死了！"徐海东却不在乎地说："我倒睡了个好觉。"

1938年10月，党中央扩大的六届六中全会在延安桥儿沟召开。参加会议的中央委员和党中央各部门、全国各地区的领导干部共五十多人，是党的六大以来到会人数最多的一次中央全会。徐海东以中共中央军事委员会委员的身份列席了党的六届六中全会。

这天，毛泽东作报告，题目是《中国共产党在民族战争中的地位》。他声音洪亮，讲了爱国主义，讲了国际主义，讲了坚持统一战线和坚持党的独立性的辩证关系，还讲了共产党员要做模范，讲了政策、团结、纪律、民主等问题,句句都打动人心。徐海东觉得犹如在眼前点亮了盏灯,照得心里亮堂堂的,使自己对抗日战争的方向更明确了。

讲到学习,毛泽东说:

> 学习的敌人是自己满足。要认真学习一点东西,必须从不自满开始。对自己,学而不厌,对人家,诲人不倦……

会场里,时而寂静无声,时而爆发出掌声。徐海东觉得,毛泽东主席这些话说得真好。只因他耳朵不好使,最后那两句没有听清楚,会议休息时,忙问身边一位同志:

"毛主席讲学习时,说对自己要怎么样?"

"'学而不厌',就是不感觉厌烦地学习的意思。"

"还有一句呢?"

"'诲人不倦',就是指点别人,帮助同志,不怕麻烦。"

革命领导干部要"学而不厌,诲人不倦"!徐海东听明白了,记住了。

(李智舜编著:《毛泽东与十大将》,中共中央党校出版社1995年版,第71页)

参加完党的六届六中全会后,尚在病中的徐海东,就迫不及待地向毛泽东提出:一边养病,一边到马列主义学院学习。毛泽东同意了他的要求。于是,徐海东带病坚持在马列学院学习了九个月。这九个月,他总觉得时间不够用,太短促。进了课堂,他才感到自己书本知识太缺乏,总想多读点书。

徐海东这个穷窑工出身的武将,从小上的学少,参加革命后,又是整天的行军打仗,没有时间读书。这次病倒在华北战场上,回延安治病;有幸参加了党的六届六中全会,再次亲耳聆听毛泽东的教诲,对他启发很大。让他进一步懂得了学习文化知识的重要。

毛泽东引孔子语"学而不厌,诲人不倦"讲学习,像徐海东这样的将领,受到震动,受到鼓舞,从此下定决心学习,而且大有长进。

这个品质使你成为中国杰出的革命教育家

1947年1月10日（即农历十二月十九日），延安各界人士冒着严寒，纷纷走向中央大礼堂，来参加中共中央为徐特立举行的70祝寿大会。朱德主持大会，毛泽东亲自到会祝贺，会上宣读了中共中央给徐特立的贺信：

亲爱的特立同志：

党的中央委员会热烈庆祝你的七十大寿！

你的道路，代表了中国革命知识分子的最优秀传统。你是热爱光明的，你为了求光明，百折不挠，在五十岁上加入了中国共产党。你对于民族和人民的事业抱有无限忠诚，在敌人面前，你坚持着不妥协不动摇的大无畏精神，你的充沛的热情，使懦夫为之低头，反动派为之失色。你是密切联系群众的，你的知识是和工农相结合、生产相结合的，你把群众当作先生，群众把你当作朋友。你对自己学而不厌，你对别人是诲人不倦，这个品质使你成为中国杰出的革命教育家。你痛恨官僚主义和铺张浪费，你的朴素勤奋七十年如一日，这个品质使你成为全党自我牺牲和艰苦奋斗作风的模范。你的这一切优良品质是全党同志和全国人民的骄傲，把你的这一切优良品质发扬光大是全党同志和全国人民的革命任务。

祝你永远健康！

中国共产党中央委员会　一月十日

（孙琴安、李师贞：《毛泽东与名人》，江苏人民出版社1993年版，第81—82页）

徐特立，1877年生于湖南长沙县一个贫苦农民家庭。曾参加过辛亥革命。1927年，在大革命遭受严重失败的白色恐怖中，他毅然加入中国共产党，参加了长征，追随毛泽东从事革命事业，直至生命的最后一息。徐特立一生致力于社会主义的教育事业。党中央曾评价他"对自己是学而不厌，对别人诲人不倦"。

徐特立是一位身体力行的教育家。早年在长沙周南女校任教时，曾前往日本考察教育。他是毛泽东的先生。1913年毛泽东考入湖南第四师范（后并入"一师")读书时,徐特立任长沙师范学校校长,并在"一师"兼课。

在"一师",他见到毛泽东、蔡和森等一批进步学生立志兴国救民而勤奋学习,心中暗暗欢喜,但他又发现不少学生读书有贪多图快的毛病。于是,他提出了"不动笔墨不看书"的主张。他对学生说:"读书要守一个'少'字诀,不怕书看得少,但必须看懂、看透。要通过自己的思考来估量书籍的价值,要用笔标记书中要点,要在书眉上写出自己的意见和感想,要用一个本子抄摘书中精彩的地方。总之,我是坚持不动笔墨不看书的。这样的读书虽然进程慢一点,但读一句算一句,读一本算一本,不但能记得牢,而且懂得透彻,可以达到学以致用的目的,效果自然比贪多图快好。"

这番话对青年毛泽东的启发和影响很大,并马上付诸实践,在认真读书的同时勤做笔记,他在第一师范求学的几年里,写下的各种读书笔记就装满了好几网篮。

五四运动爆发以后,湖南青年在蔡元培等人的倡导和影响下,掀起了留法勤工俭学的热潮。四十三岁的徐特立也毅然加入了这一行列。他在法国勤工俭学了三年以后,又到比利时和德国参观考察了十个月。1924年回国后,继续从事教育事业。

1927年徐特立走出了校门,追随毛泽东直接参加了湖南农民协会工作。同年参加了南昌起义。起义失败后,徐特立赴苏联莫斯科中山大学学习。于1930年夏返回祖国。同年底来到中央苏区宁都,任中央苏区的教育部长。受毛泽东的委托,为了拟定苏区的教育方案,他亲自到兴国、于都等地进行调查研究,提出了先教育干部、培养骨干的教育意见。其教育方案受到毛泽东的肯定。

在延安时期,看见自己的老师工作中做出这么多的成绩,毛泽东非常高兴,曾多次对徐特立说:"您为陕甘宁边区的教育事业做出了很大贡献,为中国人民的解放事业培养了很多青年干部,您确实是我们学习的榜样,是全党学习的榜样。"在毛泽东面前,徐特立从来不以老师自居,对自己的这位特殊学生也十分尊重。

有一次,毛泽东又对他说:"我们不但要学习您吃苦在前、享受在后,完全彻底为中国劳苦大众解放事业献身的精神,还要向你学习自然科学和历史知识。"

毛泽东每次表扬徐特立,他总是谦虚地说:"能为党和人民做一点工作,这是我的义务,也是我最大的幸福。革命者应该活到老、学到老。我也要向主席学习,向边区人民学习。"

徐特立忠心耿耿致力于党的教育事业，始终不渝地跟随毛泽东干革命，受到了毛泽东的尊敬和爱戴，受到了全党的高度评价。在他七十岁生日的时候，毛泽东、朱德等中央领导亲自为他祝寿。毛泽东在寿糕盒子上亲笔写了六个字——坚强的老战士。中央在贺信中评价他"对自己学而不厌，对别人诲人不倦"。

柳亚子勤勤恳恳诲人不倦之意

柳亚子，坚定的民主主义者，爱国诗人。与毛泽东相识较早，两人多有诗词唱酬和书信往还，亦颇有交谊。

1945年10月4日，毛泽东致信柳亚子，信云：

> 诗及大示诵悉，深感勤勤恳恳诲人不倦之意。……先生诗慨当以慷，卑视陆游陈亮，读之使人感发兴起。可惜我只能读，不能做。但是万千读者中多我一个读者，也不算辱没先生，我又引以自豪。（《毛泽东书信选集》，人民出版社1984年版，第261页）

柳亚子生于1887年，大毛泽东六岁。江苏吴江人。早在1926年5月，处于第一次国共合作时期。柳亚子以国民党中央监察委员资格，在广州出席国民党第二届二中全会。当时毛泽东也参加了会议。二人初次会面。柳亚子曾创办"南社"这一革命文学团体，借以宣传革命，毛泽东对此早有耳闻，此次相见如故。二人"饮茶"相对，侃侃而谈，彼此都留下了深刻的印象。

不久，国共分裂，毛泽东在湖南领导了著名的秋收起义。柳亚子有所闻，十分赞叹，坚信毛泽东领导下的革命必将赢得胜利。1929年他所作的《存殁口号五首》之一中写道："神烈峰头墓草青，湘南赤帜正纵横。人间毁誉原休问，并世支那两列宁。"并在诗末自注："孙中山、毛润之。"其诗意已十分明了。

九一八事变后，柳亚子因对蒋介石的不抵抗政策不满，经常为何香凝组织的"寒之友社"成员题画，以表达胸中的愤慨。他与宋庆龄、何香凝一起被人们誉为"党国三仁"。皖南事变发生后，柳亚子对蒋介石更加不满，当即对国民党制造皖南事变痛加谴责，结果被国民党开除党籍。从此，他更倾心于共产党与毛泽东。1941年11月，柳亚子寄诗给在延安的毛泽东，内有"云天倘许同忧国,粤海难忘共品茶"等句,表达了他对友人毛泽东的深深怀恋之情。

1945年5月26日,柳亚子又寄给毛泽东绝句一首:"工农康乐新天地,革命成功万众和。世界革命两灯塔,延安遥接莫斯科。"对毛泽东和革命圣地延安称颂不已。

这期间,戎马倥偬的毛泽东,在指挥革命斗争的百忙之中也致信柳亚子,表示问候及对不能答其所赠诗词的歉意。1944年11月21日,毛泽东在致柳亚子的信中谈道:"你几年前为我写的诗,我却至今做不出半句来回答你。"为此而深感歉疚。信中问候之外,表示"很想有见面的机会"。

1945年8月28日,毛泽东应蒋介石和平谈判之邀,率中共代表团飞抵重庆。30日晚,在曾家岩桂园住处会见了柳亚子,旧友重逢,格外高兴。当天晚上,柳亚子兴奋难眠,在枕上做成一首七律——《赠毛润之老友》,诗云:

"阔别羊城十九秋,重逢握手喜渝州。弥天大勇诚能格,遍地劳民战尚休。霖雨苍生新建国,云雷青史旧同舟。中山卡尔双源合,一笑昆仑顶上头。"

诗中称赞毛泽东"深入虎穴",是"弥天大勇",是"霖雨苍生"。既表现出无限敬佩之致,又流露出和当时许多文人一样对和谈估计过高的期望。

诗寄出后,这期间柳亚子和尹瘦石便忙着筹备诗画联展。筹备工作稍有眉目,柳亚子便想听听毛泽东的高见,这时又想起寄给毛泽东的诗和信,照理应该收到了,可是至今未见回信?正说着,毛泽东的信来了。

原来柳亚子的书法自幼便以恶书劣字出名,而且脾气太急,写字像冲锋一样,喜欢怀素的狂草。毛泽东接到后,居然对其中的有些字认不清楚,周恩来自以为能认,结果看了半天,也认不出来。两人好不容易才完全读懂,毛泽东这才给柳亚子写了这封回信。并在信中对于柳亚子的频频赠诗,誉为"深感勤勤恳恳诲人不倦之意"。称赞柳亚子的"勤勤恳恳",体现了一种"诲人不倦"的精神。

与汪东兴谈默而识之

1949年12月16日,毛泽东在苏联访问。他在处理完一些事务后,走进会客室里散步。他推门出来,看到随行的汪东兴在看书,便问道:

"又在看什么书?"汪东兴说:"在中国大使馆借了一部《水浒》。"毛泽东说:"《水浒》这部书有一百回本,有一百二十回本,你看的是哪种?"汪东兴回答说:"我借的这部书是一百二十回的线装本。"毛泽东说:"有时间就看点书是增加知识的办法之一,孔子说,默而识之,学而不厌,诲人不倦,何有于我哉。"(《汪东兴日记》,中国社会科学出版社1993年版,第166页)

汪东兴,1916年出生于农民家庭,江西省弋阳县人。1932年参加中国工农红军。1947年始任毛泽东贴身警卫。曾跟随毛泽东、周恩来等转战陕北,负责警卫工作。中华人民共和国成立后,任政务院秘书厅副主任兼警卫处处长。这次作为毛泽东的随行人员出访莫斯科。

汪东兴自从来到毛泽东身边后,受毛泽东的影响,也渐渐对读书产生了兴趣。这次趁着毛泽东深夜办公的机会,在毛泽东隔壁的会客室里看上了《水浒》。一则可以增长知识,二则可以打发时间。毛泽东一生最大的嗜好就是读书。一见到汪东兴看《水浒》,马上来了兴致。"又在看什么书?"毛泽东的问话是有原因的。原来从北京出发时汪东兴带了一本《瀛台泣血记》,到莫斯科后抽空看了三分之二。结果让毛泽东发现了,给借去了。汪东兴无奈,没书看,又从中国大使馆借了一部线装本《水浒》,抽空又看上了,结果还是没有逃脱毛泽东的眼睛。

毛泽东看到随从汪东兴夜读《水浒》,自然很高兴。便引用孔子的名言称赞他。"有时间就看点书,是增加知识的办法之一。"这是毛泽东的读书体会。毛泽东把这些告诉给汪东兴,当然是希望汪东兴能够懂得这些学习道理。毛泽东一生以书为伴,手不释卷,当然也希望他身边的人能像他那样爱书、懂书、喜欢读书。

然而甚矣吾衰矣

孔子有时很率性，坦陈心迹。《论语·述而篇》第五章就记载他对衰老的悲叹：

子曰："甚矣吾衰也！久矣吾不复梦见周公。"

孔子说："我衰老得多厉害呀！我已经好久没再梦见周公啦！"

应当说孔子年轻时，在政治上很有一番抱负，所以，愤然离开家乡而周游列国，到处游说，希望诸侯国君能够采纳他的政治主张，让天下恢复文王周公之治。虽然孔子在当时名声很高，颠沛流离十四年，备尝艰辛，但遗憾的是，他的主张不合时宜，没有一个国君听他的。他不得已又回到了鲁国。

晚年的孔子，忽然发觉自己已经衰老成这副模样，不无伤感地说："我已经好久没有再梦见周公啦！"垂暮的孔子，依然一刻也没有忘怀他平时向往的周公之道。

孔子生平不得志才深深感慨"甚矣吾衰也"。对于孔子这句话，毛泽东也说过，但给人的感受却大不相同。

1956年元旦，国家副主席宋庆龄给毛泽东寄去了贺年片。毛泽东于1月26日回了信。信中热情地称宋庆龄为"亲爱的大姐"，讲自己的健康状况，并风趣地说：

你好吗？睡眠尚好吧。我仍如旧，十分能吃，七分能睡，最近几年大概还不至于要见上帝，然而甚矣吾衰矣。望你好生保养身体。(《毛泽东书信选集》，人民出版社1984年版，第508页）

宋庆龄是现代最伟大的女性和革命家之一。早年追随孙中山先生，致力于民主革命事业，她坚决执行孙中山先生的"联俄、联共、扶助农工"的三大政策，始终同中国共产党人紧密合作，不断地同国民党右派进行斗争。

早在1927年，蒋介石发动"四一二"反革命政变后，宋庆龄与毛泽东等三十九人联合发出讨蒋通电，愤怒谴责蒋介石是"总理之叛徒，本党之败类，民众之蟊贼"。

九一八事变后，国民党政府推行不抵抗政策，宋庆龄积极响应中共的抗日号召。1935年8月1日，中共中央发表了号召全国人民团结起来，停止内战，一致抗日的《八一宣言》，宋庆龄、何香凝、柳亚子等率先响应，影响巨大。

西安事变后，党中央制定和平解决的方针。毛泽东为实现国共合作，团结抗日，致函宋庆龄，希望她多做些工作。宋庆龄不负毛泽东之希望和嘱托，多次会见吴稚晖、孔祥熙、孙科等人，宣传联共抗日主张，耐心地做说服工作，为促成国共再次合作做出了贡献。

抗战胜利后，为了争取和平建国，毛泽东飞赴重庆与蒋介石谈判。毛泽东抵渝即拜访宋庆龄，感谢她多年来对中国革命的支持和援助。在重庆，只要毛泽东参加或组织的一些活动，邀请宋庆龄参加时，她总是欣然前往，利用她的特殊身份公开支持毛泽东的活动。

1945年年底，宋庆龄在上海组织了中国福利基金会，在十分困难的条件下，为劳动群众做了很多有益的事情；在解放战争中，给予中国共产党及其领导下的中国人民解放军以巨大的物质帮助。

1949年年初，毛泽东、周恩来联合向宋庆龄发出邀请信，请她来北平商讨国是。当时宋因病未能成行。6月19日，毛泽东又亲笔写信请宋北上"以便就近请教"，并派邓颖超、廖梦醒专程去上海迎接。8月28日，宋到北平时，毛泽东、周恩来等亲自到车站热烈欢迎，使宋庆龄深为感动。9月21日，宋庆龄出席了全国政协第一届全体会议，并当选为中央人民政府副主席。

中华人民共和国成立后，宋庆龄一直担任国家主要领导职务，襄助毛泽东、周恩来等处理国家大事。毛泽东非常尊重和信任她。平时拜访晤谈，信札问讯，遇有重大问题同她一起商量，征求她的意见。

毛泽东与宋庆龄有着非常诚挚的友谊。信里表现了毛泽东生活的又一面，不乏风趣和幽默。他视宋庆龄为"大姐"、同志和亲密的战友。引用孔子"甚矣吾衰矣"，意思是"唉，我老了！"并叮嘱"大姐""好生保养身体"。其实是在友人面前的一种自嘲，反衬对可尊敬的"大姐"健康的关注，让人感到亲切和温暖。这种高尚诚挚的友谊，是同中国革命联系在一起的。

送先生一块猪肉才能上学

孔子授徒,也要解决自身的生计,那就是每位学生上学初次见面要交一块猪肉。这也是孔子的劳动所得吧。《论语·述而篇》第七章记述:

> 子曰:"自行束脩以上,吾未尝无诲焉。"

孔子说:"只要是主动地给我一点干肉作为见面薄礼,我从来没有不教诲的道理。"

"束脩",就是一束干肉。我国古代,干肉叫脯,每条肉脯就是一挺。把十挺肉脯结成一束,就是孔子这里所说学生初次拜见老师时的薄礼。孔子强调学生入门初见时的礼节,旨在使学生明晓并且遵守尊师重道的教育原则,虚心向学。

对于孔夫子的收徒费用和办学方法,毛泽东是了解的,特别是孔子在教育史上的功绩,毛泽东给予了充分肯定。

1944年3月22日,在关于陕甘宁边区文化教育问题的讲话中,毛泽东说:

> 任何社会没有文化就建设不起来。封建社会有封建文化,封建社会的文化就是孔夫子的文化,比如送先生一块猪肉才能上学,这是孔夫子说的,这片猪肉究竟有几斤几十斤,不得而知。总之,这件事是从孔夫子开始的,这是在孔夫子以前所没有的。以前教育掌握在巫神手里,老百姓没有自己送子弟进学的情形。老百姓

自己送学生进学，还是从孔夫子开始的。我看孔夫子的这种办法是民办学校，他的学生有三千，是从小学到大学都有，程度不齐；大学部有七十二个，所谓七十二贤人，其他都是小学中学。当然这三千弟子也是多少年学生的总数，但程度不齐也是事实。（毛泽东：《关于陕甘宁边区的文化教育问题》，《党的文献》1993年第2期；陈晋：《毛泽东之魂》，吉林人民出版社1993年版，第266页）

孔子之前，学在官府。《左传》载郑国有乡校，那也只有大夫以上的人及他们的子弟才能入学。也就是说"学在官府"，只有极少数奴隶主贵族子弟才能受教育。

私人设立学校，开门招生，恐怕孔子是第一人。他招收学生，不问出身贵贱，不论年龄大小，也不分地域、国家，用《论语》孔子自己的话说，只要主动交来一束干肉，"吾未尝无诲焉"。这样，许多贫贱子弟都可以到他这里来接受教育了。事实上，他的学生，也是出身贫贱的多。对此，毛泽东给予了充分肯定。

《论语·述而篇》的记述，反映了孔子的重要教育思想。正如毛泽东所说："任何社会没有文化就建设不起来。"那么，一个社会要有文化，就必须使更多的人受到教育。毛泽东讲这话时是在延安时期。那时还处于抗日战争阶段，即便是中华人民共和国成立后，在相当长的一个时期，就中国的现状而言，我们的人民之所以还不富裕，我们的社会之所以还不发达，究其根本原因，就是我们的教育还很落后，我们还不能做到使所有的人都受到良好的教育。

中华人民共和国成立以后政府虽然非常重视教育，我们的人力开发提到了一个很高的水平，但是与国外发达国家相比还是有一定差距的。从普及程度来讲我们九年义务教育刚刚才开始普及，而且还没有百分之百普及；中等教育我们的目标是到2020年达到85%，现在大概只有60%左右。我们国家的当务之急，是要在普及教育前提下，发展教育，特别是要重点加强农村的义务教育，这是我们共产党人的追求，是爱心的体现，也是人类文明的重要标志。

孔夫子首开民办学校，进行的是平民教育，这在教育史上具有开创性意义。毛泽东引用《论语·述而篇》第七章的记述，从孔子收学生"束脩"切入，肯定了孔子办学的重大社会历史价值，甚至认为"封建社会的文化就是孔夫子的文化"。借此，毛泽东推出"任何社会没有文化就建设不起来"的思想观点，强调做好陕甘宁边区文化教育工作的重要性。

临事而惧，好谋而成

孔子论军事，并不鲜见，只是往往与政治问题合论。《论语·述而篇》第十一章记师徒对话，就关涉到军事行动的要求：

> 子谓颜渊曰："用之则行，舍之则藏，惟我与尔有是夫！"
> 子路曰："子行三军，则谁与？"
> 子曰："暴虎冯河，死而无悔者，吾不与也。必也临事而惧，好谋而成者也。"

这是孔子和弟子颜渊、子路的一段对话。

孔子对颜回说："有用我的，我就出来做事，把所学之道见之于世；不用我的，我只好藏道于身，引退起来。也只有我和你才能做到这样啊！"孔子弟子三千，其中颜渊道德修养最高，对孔子思想精义领悟最为透彻，所以深得孔子喜爱。

孔子说这话时，子路站在边上，认为老师表扬颜回，而没提到自己，有些不服气，问道："要是您率领三军打仗，将和谁在一起？"在孔门弟子中，子路的勇敢是出了名的，所以有此一问。在子路看来，在军旅之事上孔子必定要选择像自己这样身强力壮、勇敢无畏的人。

然而，孔子却是这样回答的："徒手搏虎，孤身过河，即使死了都不后悔的人，我是不会和他共事的。"孔子为什么要这样说呢？这是因为子路一味蛮勇，所以孔子的话在于抑制他的莽撞。孔子接着说："我所要共事的人，一定是遇到事情小心谨慎，长于谋略因而能够办成事的人。"

孔子与弟子的这段对话，反映了儒家对智、仁、勇三者关系的认识。这里的"惧"，是小心谨慎之意。"临事而惧，好谋而成"意谓：只有遇事小心谨慎、善于谋划而有决断的人才能取得成功。

孔子对战争之事，对军旅之事，取慎重态度，倾向先谋后战，以谋制胜。"临事而惧，好谋而成"遂成战争指导者、战场指挥员修养要诀，成为领导者、决策者的成功宝典。

毛泽东在更广泛领域运用了孔子这个成功要诀。

临事而惧与慎重选举

毛泽东较早运用孔子"临事而惧，好谋而成"的名言，竟是要求七大选举中央委员要慎重从事。

1945年5月24日，毛泽东在七大上作《第七届中央委员会的选举方针》的报告，他说：

> 我们的代表多得很，有的同志送给他一个代表名义他还不要，有许多同志要求不要当选中央委员，这种态度是好的。孔夫子讲过："临事而惧，好谋而成。"不要说什么革命没有胜利就是因为我没有当中央委员，这样说是不好的。我们要慎重地选举，慎重地就职，这样才是好的态度。（《毛泽东文集》第三卷，人民出版社1996年版，第368页）

选举新一届中央委员会，是党的七大重要环节，是保证完成党的组织建设的关键步骤。中国共产党历次党代会的选举，都对党的发展至关重要。所以，与会人员对中央委员的选举问题十分重视。5月24日，毛泽东的报告针对选举中存在的主要问题逐一做了说明和解释。

在谈到犯过路线错误的同志应不应该选举时，毛泽东反对将犯过错误的同志一掌推开的偏激做法，提出"虽然犯过路线错误，但是他已经承认错误并且决心改正错误，我们还可以选他"的原则。

在谈到要不要照顾到各个方面，也就是照顾各个"山头"问题上，毛泽东主张还是要照顾才好，照顾比不照顾更有利益。说不应该照顾山头，但事实上是行不通的。事实上中国革命有许多山头，有许多部分，这就是中国革命的实际。

谈到"候选人是否要有完全的知识才能当选"时,毛泽东认为,"任何一个人都不可能通晓各方面的知识",进而提出了这样一个选举方针:"不一定要求每个人都通晓各方面的知识,通晓一个方面或者稍微多几个方面的知识就行了,把这些人集中起来,就变成了通晓各方面知识的中央委员会。"

毛泽东在阐述完自己的观点后,对新的中央委员会的人员构成提出了建议:"新的中央要包含这样一些同志:大批未犯过路线错误的同志,一批犯过路线错误而又改正错误的同志;大批有全国影响的同志,大批现在有地方影响、将来可能有全国影响的同志;一批通晓的方面比较多的同志,大批通晓的方面比较少的同志。"

在讲到选举中央委员会的态度时,毛泽东引用了"临事而惧,好谋而成"这句名言,旨在告诫大会代表要慎重地选举,把那些小心谨慎、善于谋划的人选进中央委员会,当选的中央委员要慎重地就职,做好工作,这才是正确的态度,才能给全党同志、全国人民以好的影响。

毛泽东的讲话,统一了全党在选举问题上的认识。在这一原则的指导下,6月10日,大会选举出正式中央委员四十四人。选举结束后,毛泽东在大会上强调,当选中央委员不是当官,而是加重了为人民服务的责任,担负重大的领导责任。

陈毅"临事而惧"是优点

早在延安时期,毛泽东就发现了陈毅的外交才能,并让他在实际中得到了锻炼。

中华人民共和国成立后的第一任外交部长由周恩来总理兼任。后来,由于周恩来工作过于繁忙,需要有人能分担他的一部分外事工作,党中央、毛泽东首先挑中了陈毅。因此,1958年2月份,陈毅正式以副总理兼任外交部长。这样,陈毅的主要任务便转到外交战线上来了。陈毅在日记中写道:

"我之工作转到政府方面和外交方面,已完全解决了。瞻念前途,实有绠短汲深之惧。"他"惧"什么呢?陈毅自己说:"我这个人干外交恐怕不行。""我这个陈毅,有时候说话很有破坏性,有时候好感情用事,感情一上来说话就冲口而出,不管轻重的。在我们内部,对同志有什么伤害……可以对同志解释……在外交上这么一来可就砸锅了。"但是，毛泽东听了以后却认为"临事而惧"正是优点。（袁德金：《毛泽东与陈毅》，北京出版社1998年版，第234页）

陈毅就任中华人民共和国外交部长之初，深感责任重大，感到有压力，心里没底，担心自己干不好，给国家外事工作带来负面影响。

毛泽东听说后，认为陈毅能"反躬自省"，能"临事而惧"，这恰恰说明陈毅遇大事能做到小心谨慎、深思熟虑、认真谋划，这正是他的优点，是干好外交工作的前提。

应该说毛泽东对陈毅是非常了解的。他们相识得比较早，早在大革命时期就相识了。陈毅文武双全，才华横溢，尤其他那豪爽宽容的个性，是做好外交工作不可缺少的。

事实上在1958年以前，陈毅就已经参加了许多外事活动，并受到了毛泽东的信任和赞赏。

1954年10月，陈毅率中国党政代表团出访当时的德意志民主共和国。临行前，陈毅向毛泽东请示，问德国之行有何交代。毛泽东对他说，望你对整个德国的情形作一番考察研究。从毛泽东的话中，陈毅敏锐地感到毛泽东对"整个德国"的重视含有战略思想发展的新因素。因为早在1946年，毛泽东就提出了"中间地带"的理论，采取了三分世界的方法，把欧洲国家也列在应该争取的"中间地带"。这是陈毅所熟知的。后来，由于国际斗争形势的变化，中国共产党接受了"两大阵营"的理论，采取了"一边倒"的政策。现在毛泽东提出要对"整个德国"进行考察，陈毅理解了这一交代的重要意义，即了解西欧国家，争取西欧国家。陈毅圆满地完成了毛泽东交代的这一任务。

后来，陈毅又陪周恩来总理出席了第一次亚非会议（即万隆会议）。由于美蒋特务的破坏，中国部分工作人员乘坐的"克什米尔公主"号客机在从香港飞往万隆途中爆炸坠海，机上所有人员全部遇难。当时，在杭州的毛泽东深为周恩来和陈毅的安全而焦虑不安。但是周恩来和陈毅如期参加了会议，赢得了亚非各国的好评。万隆会议以后，陈毅开始参加外交部党组会议，为接手外交工作做准备。1957年5月，苏联最高苏维埃主席伏罗希洛夫来访，毛泽东和陈毅都参加了宴会。在宴会上，周恩来向客人们介绍说："这是陈毅同志，最近从华东调进中央，今后准备由他来主持外交工作的。"毛泽东又加了一句："他是多年同我一道工作很好的同志。"这给陈毅极大的鼓励。

当陈毅把主要工作投入到外交上来以后，他充分施展了自己的外交才能，折冲周旋于国际舞台，积极协助和配合毛泽东做好外交工作。

毛泽东认为"临事而惧"正是陈毅的优点，也就是陈毅做好外交工作的优势。陈毅元帅担任外长后，凭借了这个优点，发挥了这个优势！

临事而惧，这是好的

1958年7月，周世钊当选为湖南省副省长。他既兴奋又不安，喜的是党和人民对自己的信任，又唯恐自己能力有限，难负重任。

同年10月17日，周世钊写信给毛泽东，谈了自己的想法。

仅隔一周，毛泽东即给他回了信。信中说：

> 受任新职，不要拈轻怕重，而要拈重鄙轻。古人有云：贤者在位，能者在职，二者不可得而兼。我看你这个人是可以兼的。年年月月日日时时感觉自己能力不行，实则是因为一不甚认识自己；二不甚理解客观事物。……此外，自己缺乏从政经验，临事而惧，陈力而后就列，这是好的。这些都是实事，可以理解的。我认为聪明、老实二义，足以解决一切困难问题。（《毛泽东书信选集》，人民出版社1984年版，第548页）

周世钊，字敦元，1897年生于湖南省宁乡县。1913年春考入湖南省立第四师范，第二年并入湖南省立第一师范，1918年秋毕业，与毛泽东同窗五载。毛泽东和周世钊在"一师"读书期间，新文化运动兴起，"一师"在进步教师徐特立、杨昌济的推动下，实行民主教育。他们在"一师"良好环境熏陶下，如饥似渴地学习，并逐步接受了进步思想。他们热心各种社会活动，兴办工人夜校，组织新民学会，进行农村调查。共同的活动，使二人友情日渐加深。

1927年毛泽东发动秋收起义，投笔从戎，上了井冈山。周世钊一直留在长沙从事教书的职业。同时周世钊也无时不关心着毛泽东的动向，不论是在延安，还是在重庆，周世钊都曾冒着风险致函问候。

中华人民共和国刚成立，周世钊便联合一些老新民学会会员和教师，向毛泽东致贺电贺信。1949年10月15日，毛泽东致函周世钊，信中说："迭接电示，又得9月28日长书，勤勤恳恳，如见故人。延安曾接大示，寄重庆的信则未收到。兄过去虽未参加革命斗争，教书就是有益于人民的。城南学社诸友来电亦收到，请兄转告他们，感谢他们的好意。兄为一师校长，深庆得人，可见骏骨未凋，尚有生气。倘有可能，尊著旧诗尚祈抄寄若干，多多益善。"

毛泽东来信所称的"教书就是有益于人民的"，使周世钊感到无比鼓舞。他也常愉悦地对人说：毛润之称我"骏骨未凋，尚有生气"。故友的激励，让周世钊倍感亲切，两人的友谊又有新的发展。

1958年7月，周世钊当选为湖南省副省长。受任新职，重担在肩，不免有些惶恐。致函毛泽东，申述心中顾虑。毛泽东及时给周世钊去信，给予鼓励，消除其疑虑。在回信中毛泽东称周世钊为"贤者在位与能者在职"可以得兼的人。帮他分析了"惧"的原因：年年月月日日时时感觉自己能力不行，实则是因为一不甚认识自己；二不甚理解客观事物……此外，自己缺乏从政经验，临事而惧，陈力而后就列，这是好的。周世钊首次担任副省长，对于多年从事教育工作的周世钊来说，的确是重任在肩。有压力，感到"惧"之，说明遇大事而谨慎，能深入思考谋划，动脑筋想问题，毛泽东认为这种"临事而惧"的态度是好的。毛泽东的信给周世钊以极大的鼓舞，使他在工作上得到教益。

周世钊为人襟怀坦荡，正直无私，实事求是。担任副省长主持湖南科教工作期间，亲自为一些受冤屈的知识分子奔波平反。对于"左"倾错误，他多次在人大、政协会议上发言，并上书毛泽东，坦陈己见，其耿介气节令人钦敬。作为同学、诗友、挚友，毛泽东所欣赏的就是周世钊这种"临事而惧"的态度和尽职尽责的精神。

饭疏食饮水，乐在其中矣

孔子是古典乐观主义者。在拮据困顿之中，仍能贫中取乐，苦中寻乐，不羡慕因不义而得到的富裕和显贵。《论语·述而篇》第十六章记载：

> 子曰："饭疏食，饮水，曲肱而枕之，乐亦在其中矣！不义而富且贵，于我如浮云。"

"饭"字作动词用，吃的意思，就是吃非常粗糙的食物。饮水，喝点冷水。

孔子说：我吃一些粗茶淡饭，睡觉的时候把胳膊弯过来当枕头，生活的乐趣就在这中间。如果靠不义获得的富裕和显贵，对我来讲犹如天上的浮云一样。

孔子过着清苦的生活，但他说"乐亦在其中矣"。这是孔子的生活心态。面对富贵，孔子的态度是取之以义。要是不义而富贵，对他来说犹如过眼烟云。倒不如吃粗粮，喝清水，弯着胳膊当枕头，过得心安理得。

那么，孔夫子是不是不欲富贵了呢？并非如此。事实上他和他的学生一直在奔波求官，也就是在求富贵，关键在于用什么样的手段取得富贵，是正当手段，还是不正当手段？

南宋人朱熹《论语集注》："其视不义之富贵，如浮云之无有，漠然无所动于其中也。"意谓：以不义手段占有的财富与官位，对于我如同天际的浮云。《论语·里仁篇》："子曰：'富与贵是人之所欲也，不以其道得之，不处也。"孔子于此重申其看待和求取富贵的具体原则，即须合于"义"与

"仁"之道，违此而获，则被视如过眼烟云之不足取。同时亦表明其于清贫生涯甘之如饴、安贫乐道的生活态度与襟怀。

此处孔子当然不是讲他的生活现状，仅是申说他已有了绝不舍义求富的决心，达到了"有义则有乐"的境界。孔子这不是说他能以苦本身为乐，也不是说他把受苦作为乐的条件，他乐的乃是体现在这种生活中的精神追求、人生境界，以及他将为自己能够拒绝"不义之富"的诱惑，选择"虽然苦但有义"的生活，而感到安慰快乐。

对于孔子这种安贫乐道、追求仁义之乐的精神，毛泽东或他的老师是肯定赞同的。早在1913年11月的课堂笔记《讲堂录》中，毛泽东就记下这样的话：

> 惟安贫者能成事，故曰咬得菜根，百事可做。乐利者，人所共也，惟圣人不喜躯壳之乐利（即世俗之乐利），而喜精神之乐利，故曰饭疏食饮水，曲肱而枕之，乐亦在其中矣。不义而富且贵，于我如浮云。（《毛泽东早期文稿》，湖南出版社1995年第2版，第591页）

在课堂笔记中毛泽东很认真完整地把孔子这段话记录下来，表明他很喜欢和欣赏这种快乐精神。在长沙读书期间，他把家里给的那一点钱都用在了买书订报上，自己节衣缩食，甘愿过着菲薄的物质生活而满足精神的愉悦。

毛泽东出生于一个普通的农民家庭，一生艰苦节俭惯了，从不追求物质享受和奢侈，始终保持着"自力更生，艰苦奋斗"的优良作风。战争年代，条件艰苦，毛泽东为了革命以苦为乐。延安时期，由于国民党右派的军事围困和经济封锁，陕甘宁边区财政经济非常困难，毛泽东提出了"自己动手，丰衣足食"的伟大思想，解决了吃饭难以及部队补给难的问题。毛泽东带领的队伍，靠小米加步枪赢得了新中国。

全国解放后，虽然条件改善了，但毛泽东仍然不忘艰苦奋斗。作为党的领袖，毛泽东从不搞特殊化，也不允许家人和子女搞特殊化。为了做到饮食合理健康，毛泽东的日常生活配有保健人员。但毛泽东不愿按照保健医生制定的菜谱吃饭。因为他有自己的饮食习惯和个人喜好。

毛泽东在日常饮食上保持着湖南人的习惯。他喜欢吃辣椒，也爱吃苦瓜。毛泽东曾对工作人员说："苦瓜这种菜，我的家乡很多。有些人吃不惯，是怕它的苦味。我不但吃得惯，还一生都爱吃，就图它这个苦味。我这个人一生没少吃苦，看来是苦惯了，以苦为乐了！"

晚年的毛泽东有位鲜为人知的管家。毛泽东有时称他"同志"，有时称他"我那盏不灭的灯"。这位管家叫吴连登，陪伴着毛泽东度过了整整十二个春秋。毛泽东家只有一个库房，说来令人难以置信，这个"中国第一家庭仓库"，一没金银首饰，二没豪华服装，三没外国元首赠给的任何一件礼品。"仓库"里排着几只木柜，里边放着这样四部分物品：一是毛泽东的旧衣旧鞋旧袜和几套供换洗的衣服；二是毛岸英的一些书籍及衣服等遗物；三是江青的一些衣物；四是一些很小的布头、破毛巾、小毛线球等。

毛泽东逝世后，吴连登看到这位伟人身后除有几套毛式中山服外，没有一分钱的存款，没有一套高档服装，没有任何金银珠宝，没有给子女留下任何财产的遗嘱；在这位伟人的身后，只有他终生酷爱痴迷的8万多册书籍！只有海外出版他的著作所付、归"中办特金室"管理的稿酬120多万元人民币。后由有关部门安排，他的子女每人仅分到8000元。这就是这位大国领袖的全部家当！

青年毛泽东或他的老师，把人所共之的"乐利"分为两种：躯壳之乐利与精神之乐利。推崇孔子的"饭疏食饮水，曲肱而枕之……"是"圣人"所喜的精神之乐利，以完善自己的精神人格。他用一生的奋斗诠释着这种崇高的人格精神。

假我数年，卒以学易

《论语·述而篇》第十七章：

子曰："加我数年，五十以学《易》，可以无大过矣。"

孔子说："要是让我多活几年，到五十岁再学习《易经》，便可以没有大的过错了。"

《易》，《周易》的简称，亦称《易经》。内容包括《经》和《传》两部分。儒家的重要经典之一。

从文献记载看，《史记·孔子世家》说："孔子晚而喜《易》……读《易》，韦编三绝，曰：'假我数年，若是，我于《易》则彬彬矣。'"这里是说孔子到五十岁，更加喜《易》而读《易》了，而不是说孔子到五十才开始学《易》。

近年考古发现，1973年长沙马王堆出土帛书《系辞》曰："夫子老而好《易》，居则在席，行则在橐。"说明孔子与《周易》确有关联。孔子对《易》的贡献在于"赞"。赞，助也。《易》本卜筮之书，但其中有丰富的思想内容，孔子赞之，即赞助圣贤阐发《易经》中的哲理。孔子赞易之迹，当时或付之口说，或书之简端，后来弟子集腋成裘，遂组合成十篇解《易》的文字，合称《易传》或"十翼"。《易传》中难免不有孔子之前的旧说和孔子之后的新说掺杂其间，但其主要的内容当属于孔子。故《史记》云："孔子晚而喜《易》，序《彖》《系》《象》《说卦》《文言》。"

《易》本来是古代一部用来占卜的书，而孔子不用来占卜，却当作人生哲理书读。孔子对《易》的钻研大致伴着他认识史上"五十而知天命"的进程开始，随着"六十而耳顺，七十而从心所欲，不逾矩"的认识能力的提高而加深。

《易》有丰富的辩证法思想，是中国哲学辩证法的重要源头之一。孔子赞《易》，把《易》作为基本教材，传授学生。就此而言，表明他是认同《易》的变化、发展思想的。

《易》兼三才，所谓天、地、人。有天道焉，有地道焉，有人道焉。学《易》可以知晓这些道，掌握天地自然和人类社会的规律，进入"知天命"的境界。《易》又充满物极必反、否极泰来、掌握时中的思想，这与"中庸"若合符节，掌握这种辩证的方法论，就可以"无大过"。

毛泽东在1959年9月中央军委扩大会议上的讲话提纲中，在谈到对于彭德怀的帮助、教育时，也借用了孔子晚年学《易》"无大过"的思想，他说：

> 欢迎彭德怀同志的觉悟。我们大家都要帮助他（其他人也一样）。我相信，他会改好的，只要他肯改，我们肯帮。……他肯改，我们肯帮，一定会学好马克思主义的。孔子曰："假我数年，卒以学易，可以无大过矣。"学哲学（宇宙观，方法论）极为重要。（《建国以来毛泽东文稿》第8册，中央文献出版社1993年版，第523页）

1959年在"庐山会议"上，彭德怀直言上书毛泽东，对"大跃进"和人民公社化运动中的错误提出批评，遭到错误的批判。

同年9月9日，彭德怀给毛泽东写信。信中表示拥护中共八届八中全会和军委扩大会议对他的批判，决心继续彻底反省自己的错误，为此请求中央考虑，在军委扩大会议结束以后允许他学习或者离开北京到人民公社中去，一边学习，一边参加部分劳动，以便在劳动人民集体生活中得到锻炼和思想改造。

当天，毛泽东在《对彭德怀来信的批语》中说：我热烈地欢迎彭德怀同志的这封信，认为他的立场和观点是正确的，态度是诚恳的。并说：德怀同志对于他自己在今后一段时间内工作分配的建议，我以为基本上是适当的。读几年书极好。年纪大了，不宜参加体力劳动，每年有一段时间到工厂和农村去作观察和调查、研究工作，则是很好的。

9月11日在中央军委扩大会议上,毛泽东在谈到对于彭德怀的帮助教育时,引用孔子学《易》的话,意在说孔子晚年学《易》,可以做到"无大过";相信彭德怀虽然年龄大了,能认真学点马克思主义哲学,是可以完全改正错误,而"无大过"的。

毛泽东还对彭德怀说:要准备听几年闲话;要诚恳待人,不讲假话;要靠拢大多数。如此就一定可以变过来。否则不能。在批评彭德怀的同时,毛泽东也进行了自我解剖,认为自己也是一个甚为不足的人。马克思主义各部门学问,没有学好。外国文,没有学通。经济工作,刚刚开始学。但我决心学,不死不休。对于这些,我也要改,要进取。并劝同志们也和他一道学习。

生而知之与学而知之

孔子并不认为自己天赋有多高,他认为自己得益于后天的学习。《论语·述而篇》第二十章记载他的自白:

子曰:"我非生而知之者,好古,敏以求之者也。"

孔子说:"我不是生来就有知识的人,而是爱好古代文化,敏捷勤奋去求得知识的人。"

孔子从"十有五而志于学"开始,多次申明,他自己"非生而知之者"。他之所以博闻多识,乃是因为"好古"并"敏以求之"的缘故,即通过学习而得到知识。

《论语·子罕篇》载:当一位太宰因看到孔子多才多艺而认孔子为"圣"者,曾问孔子的学生子贡:"夫子圣者与?何其多能也?"子贡回答:"固天纵之将圣,又多能也。"孔子听到后则解释道:"吾少也贱,故多能鄙事。"孔子给人相礼,当过替人办丧事之类的吹鼓手。这便是孔子所说的鄙事。他还认为,那些出身于贵族家庭的"君子"是不会这样多才多艺的("君子多乎哉?不多也")。这些都说明,孔子是主张"学而知之"的。

然而,孔子的思想又是矛盾的,不彻底的。在这一章里,他否认自己是生而知之者,并且总结了两条学习修养的经验,一是好古,一是勤学。但是在本篇第二十三章中,孔子马上就说:"天生德于予";在《季氏篇》第九章中,他又说:"生而知之者上也;学而知之者次也;困而学之,又其次也;

困而不学，民斯为下矣。"他根据人们对学习的态度区分了人的高下，明确地承认有"生而知之"者。

尽管孔子的思想主张是矛盾的，但孔子的博学多才，无疑是缘于后天的勤奋好学。对此，毛泽东曾在许多讲话、谈话中说到此事，认为孔子的学问是通过自学和实践而得到的。

"生而知之"不可信

在湖南第一师范读书期间，毛泽东读德国哲学家、伦理学家包尔生的《伦理学原理》时，不仅写有大量批注，而且画了圈点等多种符号。在他所写的批注中有这样一段话：

> 而后知圣人者"生而知之"、"不虑而中，不思而得，从容中道"之不可信也。（《毛泽东早期文稿》，湖南出版社1990年版，第183页）

包尔生在《伦理学原理》第四章《害及恶》中，在讲到害及恶对人类道德的形成时，讲得颇有些辩证的思想。他认为恶者，是人类历史生活中不可缺的原质。为什么这么说呢？凡恶的原型有两种：一曰肉欲，一曰我欲。肉欲就是感官的冲动，如放荡、怠惰、轻率、怯懦等，这些有时无法为理性道德所约束。所谓我欲，就是损人利己，如贪欲、不正、恶意等。无论是肉欲还是我欲，都是不好的。但如果世界上没有了这些，一旦消灭了肉欲和我欲，也因此没有了恶，那么善也就不存在了。这是因为像慎重、忍耐、刚毅诸种美德，必须有它要抵抗的肉欲存在才能产生。包尔生的中心意思实际就是矛盾的双方各以对方的存在为自己存在的前提，无恶就无善。

青年时代的毛泽东看到这里感到很深刻，比较欣赏作者的辩证观点。他在批注中引用了孔子"生而知之"的话，认为这"不可信也"，对此说法持否定态度。

其中"不虑而中，不思而得，从容中道"，语出《礼记·中庸》："诚者，不勉而中，不思而得，从容中道，圣人也。"意思是：真诚的人，不必勉强也会做得中肯，不必思虑言行也会得当，从容不迫地达到中庸之道。依照包尔生的思维逻辑，毛泽东认为像"中、得、道"这些好东西，都不可能凭空产生，都应该在对立的矛盾中产生。"知"也应当如此。知是与无知相对而言的。所以,毛泽东在批注中说,"生而知之"是"不可信也",是不存在的。

对于孔子的"生而知之"论,青年毛泽东是持否定的态度的。晚年毛泽东有一段名言:"人的正确思想是从哪里来的?是从天上掉下来的吗?不是。是自己头脑里固有的吗?不是。人的正确思想,只能从社会实践中来,只能从社会的生产斗争、阶级斗争和科学实验这三项实践中来。"(《毛泽东文集》第八卷,人民出版社1999年6月版,第320页。)这是《中共中央关于目前农村工作中若干问题的决定》(草案)中的一段话。这个决定草案是1963年在毛泽东主持下起草的。这一段是毛泽东亲自写的。这段话在于强调实践出真知这一真理。只有学习和实践,才能获取知识,也就是孔夫子讲的"学而知之"。

人是学而知之

抗日战争爆发后,许多青年学生和爱国人士不顾敌人的阻挠,纷纷地投奔到解放区寻找革命真理。1937年年初,我党为了坚持抗日统一战线,壮大革命力量,热忱欢迎这些知识分子、爱国人士参加到革命队伍中来,专门在西安附近的安吴堡办了个青训班。组织上决定让吴朝祥去青训班女生队当政治协理员。吴朝祥感到很为难,认为自己没上过几天学,参加革命后一直没离开过部队,不会做知识分子工作。毛泽东听了以后,对她说:

> 人不是生而知之,而是学而知之。我们共产党人为了解放全中国,既要学会做部队工作,又要学会做知识分子和其他方面的工作,革命队伍里面没有知识分子不行呀。现在党派你去青训班,这工作既艰巨又光荣。(《毛泽东同志八十五诞辰纪念文选》,人民出版社1979年版,第164页)

吴朝祥,女,1918年出生在四川通江县一个贫苦农民家庭。1932年参加中国工农红军。土地革命时期,任少共川陕省委妇女部长。参加了红四方面军长征。曾在保安向毛泽东汇报过妇女团在长征途中的情况。

抗日战争初期,中共中央青年工作委员会为了适应抗战形势的需要和广大爱国青年抗日救国要求,由西北青年救国联合会出面,在国民党统治区陕西泾阳县安吴堡创办了一所战时青年干部学校,当时称"安吴青训班"。

这所学校实施抗战教育,以多种组织形式和活动方式,吸引、团结、教育、训练来自全国各地的爱国青年。

组织上决定让吴朝祥去到青训班女生队当政治协理员。吴朝祥当时很年轻,刚二十岁左右。她担心完不成组织交给的任务。毛泽东引用孔子所论人不是生而知之,而是学而知之的道理,意在讲清:人的知识不是天生的,而是后天学来的。不会做知识分子工作,可以学,可以在干中学,在实践中学。只要认真去学、去做,是一定能学会的、能做好的。

毛泽东鼓励吴朝祥说:你去当协理员,政治工作要抓紧,政治干部要保持发扬艰苦朴素的作风。处处以身作则,做大家的知心朋友。毛泽东还嘱咐她,工作中注意走群众路线,培养骨干,启发群众自我教育。对知识分子,既要看到他们要求救国、要求革命的优点,也要正确对待他们的弱点和不足。

"人不是生而知之,而是学而知之"这句话,给了吴朝祥很大的鼓舞和鞭策,让她领会到毛泽东非常重视知识分子,也懂得了做好知识分子工作的本领要在勤奋学习中得到。

哪里有什么生而知之的圣人呀

刘斐,字为章,湖南醴陵人。早年毕业于日本陆军大学。曾任国民党军令部次长、国防部参谋次长等职。

1949年年初,蒋介石宣告引退,李宗仁出任"代总统",同意以共产党提出的"八项条件"为基础举行和平谈判。并选派了桂系的刘斐、黄绍竑做国民党的谈判代表。于是,刘斐便和张治中、邵力子、章士钊等于4月初到达北平,与以周恩来为首的中共代表举行正式和谈。

经过半个多月的工作,双方达成了8条24款的《国内和平协定》。由于蒋介石在幕后操纵,国民党当局拒绝在《协定》上签字,和谈破裂。刘斐及其他谈判代表一同留在了北平。

自此以后,毛泽东和刘斐多次往来,成了知心朋友。有一天下午,天下着鹅毛大雪。毛泽东请刘斐去他的住处吃晚饭,在座的有章士钊、符定一、仇鳌等。饭前,大家海阔天空,谈论话题很广。从瑞雪丰年讲到他们几个人已年过半百,有的已近古稀,当初没有学马列的书,现在是老朽无用了。毛泽东听大家的议论,有意地同他们谈了一段很长的话。他说:

我是从农村生长的孩子，上过私塾，读过孔孟的书，也信过神，母亲生病也去求过神佛保佑哩！旧社会的东西对我都产生过影响。有段时间受到梁启超办的《新民丛报》的影响，觉得改良派也不错，想向资本主义找出路，走西方富国强兵的路子。十月革命一声炮响，马列主义传入中国，我才逐步接受了马列主义。我们青年时代，一批朋友去法国勤工俭学，我没有去，打定主意走自己的路。哪里有什么生而知之的圣人呀！我也是逐步认识社会、走上革命道路的。最重要的是向社会学习，向群众学习哩！（谭玉琛主编：《毛泽东与党外人士》，河北人民出版社1993年版，第95页）

毛泽东为了启发和鼓励章士钊、符定一、刘斐、仇鳌他们努力学习，改造思想，为新中国服务，对他们详细地讲了自己思想发展的过程，从十几岁讲起，说明一个人的思想总是发展的，立场是可以转变的。毛泽东首先否定了"生而知之"圣贤观，引导大家年老志不衰，认真学马列。

可以说毛泽东这番话语，沁人肺腑，用意深长。

1950年春，中央安排刘斐任中南军政委员会水利部长。行前的一天下午，毛泽东请刘斐到中南海和主持中南军政委员会工作的邓子恢见面。邓子恢到后，毛泽东对刘斐说："他叫邓子恢，是个老实人，现在请他到中南组阁，请你们去当他的阁员哩！"刘斐说："我是水利问题门外汉，恐怕胜任不了工作。"毛泽东听了鼓励他说：

"不懂你就学嘛，有问题你就去请教群众。要边学边干，哪有天生的内行呀！"送刘斐上车时毛泽东又叮嘱他："为章，有什么困难你要向群众请教呀！"（谭玉琛主编：《毛泽东与党外人士》，河北人民出版社1993年版，第96页）

毛泽东在和刘斐的交往中，先后两次征引孔子"人非生而知之"的话，说明谁也不是生下来就什么都懂的，不懂可以学嘛。最重要的是向社会学习，向群众学习。毛泽东的话，对刘斐影响很大，这位在谈判桌上走向光明之路的国民党将领，立志重新学习革命知识，在后来的工作中做了许多对人民有益的事情。

我不是生而知之的圣人

1954年的一天,国防委员郑洞国应毛泽东的邀请到中南海做客。

第一次进中南海,郑洞国刚开始有些拘谨,渐渐越说越随便,不知怎的,他突然向毛泽东提出了一个问题:"主席,你的马列主义为什么学得这样好?"

好像毛泽东也感到郑洞国问得太突然,先是怔了一下,然后爽朗地笑了起来,回答说:

"我当年接受马列主义之后,总认为自己已经是个革命者了。哪知道一去煤矿,和工人打交道,工人不买账。因为我还是那么一副'学生脸''先生样',也不知道怎样做工人的工作。那时我成天在铁道上转来转去,心想这样下去怎么行呢?想了很长时间,才有些明白,自己的思想立场还没有真正转变过来嘛!"

毛泽东又加重语气说:"我也不是生而知之的'圣人',而是在向社会学习、向群众学习的过程中,逐步走上革命道路的。"

(吴晓梅编著:《倾听毛泽东》,广东人民出版社1998年版,第87页)

毛泽东好像是在总结自己,又好像是在说给郑洞国听:"一个人的思想总是发展的,立场是可以转变的。只要立场转变了,自觉地放下架子,拜人民为师,这就灵了,学马列主义也就容易学好了。"

郑洞国,字桂庭,湖南石门县人。黄埔军校第一期毕业。辽沈战役时任国民党东北"剿总"副司令兼一兵团司令。因长春被我军久围,内无粮草,外无援兵,率余部投诚。

郑洞国被迫放下武器,然而,虽然他内心感到十分惭愧,但并不服气。率部退出长春时,解放军围城兵团的司令员肖劲光和政委萧华设便宴招待他。平素郑洞国就沉默寡言,何况"败军之将不言勇",在宴席上,说话更少了。肖劲光和萧华二位将军见郑洞国不愉快,并不介意,还是热情地给他斟酒夹菜,非常和气,待他如上宾。饭后,他们问郑洞国有什么打算,并热情地希望他能为人民做点事。郑洞国回答说:他只想当一个老百姓。

两位将军仍不介意,婉言提出:"你不愿工作,可以休息一段时间,或者学习一段时间,请你任意选择。"

郑洞国答道:"学习,让我学习一段时间!"就这样郑洞国住在军区招待所,开始了他的学习。

共产党何以有如此大的能量,能由弱变强,打败强大的国民党军队,并夺取国家政权?带着这个问题,郑洞国打开了《毛泽东选集》,以求得到答案。这还是他去哈尔滨参观的途中,无意中得到的一本早年东北版的《毛泽东选集》。开始他读不进去,读不懂。但翻阅注释和人名,却产生了兴趣。因为其中提及的一些人,郑洞国非常熟悉。毛泽东深入浅出地分析了当时的局势,特别指出了国民党与人民之间的尖锐对立和不得不败的重要原因。对此,郑洞国受到极大震动。他开始冷静地思索起许多过去似乎不成问题的问题。比如,他追随蒋介石多年,为何"救国救民"的初衷越来越与现实抵触,最后竟一败涂地?

在痛苦的思索后,他不得不承认,国民党的失败并不是偶然的,也不单纯是所谓军事上的失策。最根本的原因是国民党违背了民意,失去了民心。通过阅读毛泽东的著作,他逐渐领悟到了国民党不能不输掉这场战争的真谛。

闲暇时,《毛泽东选集》依然是郑洞国时常读的书籍。他多次慨叹:毛泽东何以有这么高的学问?

郑洞国被毛泽东邀请到中南海做客,才解开心中的疑团。毛泽东解释道:我也不是生而知之的"圣人",而是在向社会学习、向群众学习的过程中,逐步走上革命道路的。

毛泽东还告诉他:一个人的思想总是发展的,立场是可以转变的。只要立场转变了,自觉地放下架子,拜人民为师,这就灵了,学马列主义也就容易学好了。

学而知之与生而知之

晚年的毛泽东仍然恪守着"人非生而知之"的孔子信条。

有一天,毛泽东吃过午饭,坐在大厅里的沙发上,神态很悠闲。看来,今天他是不准备读书了。他微笑看着护士孟锦云,然后指着他桌子上放着的那部《资治通鉴》问道:"孟夫子,你知道这部书我读了多少遍?"

不等小孟回答,毛泽东便又接着说:"十七遍。每次读都获益匪浅。一部难得的好书噢。"于是,毛泽东便同小孟谈起了读书,毛泽东认为书上说的,也不能都信。小孟说:"我看书时,总觉得书上写的还能不对吗,所以

特别信,百分之百地相信。"听了小孟的话,毛泽东向她解释说:

> 用这种态度读书,还不如不读。读书,一要读,二要怀疑,三要提出反对的意见。不读不行,不读你不知道呀。凡人都是学而知之,谁也不是生而知之啊。但光读不行,读了书而不敢怀疑,不能提出不同看法,这本书算你白读了。(郭金荣:《毛泽东的晚年生活》,教育科学出版社1993年版,第77页)

孟锦云是毛泽东身边最后一名护士。毛泽东平时喜欢称她"孟夫子"。毛泽东引用孔子"我非生而知之"和"学而知之"的话,说明学习的重要性。人只有通过学习和实践才能获取知识。这既是毛泽东讲的一个道理,也是毛泽东的切身体会。

毛泽东之所以具有渊博的知识和学问,与他酷爱读书是分不开的。毛泽东一生最大的嗜好就是读书。从幼年起,他就勤奋好学,而且随着年龄的增长,读书的欲望愈来愈强烈。

可以说读书是毛泽东生活中不可缺少的。在他的卧室里,办公室里,游泳池的休息室里,到处都放着书,随处可见,触手可及。他外出时,首先考虑的是要带些什么书。他经常是亲自列个书单,交给工作人员,把书带上。在火车上,在轮船上,在飞机上,毛泽东也不会中断他的读书活动。

晚年毛泽东患白内障时,视力极弱,只能用放大镜看书,或者由工作人员读给他听。一旦视力有所恢复,他又开始大量读书。他每天除了睡觉休息、批阅文件、接见外宾之外,剩下的时间,几乎都在看书。读书成了他的最大乐趣。

因从认识上明确了人非生而知之,都是学而知之,所以毛泽东终生勤奋好学,手不释卷。他自己藏书8万卷,更借阅过大量图书。写下的东西也汗牛充栋,令人惊诧。

"凡人都是学而知之,谁也不是生而知之啊。"这两句话也是毛泽东的读书动力。

三人行必有我师

《论语·述而篇》第二十二章话虽短,却有两句名言:

> 子曰:"三人行,必有我师焉!择其善者而从之,其不善者而改之。"

孔子说:"三个人同行,其中一定有可以做我老师的人。选择他的长处向他学习;看到他不好的地方,就反省自己加以改正。"

这段话表现了孔子谦逊的求学态度。谓三人同行,必有可做己师者。朱熹注:"三人同行,其一我也,彼二人者,一善一恶,则我从其善而改其恶焉。是二人者,皆我师也"(《四书章句集注·论语集注》)。孔子终身"学而不厌"且"学无常师",见善思齐,见恶而改,人人都可为己师。这是孔子谦虚学风的体现。

"三人"是说人不必多,"行"是暗示这些人不必是特意选出来的,偶然碰到一起了的也一样,总之,"我"在任何有人的地方都可以发现别人的长处而学习之,看出自己的缺点而克服之,在这个意义上,每个人都可以说是帮助我进步的老师。这章头两句"三人行,必有我师焉"已成为格言,人们已经把它当作智慧的结晶。

孔子的"有师",包含两个方面:一方面,择其善者而从之,见人之善就学,是虚心好学的精神;另一方面,其不善者而改之,见人之不善就引以为戒,反省自己,是自觉修养的精神。这样,无论同行相处的人善与不善,都可以为师。也体现了与人相处的一个重要原则。随时注意学习他人的长处，随时以他人缺点为戒，自然就会多看他人的长处，与人为善，待人宽而责己严。

这不仅是提高修养、提高自己的最好途径，也是促进人际关系和谐的重要条件。

"三人有师"与不耻下问

在中国著名的民主人士中，黄炎培是毛泽东所钦佩的人物之一。这是因为1945年二人的一次对话引起的。

黄炎培，字任之，江苏川沙人。参加过辛亥革命。抗战爆发后，黄以社会贤达身份被推选为由国民党人、共产党人和社会贤达组成的国民参政会参政员，并负责抗战募捐。黄炎培与共产党人开始了广泛的接触。

1945年黄炎培等6位国民参政员，为推动国共两党团结，从速恢复和谈，应中共和毛泽东之邀访问了延安。黄炎培当时已近七十岁。而毛泽东为正当气盛的"知天命"之年。

7月中旬的一天，在延安枣园毛泽东热情地接待了六名来访者。交谈中，毛泽东问黄炎培来延安考察了几天有什么感想。黄炎培笑了笑，诚恳地说：既然主席主动问，就请恕我直言了。毛泽东说：

> 孔子说：三人行，必有我师；我们共产党人也是不耻下问的，更何况黄老先生是我们的贵客，我毛泽东理该当面请教哩！（邱延生：《历史的真迹——毛泽东风雨沉浮五十年》，新华出版社2002年版，第710页）

黄炎培坦言道：我生六十多年，耳闻的不说，所亲眼见到的，真所谓"其兴也勃焉，其亡也忽焉"。一人，一家，一团体，一地方，乃至一国，不少单位都没有能跳出这周期率的支配力。大凡初期聚精会神，没有一事不用心，没有一人不卖力，也许那时艰难困苦，只有从万死中觅取一生。既而环境渐渐好转了，精神也就渐渐放下来了……

黄炎培见毛泽东听得专心致志，便继续说：有的因为历时长久，自然地惰性发作，由少数演为多数，到风气养成，虽有大力，无法扭转，并且无法补救。也有为了区域一步步扩大了，它的扩大，有的出于自然发展，有的为功业欲所驱使，强求发展，到干部人才渐见竭蹶，艰于应付的时候，环境倒越加复杂起来了，控制力不免趋于薄弱了。一部历史，"政息宦成"的也有，"人亡政息"的也有，"求荣取辱"的也有。总之，没有能跳出这个周期率。中共诸君从过去到现在，我略略了解了的。就是希望能找出一条新路，来跳出这个周期率的支配。

毛泽东知道他指共产党人如今昌盛，那么得天下后是否依然立于不败之地，而不像国民党一样腐败呢？

毛泽东想了想，回答说："我们已经找到了新路，我们能跳出这个周期率。这条新路，就是民主。只有让人民来监督政府，政府才不敢松懈。只有人人起来负责，才不会人亡政息。"

黄炎培关于跳出"其兴也勃焉，其亡也忽焉"这个周期率的问题，既是个非常重要的问题，也是个高深而富有远见的问题。

毛泽东虽然回答了黄炎培的问题，但他仍时时感到这一问题中所包含的那种永恒命题的博大和精深，他不能不从内心里暗暗钦佩黄炎培的学识和教养。正所谓"三人行，必有我师焉"。

三人行必有我师，向人学嘛

李敏，是毛泽东、贺子珍的女儿。1936年出生在陕北保安。李敏是在苏联长大的。1937年年底，贺子珍离开延安去苏联治病。后来四岁的李敏也去了苏联，陪伴母亲贺子珍在苏联生活了八年。直到中华人民共和国成立了，才回到毛泽东的身边。

这时的李敏已十三岁，该上中学了，由于汉语水平太差，只好进育英小学。在毛泽东的严厉要求和关爱下，李敏除正常学习外，课余时间加班加点，学习中文。

现代汉语补过了，毛泽东还要让她补古汉语，他对李敏说："古文一定要学好，中国文化博大精深，不学好古文怎么能了解中国文化呢？你要做个有文化的孩子哟。"

学古文，难度更大了。李敏不得不放弃了自己对体操、美术、舞蹈、钢琴的爱好，一头扎进古文的学习中。见女儿读得这么辛苦，毛泽东心疼了。有一次，李敏读到夜深，毛泽东悄悄地出现在她身后，摸着她的头，说："累了吧？"

她说："不累。"

"累了就休息，要注意休息、劳逸结合，不要一头扎进书里就不出来，应该能扎进去，又跳得出来。"毛泽东语重心长地说。"你应该学会下跳棋，跳跳舞，轻松轻松。"毛泽东又说。

为了让李敏休息好，毛泽东常带她去参加中南海举办的舞会。毛泽东还有一个用意：让李敏常到公共场合去接触人，这样才能身心健康。在舞会上，李敏见到了周恩来伯伯、朱德爹爹。周恩来伯伯跳舞潇洒自如，转得快。朱德爹爹的舞姿悠然自得、稳健，并且爱往前走，大家称他为"推车式"。毛泽东跳舞动作幅度大、有气魄，左摆肩、右摆肩、大跨步，大家戏称他的舞姿为"摇摆式"。

这是大人的世界，李敏不会跳舞，到舞场不习惯。有几次，她陪毛泽东到舞厅后，坐一会儿后，就悄悄地溜走了。后来，毛泽东发现了她的"秘密行动"，就问她：

"你为么子走了？"

"我不会跳交谊舞。"李敏说。

"三人行必有我师，向人学嘛。"毛泽东说。（王桂苡：《毛泽东的女儿李敏》，辽宁人民出版社1997年版，第135页）

有爸爸毛泽东的关爱，妹妹李讷等人都成了李敏的舞蹈老师。这样，李敏很快也学会了跳交谊舞。毛泽东很高兴，再到舞厅时，乐曲一响，毛泽东就让她陪自己跳第一支舞曲，看见李敏娴熟的舞技，高兴地说："这就对了，劳逸结合嘛。"

"三人行必有我师"，大到安邦治国，小到生活琐事，皆可向同"行"者学习。

对苏联的经验只能择善而从

"择其善者而从之，其不善者而改之。"是《论语·述而篇》第二十二章的第二句名言。毛泽东在做善与不善的去取选择时，好引此语作为一种观察问题的方法。

1958年3月9日，中共中央在成都召开的有中央有关部门负责人和各省、市、自治区党委第一书记参加的工作会议上，毛泽东在谈到规章制度时说，我们从苏联搬来一大批，搬得最多的是工业和教育两个部门，还有农业、商业、计划、统计、基建程序、管理制度、财政等。

苏联的建设模式，苏联的规章制度，并不都正确，或并不符合中国国情。怎么办？对此，毛泽东在讲话中指出：

> 对苏联的经验，只能择其善者而从之，其不善者不从之。把苏联的经验孤立起来，不看中国实际，就不是择其善者而从之。什么事情都要提出两个方法来比较，这才是辩证法，不然，就是形而上学。（《建国以来毛泽东文稿》第七册，中央文献出版社1992年版，第121页）

中华人民共和国成立之初，如何搞经济建设，以毛泽东为代表的中国共产党人，把目光瞄准了苏联。这是因为苏联先于中国建立社会主义制度并取得了经验。1953年到1957年，第一个五年计划期间，由于学习借鉴并搬用苏联体制模式，使我国的经济建设很快运转起来，并取得显著效果。但由于照抄照搬，同时也带来了许多弊病以及根本不适合我国国情的东西。

1958年成都会议上，毛泽东详细讲了规章制度问题，他认为规章制度从苏联搬了一大批，有好的、适用的，已深入人心了。但也有很多不适用的，害人不浅。如搬苏联的警卫制度，害死了人，限制了负责同志的活动。还有其他，那些规章制度束缚生产力，制造浪费，制造官僚主义，这也是拿钱买经验。

开国伊始，没有办法，因为我们不懂，完全没有经验，只好搬。这种对苏联模式的硬搬，实际上是把苏联的经验孤立起来，没有结合中国的实际。对我国借鉴搬用苏联模式的做法，分析其原因：主要是我国重工业的设计、施工、安装自己都不行，没有经验，中国没有专家，只好抄外国的。既然是抄，自己不会鉴别，把苏联的设计用到中国，必然有一部分是不正确的，是生搬硬套的。其次是盲目服从。认为苏联的一切都是好的。以致对苏联的一些规章制度，产生了教条主义式的工作方法，照搬照抄。

毛泽东历来主张马克思主义必须同中国的实际情况相结合。我国选择苏联体制模式后，毛泽东仍然坚持这个原则。成都会议上他指出：搬，要有分析，不要硬搬，当年一股风硬搬，就是不独立思考，忘记了历史上教条主义的教训。历史教训就是理论要和实践相结合，理论从实践中来，又到实践中去。他认为中华人民共和国成立后，这个道理未运用到经济建设上。

毛泽东在讲话中引用孔子的话说：对于苏联的经验只能择其善者而从

之,其不善者不从之。把苏联的经验孤立起来,不看中国实际,就不是择其善者而从之。他批评了在建设中完全照搬照抄苏联的做法,指出什么事情都要提出两个办法来比较,这才是辩证法。他举例说,如铁路选线、工厂选厂址、三峡选坝址,都有几个方案,为什么规章制度不可以有几个方案?

毛泽东还说:对许多规章制度,我们许多同志不去设想有没有另外一种方案,择其合乎中国情况者应用,不合适者另拟。学习外国的一切长处,永远是原则。但学习应和独创相结合,硬搬苏联的规章制度,就是缺乏独创精神。

交友可择善而从之

在毛泽东的住地中南海丰泽园颐年堂前的院子里,有两株百年以上的海棠树,躯干高大,枝叶繁茂,每到春季,满树鲜花盛开,令人心旷神怡。

中华人民共和国成立之初,毛泽东常在这个时节,邀请一些民主人士和知名故旧,前来赏花谈心、品茶、便宴,一时整个院子充满了花香笑语,这给他身边工作人员留下深刻的印象。

有一次,警卫员沈同陪毛泽东散步,曾提到民主人士对国家的重大贡献,顺便谈起了毛泽东邀友赏花谈心的事。沈同请毛泽东给他们讲讲交友之道。毛泽东笑了,他说:

> 多交些朋友才能够了解当前这个活的世界、活的社会,不管是大人物还是小人物,男的女的,老年人青年人,各行各业,各有各的思想境界,社会上有那么多的新人新事,而且还在随时随地地起着变化,只靠自己是了解不来的。多交些朋友还能够学习人家的长处来补自己的不足,能够广开思路,博采众议,择其善者而从之,也能够避免教条主义和主观主义,防止犯官僚主义的错误。(沈同:《在毛主席身边的日子:一个警卫员的回忆》,中央文献出版社1993年版,第53页)

毛泽东一生喜欢交朋友,他认为多交朋友,不仅能够长知识,广见闻,开阔眼界,还可以同朋友推心置腹地商议国事,为建设伟大的祖国做贡献。

毛泽东一生交友甚广,无论是党内的,还是党外的,无论是年长还是年幼的,只要对人民有益,对革命工作有益,都是他的朋友。

毛泽东待人接物有他自己的一套规矩："做事以事论，私交以私交论，做事论理论法，私交论情。"毛泽东的话，反映出他在做人与处世中的特点。在交友过程中，毛泽东从不以领袖自居，而是以一个普通人的身份，与人平等相处。这是毛泽东私交的出发点。

对于他身边的工作人员，如警卫员、护士等，则另当别论。因为他们都很年轻，毛泽东视他们如家人、孩子，给予无微不至的关怀和爱护。

沈同于北平和平解放后来到毛泽东身边，做警卫工作一干就是十七年。日间，他帮着毛泽东迎来送往，所见所闻，都给予他深刻的教育和影响。

当他请教毛泽东怎样交朋友时，毛泽东笑了，对他说，交朋友首先要对人谦虚，要尊重人家，这样才能够推心置腹，开诚相见。交友之道贵在志同道合，但不可分党分派，像你们光认识共产党解放军这还不行，应是五湖四海皆有我友。毛泽东接着说，宇宙之大，无奇不有，我国是个多民族的国家，情况是三教九流、七行八作、五花八门，各有千秋，而且随时随地还在不断地出现新人新事，这些都是促使社会起变化的大小不同的因素，也可以说就是共产党人改造社会的依据，如果不了解他们，不晓得他们都在想些什么、干些什么，不知道或是忽略了他们的存在，那就将失之毫厘而差之千里。要是朋友多了，就可以知多见广，取长补短，对我们的工作是会大有帮助的，所以应该广交朋友。

毛泽东引用孔子"择其善者而从之"这句话，强调了广交朋友的好处，他们或见多识广，或经验丰富，或知识广博，每次与朋友交谈交往，你都能学到东西，增长见识，有些人或事甚至终身受益而难以忘怀。

毛泽东最后告诉沈同应慎重交友。交友虽然好处多，但交朋友应该有原则、有立场、有分辨和选择是非善恶的本事，不能随随便便地，近朱者赤、近墨者黑，要严肃慎重地广交朋友。

泰伯篇第八

人之将死,其言也善

《论语·泰伯篇》第四章记孔子后进弟子曾参病中告诉孟敬子的话:

> 曾子有疾,孟敬子问之。
> 曾子言曰:"鸟之将死,其鸣也哀;人之将死,其言也善。"

曾参病了,孟敬子前来探问。曾子说道:"鸟要死了,鸣声是悲哀的;人要死了,说出的话是善意的。"

这是孔子的弟子曾参的一段言论。孟敬子,就是鲁国大夫仲孙捷,敬是他的谥号。曾子向来与他政治立场不同,所以在自己病重的时候还不忘向探视他的孟敬子陈述自己的观点。

在这段字数不多的话里,曾子一方面以"人之将死,其言也善"的至诚心态表明自己对孟敬子并无恶意,另一方面告诉孟敬子作为上位君子应该注意哪些方面。后用"人之将死,其言也善",描述垂死之人反省一生回归到生命的本质,所说的话,是比较友善诚恳的。

1939年5月30日,毛泽东出席西北青年救国会举行的模范青年授奖大会。这批模范青年是在五四运动20周年时选举出来的。

毛泽东在会上做了题为《永久奋斗》的报告。他在讲话中征引了这句话,说:

> 我曾经讲过,中国青年运动历来有两股潮流:一股是革命的

潮流；一股是反动的潮流。在五四运动时代，一股潮流是要求民族独立，实行民主政治，改良人民生活，跟工人农民站在一块，跟老百姓站在一块，他们的立场是光明的。另一股潮流则是跟帝国主义妥协，他们也说打倒帝国主义，但只打三天，第四天就不打帝国主义了，跟帝国主义又做朋友了。他们说要革命，要民主政治。但也只有三天，第四天就压迫老百姓了。"唤起民众"，这是孙中山先生临死时讲的，古人说"人之将死，其言也善"，但有些人也只唤了三天，第四天就不干了。至于改良民生，那更是踪影全无。(《毛泽东文集》第二卷，人民出版社1993年版，第192页)

在这里，毛泽东引用"人之将死，其言也善"这句《论语》中曾子的话，意在说明孙中山先生临终前对"唤起民众"这一政治遗训诚恳而郑重的态度，以此劝勉模范青年们要跟全国工农劳苦群众一起战斗。

"唤起民众"，意谓对民众力量的重视，这是孙中山先生在长期革命斗争中总结出来的经验之一，也是新三民主义的一个重要内容。辛亥革命果实被袁世凯窃取后，孙中山先生逐渐认识到，要想取得革命的胜利，必须广泛深入地发动民众。于是他提出"联俄、联共、扶助农工"的三大革命政策。随后积极吸收共产党员改组国民党，促成了国共第一次合作。

1925年孙中山在他临终前又谆谆嘱托："余致力国民革命，凡四十年，其目的在求中国之自由平等。积四十年之经验，深知欲达到此目的，必须唤起民众。"在生命的最后一刻，孙中山先生仍念念不忘唤起民众力量奋斗建国的愿望。

但在发动民众力量的问题上，资产阶级政党始终表现出其阶级的局限性，一旦意识到工农运动对自己的阶级利益构成威胁，他们必然走向与帝国主义为伍、与工农阶级为敌的方面。1927年，蒋介石、汪精卫先后发动反革命政变，背叛了孙中山先生临终前的政治交代，持续三年多的大革命宣告失败。

毛泽东认为，这种背叛同时也体现在青年团体中。如以戴季陶等人组织起来的孙文主义学会，则坚持国民党右派的顽固立场，与青年军人联合会相抗衡，是反人民的、反共的，其本质上也是背叛孙中山先生"唤起民众"的遗志。

在报告的最后，毛泽东号召在座的模范青年，要跟这些反共分子做斗争，反对妥协投降，反对反共。一定要这样努力去做，长期去做，一定要把革命干到底，干成功。

朱德临大节而不辱

《论语·泰伯篇》第六章还是记曾子语：

> 曾子曰："可以托六尺之孤，可以寄百里之命，临大节而不可夺也，君子人与？君子人也。"

曾子说："可以把年幼的君主托付给他，可以委托他代理国家政事，面临生死存亡的紧急关头而不动摇屈服，这样的人是君子吗？是君子啊。"

面临安危存亡的紧要关头却不改变操守，不动摇屈服，一定是个原则性强，且又镇定自若的人。曾子认为，只有这样的人，君主才能够向他托孤，把国家的命脉交付给他，否则一定会出大事的。

"临大节而不可夺"者，可以称之为"君子"。这显然不是每一个"君子"都能做到的。

毛泽东认为他的老战友朱德"临大节而不辱"！

1935年6月中旬，毛泽东、朱德率领的红一方面军，也称中央红军，与以张国焘为领导的红四方面军，在四川西北的懋功一带胜利会师。会师后，中央决定红一、红四方面军混编为左、右两路军，共同北上，创建川陕甘革命根据地。这时，张国焘依仗人多势众公开进行分裂活动，拒绝执行中央的北上方针，并采取突然行动，扣押朱德总司令。朱德置个人安危于不顾，同张国焘进行了坚决的斗争。事后，受到毛泽东的高度评价。

当毛泽东得知朱德不顾个人安危，坚决与张国焘分裂党的阴谋做斗争的事迹后，给予了很高的评价，他称赞朱德是"肚量大如海，意志坚如铁""临大节而不辱"。（李智舜编著：《毛泽东与十大元帅》，中共中央党校出版社1994年版，第17页）

自从1928年朱德上井冈山与毛泽东会师起，朱毛的名字便紧紧连在了一起。1934年10月由于"左"倾冒险主义的错误指导，中央苏区第五次反"围剿"失败后，红一方面军被迫撤出中央苏区，开始长征。

北上抗日的红一方面军和红四方面军在四川懋功一带胜利会师后，党中央在毛儿盖举行了政治局会议，决定兵分两路，继续北上。一路为右路军，由党中央、毛泽东率领；另一路为左路军，由朱德和张国焘率领。

不久，张国焘率左路军穿过松潘草地到达阿坝后，拒绝执行中央北上方针，擅自率领左路军重过草地，向南退却到川康边境的天全、芦山、大小金川等地。张国焘的错误行为，立即遭到朱德的反对，认为左路军不能仗着人多枪多就搞分裂主义，擅自行动，要坚决听从党中央的指挥。

可是当天晚上，张国焘竟采取突然行动，带着他的特务营，包围了司令部，把朱德和刘伯承参谋长扣押起来。并用命令的口吻逼迫朱德断绝与毛泽东的一切关系，与毛儿盖会议划清界限。

朱德极端鄙视地看了张国焘一眼，气宇轩昂地说："毛泽东同志的领导是正确的，北上抗日是中央的决议，我是举手赞成的，决不能反对！"接着又说，"你就是把我劈成两半，也割不断我和毛泽东同志的关系。朱毛朱毛，外国人都以为朱毛是一个人，哪有朱反对毛的！"

张国焘威胁道："如果你拒绝就枪毙你！我奉劝你要三思而行，免得以后悔恨。"

朱德神色严肃，傲然挺立在张国焘的面前，坚定地说："我朱德没有什么特殊的地方，和我们部队的战士一样，对毛泽东是有感情的，对党中央有最高的信仰。你愿意枪毙就枪毙，我决不接受'命令'，也决不会有什么悔恨可言，有的只是莫大的自豪！我宁可饮弹身亡，也决不做任何损害我们党的事情。"

张国焘见无计可施，变本加厉，采取一些卑鄙的手段，来摧残和迫害朱总司令。他指使人偷偷杀掉朱德的坐骑；撤掉朱德的警卫；让朱总司令只和一个骑兵班在茫茫草原上露宿，随时都有可能遭到敌人袭击而送掉性命；甚至几天不给朱德送饭，还挑动一些人到朱德那里围攻闹事，对于这些，朱德不屑一顾，泰然处之。

张国焘的罪恶行径，引起了左路军部分指战员的反感。主张把朱德和其他被扣押的人员抢回来，再跟毛泽东共同北上。朱德深谋远虑，考虑到如果这样就很可能使左路军分裂，在西北高原上引起一场血战。他从革命大局出发，忍辱负重，说服一些同志暂时跟着张国焘南下返回西康。要大家坚信，四方面军的广大指战员，绝不会一直跟着张国焘的错误路线走，迟早会回到正确路线上来。

张国焘公开分裂后，竟在川康边境成立"中央"，自称"主席"。在此期间，党中央、毛泽东率领的右路军，自巴西出发，越过岷山，攻占天险腊子口，突破渭河封锁线，翻越六盘山，顺利地到达陕北；而张国焘则把左路军带入困境，部队消耗很大，由当初的八万人减少到四万人左右。

这时，由贺龙率领的红二方面军经长途转战，到达西康甘孜，与左路军会合。两军会师后，由于朱德、贺龙等坚决拥护中央北上的决策，及四方面军广大指战员的觉悟，张国焘不得不同意北上。

身处逆境中的朱德，不顾个人安危，同张国焘的分裂活动进行了不懈的斗争，推动了两军共同北上，为三大红军主力最终在甘肃会师做出了重要贡献。毛泽东对此给予了高度评价，称赞朱德"临大节而不辱"！《论语》中的原话是"临大节而不可夺也"，毛泽东略有改动，移赠朱德元帅，恰当而有神韵。

可不要按孔夫子的"由之"去做

《论语·泰伯篇》第九章是反映孔子民本思想的话,但是这段话长期以来被误读为孔子的愚民思想。此章是:

> 子曰:"民可,使由之;不可,使知之。"

在较长历史时期,这一章被点读为"子曰:民可使由之,不可使知之。"意谓老百姓只能使他们照着我们的意见去做,不能使他们懂得为何要这样做。近现代批孔的人认为此章十分清楚地表述了孔子的愚民思想和愚民政策,是儒家鄙视人民群众的消极思想。

改革开放以后,不少学者认为本章应点读为:"子曰:民可,使由之;不可,使知之。"意谓老百姓可以使用,就派他们去干事情;老百姓不可以使用,就教育他们懂得为什么去干如何去干事情。这些学者认为此章十分清楚地表述了孔子以民为本的思想,是儒家重视民众力量的积极思想。

毛泽东在运用孔子此句名言时,还是按照旧解来理解的。

晚年毛泽东的老年性白内障日益严重,需动手术。毛泽东的保健医生请来北京广安门医院著名眼科专家唐由之来会诊。

1975年春,当毛泽东第一次见到唐大夫时,询问他的名字后,反复地念着他的名字:"由之,由之。"毛泽东问他:

> 你的名字是出自《论语》"民可使由之,不可使知之"吧?

唐由之大夫笑着点了点头。毛泽东又接着说：

你可不要按孔夫子的"由之"去做，而要按鲁迅讲的"由之"去做。

毛泽东的记忆力非常惊人，当即吟诵起鲁迅的《悼杨铨》这首诗：

岂有豪情似旧时，花开花落两由之。
何期泪洒江南雨，又为斯民哭健儿。
(《幸福的回忆，深切的怀念——首都医务人员缅怀伟大领袖毛主席》，《北京日报》1977年9月25日；黄丽镛编著：《毛泽东读古书实录》，人民出版社2012年版，第329页）

唐大夫说："毛主席啊，有些地方我听不懂。"毛泽东慈祥地说："你拿纸来。"毛泽东用了六张纸，用浑然刚劲的笔体，写下了这首充满激情的诗，并签上自己的名字，送给了唐由之。

毛泽东说：你不要按照孔夫子的"由之"去做！显然，毛泽东对孔子的这一思想是持批判的否定态度的。在他的潜意识里，孔夫子的"由之"包含着某种程度的愚民意味在内，而且往往成为历代统治者推行愚民政策的理论根据。

毛泽东让唐大夫按鲁迅的"由之"去做。鲁迅的"由之"源于鲁迅《悼杨铨》一首诗。杨铨，即杨杏佛，江西玉山人。同盟会会员。曾赴美留学，回国后任东南大学教授。1924年赴广州，担任孙中山秘书，随同北上。"四一二"反革命政变后，他以中国济难会名义极力接济和营救革命者，被国民党当局撤职。九一八事变后，与宋庆龄、蔡元培、鲁迅等著名人士于1932年12月在上海发起组织中国民权保障同盟，并组织营救了不少被关押的共产党人和爱国人士。1933年6月18日，在上海被国民党特务暗杀。杨铨死后，鲁迅以悲愤心情写下了《悼杨铨》这首诗。

鲁迅这首诗大意是，本来以为自己不会有像过去那样的豪情，看见花也由它自开自落，哪里预料到又一次在江南泪下如雨，为民族失去勇健的男儿而哭泣。鲁迅所说的"花开花落两由之"是指那些为民主奋斗而把个人生死置之度外的革命志士，这是一种大无畏的革命豪情。毛泽东让唐大夫按鲁迅的"由之"去做，其意大概即在于此吧！

按照谁的"由之"去做？毛泽东反对按孔子的"由之"去做，而主张按照鲁迅的"由之"去做。这似乎是很不经意的闲谈，但可看出一贯主张群众路线的毛泽东是不同意愚民政策的（当然，这是前人对孔子论断的误读）。

才难,不其然乎

孔子的人才思想已经有很深刻的道理。《论语·泰伯篇》第二十章就是对三代用人经验的总结:

舜有臣五人而天下治。武王曰:"予有乱臣十人。"

孔子曰:"才难,不其然乎?唐、虞之际,于斯为盛。有妇人焉,九人而已。三分天下有其二,以服事殷。周之德,其可谓至德也已矣。"

本章记载:舜有五位贤臣,就把天下治理好了。武王也说:"我有十位能治理天下的臣子。"孔子因此说道:"人才难得呀,不是这样吗?唐尧虞舜之际,人才最为兴盛。武王说的十人中有一个妇人,实际上只是九人罢了。周文王拥有天下三分之二,可是仍然服事殷王。周朝的仁德,可以称得上最高的了。"

才难,意谓人才不易得。体现了孔子人才思想。朱熹注:"才者,德之用也。"(《四书章句集注·论语集注》)"古之所谓才,皆言人有德能治事者也。"(刘宝楠:《论语正义》)孔子所谓才,是指以德为主而又德能兼备之人。孔子一生十分重视人才问题。他把举用贤才看作是有好的政治的重要条件。当其弟子仲弓问如何为政,告之曰:"先有司,赦小过,举贤才。"(《论语·子路篇》)孔子以为,世卿世禄制使得君王身边的贤才极少,所以举用贤才是迫不及待。他去看望做武城宰的子游,见面就问:"女(汝)得人（才）焉尔乎？"(《论语·雍也篇》)因为人才难得，故孔子始终把培养人才作为自己教育的目的。

这段文字，孔子通过赞叹周文王的德行，大为感叹天下人才的难得。由此可见，发现人才、培养人才、珍惜人才，几千年来，就一直成为治理和发展国家的一个突出问题。

孔子重视人才的思想，对后世影响较大。"才难"，毛泽东也有同感。受其影响，毛泽东一生十分注重人才的培养和使用。

现在这样"才难"的时候

新民学会在湖南长沙成立，由毛泽东、蔡和森和萧子升等，发起于1918年4月。

陶毅，湖南湘潭人。毕业于长沙周南女校，也加入了新民学会。当时在周南女校任事。1920年2月，毛泽东致信陶毅引用了"才难"这一孔子语，他说：

> 于今尚有一个问题，也很重大，就是"留学或做事的分配"。我们想要达到一种目的（改造），非讲究适当的方法不可，这方法中间，有一种是人怎样分配。原来，在现在这样"才难"的时候，人才最要讲究经济。不然，便重叠了，堆积了，废置了。有几位在巴黎的同志，发很的扯人到巴黎去。多扯一般人到巴黎去是好事；多扯同志去，不免错了一些。我们同志，应该散于世界各处去考察，天涯海角都要去人，不应该堆积在一处。最好是一个人或几个人担任去开辟一个方面。各方面的"阵"，都要打开。各方面都应该去打先锋的人。(《毛泽东早期文稿》，湖南出版社1995年第2版，第465页)

五四运动前后，在蔡元培、吴玉章等人倡导下，在全国青年学生中掀起了一股赴法勤工俭学的热潮。

当时，由毛泽东、蔡和森等发起的新民学会已经成立，一些会员受十月革命的影响，急于想走出国门，了解俄国和欧洲革命的情况。截至1920年年底，只有二十多人的新民学会会员，先后就有蔡和森、萧子升、李立三、向警予、李维汉、李富春、萧三、蔡畅等十多人先后赴法。

毛泽东对赴法国勤工俭学倾注了很大心血，支持和送走了一批又一批留法学生，可他自己却未能赴法留学。当时中国社会正处在大变革之中，毛泽东认为要解决中国的根本问题，必须立足中国实际，研究中国国情。参与中国社会变革的崇高使命感，使毛泽东决定留在国内。时隔几十年后，毛泽东还一直表明不出国留学是因为"我觉得我对自己的国家还了解得不够，我把时间放在中国会更有益处"。由此可见，青年时代的毛泽东已把自己的着眼点和立足点放在了自己的国家和民族上，把自己的前途、使命同祖国的前途和民族的解放紧紧地连在了一起。

1920年毛泽东在致新民学会会员陶毅的信中，谈到"留学或做事的分配"问题，也就是人怎样分配的问题。他认为想要达到一种目的，非讲究适当的方法不可。在现在这样"才难"的时候，人才使用最要讲究经济。毛泽东在信中引用孔子"才难"一语，说明在当时中国社会处于大变革时期，人才难得，新民学会二十多名会员，仅赴法就去了一多半，未免有不当之处。

毛泽东认为：一会友的留学及做事，应该受一种合宜的分配，担当一部分责任，为有意识的有组织的活动。应该散于世界各处去考察，天涯海角都要去人，不应该堆积在一处。在信中毛泽东又举例说，会友张国基君安顿赴南洋，我很赞成他去。在上海的萧子暲君（即萧三）等十余人准备赴法，也很好！彭璜君等数人在上海组织工读互助团，也是一件好事！

毛泽东还谈了他自己的计划，想在长沙组织一个"自由研究社"，或叫自修大学，预计一年或二年，弄清古今中外学术的大纲，然后赴俄勤工俭学。

在当时，毛泽东第二次到北平后，先后读了许多关于俄国十月革命的文章和一些有关共产主义文献的中文读本，对俄国十月革命的了解逐步加深，他的世界观发生了重大转变，向往俄国的倾向已远远超出了向往法国。1920年2月，毛泽东在给陶毅的信中坦陈了自己的观点："有几位在巴黎的同志，发很的扯人到巴黎去。多扯一般人到巴黎去是好事；多扯同志去，不免错了一些。""何叔衡想留法，我劝他不必留法，不如赴俄。"同年8月，毛泽东等在长沙发起成立了湖南俄罗斯研究会。毛泽东思想观念的重大转变，使其对马克思主义的信仰逐步得以确立，由此决定了他人生的重大转折。

青年毛泽东依据孔子"才难"思想，对新民学会会员的人才使用做了认真思考。产生这样一些思考成果：（一）为着"改造中国与世界"（新民学会宗旨），会员即人才"留学或做事的分配"问题，是个"很重大"的现实问题，"非讲究适当的方法不可"。（二）现在这样"才难"的时候，人才使用最要讲究经济。不能使之"重叠了，堆积了，废置了"。如"发很的扯"新民学会会员"到巴黎去"就"不免错了一些"。（三）新民学会会员"应该散于世界各处去考察"。实际是国际国内都要有，以留欧（法）留俄为主，以留南洋、日本为辅，国内在上海、湖南组织工读互助团和俄罗斯研究会，这样就做到了"一个人或几个人担任去开辟一个方面。各方面的'阵'，都要打开。各方面都应该（有）去打先锋的人"。

地方必有才难之叹

1920年10月10日，在上海《时事新报》副刊《学灯》上，毛泽东发表了一篇题为《反对统一》的文章。

在这篇文章中，毛泽东说："中国的事，不是统一能够办得好的，到现在算是大明白了。""现在的和议，就是这样。一些人捧着一个'和议'，北跑到南，南跑到北，没希望的时候，便皱着眉，有一点希望，便笑起来了。我是极端反对和议的，我以为和议是一个顶大的危险。我的理由，不是段祺瑞的统一论，也不是章太炎孙洪伊的法律论，我只为要建设一个将来的真中国，其手段便要打破现在的假中国。起码一点，就是南北不应复合，进一层则为各省自决自治。"

毛泽东又说："各省自决自治，为改建真中国唯一的法子，好多人业已明白了。这是这次南北战役的一个意外的收果。"

青年毛泽东还主张：

> 关于如何除去各省自治的障碍物，我以为这障碍不在督军，而在许多人要求的"统一"。我以为至少要南北对立。这是促成各省自治的一大关系点。倘使统一成了，新组国会，制定宪法，各省自治，必多少要受宪法束缚（无论中央政府永办不好），像湖南广东，便断不能发挥其特性。又人才奔赴中央政府，地方必有才难之叹。更有一个大不好处，假如中央政府成了全国视线，又都集注中央，中国人看上不看下务虚不务实的老癖必要大大发作，而各省自治，又变成不足轻重的了。（《毛泽东早期文稿》，湖南出版社1995年第2版，第532页）

1911年10月10日武昌首义后，中华民国建立。1912年9月28日北京临时政府临时参议院议决,定10月10日为中华民国国庆日。

青年毛泽东曾经有一阶段在政治上反对袁世凯复辟帝制,反对旧军阀割据战争,而主张各省独立自治,不搞"统一"。这首先是当时政治军事形势使然。

中华民国建立之初,袁世凯篡夺革命成果,赶走孙中山,当上大总统。1915年袁世凯伪造民意,准备称帝。8月,筹安会成立,进行鼓吹。孙中山领导的中华革命党(二次革命后,1914年7月由孙中山在日本召集部分国民党员组成)和全国人民积极进行反袁运动。

蔡锷在梁启超赞助下,11月潜出北京,辗转回到云南。12月23日,蔡锷以云南将军唐继尧、巡抚使任可澄名义致电袁世凯,要求取消帝制,惩办祸首;至25日未获答复,即通电各省宣告独立,声讨袁世凯,并组织护国军,以蔡锷、李烈钧、唐继尧分任一、二、三军总司令。31日,袁世凯宣布改次年为洪宪元年,准备登极。蔡锷遂率第一军入川,李烈钧率第二军由桂入粤,唐继尧坐镇留守,护国运动正式开始。

袁世凯派兵入川镇压.双方激战于叙州(今宜宾)、泸州、綦江间,袁军不能取胜。贵州、广西相继独立。袁世凯被迫于3月22日取消帝制,废"洪宪"年号,要求停战,但仍居大总统职位。护国军坚持以袁去位为媾和条件。

4月,广东、浙江先后宣布独立。5月,独立五省在广东肇庆联合成立军务院,作为统一的军政机关。孙中山发表"第二次讨袁宣言",并在山东、江苏、湖南等地策动武装反袁。北洋军将领冯国璋、段祺瑞别有所图,内部四分五裂。四川、湖南亦相继独立。6月6日袁世凯忧惧病死。黎元洪继任大总统,宣布遵行临时约法,召开国会。护国运动以倒袁胜利而宣告结束。

但是,帝制复辟并未随着袁世凯的死亡而绝迹。1917年6月张勋胁迫黎元洪解散国会,拥废帝溥仪复辟,孙中山即决定南下护法。7月6日,与廖仲恺等离沪赴粤。7月12日张勋兵败,段祺瑞重任国务总理。拒绝恢复约法和国会。7月17日孙中山到达广州,宣示招集海军全体舰队到粤,然后即在粤召集国会,请黎元洪到粤组织政府。7月21日海军总长程璧光率舰南下护法,发表护法宣言。8月25日,离京南下议员在广州召开国会,因不足法定人数,称国会非常会议,组织护法军政府,选举孙中山为大元帅。段祺瑞决定出兵湖南,以制两广;出兵四川,以制滇黔,图谋武力统一。

南北战争(也叫护法战争)发生。10月,南北两军鏖战于湘南衡山、宝庆一带。11月,孙中山致电唐继尧、陆荣廷,主张联合西南各省为一大团体，以抵抗段的武力统一。但西南各省，虽以护法相号召，实皆别有企求。在西南军阀的排挤逼迫下，1918年5月4日，孙中山向非常国会辞职。军政府大元帅制旋被改为七总裁合议制，孙中山被迫赴沪。护法军政府遂成为南方军阀割据的政权，酝酿与北洋军阀议和。

北洋军阀本是袁世凯建立的封建买办军事政治集团。对外出卖国家主权，对内搜括民财，镇压革命。1916年袁死后，北洋军阀在帝国主义支持下分化为直系、皖系、奉系三系，主要首领先后有段祺瑞、冯国璋、王士珍、曹锟、吴佩孚、孙传芳、张作霖等。各系军阀互相争权夺利，不断发生混战。

正是在这样的历史背景下，青年毛泽东在《反对统一》的文章中主张"南北不应复合"，意为当时的中国不应再行"南北议和""南北统一"。因为当时的"统一"，不是统一于复辟帝制，就是统一于军阀独裁。其中还有一个理由，即涉及人才问题："人才奔赴中央政府，地方必有才难之叹。"这是为地方自治着想。青年毛泽东的政治蓝图是，先聚集人才搞好各省民主自治，而后实现全国统一，走向民主共和。他此时的政治理想，呼应南方各省独立自治的时局，还是他接受马克思主义以前孙中山资产阶级民主思想指导下的激进派思想。

邓小平"人才难得"

晚年毛泽东曾经评价重新复出工作的邓小平"人才难得"，这是对孔子"才难"思想的借鉴运用。

1973年2月，邓小平结束了在江西的"放逐生活"，被中央召回北京。

自2月下旬至3月初，周恩来受毛泽东的委托，连续主持中央政治局会议，专题讨论邓小平复出的问题。尽管斗争激烈，政治局最终还是在3月10日做出了《关于恢复邓小平同志的党的组织生活和国务院副总理的职务的决定》。这一《决定》的重要意义在于，邓小平这位被打倒的"党内第二号走资派"终于又重新登上政治舞台，它在事实上是对"文化大革命"的一个否定。

5月下旬，邓小平出席由周恩来主持的为筹备党的十大而召开的中央工作会议。会议期间，周恩来向与会者说：党中央关于恢复邓小平同志职务的文件，是一个有代表性的文件。对此，绝大多数同志都是满意的。

在8月召开的中国共产党第十次代表大会上，邓小平被选为中共中央委员。10月，毛泽东和党中央开始酝酿给邓小平加重担子，让他负责更为重要的工作。此事是由主持军委工作的叶剑英元帅向毛泽东建议的。为了加强中央军委的领导，叶帅当面向毛泽东建议说："小平同志回来了，我提一个要求，让他来参加和主持军委工作。"毛泽东采纳了叶帅的建议。

12月12日，毛泽东亲自主持召开中共中央政治局会议，并请小平参加。会上，他提出大军区司令员对调的意见，并向大家推荐邓小平，说："我和剑英同志请邓小平同志参加军委、当委员。是不是当政治局委员，以后开二中全会报告追认。"

12月22日，中央军委发布命令：八个大军区司令员对调。在召集这些司令员开会宣布中央和军委的决定时，毛泽东指着邓小平第三次向大家推荐说：

"现在，请了一个军师，叫邓小平。发个通知，当政治局委员、军委委员。政治局是管全部的党政军民学、东西南北中。我想政治局添个秘书长吧。你（邓小平）不要这个名义。那就当个参谋长吧。"

毛泽东在十天里三荐邓小平，用这么多话称赞一位领导同仁，实属罕见。

1974年6月，周恩来病情更加严重了，不得不住院治疗。这样，接替周恩来全面主持中央日常工作的人选问题，迫在眉睫。毛泽东接受周恩来的推荐，10月4日提议邓小平担任第一副总理。10月11日，中共中央发出通知，决定近期召开四届人大。江青预感邓小平有可能在四届人大上接替周恩来正式主持国务院工作，就导演了一连串妄图由她"组阁"的闹剧。

毛泽东对江青的图谋也是清楚的。他指示："总理还是总理"，"四届人大的筹备工作和人事安排由总理主持安排"，并说："江青有野心。她是想叫王洪文做委员长，她自己做党的主席。"毛泽东还在江青的信上批示："不要由你组阁（当后台老板）。你积怨甚多，要团结多数。"此话说到要害处。

江青11月19日再次给毛泽东写信说，"自九大以后，我基本上是闲人，没有分配我什么工作，目前更甚。"这是公然伸手要官了。毛泽东于20日批示说："你的职务就是研究国内外动态，这已经是大任务。此事我对你说过多次，不要说没有工作。此嘱。"

江青一伙"组阁"的图谋终遭破产。

12月23日，周恩来抱病飞长沙向毛泽东汇报四届人大筹备工作。王洪文也到了长沙。毛泽东在同周、王的谈话中，再次明确表态支持邓小平，说："你们留在这里谈，告诉邓小平在京主持工作。"

"他政治思想强。"毛泽东和周恩来谈到邓小平时说。

"Politics 比他强。"毛泽东指着王洪文对周恩来说。英文 Politics 的中文意思是"政治",周恩来听得懂。不懂英文的王洪文木然。

毛泽东指着王洪文又说:"他没有邓小平强。"一边说还一边在纸上写了个"强"字。这次王洪文似乎听懂了,十分尴尬。

当周恩来汇报四届人大人事安排说到"邓小平任第一副总理兼总参谋长"时,毛泽东打断周恩来的话,一字一句地说:"我看小平做个军委副主席。军委副主席、第一副总理兼总参谋长。"

毛泽东又拿起笔来,在纸上写了"人才难",周恩来看懂了,说:"人才难得。"毛泽东欣然放下了笔。

毛泽东转过头来对王洪文说:"总理还是我们的总理。"又关照周恩来说:"你身体不好,四届人大会后,你安心养病吧!国务院的工作可以让小平同志来顶。"周郑重地点了点头。(《毛泽东年谱(1949—1976年)》第六卷,中央文献出版社2013年版,第562页;贾思楠编:《毛泽东人际交往实录》,江苏文艺出版社1989年版,第340—341页)

1975年1月5日,中共中央发出一号文件,任命邓小平为中央军委副主席兼总参谋长。1月8日至10日,周恩来在京主持党的十届二中全会,讨论了四届人大的准备工作,增选邓小平为中央副主席、政治局常委。1月13日至18日召开的全国四届人大一次会议,决定周恩来继续担任国务院总理,邓小平为第一副总理。

2月1日,周恩来主持有12位副总理出席,中央军委副主席叶剑英、中国科学院院长郭沫若列席的国务院常务会议。会议一开始,周恩来便说:"我身体不行了,今后国务院的工作,由小平同志主持。医院是不想放我出来,但我还是争取每星期来和大家见一次面……"接着,周总理郑重地宣布了各副总理的分工,首先说的是第一副总理邓小平:"邓小平同志,主管外事,在周恩来总理治病疗养期间,代总理主持会议和呈批主要文件。"

随后,周总理又主持召开了有国务院各部部长参加的国务院全体会议。周恩来发表讲话说:

> 根据毛主席的指示和党中央决定,我们从今开始来完成四届

人大以后的工作。今天是开始，对于我来说，恐怕也只能够完成这个"开始"的任务了。以后的事情，主要是由各位副总理来做……

周恩来总理略停顿了一下，环顾会场，加重语气又说：

毛主席讲，小平同志"人才难得"，"政治思想强"。现国务院新班子以小平同志为首，一共十二位。将来这样的会，请小平同志主持。我希望，新的国务院能出现新的气象，领导全国人民努力完成和超额完成今年的国民经济计划和第四个五年计划！（铁骥文：《周恩来与"全面整顿"》，《人物》1994年第3期）

邓小平临危受命。当时国内的政治、经济局势十分严峻，"四人帮"的破坏活动还很猖獗，社会秩序混乱，国民生产指数下降，人民生活非常困苦。经过第三次"起落"的邓小平，深知历史把他推到这个位置所肩负的重大责任。他已七十一岁了，但精力仍然很充沛。他要把他深入思考的经纶大略付诸实施。

"人才难得"是孔子"才难"思想的展开。在党和国家用人之秋，毛泽东用这四个字评价邓小平，确实分量很重，很到位。邓小平是战争环境和建设时期千锤百炼千淘万滤出来的顶级领袖人才，完全当得起这四个字。

子罕篇第九

客观地看问题即"四毋"

《论语·子罕篇》第四章：

　　子绝四：毋意，毋必，毋固，毋我。

"四毋"：毋，同"无"。

本章大意为：孔子杜绝了这四种毛病：不主观猜测，不绝对肯定，不固执己见，不专事利己。

这句话并非孔子所言，而是记载孔子杜绝了意、必、固、我这四种毛病，表现出良好的修养和美德。后世遂将此视为孔子责己责人，自勉勉人的教导。

孔子做到杜绝这四种弊病，提倡求是的态度，反对主观、武断、固执和自私。这四种弊端都妨碍人客观地正确地认识事物和处理矛盾。

毛泽东肯定孔子"四毋"。1941年8月5日，他在致谢觉哉的信中说：

　　事情确需多交换意见，多谈几次，才能周到，否则极易偏于一面。对于下情搜集亦然，须故意（强所不愿）收集反面材料。我的经验，用此方法，很多时候，前所认为对的后觉不对了，改取了新的观点。客观地看问题，即是孔老先生说的'毋意，毋必，毋固，毋我'，你三日信的精神，与此一致，盼加发挥。此次争论，对边区，对个人，皆有助益。各去所偏，就会归于一是。"（王定国：《万古云霄着意旋》，《工人日报》1978年12月23日）

红军长征到达陕北后，在巩固陕甘宁边区的建设方面，毛泽东遇到了各种问题。为了协调多方关系，增强团结，毛泽东做了大量工作。

陕甘宁边区政府从1937年成立后，一直由林伯渠担任主席。革命老人谢觉哉是边区政府的另一位主要领导人。林老、谢老年高德劭，早在中央苏区时就担任过中华苏维埃政府的领导工作，在党和人民中享有崇高的威望。毛泽东对二老十分敬重。

边区党组织的主要领导人一直是高岗。高岗是陕甘红军和陕甘根据地的创始人之一，毛泽东把高岗看作本地干部的代表，非常器重。在1938年4月决定成立边区中央局时，毛泽东委任高岗为书记。

1941年，抗战进入极端困难时期，各种矛盾都突出起来。尤其是在经济政策问题上，如怎样看待减轻民赋问题、如何认识当时带有一定强制性运盐政策问题、政府预算问题、纸币发行问题等，边区政府与中央局之间意见相左，出现争论。毛泽东不得不以很大精力来协调双方关系，解决矛盾，主要是说服林、谢二老服从中央局的意见。

从1941年7月至8月底，毛泽东先后给林、谢的信就有十多封，并且数次当面长谈。信中谈到了具体的争论，但着重是从方法论上说服二老。比如在8月5日给谢老的信中，毛泽东指出："客观地看问题，即是孔老先生说的'毋意，毋必，毋固，毋我'，你三日信的精神，与此一致，盼加发挥。"毛泽东借用孔子的"四毋"的话，说明对待矛盾和问题，不能凭臆断，也不要固执己见，总认为自己这方面是对的。要能做到客观地看问题，这是避免片面性的好办法。在这里，毛泽东把孔老先生"四毋"认同为"客观地看问题"的思想方法。

第二天，8月6日，毛泽东又写信给谢老，更具体地说道："我前信未蒙林老复示，似以所提各点为不切肯要。然区区之意，在使此问题得到合理解决，以达意志统一与行动统一之目的……故就感想所及，提出如上论点，就正于你及林老。如你及林老觉得有错误，即祈毫不客气，一一指正，以归一是。"这封信深刻地表明，毛泽东自己也是"毋意，毋必，毋固，毋我"的，从而多方面地听取意见，勇于从实际出发，坚持实事求是的作风！

在做林、谢二老的工作的同时，毛泽东还给高岗写信，在肯定工作的同时也指出存在的缺点和问题，要求他们对林、谢二老取尊重态度。毛泽东在协调双方关系时，是有原则、有主张的，力求从思想深处解决分歧，体现了很高的思想性。他最终的目的是要大家做到"四毋"，达到"各去所偏，归于一是"之境界。

子在川上曰：逝者如斯夫

《论语·子罕》第十七章：

> 子在川上曰："逝者如斯夫！不舍昼夜。"

孔子在河边上说："消逝的时光，如同这一去不复返的河水一样啊！日夜不停地流去。"

孔子的这一发展变化的思想对后人很有影响。宋人程颐对这句话的注释是："如道体也。天运而不已，日往则月来，寒往则暑来，水流而不息，物生而不穷，皆与道为体，运乎昼夜，未尚已也。是以君子法之，自强不息。"朱熹进一步解释说："天地之化，往者过，来者续，无一息之停，乃道体之本然也。然其可指而易见者，莫如川流。故于此发以示人，欲学者时时省察，而无毫发之间断也。"（《四书章句集注·论语集注》）孔子承认世界（无论是自然还是社会）是一个川流不息的无止境的过程，犹如长江后浪推前浪，滚滚向前。

"逝者如斯夫！不舍昼夜"，是孔子在面对滔滔流逝的河水时有感而发。他认为时间就如这流水一样，昼夜不停，流逝而去。由此想到世间万事，莫不如此，转眼即逝。孔子感慨之余，发出了这样的浩叹。

孔子感慨人生世事变换之快，亦有惜时之意在其中。谓人生苦短，应该抓紧时间学习，不要辜负大好年华。该句成为劝说人们珍惜时间，勤学不倦，成就事业的名言警句，沿用至今。

毛泽东肯定孔子这一辩证的思想。

1956年夏，随着社会主义建设事业高潮的到来，毛泽东决定南下视察，对社会主义建设之路进行新的探索。5月31日，一路经广州、长沙到达武汉。此时的武汉，一派社会主义建设的崭新面貌。1955年9月开工兴建的国家重点工程——武汉长江大桥，这时已建成巨大桥墩，并开始自零号墩向江面架桥。毛泽东到达武汉，当天就视察了长江大桥施工现场。然后，接连三次畅游了长江。

毛泽东在武汉视察工作之余，于6月1日、3日、4日三次畅游长江。横渡长江的几天中，江面风急浪高。毛泽东时而侧游，时而躺在水面仰泳，头部总是露出水面。不管风吹浪打，总是悠闲自在，极目空阔楚天，喜看大桥飞架，引起无穷兴致、无边遐想……

万里长江三次横渡，触发了诗人的豪兴和灵感。毛泽东欣然命笔，填了以游泳为题材的词作:《水调歌头·游泳》。其中毛泽东直接引用了《论语》的原句入词。正式发表时全词如下：

才饮长沙水，又食武昌鱼。万里长江横渡，极目楚天舒。不管风吹浪打，胜似闲庭信步，今日得宽余。子在川上曰：逝者如斯夫！

风樯动，龟蛇静，起宏图。一桥飞架南北，天堑变通途。更立西江石壁，截断巫山云雨，高峡出平湖。神女应无恙，当惊世界殊。(《毛泽东诗词集》，中央文献出版社1996年版，第95页)

不过，词中引孔子语"逝者如斯夫"，最初毛泽东原句则是"逝者如斯乎"。

1956年12月4日，毛泽东给黄炎培的信中说：去年（应为前年）和今年各填了一首词，录陈审正，以答先生历次赠诗的雅意。这两首词，一首为《浪淘沙·北戴河》，另一首为《水调歌头·长江》（后改为《水调歌头·游泳》）。

第二首词的上阕结句原是：

子在川上曰：逝者如斯乎！(《建国以来毛泽东文稿》第六册，中央文献出版社1992年版，第256页)

信中"今年"指 1956 年。《水调歌头·长江》是这年 6 月填的一首词，1957 年 1 月，《诗刊》一月号公开发表时，毛泽东将词题改为《水调歌头·游泳》，显得更见贴切。

词中的"逝者如斯乎"，毛泽东在同年 12 月 16 日给黄炎培的信中说：水调歌头：逝者如斯乎的"乎"错了，请改为"夫"字，即更正为"逝者如斯夫"。

"才饮长沙水，又食武昌鱼"，诗人以平和心境入题，点明自己的行踪，从长沙来到武昌。"万里长江横渡，极目楚天舒"，写出了诗人此时在长江中流击水所感到的意境。"不管风吹浪打，胜似闲庭信步"，是毛泽东这首词的得意之笔。1957 年 2 月 11 日，他在给民主人士黄炎培的信中，仍回顾说："游长江二小时飘三十多里才达彼岸，可见水流之急。"又说："都是仰游侧游，故用'极目楚天舒'为宜。"（《毛泽东书信选集》，人民出版社 1983 年版，第 522 页）这一时期，土地改革、抗美援朝取得胜利后，我国社会主义革命和建设出现了稳步前进的"宽余"局面。毛泽东心情极为舒畅，故有"胜似闲庭信步"之感。"今日得宽余"是写实，1956 年正值中国"一化三改"时期，毛泽东日理万机，全身心投入政务，平时很少抽闲休息。在南下之前，毛泽东听取 30 多个部委汇报，历时两个半月，刚刚完成了《论十大关系》这篇力作。此时的毛泽东，面对着革命和建设取得的成果，内心充满了喜悦，而回想过去奋斗的峥嵘岁月，又令他感慨万千。面对滔滔江水，联想起两千年前孔子说过的话"逝者如斯夫"，毛泽东不禁也发出了同样的感慨："子在川上曰：逝者如斯夫！"意在说明建设社会主义事业要有只争朝夕的精神。

上半阕的结尾，毛泽东巧妙而自然地引用了《论语》的两句话，提升了词的意境并赋予了深邃的哲理。这个两千多年前的典故被引新了、用活了，还得到恰当的发挥。诗人举目仰望楚天寥廓，俯视大江滚滚向东流，不由得发出感叹：这逝去的江水日日夜夜流个不停，过去的一去不复返了。重要的是今天，眼下，规模宏伟的武汉长江大桥正在全面施工，根治黄河和征服长江的大型规划，也在酝酿之中。"截断巫山云雨"是指要在长江上游建筑拦水坝，截断水流，拦蓄巫山一带流水，创建人工"平湖"，以蓄水、通航、发电、灌溉，使长江水为民造福。在这种历史的紧迫感与对美好前景的憧憬相交织的心境当中，毛泽东写下了这首词，既包含着对已取得的成就的歌颂，又包含着对远景规划充满信心的展望。

四十、五十而无闻焉，不足畏矣

成就事业，孔子很担心四五十岁的年龄段还无进境。《论语·子罕篇》第二十三章记孔子语：

> 子曰："后生可畏，焉知来者之不如今也？四十、五十而无闻焉，斯亦不足畏也已！"

孔子说："年轻人是可敬畏的，怎知他们的将来不如现在的一辈呢？如果一个人到了四五十岁还没有什么名声，那就没有什么可敬畏的了。"

这是孔子激励年轻人要奋进。年轻人来日方长，前途无限，诚可敬畏。也是孔子期望与勉励弟子好学不辍、积学成德以超过前人，而不要徒耗时光，一事无成。

对孔子这段话朱熹注为："孔子言后生年富力强，足以积学而有待，其势可畏，安知其将来不如我之今日乎？然或不能自勉，至于老而无闻，则不足畏矣。言此以警人，使及时勉学也。"（《四书章句集注·论语集注》）

从进化论角度看，人类的聪明程度，总是一代胜过一代；如再加上知识的积累、教育的进步，后生可畏，他们的将来赶上我们的现在，将是必然的。然而，后生中如果有些人自暴自弃，不求上进，那就另当别论了。比如孔子所说，有些后生到了四五十岁还依旧默默无闻，毫无建树，那就不值得让人敬畏了。这里的"无闻"，就是指无闻于世，没有什么名望，没有什么成就。

按孔子的意思，人应当及时好学，尤其年轻人更应珍惜光阴勤于治学。对于孔子这一思想，毛泽东是肯定的，并借鉴来说明事理。1964年9月7日，毛泽东在长沙接见湖南省委张平化、华国锋、李瑞山三位书记，在座谈和听取汇报中，毛泽东讲了很多，并引用了《论语》中的这句话。针对党政机关的情况，他发表意见说：

> 机关里的青年人，要他们做那样多的工作？搞半天工作，半天学习或劳动。不读一点书，学一点本领，"四十、五十而无闻焉？不足畏矣"！他们只知道扫地、倒茶水，招呼老爷。这些服务人员有几百万，一个县有几百上千人。武昌县三十万人，有八百人。搞那么多人做什么？领导不办事，科员当政。还得大批精简下去，或者去读书。不然，人多了，吃了饱饭要革命，就多搞表报，多开会，打电话。（夏远生、马娜：《毛泽东的三湘情结》下册，中央文献出版社2002年版，第534—535页）

从毛泽东与湖南省委领导座谈所发表的意见看，指出了地方党政机构存在的弊端：一是政府机关里青年人多，工作量大，没时间读书学习；二是"领导不办事，科员当政"。对此，毛泽东提出了批评。

做领导的不办事，喜欢指手画脚，具体工作都由科员干、由秘书干。为了克服这种官僚主义作风，毛泽东介绍了自己的工作体会和历史经验，供湖南省委书记们学习借鉴。毛泽东说：我的文章，一定自己写。害病就自己讲，别人记，记后再修改。不要搞那么多的秘书、公务人员。我过去官也不小，中共中央的委员，国民党中央的候补委员，宣传部副部长、代部长，从广州到长沙，一个人也不带，经过坪石，雇了一个挑夫。从长沙到上海，从上海到广州，都不带一个人。这是毛泽东讲1926年第一次国共合作时期，他去广州出席国民党二届二中全会的事情。

对于机关里青年人多，工作量大，没时间学习的问题，毛泽东建议可以"半天工作，半天学习"；或"精简下去"，去读书。青年人能多学习，多读一些书，多学一些本领，尤其能注重在实践中学习，是毛泽东历来所提倡的。1939年，他在一次延安在职干部教育动员大会上讲话时就说过："我们队伍里边有一种恐慌，不是经济恐慌，也不是政治恐慌，而是本领恐慌。过去学的本领只有一点点，今天用一些，明天用一些，渐渐告罄了。好像一个铺子，本来东西不多，一卖就完，空空如也，再开下去就不成了，再开就一定要进货。我们干部的'进货',就是学习本领,这是我们许多干部所迫切需要的"(《毛泽东文集》第二卷,人民出版社1993年版,第178页)。实际上毛泽东是教育干部和青年人要多学点知识,学点本领,才能应付新事物,适应革命工作的需要。

　　青年人是最积极最有生气的,应当趁年轻立志多读书学习,不断提高自身的素质和水平。年轻时记忆力好、时间多、烦心事少,要趁此机会大量读书。读书就是积累,就是储备,就是学习。书读到一定程度,才能迸发出灵感和才智。

　　毛泽东还指出,年轻人现在不读一点书,学一点本领,"四十、五十而无闻焉?不足畏矣!"

　　这里毛泽东引用孔子的话,说明年轻人如果现在不抓紧多学点知识,等到四五十岁恐怕也没有什么成就,岂不是"老大徒伤悲"嘛!

续范亭"有松柏气节"

讲人格锻造,孔子用了一个比喻。《论语·子罕篇》第二十八章记载:

> 子曰:"岁寒,然后知松柏之后凋也。"

孔子说:"天气寒冷了,然后才知道松柏是最后凋零的。"

以松柏耐寒比喻能够经得住严峻考验的人。松柏,喻栋梁之材。荀子则把松柏喻君子:"岁不寒无以知松柏;事不难无以知君子无日不在是。"(《荀子·大略》)朱熹引谢上蔡注曰:"士穷见节义,世乱识忠臣。"(《四书章句集注·论语集注》)

谓君子有如松柏,环境愈严酷愈显现操行之坚贞。它激励人们在艰难困苦的环境,特别是在逆境中,磨炼自己的品格,培养坚强的意志。

作为一个真正的君子,贵在处于任何的险恶环境都能够经受住风霜雨雪的种种考验,这就是孔子所说的可贵的松柏精神。

在延安,毛泽东曾用"松柏气节"赞扬著名的民主人士续范亭将军。

续范亭,1893年出生于山西崞县一个农民家庭。早年参加中国同盟会和辛亥革命。1924年后在国民军中工作。九一八事变后,富有爱国心的续范亭对蒋介石的"攘外必先安内"的投降卖国政策深为不满,心情极度苦闷。1935年,日本侵略者又策划所谓"华北五省自治运动"。但国民党反动派却置民族危亡于不顾,仍然坚持卖国反共的政策。面对国土沦丧的严酷现实,续范亭痛心疾首。为抗议和反对国民党政府的卖国行径,1935年12

月26日，他在南京中山陵剖腹明志，希望以死来警醒国民党反动派。他在自杀前，作绝命诗一首：

赤膊条条任去留，丈夫于世何所求？

窃恐民气摧残尽，愿把身躯易自由。

诗句表达了续范亭向往自由、向往光明的拳拳爱国之心。续范亭剖腹遇救未死。他的满腔爱国热血，不仅没有唤起国民党反动派起而抵御外侮，反而招来了他们的冷嘲热讽。他在绝望中苦苦探索，终于选定了跟共产党走这条光明之路。

西安事变后，续范亭响应中国共产党"停止内战，一致抗日"的号召，回山西推动抗日救亡运动，任国民党第二战区战地总动员委员会主任委员、保安司令。1939年后，历任山西新军抗日决死队总指挥、晋绥边区行署主任兼晋绥军区副司令员等职。

1941年夏，续范亭因操劳过度，旧病复发。在中共中央电报催劝下，来到延安治疗。续范亭的爱国热情，受到党中央和毛泽东的充分肯定和赞扬。在病危时期，续范亭的心念转向举世瞩目的陕北战场，自从他参加了抗日民族统一战线后，就真诚地与共产党人合作。他曾诚挚地要求加入共产党，当时中央认为，他不是一般的党外进步人士，留在党外会发挥更大的作用。

1947年9月12日，续范亭在山西临县都督庄病逝。他在弥留之际，给党中央和毛泽东写信，要求加入中国共产党。党中央接受了他的请求，追认他为正式党员。

在延安六年，续范亭直接受到党中央和毛泽东的亲切关怀，他与共产党人建立了深厚的友谊。为了悼念续范亭同志的逝世，毛泽东写了一副挽联。联云：

为民族解放，为阶级翻身，事业垂成，公胡遽死？

有云水襟怀，有松柏气节，典型顿失，人尽含悲！

（吴直雄：《毛泽东楹联艺术鉴赏》，当代世界出版社1995年版，第205页）

毛泽东的挽联对续范亭的一生作了高度的概括和评价。

在我国现代史上，续范亭是一个很重民族气节的人。面对日寇强敌入侵，腐败的国民党政府节节退让，他愤世嫉俗，难以自抑，最终走上了革命道路。在书赠续范亭的挽联中，毛泽东称赞他"有云水襟怀，有松柏气节"。云水襟怀，当是比喻续范亭的胸怀风度如行云流水之浩渺广大；松柏气节，是孔子"松柏之后凋"的活用。毛泽东活用孔夫子的话，盛赞续范亭奋斗不息的一生及其高尚风格和崇高气节。

足于共学适道

《论语·子罕篇》第三十章载:

> 子曰:"可与共学,未可与适道;可与适道,未可与立;可与立,未可与权。'唐棣之华,偏其反而,岂不尔思?室是远而。'"
> 子曰:"未之思也,夫何远之有?"

权:本义是秤锤,秤锤在秤杆上左右移动,引申为通权达变的意思。

"唐棣之华"四句:春秋时代佚诗,出处现已无法查考。唐棣:一种果树。华:花。一般树木开花都是先合后开,唐棣开花却是先开后合,违反常规,故说"反而"。偏,同"翩",随风翻动。原诗作者可能是借唐棣花的先开后合来表达他希望同他的情人或友人先离后聚的心情。孔夫子引用此诗是比喻通权达变合乎推行周礼的根本目的。

本章的大意是,孔子说:"能够一起学习的人,未必都能学到大道;能够一起学到大道的人,未必能够坚守大道;能够一起坚守大道的人,未必能够通权达变以处道。正如古诗所说:'唐棣树的花,摇摆着先开后合。难道我不思念你? 你住得太远了。'"孔子接着加以发挥说:"没有思考罢了,如果思考了,怎么会认为这种通权达变就离开道很远呢?"

孔子这里讲了人们合作的四种形态:共学、适道、与立、与权。这四种形态是层层递进的,就是把掌握道、实行道的程度分为四个层次:一是能够一起学习大道,二是能够一起学至大道,三是能够一起坚守大道,四是能够一起通权达变以处大道。也可以把四个层次说成四种境界：学道，至道，守道，处道。这四个层次，一个比一个高级。在孔子看来，不仅能掌握道、实行道，而且能够通权达变者，即把原则性与灵活性结合起来者，才是贯彻仁礼之道的最高境界。孔子引用"唐棣之华"等四句佚诗，以及他说"未之思也，夫何远之有？"都是解释"与权"的，即通权达变思想，比喻随机应变合乎推行周礼的目的。

孔子在这里讲的是两个人以上群体的合作情形，仅就其成长和前进形态来说，有点和孔子总结个人成长的人生体验相类似：孔子说他十有五而志于学，三十而立，四十而不惑，五十而知天命，六十而耳顺，七十而从心所欲，不逾矩（《论语·为政篇》）。讲了自我人生六个时段所达到的六种境界。

毛泽东早在学生时代即引用过《论语·子罕篇》第三十章的孔子观点。1915年7月，毛泽东致学友萧子升的信中说：

> 弟观杨先生之涵宏盛大，以为不可及，子升可谓能遵师训，且足以发者也。来书又谓获益切劘，以弟之愚谬引为足与共学适道，崇奖过量，非所能当。嗟乎，一人之事，他人孰能尽知者哉！古来貌合神非，口尧舜而心桀纣者多矣。（《毛泽东早期文稿》，湖南出版社1995年第2版，第14页）

杨先生，指杨昌济（1871—1920），字华生，又名怀中，湖南长沙人。1913年至1918年，曾在湖南省立第一师范学校、第四师范学校、高等师范学校、商业专门学校等校任教。毛泽东、萧子升曾受学于其门下。

萧子升（1894—1976），又名旭东，湖南湘乡人。湖南省立第一师范学校第三班学生。新民学会发起人之一。1915年"一师"毕业后，先后在长沙修业、楚怡学校任教。1919年留法勤工俭学，1924年回国。曾任国民党北平市党务指导委员。1927年国共分裂后，曾任国民党政府农矿部政务次长等职，后长期旅居国外。1976年在巴拉圭去世。

毛泽东与萧子升于1914年在湖南省立第一师范学校同学，萧子升在1915年6月毕业离校。两人同学逾一年半，过从甚密。萧子升的弟弟萧子暲（1896—1983，即萧三），与毛泽东也十分要好。早在湘乡东山学堂读书时，两人就开始交往，多有对书本知识和时事政治的讨论。1918年暑假，毛泽东刚从湖南"一师"毕业，萧子升在楚怡小学任教，两人结伴"游学"，分文不拿游走五县，进行社会观察，后来萧子升在《我与毛泽东的一段曲折经历》讲述了这段历程。受五四运动的影响，毛泽东、萧子升等人共同发起组织湖南新民学会，萧任总干事，是活动骨干分子。1921年中国共产党成立前一个阶段，毛泽东逐渐接受苏俄十月革命带来的新思想，成为马克思主义者，而萧子升始终信奉无政府主义。1927年以后，毛泽东组织秋收起义率部上了井冈山，萧子升到国民政府当了高级官员，从此两位人各有志，在思想上、政治上明显分道扬镳。1936年毛泽东与美国记者斯诺谈个人经历时，涉及萧子升的不洁之行。大概因斯诺的《西行漫记》流布广泛，萧子升产生对毛泽东的不满心理。大陆解放后，旅居国外的萧子升既写过与毛泽东求学为友的文章，也写过对毛泽东发牢骚不满的文章。出于领袖的胸怀毛泽东只含旧谊，不计前嫌，传话捎信请老朋友萧子升回来共建中国，出于种种考虑，萧未应召，直至客死他乡。事有巧合，仅差一岁的毛萧都于1976年逝世。萧子升作为毛泽东的故友，也做了一件非常对得起老朋友的事。他保留下湖南"一师"时期毛泽东致他的书信十余封，现在都编入了《毛泽东早期文稿》。此功不可埋没。

这里还要提一提萧子升的弟弟萧子暲，他是湖南省立第一师范学校第三班学生、新民学会会员。1920年赴法勤工俭学。1922年加入中国共产党。次年赴苏学习，1924年回国。曾任共青团北方区委书记、共青团中央组织部部长等职。1930年以中国左翼作家常驻代表名义，出席国际革命作家会议，主编《世界革命文学》中文版并从事写作。1939年回延安。中华人民共和国成立前后从事国际交往工作和文艺活动。在延安，毛泽东对萧三说过：你们兄弟二人有点像鲁迅兄弟。意思是鲁迅是革命文学家，而他的兄弟周作人却堕落成汉奸文人。萧三是革命文学家，而萧子升却成了不革命人。萧三谦虚地表示把他比作鲁迅不敢当。毛泽东说仅在相似的一方面作个比较。

回顾萧子升、萧子暲与毛泽东一生的交往，再来解读毛泽东致萧子升信中的话，再来理解孔子《论语·子罕篇》第三十章的思想，大有意趣。从信上看，萧子升把毛泽东"引为足与共学适道"者。毛泽东谦虚地表示自己"愚谬"，萧的称许是"崇奖过量，非所能当"。杨昌济老师"涵宏盛大，以为不可及"，唯萧子升"能遵师训，且足以发者也"。毛泽东还叹难于知人，说"口尧舜而心桀纣者多矣"。从1914年到1927年，毛泽东与萧子升在跟杨师读书、游历五县、建立新民学会、赴法勤工俭学等事项上，大体可谓"共学适道"。然后二人各奔东西，服务不同主义，没有共同与立与权、守道处道。毛泽东与萧子暲（萧三）则志同道合，成为学道、至道、守道、处道的同学、同志和战友。

孔子的共学、适道、与立、与权的待人处世哲学,今天亦有借鉴价值。它告诉人们,组党结团联络同志,要学习真理,掌握真理,坚持真理,辩证地捍卫真理,不可半途而废,要企及通权达变的境界,将正义的事业进行到底。

乡党篇第十

圣人之自卫其生也

《论语》一书，多数是论，是孔子及弟子的语录；少数是记，是孔子及弟子行事的记录。

《论语·乡党篇》第八章记孔子的饮食习惯和特点：

> 食不厌精，脍不厌细。食饐而餲，鱼馁而肉败，不食。色恶，不食，臭恶，不食，失饪，不食，不时，不食，割不正，不食，不得其酱不食。肉虽多，不使胜食气。唯酒无量，不及乱。沽酒市脯，不食。不撤姜食，不多食。

米不嫌舂得精，鱼和肉不嫌切得细。饮食变味，鱼和肉腐烂了，都不吃。食物颜色不正不吃，气味臭恶不吃，烹调不当不吃。不合时令的东西不吃，不按正规方法割的肉不吃，没有调味的酱料不吃。席上肉虽然多，但不吃过量。唯酒不限量，但不喝醉。从市上买的酒和肉干不吃。食物里面要有姜，但不多吃。

本章记录了孔子的饮食，这在先秦诸子中是很突出的。孔子不但是个大儒，也可以称之为"美食家"。孔子在饮食方面是很讲究的。起码一点就是注意饮食卫生。

孔子对饮食很讲究，主张"食不厌精，脍不厌细"，"精"，精细，粗之反；脍，细切鱼和肉，反复用"不厌"二字，极言讲究之致。

孔子明确提出："肉虽多，不使胜食气。"意即席上肉类食物虽多，但吃的数量不能超过饭量。这其实是说主辅食物要合理搭配。以主食为主，肉食适当，有利于新陈代谢和健康。现在人们生活水平提高了，大鱼大肉常食多食，结果吃出了"富贵病"。可见，孔子的饮食观点是科学的、有道理的。

在饮食卫生上，孔子讲究"十不食"，这些与现代饮食卫生学的观点是一致的。由于孔子对饮食有良好的习惯和严格的要求。他虽然幼时家贫，后来又周游列国，饥一顿，饱一顿，但能享有七十三岁高龄，这与当时人的平均寿命仅三四十岁相比，也算"高寿"了，应当说这与孔子的"十不食"有直接的关系。

对于孔子的"十不食"，毛泽东很感兴趣。

曾长期担任过毛泽东保健医生、原北京中国人民解放军第三〇五医院院长徐涛教授，在《毛泽东的保健养生之道》一文中，就有这方面记载：

  毛主席常跟我说："我的生活里有四味药：吃饭、睡觉、喝茶、大小便。能睡、能吃、能喝、大小便顺利，比什么别的药都好。"

  另一次他说："孔老夫子吃饭很讲究，有十不吃：鱼和肉不新鲜不吃，食物变色变味不吃，烹调不合宜不吃，不到吃饭时间不吃，这些都很合乎卫生嘛！不过孔老夫子有病啊！"

  "我没注意这个问题。"我说。

  "你应该给他诊诊病，我看他有胃病。"

  "你怎么看出来的？"

  "食不厌精，脍不厌细，东西搞得那么精细不是消化不好吗？再说他常喜欢吃姜。你们西医研究不研究姜的作用？"

  "中医研究得比较多！"我想是这样的，就回答了。

  "姜性温，孔老夫子有胃寒，用姜去暖寒胃，老百姓不是喝姜糖水嘛，去寒发汗治感冒。我看他还有胃下垂。"

  "你怎么又给诊断出一个病来了？"

  "他胃不好，又忙着周游列国，吃了饭就坐车子颠簸，还不得胃下垂？"他不紧不慢笑着说。

  "看来你是很注意饮食卫生的。"我也笑了。（《缅怀毛泽东》下，中央文献出版社1993年版，第608页）

毛泽东和他的保健医生谈孔子"十不食"，多少有点戏说调侃的味道，它表现了生活中的毛泽东风趣幽默的一面。但同时也反映出毛泽东对孔子"十不食"的欣赏和赞同,认为"这些都很合乎卫生"。

其实,《论语》中对孔子饮食的介绍和记录,对毛泽东的影响是很大的。1916年12月9日,青年时代的毛泽东在致黎锦熙的信中,就提到了这一点:

> 昔者圣人之自卫其生也,鱼馁肉败则不食,《乡党》一篇载之详矣。孟子曰:知命者不立夫岩之下。有身而不能自强,可以自强而故暴弃之,此食馁败而立岩墙也,可惜孰甚焉!(《毛泽东早期文稿》,湖南出版社1995年第2版,第60页)

毛泽东这段话是说,过去圣人(孔子)就懂得注意自己的饮食卫生及保养,不吃腐烂变质的鱼和肉,在《论语·乡党篇》中均有非常详细的记载。

1917年4月1日,毛泽东发表在《新青年》刊物上的《体育之研究》一文,也谈到了《论语》中讲的养生之道:

> 有圣人者出,于是乎有礼,饮食起居皆有节度。故"子之燕居,申申如也,夭夭如也";"食饐而餲,鱼馁而肉败,不食"。(《毛泽东早期文稿》,湖南出版社1995年第2版,第66页)

毛泽东在他发表的《体育之研究》这篇文章中,引用《论语》中"食饐而餲,鱼馁而肉败,不食"的话,表明圣人是很注意饮食卫生的。这里很显然,毛泽东是十分赞赏孔子的"饮食起居,皆有节度"的养生之道。

毛泽东对《论语》中记载的孔子的一番饮食之道虽然感兴趣,但他本人一生在饮食上并不强求,也不像孔子那样刻意讲究。毛泽东出身于湖南湘潭一个普通的农民家庭,他一生俭朴惯了,在日常饮食上保持着湖南人的习惯,对湖南家常菜情有独钟,特别喜欢辣椒、苦瓜之类的菜。他并不喜欢那些山珍海味,最多嗜好吃一碗红烧肉就心满意足了。

据保健医生徐涛回忆,毛泽东也有他自己的饮食特点:比如起床后几小时和入睡前几小时进餐,也大致有其规律,正餐两次,或一正餐、一次便餐,都以不过饥不过饱为准。饮食内容是荤素搭配、素菜青菜较多、口味清淡、喜食粗米杂粮、食不过偏、杂食多样。二米饭有大米、小米,还可加点百合、红薯、芋头之类。菜以绿叶菜为多,多粗纤维。毛泽东本人对于保健医生制定菜谱素来并不满意,他喜欢随心所欲,顺其自然。保健医生也只能在尊重他的生活饮食习惯的基础上,掌握符合医学科学的保健原则,即健康管理,来保持他的营养均衡。

品读《论语·乡党篇》,毛泽东尊重孔子"十不食"的饮食科学,但又不是刻意去讲究吃喝。他的饮食以素淡随意、保证营养、有利健康为原则,这也是他长寿妙法之一种。

先进篇第十一

"过犹不及"是重要思想方法之一

早期弟子子贡(端木赐)与老师孔子,讨论另外两名后期学生子张与子夏的表现。《论语·先进篇》第十六章记载:

子贡曰:"师与商也孰贤?"子曰:"师也过,商也不及。"
(子贡)曰:"然则师愈与?"子曰:"过犹不及。"

师,姓颛孙,名师,颛孙师又称子张,鲁国人,一说陈国人。商,姓卜,名商,卜商又称子夏,卫国人,一说晋国人。二人都是孔子后期(后进)学生。

本章大意是:子贡问孔子:师(子张)与商(子夏)哪个贤德一些? 孔子评论说:子张行事容易过头,子夏则相反,常常不及。子贡于是又问:"那么是子张好一些吗?"孔子回答说:"过头和不及一样,也不好。"

本章核心思想在孔子最后的答话:过犹不及。这被看作孔子一个卓越的哲学命题。朱熹注:"道以中庸为至。过虽若胜于不及,其失中则一也。"(《四书章句集注·论语集注》)孔门儒家以中庸之道为最高美德,认为任何事物均有一定的度量界限,"无过无不及",超过或达不到这个度量都是错误的。

孔子认为过分和不及一样,都不好。那么,怎么样才是好呢? 叫无过无不及,既不要过头,也不要不够,这是一个非常重要的要求。朱熹作《四书章句集注》,在注到《中庸》的时候讲:"中者,不偏不倚,无过不及之名。"就是既不过,也不不及,就叫作中。这个中不是调和折中;中的概念,是不偏不倚,无过无不及,或者用我们现在一个词,就是适度。

现在,"过犹不及"已经成了成语,由于"过"和"及"并用时,是动态的,给人以量的递进或增减的动感,似乎有一个上下限和介于二者之间的"中"存在,所以孔子这话被看作是他对中庸思想的发挥,和现代人关于度的概念很接近了。匡亚明就说过:"可以认为'过犹不及'的思想,或者说无过无不及的思想,在一定程度上揭示了质与量的辩证关系,亦即度量的观念。这就是说,一定的质是与一定的量联系在一起的,量的过与不及都会改变事物的质。为了保证事物具有一定的质,必须既反对过,又反对不及。"(匡亚明:《孔子评传》,南京大学出版社1990年版,第206页)毛泽东更说:"孔子的中庸思想……是孔子的一大发现,一大功绩,是哲学的重要范畴,值得很好地解释一番。"(《毛泽东书信选集》,人民出版社1984年版,第147页)

过犹不及:孔子哲学思想的方法论命题。意谓超过事物一定的界限与未达到一定界限同样是错误的。"过犹不及"命题含有辩证法因素,即关于事物的质规定着量的界限,"过"与"不及"都会影响事物质的改变。

"过犹不及"作为一种思考问题的方法论,毛泽东或他的老师很早就注意到了。

1913年12月13日以后,湖南省立第四师范袁仲谦老师在课堂上讲到唐人韩愈《改葬服议》一文时,毛泽东在课堂笔记《讲堂录》中记道:

> 曰不然。易之与戚,则易固不如戚矣。虽然,未若合礼之为懿也。俭之与奢,则俭固愈于奢矣。虽然,未若合礼之为懿也。过犹不及,其此类之谓乎。(《毛泽东早期文稿》,湖南出版社1995年第2版,第608页)

韩愈议论改制葬服,其观察问题的方法正是"过犹不及"。他以"易与戚"和"俭与奢"比较,虽然"易固不如戚""俭固愈于奢",可是都"未若合礼之为懿"。"懿"者,美、好也。"合礼"即是中,"合礼之为懿"即至中则为美好。韩愈主张改制葬服要行无过无不及的中庸之道。这是学生毛泽东从韩愈论改制葬服中学习孔子"过犹不及"的思想方法。

毛泽东真正从哲学角度探讨"过犹不及"这个命题是在抗战的延安时期。1938年12月,毛泽东在中共六届六中全会上提出:"从孔夫子到孙中山,我们应当给以总结，承继这一份珍贵的遗产。"（《毛泽东选集》第二卷，人民出版社1991年第2版，第534页）1939年年初，毛泽东得知当时在中共中央宣传部工作的陈伯达，在北平中国大学开过周秦诸子课。为了让延安的干部了解中国古代的思想，于是提议陈伯达为延安干部开中国古代哲学讲座。据说每次讲座，毛泽东差不多都去听。陈伯达还撰写了讲稿，并先后在《解放》杂志上发表，其中有《中国古代哲学的开端》《老子的哲学思想》《孔子的哲学思想》《墨子的哲学思想》。

陈伯达将《孔子的哲学思想》送毛泽东审阅。陈伯达的上级领导是中共中央宣传部长张闻天，他很希望毛泽东对陈伯达的《孔子的哲学思想》一文发表意见。应张闻天的要求，毛泽东认真读了陈文，并于2月20日给张闻天写了一封长信。毛泽东在信中首先肯定陈文"大体上是好的"，同时提出几点具体意见，进行商榷。可以认为陈的文章最后在《解放》杂志上发表，是得到毛泽东认可的。

陈伯达在《孔子的哲学思想》一文中说：

> 孔子在认识论上曾有关于"质"的发现。孔子说："过犹不及。"这就是说：一定的"质"就是含有一定的"量"的，是包含在一定的"量"之中，"过"了一定的"量"，或者"不及"一定的"量"，就都是不合于一定的"质"。这"质"用孔子的话来说，就是所谓"中庸"。孔子说："中庸之为德也，其至矣乎！民鲜久矣！"关于这"过犹不及"之"质"的发现，这是孔子在中国哲学史上一个很大的功绩。

毛泽东致信张闻天，谈到"中庸问题"时，就此评论说：

> 伯达的解释是对的，但是不足的。"过犹不及"是两条战线斗争的方法，是重要思想方法之一。一切哲学，一切思想，一切日常生活，都要做两条战线斗争，去肯定事物与概念的相对安定的质。"一定的质含有一定的量"（不如说"一定的质被包含于一定的量之中"），是对的，但重要的是从事物的量上去找出并确定那一定的质，为之设立界限，使之区别于其他异质，做两条战线斗争的目的在此。文中最好引《中庸》上面"舜其大知也与，舜好问而好察迩言执其两端用其中于民"，及"回之为人也，择乎

中庸得一善则拳拳服膺而弗失之",更加明确地解释了中庸的意义。朱熹在"舜其大知"一节注道:"两端谓众论不同之极致,盖凡物皆有两端,如大小厚薄之类。于善之中又执其两端而度量以取中,然后用之,则其择之审而行之至矣。然非在我之权度精切不差,何以与此?此知之所以无地不及而道之所以行也"。这个注解大体是对的,但"两端"不应单训为"众论不同之极致",而应说明即是指的"过"与"不及"。"过"的即是"左"的东西,"不及"的即是右的东西。依照现在我们的观点说来,过与不及乃指一定事物在时间与空间中运动,当其发展到一定状态时,应从量的关系上找出与确定其一定的质,这就是"中"或"中庸",或"时中"。说这个事物已经不是这种状态而进到别种状态了,这就是别一种质,就是"过"或"左"倾了。说这个事物还停止在原来状态并无发展,这是老的事物,是概念停滞,是守旧顽固,是右倾,是"不及"。孔子的中庸观念没有这种发展的思想,乃是排斥异端树立己说的意思为多,然而是从量上去找出与确定质而反对"左"右倾则是无疑的。这个思想的确如伯达所说是孔子的一大发现,一大功绩,是哲学的重要范畴,值得很好地解释一番。(《毛泽东书信选集》,人民出版社1984年版,第145—147页)

从毛泽东致张闻天的信中,可以了解他对孔子"过犹不及"思想的熟悉程度,并对"过犹不及"命题重新解释,赋予新义。毛泽东是政治家,又正处在抗战相持阶段,免不了用政治语言来谈哲学问题,这也是他长期养成的习惯。这不影响他对孔子中庸思想的深入探讨,只是带上了那个时代的印迹罢了。

陈伯达在《孔子的哲学思想》中说:"关于'过犹不及'之质的发现","这是孔子在中国哲学史上一个很大的功绩"。毛泽东对陈伯达关于中庸问题的解释,从总体上加以肯定:"伯达的解释是对的。"同时他又指出了陈文的不足,进一步阐发了中庸思想中的辩证法因素。他建议陈伯达引用《中庸》中孔子如下的话进行论证:"舜其大知也与,舜好问而好察迩言……执其两端用其中于民"及"回之为人也,择乎中庸得一善则拳拳服膺而弗失之"。他还肯定朱熹在"舜其大知"一节的注解"大体是对的"。同时指出:"'过'的即是'左'的东西,'不及'的即是右的东西。依照现在我们的观点说来,过与不及乃指一定事物在时间与空间中运动,当其发展到一定状态时，应从量的关系上找出与确定其一定的质，这就是'中'或'中庸'，或'时中'。"毛泽东更明确地用现代辩证论的"度"的思想去解释孔子的"中庸"，强调"适度"的意义，反对"过"与"不及"。(许全兴:《毛泽东与孔夫子》，人民出版社2003年版，第84—88页)

孔子的中庸观念及"过犹不及"观点包含着"执两用中"的辩证的思维方式，确有其合理因素。陈伯达关于孔子在认识论上曾有关于质的发现的评价是符合历史实际的。毛泽东肯定赞赏陈伯达的这种评价也是正确的：把中庸、反对"过"与"不及"看成是进行两条战线斗争的方法，是认识问题和处理问题的重要思想方法之一，这是毛泽东的发挥。毛泽东的这种发挥是同中国革命的经验教训和他的经历分不开的。

答复子路和冉有不一样

《论语·先进篇》第二十二章：

> 子路问："闻斯行诸？"子曰："有父兄在，如之何其闻斯行之？"
> 冉有问："闻斯行诸？"子曰："闻斯行之！"
> 公西华曰："由也问：'闻斯行诸？'子曰：'有父兄在。'求也问：'闻斯行诸？'子曰：'闻斯行之！'赤也惑，敢问。"
> 子曰："求也退，故进之；由也兼人，故退之。"

子路、冉有和公西华都是孔子的学生。子路（前542—前480），姓仲名由，字子路，一字季路，春秋末期鲁国之卞（今山东泗水县东）人。冉有（前522—？），姓冉名求，字子有，亦称冉子，鲁国人。公西华（前509—？），姓公西，名赤，字子华，亦称公西华，鲁国人。

本章大意是：

子路问："听到了就去做吗？"孔子说："有父亲和兄长在，怎么能听到就随便去做呢？"

冉有问："听到了就去做吗？"孔子说："听到就去做。"

公西华说："仲由问听到就去做吗，您回答说'有父兄在'；冉求问听到就去做吗，您说听到了就去做。我有些被弄糊涂了，冒昧地来请教。"

孔子说："冉求做事往往退缩不前，所以我鼓励他大胆去做；仲由好勇过人，所以我要抑制他慎重做事。"

本章记述了孔子在教学活动中，善于根据学生的不同情况，采取相应的方法施行教育，也就是所谓"因材施教"的教育方法。

孔子针对学生的个性差异进行教学。"由也兼人"，由，指仲由，即子路。兼人，兼有两个人的胆量。是说子路遇事鲁莽，所以当他提出"闻斯行诸"，孔子就用抑制的办法"退之"，说有父兄在，怎么能立即去做呢？而冉有提出同一问题时，因冉有平时遇事退缩，孔子就用鼓励的方法"进之"，说"听到了就立即去做"。对于同一个问题，对不同的人给予不同的回答，这是孔子的因材施教的教育方法的生动体现，对今天仍然具有启发借鉴意义。

同样，孔子在答复别人"问仁""问孝""问政""问学"时，常常因不同的对象、不同的情形，做出不同的回答。例如，《论语·为政》篇记载孟懿子、孟武伯、子游和子夏四人"问孝"，孔子的回答因人各不相同。宋朝程颐注释说："各因其材之高下，与其所失而告之，故不同也。"（朱熹《四书章句集注·论语集注》）孔子对不同的人提出的同一"问孝"问题，都予以不同的解答，这种教育思想与教学方法，反映了孔子对认识和教育规律的深刻理解，对中国教育有深远影响。

毛泽东对孔子因人而异、因材施教的方法十分赞赏。1944年3月，毛泽东在关于陕甘宁边区文化教育问题的讲话中说：

> 在教学方法上，教员要根据学生的情况来讲课。教员不根据学生要求学什么东西，全凭自己教，这个方法是不行的。教员也要跟学生学，不能光教学生。现在我看要有一个制度，叫作三七开。就是教员先向学生学七分，了解学生的历史、个性和需要，然后再拿三分去教学生。这个方法听起来好像很新，其实早就有了，孔夫子就是这样教学的。同一个问题，他答复子路的跟答复冉有的就不一样。子路是急性子，对他的答复就要使他慢一些；冉有是慢性子，对他的答复就要使他快一些。（《毛泽东文集》第三卷，人民出版社1996年版，第116页）

孔子办学有弟子三千，诚如毛泽东所说，"程度不齐是事实"，孔子的办法便是因材施教。

毛泽东很赞赏这个办法。即同样一个性质的问题，他根据学生不同的情况，用不同的方法对不同的人进行教育。

孔子在教学中根据教学对象的不同特点有针对性地进行不同的教学。

这点对毛泽东影响很大。受其影响，毛泽东在讲话中谈到学校的教学方法时，他强调了一个很重要的原则，即教员要根据学生的要求来教学。这是坚持以受教育者为本位，是教育工作中应当坚持的一个基本原则。毛泽东认为"教员不根据学生要求学什么东西，全凭自己教，这个方法是不行的"。毛泽东所讲的这点，正是中国的教育长期存在的一大弊端。中国的教育是以教育者为本位的，即以教师等施教者为中心，教师讲课的好坏是以同行听课的效果来判断的，教学的内容则主要是以施教者认为是否有用。

毛泽东在讲话中还强调一个教学方法，即他主张"教员先向学生学七分，了解学生的历史、个性和需要，然后再拿三分去教学生"。也可以看作七分学三分教，教学相长的问题。毛泽东认为当好先生，首先要先当学生。作为一个老师，除了书本知识课堂教学之外，还要求做到深入到学生中去，和学生打成一片，做他们的朋友，了解他们的性格和要求，了解他们的历史，以及各自的特长和弱项，从而按照不同对象，有针对性地教诲。孔子就是很了解他的学生的，他对子路和冉有两位学生的性格、思想、做派就了如指掌。

由此可见，毛泽东在谈到教育工作问题时，是十分注意因材施教的，他一向反对"八股式"的千篇一律的教条主义方法。现代教学提倡尊重学生个性。不可否认，现在许多的家庭教育和学校教育，不尊重学生个性，使学生成为无个性的机械人。因此，毛泽东对"因材施教"的看法对于今天的教育来说，仍具有很强的针对性和指导性。

颜渊篇第十二

己所不欲，勿施于人

《论语·颜渊篇》第二章是学生冉雍与老师讨论"仁"的问题，留给后世最有影响的话是"己所不欲，勿施于人"：

> 仲弓问仁。子曰："出门如见大宾，使民如承大祭。己所不欲，勿施于人。在邦无怨，在家无怨。"
>
> 仲弓曰："雍虽不敏，请事斯语矣。"

仲弓（前522—？），姓冉，名雍，字仲弓，鲁国人，孔子弟子。

本章的大意是：仲弓问仁德。孔子道："出门工作好像去接待贵宾，役使百姓好像去承当大祀典，都得严肃认真，小心谨慎。自己所不喜欢的事物，就不强加于别人。在工作岗位上不对工作有怨恨，就是不在工作岗位上也没有怨恨。"

仲弓道："我虽然迟钝，也要实行您的话。"

本章对后世影响较大的是"己所不欲，勿施于人"的格言。

"仁"是孔子思想体系的核心。而对这个抽象概念所包含的内容，孔子并没有系统地进行阐述，只是在一些言论和行为中得以体现。"己所不欲，勿施于人"这句格言，就是孔子对学生仲弓解释"仁"的含义时所说的一句话：凡自己不愿意别人如此对我，我也不应如此对待别人。孔子又说自己思想体系的贯穿线是"忠恕"之道（《论语·里仁篇》），而其中所谓的"恕"即是"己所不欲，勿施于人"。这八个字子贡把它解释为："我不欲人之加诸我也，吾亦欲无加诸人。"（《论语·公冶长篇》）对这个诠释孔子是赞同的。

"己所不欲，勿施于人"，可说是"仁"的范畴的重要原则和内容，表示人们在社会生活中应该遵循的一项基本的行为准则和一种重要的价值取向。这一准则要求人们在居家生活、人际交往乃至一切社会活动中，都应本着尊重他人、体谅他人、理解他人的心态去展开活动。即是在社会互动中理解、体察对方，推己及人。在孔子看来，出门办事和使用老百姓，要像接待贵宾和进行重大祭祀活动一样严肃恭敬。自己不愿意的，不要强加于别人，努力成为一个在诸侯国里和卿大夫的家里都没有人怨恨自己的人。这也就像朱熹所解释的："如不欲上之无礼于我，则必以此度下之心，而亦不敢以此无礼使之。不欲下之不忠于我，则必以此度上之心，而亦不敢以此不忠事之。至于前后、左右，无不皆然。则身之所处、上下四旁，长短广狭，彼此如一，而无不方矣。"（《四书章句集注·论语集注》）这就是"己所不欲，勿施于人"的意蕴。

孔子"己所不欲，勿施于人"的思想在世界上产生重要影响。16—17世纪时孔子学说传到法国，对法国启蒙主义思想家伏尔泰等影响很大。伏尔泰首先自我标榜并宣扬"己所不欲，勿施于人"，提倡应为每人之座右铭。18世纪末法国资产阶级革命前夕，法国制宪议会委托雅各宾派领袖罗伯斯庇尔执笔起草《人权和公民权宣言》（即《人权宣言》），罗伯斯庇尔就将"己所不欲，勿施于人"作为自由道德的标志写入了宣言并获讨论通过。《人权宣言》遂成为法国资产阶级革命的纲领性文件，1791年制定法国宪法时，将《人权宣言》作为宪法的序言，这样，孔子的"己所不欲，勿施于人"就被纳入了法国的宪法之中。长期以来，《人权宣言》的精神为西方民主制宪的依据，1984年联合国大会通过的《世界人权宣言》也是以法国《人权宣言》为蓝本而制定的。我国代表也在宣言上签了字。第二共产国际的创始者和领导者之一奥古斯特·倍倍尔，在其著名的《妇女和社会主义》一书中也这样写道："最高的道德状态是人人自由、人人平等、'己所不欲，勿施于人'的原则，普遍地支配了人类的关系时，才能得到。"（董乃强主编：《孔学知识词典》，中国国际广播出版社1990年版，第348页）

抗战时期提出"己所不欲，勿施于人"不适当

1943年4月份，正值国共第二次合作时期。抗日战争处于相持阶段。中共北方局代理书记、八路军副总指挥彭德怀，在太行分局高干会议

上作了一次关于民主教育问题的谈话，认为为了建立和巩固抗日民族统一战线，国内各阶级、各党派应尽量做到"己所不欲，勿施于人"。《新华日报》发表了这篇谈话。

毛泽东阅后，觉得这一提法不妥。本着商榷的目的，6月6日，他在给彭德怀的信中说：

> 在政治上提出"己所不欲，勿施于人"的口号是不适当的，现在的任务是用战争及其他政治手段打倒敌人，现在的社会基础是商品经济，这二者都是所谓'己所不欲，要施于人'。只有在阶级消灭后，才能实现'己所不欲，勿施于人'的原则，消灭战争、政治压迫与经济剥削。目前国内各阶级间有一种为着打倒共同敌人的互助，但是不仅在经济上没有废止剥削，而且在政治上没有废止压迫（例如反共等）。我们应该提出限制剥削与限制压迫的要求，并强调团结抗日，但不应提出一般的绝对的阶级互助（己所不欲，勿施于人）的口号。（《毛泽东文集》第三卷，人民出版社1996年版，第26—27页。逄先知主编：《毛泽东年谱》，人民出版社、中央文献出版社1993年版，第445页）

在孔子关于"仁"的思想中，"己所不欲，勿施于人"的观点，就是以己推人，设身处地地为别人着想。孔子的这一道德范畴无疑有进步意义。然而，从政治意义上来说，则是忽视斗争的一种哲学。

虽然说抗战时期民族矛盾已上升为主要矛盾，国共实行了第二次合作，并建立了广泛的抗日民族统一战线。但同时，毛泽东及中国共产党人也清醒地认识到，国内阶级矛盾依然存在，并没有就此消亡，甚至在一定条件下还会激发。即便是为着维护抗日民族统一战线的目标，我党工作的方针也应当是在斗争中求团结，而不是放弃斗争，采取退让。

毛泽东认为，抗战时期在政治上"己所不欲，勿施于人"的提法，等于是忽视了当时条件下的阶级矛盾，这在尚处于民主革命时期的中国的现实显然是不适合的。他指出："现在的任务是用战争及其他政治手段打倒敌人。"这里所说的"敌人"，主要是指日本帝国主义，这句话表明了当时中国社会的半殖民地特征，说明中国革命具有民族解放的性质；"现在的社会基础是商品经济"，则表明当时中国社会的半封建性质，说明中国革命具有民主革命的性质。也就是说，在民主革命尚未完成的阶段，不应当否认和忽视阶级矛盾仍然存在这一现实。因此他说:"这二者都是所谓'己所不欲,要施于人。'"也就是说,不能放弃斗争的手段。而"只有在阶级消灭后,才能实现'己所不欲,勿施于人'的原则,消灭战争、政治压迫与经济剥削"。

毛泽东又接着分析了当前国内阶级矛盾的现状,他指出:"目前国内各阶级间有一种为着打倒共同敌人的互助,但是不仅在经济上没有废止剥削,而且在政治上没有废止压迫(例如反共等)。"所以,在坚持抗日民族统一战线的目标下,"我们应该提出限制剥削与限制压迫的要求,并强调团结抗日,但不应提出一般的绝对的阶级互助(己所不欲,勿施于人)的口号"。这样才能牢牢地掌握抗日民族统一战线的领导权,才能领导人民取得民族解放的胜利。

在民族矛盾(主要矛盾)和阶级矛盾(下降为次要矛盾)都尖锐存在的抗战时期,毛泽东敏锐地意识到"己所不欲,勿施于人",只是"一般的绝对的阶级互助的口号"。在政治上提倡这样的口号还是不适当的,因为国内各阶级间的经济剥削与政治压迫还"没有废止"。也就是说在当时的历史条件下,让国内地主资产阶级"勿施"剥削和压迫是不可能的,也不利于国内各阶级"打倒共同敌人的互助"。

但是,毛泽东也不是一概地否定孔子这个道德原则,他说:"只有在阶级消灭后,才能实现'己所不欲,勿施于人'的原则,消灭战争、政治压迫与经济剥削。"今天,我们的社会主义社会已经消灭了阶级、剥削和压迫,具备了在道德建设上实施"己所不欲,勿施于人"原则的条件。

"己所不欲,勿施于人"适用同一阶级

1959年"庐山会议"错误地批评彭德怀,错误地反对右倾。为进一步清算彭德怀的历史总账,在8月1日的中央政治局常委会上,毛泽东对彭德怀在抗战期间提出的"己所不欲,勿施于人"的主张,再次进行了口头批评。他说:

"王子犯法,与庶民同罪",是旧社会流行的成语,是封建主义骗人的,从古以来未有过的事。统治者与被统治者犯法不同,哪有什么同罪?这是不懂历史唯物主义,阶级斗争学说也不懂。孔夫子说"己所不欲,勿施于人",也是在同一阶级朋友之间适用,对立集团不适用。蒋介石与冯玉祥之间,己所不欲,要施于人,

互相消灭。军阀混战一场,有什么"己所不欲,勿施于人"? 这一资本集团与那一资本集团之间,也是你我要相互整垮,这一公司与那一公司之间,无产阶级与资产阶级之间,无不如此。(李锐:《庐山会议实录》,河南人民出版社1994年版,第191页)

1959年7月,中共中央政治局扩大会议在庐山召开。会议期间,彭德怀在小组发言后,又给毛泽东写了一封信,对"大跃进"和人民公社化运动中的错误提出了尖锐的批评。由此,遭到了错误的批判,会议日期也因此延长。7月31日和8月1日,连续两天的政治局常委会,同彭德怀谈话,进一步清算他的历史总账,为其"错误"性质定调。

8月1日在常委会上毛泽东批评彭德怀说:马克思主义理论基础,许多学说、政党、阶级斗争、经济学说、政治、上层建筑、政法、意识形态(哲学、文学、艺术、宗教等),你根本不大懂,站在马克思主义原则基础上处理工作就难了。接着毛泽东联系彭德怀的历史批评道:韩进(抗战时在华北局工作,做过彭德怀的秘书)跟你写一通,是封建主义思想,用你的名义发表申明。讲统一战线,"王子犯法,与庶民同罪";"己所不欲,勿施于人";还讲自由、平等、博爱,教育宗旨等。

前文已经提到,1943年抗战时期,彭德怀作了一次关于民主教育问题的谈话,其主要观点是:"民主教育在今天中国来说,就是反对封建的教育";"民主革命的共同口号是自由、平等、博爱";"建立起一个完整的制度,以保障自由、平等、博爱成为合法的东西,这就是我们所说的民主制度"。在谈及博爱时,彭德怀认为要"己所不欲、勿施于人","王子犯法,与庶民同罪"。

十五六年以后的"庐山会议"上,毛泽东旧事重提。客观来说,毛泽东和彭德怀在这一问题上的分歧是看问题角度不同所致。在孔子关于"仁"的思想中,"己所不欲,勿施于人"基本精神是根据周礼规定的秩序来约束自身行为,达到推己及人的目的,自己不愿做的,也不要强加于人。彭德怀正是借用这种观点要求自己,设身处地地为别人着想,从而避免矛盾的激化,以此巩固抗日统一战线。

毛泽东则是从抗日统一战线中的独立自主出发,指出在统一战线内部提出"己所不欲、勿施于人"不合适。"己所不欲,勿施于人"只是在同一阶级朋友之间适用,对立集团不适用。他举例说蒋介石集团与冯玉祥集团之间,"己所不欲,要施于人",互相消灭。军阀混战一场,有什么"己所不欲，勿施于人"？

从毛泽东对彭德怀的批评内容看，他对孔子这一思想又赋予新的限制条件。那就是"己所不欲，勿施于人"也是在同一阶级朋友之间适用，对立集团不适用。也可以说这句话只能限于对待善良者、革命者，不适用于对待罪恶者、反动者。

我睡觉也不愿被人打扰，己所不欲，勿施于人嘛

1953年冬，一天深夜，毛泽东在菊香书屋的办公室里伏案疾书；时间久了，在他宽大的写字台上，竟堆起了厚厚的一摞批阅过的文件。

这天夜里是秘书高智值班，他打了瞌睡，一觉醒来天已光亮。心里一惊：哎呀，主席夜里会不会有事找过？高智匆匆赶到毛泽东的书房，神色不安地走近毛泽东："主席，你处理这么多了……也不叫我一声嘛。"

毛泽东一边"呲呲"地吸着烟，一边掀起眼皮看了一眼高智，说：

"没么急事。"

"我，我打了瞌睡，你咋不叫我？"

毛泽东很体谅人地微微一笑："困了就睡嘛！你们太辛苦了。我睡觉也不愿意被人打扰。己所不欲，勿施于人嘛。"

高智喃喃地说："我和罗秘书是轮流值班，比主席休息得多，休息得好。"

"我是主动的，你们是被动的，辛苦的其实是你们。我心里有数。"（刘学琦主编：《毛泽东风范词典》，中国工人出版社1991年版，第490页）

晚上办公，是长期的战争生活迫使毛泽东形成的习惯。白天要行军打仗，只有晚上才有时间工作、读书或是进行理论创立。

解放战争时期，是毛泽东工作最辛苦的时候，每天总有无数份从各个战区拍来的电报等待着他去处理、去决断。尤其指挥三大战役期间，毛泽东好几次连续两三天没有上床睡觉。好不容易可以躺下来，因为惦记着战事，睡不着，睡不稳，躺下不过三四个小时，便又坐起来办公。以至于其他首长见了毛泽东的卫士，第一句话总是关切地问："主席睡觉了没有？""主席睡了几个钟头？""主席还是没睡吗？"

中华人民共和国成立后，毛泽东延续着夜晚办公的习惯。他一般下午3点开始工作，直到第二天上午10点左右才休息。毛泽东笑说自己是"按月亮的规律办事"。保健医生徐涛则说：他不是按时间来安排工作，而是以工作来安排时间。繁忙的政务、党务工作，毛泽东一天只能睡四五个小时。他曾试图改变这种习惯，实行了半个月，终是未能真正改掉这个毛病。

跟着毛泽东晚上办公除了那盏台灯，还有就是他身边的卫士。毛泽东精力超人，工作起来不分昼夜。两位机要秘书分班陪他，仍然熬不过他。这不高智后半夜值班困急了，打了瞌睡。生活中的毛泽东是个很重感情的人。既有他认真严肃的一面，也有他情感细腻的一面。每日看到秘书陪他一起熬夜，也很体谅他们的难处。这次并没有因为高智打瞌睡而批评他。而是很体谅人地说："困了就睡嘛！你们太辛苦了。我睡觉也不愿意被人打扰。己所不欲，勿施于人。"这也可以说是毛泽东感同身受。

毛泽东就是这样一个人，工作起来不分昼夜。工作不完他不休息，工作完了还要看书。工作、读书，开会，批阅文件，接待外宾，等等，难得能看到他安静地多睡一会儿。

在一个生活细节上，毛泽东用到了"己所不欲，勿施于人"。显然，对孔子这个待人处世原则，他不仅认同，而且遵从。也许，个人睡眠比之全面抗战，里面没有复杂的政治内涵，况且领袖与卫士也属于同一阶级，是可以"己所不欲，勿施于人"的。

其实，任何原则都有其适用的相对性，不可能适用于一切场合、一切方面、一切事物，只能相对地适应一些场合、一些方面、一些事物。孔子的"己所不欲，勿施于人"道德原则，也是这样。毛泽东在政治上慎用这个原则，区别对象使用这个原则，有批评有剔除地运用这个原则，而在生活上、在同一阶级朋友之间、在志同道合者群体里，很自然地运用到这个原则。

"内省不疚"是孔夫子的实话

孔子的学生司马牛有个哥哥，名叫桓魋，是个作恶多端的人。司马牛为之忧心忡忡，不知如何是好。他去向孔子请教。《论语·颜渊篇》第四章记此事：

> 司马牛问君子。子曰："君子不忧不惧。"
> 曰："不忧不惧，斯谓之君子已乎？"子曰："内省不疚，夫何忧何惧？"

本章大意是：学生司马牛请教老师孔子：怎样做才称得上是个君子？孔子针对司马牛当时的心境，回答说："君子不忧愁不畏惧。"

"心里不忧不惧，就算是君子了吗？"司马牛满心疑惑，无法理解。见此，孔子进一步解释说："自我反省无愧于心，又忧虑害怕什么呢？"

为人不做亏心事，半夜敲门心不惊。孔子暗示司马牛，只要你自己坐得正、立得直，问心无愧，怎么称不上是君子呢？至于你哥哥，那是他的事，只要你没和他同流合污，你还是你，心地坦荡，又有何忧惧而言呢？

"内省不疚，夫何忧何惧？"孔子认为，君子的特点是不忧愁、不恐惧，因为他问心无愧。

延安时期，1936年11月至1937年4月，毛泽东读苏联西洛可夫、爱森堡等所撰《辩证法唯物论教程》一书，在批注中引用了"内省不疚，夫何忧何惧"这句话：

"内省不疚,夫何忧何惧"。"九一八"之不能抵御,原于一九二七(年)之失败。今日国难之是否得救,决定于统一战线能不能发展与巩固,不决定于日本。国民党不能照旧不变的存在,源于其政策与组成之弱点。资本主义之必然灭亡,源于其内在的矛盾。阶级与政党之兴亡源于其自身条件。……任何事物,任何过程,外力是有影响的,且是严重的影响,然必须通过内力的情况才起作用,决定的东西属于内力。(《毛泽东哲学批注集》,中央文献出版社1988年版,第108—109页)

《辩证法唯物论教程》是苏联哲学家西洛可夫、爱森堡等六人合写的著作。1932年9月,由著名学者李达及学生雷仲坚合译成中文,由上海笔耕堂出版。这是译成中文的第一部苏联哲学教科书,在中国颇有影响,受到中国理论界、学术界的高度重视。

1935年10月,红一方面军长征到达陕北后,为提高自己的马克思主义理论水平,毛泽东在保安和延安等地广泛搜读马列著作,不分昼夜,发愤攻读了不少马克思主义的哲学书籍。在陕北毛泽东读的《辩证法唯物论教程》是1935年6月的第三版和1936年12月的第四版。

这部书毛泽东至少研读了三遍,其中对认识论、辩证法的批注约占一半。这些对毛泽东哲学思想形成发展的影响很大,它为毛泽东哲学思想的形成提供了重要的思想资料,一些观点为毛泽东哲学思想的代表作《实践论》《矛盾论》所采用。

在延安初期,毛泽东鉴于中国革命因为重大理论和路线错误而造成的多次重大挫败,花了很大精力从理论上深刻反思和总结中国革命的经验教训,1937年先后写下了《实践论》和《矛盾论》等一系列重要哲学著作,剖析以教条主义为特征的"左"倾错误指导思想。

1952年《矛盾论》在收入《毛泽东选集》时,作者对初稿作了较大的"补充、删节和修改"。下面这段话,是1937年8月《矛盾论》的初稿本内容:

中国东北沦亡,华北危急,主要由于中国之弱(1927年革命失败,政权不在人民手里,造成了内战与独裁制度),日本帝国主义乃得乘机而入。驱逐日寇,主要依靠民族统一战线执行坚决的革命战争。"物必先腐也,而后虫生之,人必先疑也,而后谗入之",这是苏东坡的名言。"内省不疚,夫何忧何惧",这也是孔夫子的实话。一个人少年充实,他就不容易感受风寒;苏联至今没有受日本的侵袭,全是因为他的强固;雷公打豆腐,拣着软的欺了。全在自强,怨天尤人,都没有用。人定胜天,困难可以克服,外界的条件可以改变,这就是我们的哲学。(许全兴:《为毛泽东辩护》,当代中国出版社1997年版,第191—192页)

从上述两处毛泽东引用孔子"内省不疚,夫何忧何惧"来看,都是从内因与外因的角度来解读君子的不忧不惧这句话的。

孔子的不忧不惧,是因为内省不疚,是说君子自我反省而内心无愧,自然对外就会不忧不惧。这阐述事物的外力的影响,必须通过内部的情况才能起作用的道理,也就是后来在《矛盾论》中讲的:"外因是变化的条件,内因是变化的根据,外因通过内因而起作用。"毛泽东在批注中除了引孔子的"内省不疚,夫何忧何惧",还引用了苏东坡的"物必先腐也,而后虫生之。人必先疑也,而后谗入之"来说明这种辩证观点。

毛泽东还列举了"九一八"之不能抵御,缘于1927年之失败。很明显毛泽东这里指的是1927年蒋介石发动"四一二"反革命政变,大规模屠杀共产党人,致使轰轰烈烈的大革命遭到失败,国共第一次合作破例。1937年国共第二次合作,抗日民族统一战线已建立。驱逐日寇,主要依靠民族统一战线执行坚决的革命战争,决定于统一战线的发展与巩固,不决定于日本。

"内省不疚,夫何忧何惧",是孔夫子讲的实话,是孔夫子讲的内力与外力的辩证法。毛泽东据此对中国革命和抗日战争实际问题的正确分析,无不给人以激励和启发。外力虽有影响,但决定的东西属于内力。只要国共合作,一致对外,团结抗日,共御外侮,问心无愧,又何须惧怕一时强大的日寇?中华民族的解放和自立,全在自强。

四海之内皆兄弟

《论语·颜渊篇》第五章与第四章有联系,继续记司马牛之忧:

> 司马牛忧曰:"人皆有兄弟,我独亡!"
> 子夏曰:"商闻之矣:死生有命,富贵在天。君子敬而无失,与人恭而有礼,四海之内,皆兄弟也。君子何患乎无兄弟也?"

上一章,曾记孔子的弟子司马牛,向孔子请教怎样做君子。孔子对他说:"君子不忧不惧。"司马牛告辞了孔子,见到了师兄子夏,很忧愁地对子夏说道:"人家都有兄弟,多么快乐呀,单单我没有。"子夏安慰他说:"我听说过:一个人死生听从命运,富贵由天安排。君子对待工作谨慎认真,不出差错;待人恭敬而有礼貌。那么天下之大,到处都是兄弟。君子又何必担忧没有兄弟呢?"

据西汉人孔安国言,司马牛有个哥哥,因后来谋反,影响到他的几个串通一气的兄弟,也都跟着遭殃。只有司马牛和他们划清界限,所以感到孤独。虽有兄弟,却与没有兄弟无异。针对司马牛的叹息,子夏对他进行了一番宽慰,可见孔门师兄弟之间的情谊。

《论语·颜渊篇》第五章有两句话流传最广,一句是"死生有命,富贵在天",一句是"四海之内皆兄弟也"。前一句暂且不论,这后一句毛泽东在讲话和文稿中几次提及。

1958年5月,毛泽东在他主持召开的中共八大二次会议上,先后有四次讲话，其中5月17日的讲话提纲中有一段是：

> 社会主义阵营的密切合作
> 学习，辞去主席
> 四海之内皆兄弟
> 人人是外行，外行才能领导内行

其中，5月20日的讲话提纲中又有一段是：

> 真理：批判学习一切东西，党中央的，马列的，外国的，我的，你们的。
> 四海之内皆兄弟
> 几个经济文件，看了没有？（《建国以来毛泽东文稿》第七册，中央文献出版社1992年版，第199、204页）

1958年5月14日，第二机械工业部党组为转报北京第三工业建筑设计院关于和苏联专家由两股劲拧成一股劲的经验，向毛泽东、中共中央报告。报告说，我部担负的是一项新的建设任务，很多技术问题我们不懂或者不完全懂，因而苏联专家就成了我们当前的重要技术力量。前一时期，由于我们对多快好省地建设社会主义的总路线和大中小相结合的方针强调不明确，在共同设计的时候，有时我们从中国的实际情况出发，提出一些不同意见，彼此之间有些争论，因此在一些技术问题上扭来扭去，各执一词，形成了两股劲。直到成都会议后，我们学习了毛主席指示，进一步明确了总路线，才有所转变。近一个多月来，我们运用各种方式反复向苏联专家介绍我国建设总路线，介绍整风运动和其他有关的中国实际情况，使苏联专家自觉地掌握中国的方针路线，按照中国的实际情况进行工作，效果很好。现在苏联专家能够和中国同志一起主动地讨论怎样结合中国实际情况，怎样贯彻多快好省路线，许多设计修改了，想了很多窍门，制出新的更合理的设计。这就使过去的两股劲拧成一股劲，正如一位苏联专家所说："这是中苏友谊的结晶。"

5月16日，毛泽东为八大二次会议印发这个报告写了批语：

> 这是一个好文件，值得一读。请小平同志立即印发大会同志

们。凡有苏联专家的地方，均应照此办理，不许有任何例外。苏联专家都是好同志，有理总是讲得通的。不讲理，或者讲得不高明，因而双方隔阂不通，责任在我们方面。就共产主义者队伍来说，四海之内皆兄弟，一定要把苏联同志，看作自己人。大会之后，根据总路线同他们多谈，政治挂帅，尊重苏联同志，刻苦虚心学习。但又一定要破除迷信，打倒贾桂！贾桂（即奴才）是谁也看不起的。（《建国以来毛泽东文稿》第七册，中央文献出版社1992年版，第231页）

毛泽东为这段批语拟定的题目是"四海之内皆兄弟"。

五天时间内，一次会议上，毛泽东三讲"四海之内皆兄弟"。可见这句话对他的烙印之深，也可见他想通过这句话表达一种思想的愿望之迫切。

《论语》中的"四海之内皆兄弟也"是需要前提条件的。那就是："君子敬而无失，与人恭而有礼。"这就是"敬"与"恭"。敬：是自我约束、自我完善，严谨认真而无差错；恭：是待人以真诚，和人交往态度恭谨而合乎礼节。这也是子夏对司马牛的鼓励，意在请他消除顾虑，好好修德，那就可以不受兄弟的连累，依然是个受人称赞的君子。在子夏看来，君子何愁无兄弟呢！"四海之内皆兄弟也"泛指海内之人都是"兄弟"。可以说子夏的这种思想，已突破了家庭内部的血缘亲情关系，极大地拓展了"兄弟"的外延。

毛泽东所拟定的批语"四海之内皆兄弟"及讲话提纲所引用《论语》这句话，其思想内涵已远远超出了《论语》的范畴。毛泽东借用《论语》中"四海之内皆兄弟"这句话，强调"社会主义阵营的密切合作"（那时在国际政治格局中还存在着社会主义阵营），强调批判地学习"外国的"东西，强调尊重苏联的同志，把他们看作自己的人，刻苦虚心地向苏联专家学习。当然，在这种尊重、学习和交往中，要独立自主，保持人格国格，而不做奴气十足的贾桂。这无论从政治上考虑，还是从社会主义经济建设上考虑，无疑都是必要的、正确的。后来中苏两党展开论战，分歧越来越大，赫鲁晓夫悍然撕毁合同，撤走专家，使社会主义"家庭"走向分裂，"兄弟"终于反目。这当然是后话，也显然违背毛泽东的初衷。

百姓足，君孰与不足

经济生活与经济政策，是孔子师徒与各诸侯国君臣经常讨论的话题。《论语·颜渊篇》第九章记鲁哀公与孔子学生有若因"年饥"讨论税收的比例：

哀公问于有若曰："年饥，用不足，如之何？"
有若对曰："盍彻乎？"
曰："二，吾犹不足，如之何其彻也？"
对曰："百姓足，君孰与不足？百姓不足，君孰与足？"

彻：西周以来一种收取农业税的方式，即按收成的十分之一收税。

这段记载是说，鲁哀公问孔子的弟子有若：年遭饥荒，公室用度不足，该怎么办？有若回答说：为什么不实行"彻"税法呢？鲁哀公说：收取十分之二，我还感到不够，怎么能收十分之一呢？有若回答说：百姓富足了，国君怎么会不足？百姓不富足，国君又怎么会富足呢？

孔子的学生有若这番言论，体现了儒家倡导"政在富民"的思想。朱熹注为："民富，则君不至独贫；民贫，则君不能独富。有若深言君民一体之意，以止公之厚敛，为人上者所宜深念也。"（《四书章句集注·论语集注》）儒家认为百姓富足，乃是国家富足、政权稳定的前提。它是孔子富民思想的重要组成部分，寓"藏富于民"之义。

"百姓足，君孰与不足"的思想命题，对后世整个封建社会影响重大而深远，成为某些进步思想家与有识之士反对横征暴敛、主张薄赋轻徭的口号和旗帜。

当时收地租大概是收百分之二十左右

毛泽东曾经把鲁哀公的百分之二十左右收取地租,理解成"当时的社会制度已经开始变革"。

1954年9月14日,毛泽东在中央人民政府委员会临时会议通过中华人民共和国宪法草案后发表了《关于辛亥革命的评价》的讲话。

他说,人类历史上有过几次性质不同的大的革命。第一次,是奴隶主推翻原始共产主义社会,使人类的生产和社会大进一步。第二次,是封建地主革掉奴隶主的命。第三次,是资产阶级革封建地主阶级的命,也就是民主主义革封建主义的命。在中国,就是辛亥革命。

在讲到第二次革命时,他说:

> 总之,在春秋战国时代,发生了激烈的变化,发生了大的阶级斗争、革命斗争,从那时起,开始允许土地私有,允许土地收租。大概是在鲁宣公时代"初税亩",第一次开始收地租。鲁哀公还说过什么"二,吾犹不足,如之何其彻也"?彻,即十分之一。可见当时收地租大概是收百分之二十左右。这证明当时的社会制度已经开始变革,不再是实行井田制,而是采用收土地税的办法了。过去是"普天之下,莫非王土;率土之滨,莫非王臣",这个时候是搞私有了。私有制曾经是一个很好的东西。(《毛泽东文集》第六卷,人民出版社1999年版,第345页)

郭沫若在《十批判书》等著作中阐述自己的观点时特别强调了鲁国的"初税亩"改革。据《左传》记载,鲁国在宣公十五年(前594)实行"初税亩",即按土地面积征税。郭沫若认为,西周奴隶制实行的是井田制,只对公田征税,取十分之一,谓之彻,而对已出现的少量私田不征税,亦不承认私田的合法性。随着私田数量的增加,鲁国实行"初税亩",对公私田一律征税,以增加收入。这也等于承认私田的合法性。郭沫若强调:"初税亩","虽然只是这样的三个字,但它们确是新旧两个时代的分水岭"。因为这三个字,"正式地承认了土地的私有","这样便是社会制度的改革"。

郭沫若还对《论语》上鲁哀公与孔子弟子有若关于税收的对话做了新

的解释。郭沫若认为，一向的注家把它作为仁政讲，但这样讲，有点滑稽，说不通。因为取十分之二都不够，取十分之一（即"彻"）怎么能够呢？他另有解释：哀公的"二，吾犹不足"，是用旧制，只对公田征税；有若用的是新制，公私田都征税，总的田亩多，所以虽单位面积只取十分之一，但总量仍然比取十分之二的老办法收得多。

受郭沫若《十批判书》的影响，毛泽东在这次讲话中一改过去对孔子是保守的奴隶主思想家的看法，认为孔子是革命党。同时，他又说："总之，在春秋战国时代，发生了激烈的变化，发生了大的阶级斗争、革命斗争，从那时起，开始允许土地私有，允许土地收租。大概是在鲁宣公时代'初税亩'，第一次开始收地租。鲁哀公还说过什么'二，吾犹不足，如之何其彻也'？彻，即十分之一。可见当时收地租大概是收百分之二十左右。这证明当时的社会制度已经开始变革，不再是实行井田制，而是采用收土地税的办法了。过去是'普天之下，莫非王土；率土之滨，莫非王臣'，这个时候是搞私有了。私有制曾经是一个很好的东西。"

毛泽东的观点很明确，赞成郭沫若的观点，并说了主要理由。毛泽东上述讲话，郭沫若、范文澜都是知道的，学术界多数人并不了解，也未披露过。所以毛泽东的讲话并没有影响学术界在这个问题上继续展开争论。（许全兴著：《毛泽东与孔夫子》，人民出版社2003年版，第30—31页）

对于有若的观点，还有一种理解：从表象来说，哀公"年饥，用不足"想通过增加税收以提高国库用度，是理所当然的思维逻辑。而有若却不这样认为，他从对老百姓爱护、体恤民生的角度来思考这个问题。他摒弃了寻常的思维模式，用辩证的方式加以阐述。表面上"二"肯定比"一"要多，这是再简单不过的数字比较。而用辩证法来分析，答案就会迥然不同。有若是这样想的：哀公你将税收改二为彻，表面上是少了一成。但是，农民由于税收减少了，生产积极性增加了，效率就会大大地提高，单位产量增加了，耕种面积扩大了，抑或其他副业也会随之增加，这样农民的总收入增加了，如此就会"彻"大于"二"了。农民和哀公俱能增收，形成一个双赢的局面。

毛泽东用社会变革、社会发展的眼光来看待中国社会历史上的第二次大变革，对《论语·颜渊篇》第九章所记鲁哀公的农业税收政策做出了新的价值判断。鲁国的"初税亩"和鲁哀公的百分之二十左右收取地租，虽然加重了对农民的经济剥削，但是推动了土地私有制的出现，也就是推动了封建社会的出现。历史地看问题，"私有制曾经是一个很好的东西"。好就好在使"当时的社会制度已经开始变革"。这样地理解和剖析《论语·颜渊篇》第九章，在郭沫若与毛泽东之前，没有任何人。

百姓是社，君是国家

对于"足"与"不足"，有若强调君民一体："百姓足，君孰与不足？百姓不足，君孰与足？"

这个思想本意，毛泽东也是承认的，并借鉴过来说事论理。

1959年2月27日在郑州，毛泽东在与河南省的新乡、洛阳、许昌、信阳四位地委书记座谈时，谈到关于人民公社问题，讲了几点重要意见，其中指出：

> 过去讲"百姓不足，君孰与足"，现在的百姓就是社，君就是国家。一定要注意什么事要有个过程。要认识部分是社所有，基本是队所有，公社是半路插进来的干老子。粮食生产队有个差等，工资也要有个差等。我们采取这样的办法：死级活评，按劳取酬。（顾龙生编著：《毛泽东经济年谱》，中共中央党校出版社1993年版，第451页）

毛泽东在谈话中提到"社"，是指人民公社，它是20世纪50年代后期在全面开展社会主义建设中，为探索中国社会主义建设道路所提出的一项制度。

1958年7月1日《红旗》杂志第3期《全新的社会，全新的人》一文中，比较明确地提出"把一个合作社变成一个既有农业合作又有工业合作基层组织单位，实际上是农业和工业相结合的人民公社"。这是在报刊上第一次提"人民公社"的名字。8月6日，毛泽东视察河南新乡七里营人民公社时，说人民公社名字好。他在与山东领导谈话时说："还是办人民公社好……"并指出公社的特点是"一大二公"。谈话在报纸上发表后，各地掀起了办人民公社的热潮。很快全国农村基本上实现了人民公社化。

由于在合作化运动的后期已出现了过急过猛的问题，所以人民公社化运动也出现了急于向共产主义过渡的情况，刮起了"一平二调三收款"的"共产风"。

1959年2月26日，毛泽东在河南郑州发表讲话，指出：首先要批评平均主义。富的不下降，穷的提高生产，不拉平。不能把新乡、洛阳、开封、南阳都拉平。不能砍富的补穷的，而是要把穷的提高到富的水平。2月27日，毛泽东在与河南四个地委书记座谈时指出：穷队富队，穷村富村，主要是资源不同、条件不同、管理不同、历史不同，因此产量也不同。不能拉平。现在我们对穷队富队、穷村富村采取拉平是无理由的，是掠夺，是抢窃。毛泽东和党中央有意识地开始逐步纠正人民公社化运动中的错误。

同时，毛泽东还说，一定要注意什么事要有个过程。他借用孔子的话说，现在的百姓就是社，君就是国家。对于国家来说，同样遵循这一规律：只有人民公社搞好了，富起来了，国家才能富起来，才能昌盛。也就是说，百姓利益和国家利益是一致的、协调的。

后来，毛泽东主持制定了《农村人民公社工作条例（草案）》，进一步明确了在现阶段人民公社实行三级所有，队为基础的制度，这在一定程度上对克服农村工作中的"左"倾错误，调动广大农民的积极性，促进农业的恢复和发展，起了积极作用。

同年8月北戴河会议，各省、市、自治区党委第一书记和中央各部委负责人参加。8月24日，毛泽东在讲到分配问题时，他说：苏联干部职工工资等级太多，同工农收入相差太悬殊，农民义务交售制，负担48%，限制农业40年不发展，我们只拿5%—8%(间接负担除外)，我们藏富于民，"民食足，君食孰与不足"。赫鲁晓夫来了，就是只说国家要搞多少粮食，不讲生产多少，我们就是讲生产的。（李锐：《大跃进亲历记》下册，南方出版社1999年版，第114页）

北戴河会议，8月22日和23日，会议专门讨论了农村工作，重点是关于建立人民公社的问题。24日毛泽东在讲话中谈到分配问题时，指出我们藏富于民，"民食足，君食孰与不足"。也就是孔子的"百姓足，君孰与不足"的思想的现代转换。

在讲话中毛泽东列举了苏联农业发展存在的问题，是农民负担过重。农民义务交售制，负担48%，限制了农业的发展。与苏联相比，我们注重发展农业生产。苏联不讲生产，我们是讲生产的。人民知道我们反正是为了他们，所以积极性高。

藏富于民，是说财富应该更多地在人民一边，而非政府一边。在劳动报酬与分配上，采取按劳取酬这样的办法。即按劳分配的原则，这是调动群众生产积极性的关键。强调分配原则是在生产有差别的基础上，分配应当有所不同。

即使在"左"的错误中，毛泽东借鉴孔子师徒君民一体的思想，强调

"民足君孰于不足"，注意调整农民、公社、国家的利益关系，接受苏联轻视农业、忽略农民利益的教训，还是部分地减轻了"左"的错误的负面影响，不致造成更大的损失。

还是"百姓足，君孰与不足"的老话

1965年年初，经毛泽东决定成立一个临时工作机构"小计委"，由周恩来直接领导，主要任务是研究经济和社会发展战略问题，拟定第三个五年计划的方针任务等。

1966年3月12日，毛泽东就农业机械化问题致信刘少奇，其中写道：

> 现在虽然提出了备战、备荒、为人民（这是最好地同时为国家的办法，还是"百姓足，君孰与不足"的老话）的口号，究竟能否持久地认真地实行，我看还是一个问题，要待将来才能看得出是否能够解决。（《毛泽东文集》第八卷，人民出版社1999年版，第428页）

在编制第三个五年计划过程中，小计委实际主持国家计委的工作。在经历了50年代末到60年代初的经济困难时期之后，毛泽东和中央决定在制订"三五"计划时，改变过去以发展重工业为中心的指导思想，大力发展农业，基本解决人民的吃穿用问题为发展国民经济的首要任务。这是总结十多年社会主义建设的经验教训，在探索我国经济发展道路方面认识上迈出的重大一步。1964年5月中央工作会议讨论并原则同意的《第三个五年（1966—1970）计划的初步设想》即贯彻了这一思路。人们形象地把这个计划称为"吃穿用计划"。

然而，这个计划刚一提出，随着当时国家面临的国际环境的变化，我国的国防战备工作突然变得紧张起来。毛泽东在中央工作会议上讲话，就正在编制中的"三五"计划讲了一些意见。他指出，我们的方针是以农业为基础，以工业为先导，按照这个方针制订计划，还要考虑打仗的需要。同时，毛泽东在这次谈话中还提出了进行三线建设，加强战备的建议。会议一致拥护毛泽东的主张，认为应在加强农业生产、解决人民吃穿用的同时，迅速展开三线建设，加强战备。

随着大小三线建设的展开，备战气氛的增加，"三五"计划的方针和任务，也就由重点解决吃穿用转向以备战为中心。当然，在毛泽东看来，无论是以工农业为主导，还是以备战为主导，经济建设的中心目标，都是以几亿人民的根本利益为出发点的。

1965年6月，毛泽东在听取国家计委关于第三个五年计划初步设想的汇报后指示说：计划要考虑三个因素，第一是老百姓，不要丧失民心；第二是打仗；第三是灾荒。

1966年3月，毛泽东在关于各省发展农业机械化问题给刘少奇的信中，用七个字对"三五"计划的方针任务作了高度概括："备战、备荒、为人民"。毛泽东认为，发展农业机械化应与这三者联系起来。只有这样，才能动员群众，为较快地但是稳步地实现农业机械化计划而奋斗。

毛泽东还列举了苏联农业政策失策的原因，他指出，苏联的农业政策，历来就有错误，竭泽而渔，脱离群众，以致造成现在的困境，主要是长期陷在单纯再生产坑内，一遇荒年，连单纯再生产也保不住。毛泽东也指出了我国农业政策过去存在的问题，他说，我们也有过几年竭泽而渔（高征购）和很多地区荒年保不住单纯再生产的经验，总应该引以为戒吧。毛泽东指出，"为人民"的口号，是最好地同时为国家的办法，这也还是"百姓足，君孰与不足"的老话。也就是说，人民富足了，国家也会随之强盛起来。这虽然是封建统治阶级的经济观，但道理是对的。

"备战、备荒、为人民"的经济思路以及三线建设的经济格局，是特定历史条件下形成的。毛泽东以"百姓足，君孰与不足"的老话来注解"为人民"的方针，则说明在中国共产党领导下的社会主义建设事业中，国家利益与人民利益始终是高度一致的。因此，无论制定怎样的经济政策，其目的都是为了人民、为了国家。

君君臣臣的事

"君君臣臣",是孔子周游齐国时,提出的建立封建社会政治秩序的主张。据《论语·颜渊篇》第十一章记载:

> 齐景公问政于孔子,孔子对曰:"君君,臣臣,父父,子子。"
> 公曰:"善哉!信如君不君,臣不臣,父不父,子不子,虽有粟,吾得而食诸?"

本章大意为:

齐景公向孔子问如何治理国家。孔子回答说:"君要像君的样子,臣要像臣的样子,父要像父的样子,子要像子的样子。"

齐景公说:"很好啊!果真是君不像君,臣不像臣,父不像父,子不像子,虽然有积蓄的粮食,我能得到而享受吗?"

齐景公,姓姜,名杵臼。鲁昭公末年,孔子周游到齐国。当时齐国大夫陈氏专权擅政,而齐景公多内嬖而不立太子,所以孔子如此答其所问。

春秋时代社会变动,西周以来制定的等级名分等制度发生动摇,以至名存实亡,弑君杀父之事屡见不鲜,出现了所谓"君不君,臣不臣,父不父,子不子"的局面。孔子认为"名不正,言不顺,事不成"是国家动乱的主要原因,他力图"名正,言顺,事成"(《论语·子路篇》第三章),每个人都在自己应在的位置上尽自己的责任,那么国家就会安定,政治就会清明。"正名"是孔子维护现存社会秩序的措施之一种。孔子告诉齐景公要做到"君君，臣臣，父父，子子"，也是"正名"之意。

所以，齐景公感叹如果君臣父子都不能各行其道，国家必然大乱，即使有丰富的物质，也没有命来享受啊！

孔子"君君，臣臣，父父，子子"的主张，欲正旧秩序之名，反映了他政治思想保守性的一面。在整个封建社会，它的作用在于维护封建纲常，虽然在社会平缓期是稳定社会秩序的积极因素，但在社会变革期、转型期则起着阻碍社会进步的消极作用。

五四运动时期，青年毛泽东曾经在批评康有为时批判了孔子"君君臣臣"的思想观点。

1919年7月14日，青年毛泽东受五四运动风潮影响，创办《湘江评论》。在创刊号上，毛泽东发表通讯、评论多篇。其中有两篇时事评论，是批判康有为遵孔行为的，一篇是《各国没有明伦堂》，另一篇是《什么是民国所宜？》。

事情的起因似乎很简单：广州市在修马路对，要拆毁孔庙中的大殿明伦堂，康有为知道此事后，大动肝火，打电报给广州护法军政府主席总裁岑春煊和广州护法军政府七总裁之一并兼外长和财长的伍廷芳，发了一通"维孔"的议论。

毛泽东就此写下时评，两篇文章都很短，迻录如下：

各国没有明伦堂

康有为因为广州修马路，要拆毁明伦堂，动了肝火：打电报给岑伍，斥为"侮圣灭伦"。说，"遍游各国，未之前闻。"康先生的话真不错，遍游各国，那里寻得出什么孔子，更寻不出什么明伦堂。

什么是民国所宜？

康先生又说，"强要拆毁，非民国所宜。"这才是怪！难道定要留着那"君为臣纲""君君臣臣"的事，才算是"民国所宜"吗？（《毛泽东早期文稿》，湖南出版社1995年第2版，第326—327页）

康有为（1858—1927），一名祖诒，字广厦，号长素，又号更生，广东南海人，故人称"康南海"。1895年中国在甲午战争中被日本打败后，他联合一千三百多名在北京参加科举考试的举人联名向光绪皇帝上"万言书"，要求"变法维新"，主张改君主专制制度为君主立宪制度。维新运动失败后，逃亡海外，组织保皇会，和孙中山所代表的革命派相对立。他的著作有《新学伪经考》《孔子改制考》《大同书》《康南海先生诗集》等。

"岑伍"，指岑春煊与伍廷芳。岑春煊（1861—1933），原名春泽，字云阶，广西西林人。曾任北京政府官员。时为广州护法军政府主席总裁；伍廷芳（1842—1922），字文爵，号秩庸，广东新会人。时为广州护法军政府七总裁之一，并兼外长和财长。

曾经写有《孔子改制考》并要"变法维新"的康有为，最后堕落为保皇党，在他的思想里面，孔子可以"改制"，但对孔子不能"改制"，明伦堂是"侮圣灭伦"，"非民国所宜"。毛泽东用杂文笔法，对"康圣人"冷嘲热讽，反问康完全封建专制化的"君为臣纲""君君臣臣"才算是"民国所宜"吗？也就是说，把以孔子"君君臣臣"为代表的封建君主专制思想拿到民主共和制的中华民国来合适吗？！

这是毛泽东还是非马克思主义者之前，对孔子思想的清算。那时，他批判的武器还是激进的旧民主主义。

仁者爱人，君子固穷

"仁者爱人"是孔子最卓越的思想，至今闪烁着人性的光辉。这个思想被记入《论语·颜渊篇》第二十二章：

> 樊迟问仁。子曰："爱人。"问知。子曰："知人。"
> 樊迟未达。子曰："举直错诸枉，能使枉者直。"
> 樊迟退，见子夏，曰："乡也吾见于夫子而问知，子曰：'举直错诸枉，能使枉者直'，何谓也？"
> 子夏曰："富哉言乎！舜有天下，选于众，举皋陶，不仁者远矣。汤有天下，选于众，举伊尹，不仁者远矣。"

本章的大意是：樊迟问什么是仁。孔子说："爱人。"樊迟问什么是智。孔子说："了解人。"

樊迟还不明白。孔子说："选拔正直的人，使他的地位高于不正直的，就能使不正直者变得正直。"

樊迟退出来，见到子夏说："刚才我见到老师，问他什么是智，他说：'选拔正直的人，使他的地位高于不正直的，这样就能使不正直者归正'，这是什么意思？"

子夏说："这话意义多么丰富呀！舜有天下，在众人中挑选人才，举用了皋陶，不仁的人就离去了。汤有了天下，在众人中挑选人才，举用了伊尹，不仁的人就离去了。"

仁是孔子思想体系的理论核心。"孔子贵仁"（《吕氏春秋·不二》）。孔子以"仁"为自己学说的最高范畴和基本内容。《论语》中，仁字出现最多，有五十八章论及，共计109处，它是孔子社会政治、伦理道德的最高理想和标准，也反映他的哲学观点，对后世影响亦甚深远。

仁，孔子没有下一个统一的定义。樊迟问仁。子曰："爱人。"颜渊问仁。子曰："克己复礼为仁。一日克己复礼，天下归仁焉。"（《论语·颜渊篇》）子张问仁于孔子。孔子曰："能行五者于天下为仁矣。"请问之。曰："恭、宽、信、敏、惠。恭则不侮，宽则得众，信则人任焉，敏则有功，惠则足以使人。"（《论语·阳货篇》）由此可见，"爱人"是孔子论"仁"的本质和基本内容，余均为此之扩充和引申。孔子重视人的价值，他所说的爱人，具有普遍性。

《论语》的一些内容直接和"爱人"有关。有一章讲道：

"厩焚，子退朝，曰：'伤人乎？'不问马。"（《论语·乡党篇》）孔子家里的马厩失火，他上朝回来之后，第一个反应是问："伤着人了吗？"没有问马有没有损失，房屋财产有没有损失。虽然是一个简单的事情，但表现了对人的关切，体现的是孔子爱人的思想。厩中之人也当然不可能是贵族。《论语》中，把诸如伯夷、叔齐、柳下惠等列为"逸民"，又有"野人""小人"之称谓，说明"人"非专指贵族，"民"非专指被统治阶级，"民"包括在"人"之中。但孔子的爱有差等亲疏之别，主张以封建宗法等级制度"礼"来节制之。

孔子的仁，是宗法性礼教性的仁。所谓仁者"爱人"，首先是孝亲。故其爱是一种差等爱，是等差之爱。他自己就说："仁者人也，亲亲为大；义者宜也，尊贤为大；亲亲之杀，尊贤之等，礼所生也"（《中庸》）。这种等差之爱，是现实的宗法等级制度在观念形态上的反映，是和墨子打破宗法礼教的兼爱相对立的。二者不可混为一谈。

爱人既为仁的实质和基本内容，而此种爱又是推己及人，由亲亲而扩大到泛众。总之，孔子试图通过"爱人"的说教，劝说统治者应养民、利民、惠民、教民，减轻对老百姓的剥削和压迫，以缓和阶级矛盾，维护封建地主阶级的统治。

当然孔子讲的"爱人"，并不是真的爱一切人。他自己就讲："唯仁者能好人，能恶人。"（《论语·里仁篇》）只有仁人才能喜爱人，厌恶人。这说明孔子讲爱人，不是无原则的。他有爱人的方面，也有恨某些人的方面。而对人的好恶，只有仁者才能真正做到。孔子也并不认为，人人都能成为仁者。在他看来，小人是不能成为仁者的，"未有小人而仁者也"（《论语·宪问篇》）。

孔子之后的儒家把"爱人"视为爱一切人，鼓吹人类之爱，这与孔子的"能好人，能恶人"有区别。孔子讲仁，讲爱人，最根本的还是为了"克己复礼"，是为了统治阶级。毛泽东对孔子道德论的批评主要集中在"仁"上。

1964年8月18日，毛泽东在北戴河同哲学工作者的谈话中说：

> 孔夫子讲"仁者爱人"。爱什么人？所有的人？没那么回事。爱剥削者？也不完全，只爱剥削者的一部分。不然，孔夫子为什么不能做大官？人家不要他。他爱他们，要他们团结。可是闹到绝粮，"君子固穷"，几乎送了一条命，匡人要杀他。（陈晋：《毛泽东之魂》，吉林人民出版社1993年版，第273页）

毛泽东对孔子从政治上予以否定的倾向，这与当时大讲阶级斗争，强调意识形态领域的两条路线斗争很有关系。1964年6月24日，毛泽东在会见外宾时曾说过：孔夫子是讲空话的。同年8月18日，毛泽东在北戴河同哲学工作者谈话时，进一步说明"空话"是什么：显然，"仁者爱人"就是"空话"。因为在毛泽东看来，离开阶级内容，抛弃阶级分析，爱"所有的人"，这在理论上不成立，在实际上也是办不到的。

毛泽东用孔子自身的经历来说明在阶级社会普遍的超阶级的爱是不可能的。孔夫子倒霉就倒在这上面：一是不能做大官，二是日后穷困到"几乎送了一条命"的地步。这当然是指孔子五十多岁时，曾在鲁国担任过一段大司寇并"摄行相事"其后的事。为什么孔子没能继续做下去？史书说孔子的政见与鲁君不合，于是开始周游列国；一说齐国见孔子为政，鲁国大有起色，遂使美人计破坏之。鲁定公在季桓子怂恿下，君臣沉湎声色，三日不理朝政。孔子失望之下去鲁。毛泽东则说"人家不要他"，他只得离去。

孔子周游列国期间，很长一段时间往返于陈、蔡之间，而楚国想让他到楚国去，这样，陈、蔡大夫害怕他到楚国后帮助楚国，于陈、蔡不利，就派人将孔子包围在野地里，一连七日，粮草尽绝，随从弟子病倒。最后，得楚昭王帮助，才脱离困境。他的得意门生子路愤愤然问他："君子亦有穷乎？"孔子回答说："君子固穷。"至于匡人拘执孔子，那是一场误会。孔子离开卫国，前往陈国的途中，经过匡地，匡人把他当成阳虎围了起来。阳虎曾侵略虐待过匡人，孔子相貌长得有些像他，李代桃僵，真是哭笑不得。孔子被抓了起来，差点儿被错杀，"几乎送了一条命"。毛泽东拿"绝粮"事和匡地被拘事要证明孔子不得人心，所谓"仁爱"，在哪里都行不通，只能到处碰壁。按照毛泽东的思路，孔子倒霉证明他讲的那一套是错的，听起来蛮好听，其实是"空话"。

像政治上批判孔子的"君君臣臣"说一样，毛泽东在伦理上则对孔子的"仁者爱人"说持批判否定态度，主要是讲孔子的"仁爱"是有阶级性的，是"爱剥削者"，或"只爱剥削者的一部分"。青年毛泽东批判"君君臣臣"说的理论武器是旧民主主义，而晚年毛泽东批判"仁者爱人"说的思想武器则是马克思主义阶级论。现在，"君君臣臣"说在社会主义民主社会中早已失去了存在的社会条件。"仁者爱人"在剥削阶级作为阶级已经消亡、阶级斗争只是一种残存的状况下，却可以赋予新的内涵，成为人道主义、以人为本的思想来源。因为，即使在历史发展中，孔子提出"仁者爱人"的理论，也是对奴隶制残酷的人殉制度的革命，是向尊重人、爱护人前进了一大步！

子路篇第十三

正名是观念论

孔子的学生子路（前542—前480）只小孔子九岁，且办事鲁莽，言语爽直。孔子在卫国时，子路与老师讨论为政中的"正名"问题，就直言老师观点"迂腐"，这在别的学生中是不可想象的。《论语·子路篇》第三章记载：

> 子路曰："卫君待子而为政，子将奚先？"子曰："必也正名乎！"
> 子路曰："有是哉，子之迂也！奚其正？"子曰："野哉，由也！君子于其所不知，盖阙如也。名不正，则言不顺；言不顺，则事不成；事不成，则礼乐不兴；礼乐不兴，则刑罚不中；刑罚不中，则民无所错手足。故君子名之必可言也，言之必可行也。君子于其言，无所苟而已矣。"

大约公元前489—前484年，孔子第二次来到卫国。时卫国父子君位之争已平静下来。孔子的许多学生都在卫国做官。他一回到卫国，已在卫国做官的子路就问孔子："如果卫出公要先生您出来为他辅政，您先要做什么？"孔子回答说："一定要先规范各种名分。"这里反映两个问题，一是孔子已决心接受卫出公的邀请，所以毫不犹豫地正面回答了子路提出的问题，反映了孔子的思想动向是决定"仕卫"（在卫国做官）；二是明确提出了他将实施的政治纲领是"正名"。

子路听了不解地说："您太迂腐了，为什么先要正名呢？"听了子路反对的话，孔子对子路严加批评说："你言辞真粗野啊，仲由！君子对于自己不了解的事是保持沉默，不知不要乱说啊。"于是，引发了孔子讲了一番君子为政必须首先正名的道理："如果名分不规范，说话就不通顺；说话不通顺，事情就办不成；事情办不成，则礼乐之制就难兴起；礼乐之制难兴起，则刑罚就难以恰当；刑罚不恰当，则民众无所遵循。所以，君子规范的名分必能讲得通，讲得通的就必然行得通。君子对于所说的话，是严谨而不可草率马虎的。"

应当说孔子这番议论确实言之有理，子路也一定听得懂。可他为什么说孔子先正名是"迂"呢？准确地说，这是师生之间的误会。就是说子路误以为孔子说"必也正名乎"，是和五年前一样，要将卫出公与父亲争君位的事又翻出来进行一番辨析，所以他认定这是"迂"，表示反对，而孔子又错以为子路竟然不懂得正名的重要性，于是发了这番议论。

孔子并不是要辩正父子中哪一个继承君位才合乎礼制，而是要向世人申明，卫出公继承君位是合乎礼制的，即可以名正言顺地为政施治，同时也就使自己出来为他辅政有了道义上的支撑。孔子这时提出正名，把"正名"看成为政的第一件事。其正名的第一含义是：正自己的名，以此取得去正别人的名的合法性和权威性。由此可知，人们多只在纠正不合名分的行为，也即"去正别人的名"，这个意义上讲孔子的正名理论，那是片面的。正名，首先是正己，而目的是取得正人的资格、威望、权力。

所谓"正名"就是要求不去做不合自己名分（今天叫身份）的事。这在当时，在孔子，当然实际上就是要求不僭礼，因为礼的最重要的内容就是别贵贱、定名分。"正名"作为"为政"的措施，乃是一个政治概念，不是针对为官者的道德自律而发，而是重在"名不正"就会说话没人听，政策、号令得不到执行这个施政效果的方面。换言之，是为官者通过正自己的名的途径，树立起自己的权威。所以是必须严肃对待的。孔子提出正名理论来，直接要求是让他"有职有权"，以求上任后说话"底气足"，发布的政令能够畅通，能够有力地遏止其他人越位越权的僭礼行径。

正名就是辨正社会等级、人伦关系的名称、名分，目的就是要符合周礼的"君君，臣臣，父父，子子"的等级制度。孔子的观点是"名不正则言不顺，言不顺则事不成"。

延安时期，毛泽东对孔子"正名"说从哲学的高度进行了较为系统的阐述和评论。1939年2月20日，毛泽东就关于《孔子的哲学思想》一文的阅读修改意见，写信给当时任中共中央书记处书记、中央宣传部部长的张闻天，就陈伯达的这篇文章发表自己的看法。信中说：

"伯达同志的《孔子哲学》我曾经看过一次（没有细看），觉得是好的，今因你的嘱咐再看一遍，仍觉大体上是好的，唯有几点可商榷之处开在下面，请加斟酌，并与伯达同志商量一番。我对孔子的东西毫无研究，下列意见是从伯达文章望文生义地说出来的，不敢自信为正确的意见。"

信中第一条说：

"名不正则言不顺，言不顺则事不成……"作为哲学的整个纲领来说是观念论，伯达的指出是对的；但如果作为哲学的部分，即作为实践论来说则是对的，这和"没有正确的理论就没有正确的实践"的意思差不多。如果孔子在"名不正"上面加上一句："实不明则名不正"，而孔子又是真正承认实为根本的话，那孔子就不是观念论了，然而事实上不是如此，所以孔子的体系是观念论；但作为片面真理则是对的，一切观念论都有其片面真理，孔子也是一样。此点似宜在文中指出，以免读者误认"名不正言不顺"而"事"也可"成"。"正名"的工作，不但孔子，我们也在做，孔子是正封建秩序之名，我们是正革命秩序之名，孔子是名为主，我们则是实为主，分别就在这里。观念论哲学有一个长处，就是强调主观能动性，孔子正是这样，所以能引起人们的注意与拥护。机械唯物论不能克服观念论，重要原因之一就在于它忽视主观能动性，我们对孔子的这方面的长处应该说到。

毛泽东在信中第六条说：

没有明白指出孔子在认识论上与社会论上的基本的形而上学之外，有它的辩证法的许多因素，例如孔子对名与事，文与质，言与行等等关系的说明。（《毛泽东文集》第二卷，人民出版社1993年版，第160—161页和第163页）

为了响应毛泽东的研究历史的号召，1939年间，当时在中共中央宣传部工作的陈伯达，就孔子、老子和墨子的哲学思想，写出长篇论文，先后在延安出版的《解放》上发表，这三篇文章都送毛泽东审阅过。毛泽东在给张闻天的两封信中，就陈伯达的《孔子的哲学思想》详细谈了对《论语》中所反映的孔子的哲学思想的看法。

陈伯达从哲学的名实关系上去分析孔子的"正名"说。他说："在孔子看来，名是第一，'事'（事物）是被名所决定的，而不是名被'事'所决定。名实的关系在这里是被倒置的。孔子把真实的世界变成概念的世界，而且把概念的世界看成不变的世界。"陈伯达认为，孔子哲学是唯心论。

毛泽东肯定了陈伯达的这一观点，同意陈伯达将孔子的哲学定为观念论。观念论就是认为思想、观念的东西是第一位的。但毛泽东并不满足于仅仅指出孔子哲学的观念论错误。在毛泽东看来，孔子的"正名"中有着合理的、积极的因素。他对"正名"的评论主要是讲其中的合理因素。他说："正名"，如果作为哲学的部分，即作为实践论来说则是对的，这和"没有正确理论就没有正确实践"的意思差不多。观念虽然从根本上来讲，是现实的反映，现实是第一位的，但观念的东西，理论的东西，反过来又能够帮助人们更好地认识现实。"正名"不是不能做，问题是不能脱离实，要以实为主。

毛泽东说：如果孔子在"名不正"前面加了一句"实不明则名不正"，而孔子又是真正承认"实"为根本的话，那孔子就不是观念论了，然而事实不是如此，所以孔子的体系是观念论。毛泽东要给孔子加的"实不明则名不正"这一点很关键，"名"是"实"的反映，如果不注重"实"，而一味地看重"名"，以为规范了名分，名清楚了，名正了，一切就都会顺理成章了，其实未必。现实中"有令不行，有禁不止"，古今皆是。

毛泽东又指出，"正名"有其合理性："正名"的工作，不但孔子，我们也在做，孔子是"正封建秩序之名"，也就是要维护"君君，臣臣，父父，子子"的封建伦理关系。"我们是正革命秩序之名"，这就是汲取了孔子"正名"思想的合理因素，同时又明确指出二者的区别在于："孔子是名为主，我们则是实为主。"就是在今天乃至以后，"正名"的问题都会存在。人们要注意正好"名"，要注意"正名"的时候别忘记了"实"，更要注意正什么"名"。实践，做，行，是主观见之于客观的过程，即是把观念、理论、方案等"名"经过实践对象转化为"事"的过程。所以孔子的"正名"作为实践论来讲是对的。

"正名"思想反映出孔子强调人的主观能动性。毛泽东从孔子的"正名"进一步论析了观念论的优点和机械唯物论的缺点。他说："观念论哲学有一个长处，就是强调主观能动性，孔子正是这样，所以能引起人的注意与拥护。机械唯物论不能克服观念论，重要原因之一就在于它忽视主观能动性。"人们对待外在的世界，并不是完全被动的。因为人有理性、能思考。从这个意义上讲，人是世界的主人。人是环境的产物，但人也能改造环境。

毛泽东还指出孔子在认识论上有它辩证法的许多因素，例如，孔子对名与事、文与质、言与行等关系的说明。这一点陈伯达文章没有明白指出。如孔子的文与质，文是外表，指形式；质是质朴，指内容。内容和形式相当，相匹配，相得益彰。这大概便是毛泽东所说的孔子的辩证法。

樊迟请学稼

孔子办学，以礼、乐、射、御、书、数这"六艺"教学生，教学内容不涉及农业商业实际社会知识。后进弟子樊迟想学习农业知识，孔子则另有教导。《论语·子路篇》第四章记载：

樊迟请学稼。子曰："吾不如老农。"
请学为圃。曰："吾不如老圃。"
樊迟出。子曰："小人哉，樊须也！上好礼，则民莫敢不敬；上好义，则民莫敢不服；上好信，则民莫敢不用情。夫如是，则四方之民襁负其子而至矣，焉用稼？"

樊迟，生卒年不详，名须，字子迟，齐国人，一说鲁国人，孔子后进弟子。

本章大意是：樊迟向孔子请教如何种庄稼，孔子说："不知道，我不如农民。"又问如何种菜，孔子说："不知道，我不如种菜的。"樊迟退了出来，孔子说："樊迟真是个没出息的人呀！当权者讲究礼仪，百姓没一个敢不敬重；当权者讲究道义，百姓没一个敢不服从，当权者讲究诚信，百姓没人敢不用心。如能做到这样，四方的百姓都会携儿带女而来，哪用得着自己去种庄稼呢？"

孔子虽然被奉为圣人，办教育很有名气，但他也有缺点，就是轻视生产劳动，忽视实际生产技能的教育。樊迟请学稼圃，被他斥之为"小人"。

这一章比较集中地反映了孔子教育思想的这一片面性，给后世的教育带来了很大的消极影响。

孔子的这一教育思想也多次受到毛泽东的批判。

孔子不喜欢生产运动

1939年5月4日，是伟大的五四运动20周年。延安青年群众举行了五四运动20周年纪念大会。毛泽东参加了大会并作了题为《青年运动的方向》的报告，他在讲话中说：

> 开荒种地这件事，连孔夫子也没有做过。孔子办学校的时候，他的学生也不少，"贤人七十，弟子三千"，可谓盛矣。但是他的学生比起延安来就少得多，而且不喜欢什么生产运动。他的学生向他请教如何耕田，他就说："不知道，我不如农民。"又问如何种菜，他又说："不知道，我不如种菜的。"中国古代在圣人那里读书的青年们，不但没有学过革命的理论，而且不实行劳动。（《毛泽东选集》第二卷，人民出版社1991年第2版，第568页）

从中央红军长征到达陕北，延安成为中共中央的所在地。尤其抗日战争爆发后，延安成了革命圣地。全国各地大批革命青年、知识分子，不远千里，纷纷来延安求学。他们不仅在延安学习革命的理论，研究抗日救国的道理和方法。同时，他们还实行生产运动，开发了千亩万亩的荒地。

1939年1月17日，毛泽东代表中共中央在陕甘宁边区第一届参议会上讲话时，提出了"发展生产，自力更生"的口号，号召边区人民群众和部队、机关、学校全体人员开展必要的生产，以支持长期抗战的需要。大生产运动一开始，毛泽东就号召机关、学校"一面工作，一面学习，一面生产"。

党中央关于大生产运动的号召一下达，延安各大中学校纷纷召开生产劳动动员会，组织师生展开讨论，想办法，提建议，为完成本学校生产任务出谋划策。如鲁迅艺术学院、抗日军政大学、延安大学等，全体师生进驻农场，一面生产，一面学习，各种先进模范事迹在师生中层出不穷。

在五四运动20周年之际，延安青年群众举行了纪念会。毛泽东到会并讲话。看到延安学生一边学习，一边生产，一派生动感人的大生产运动景象，毛泽东联想到两千年前的孔子，想到了孔子办学。

司马迁在《史记·孔子世家》中记载："孔子以诗、书、礼、乐教，弟子盖三千焉，身通六艺者七十有二人。"意思是说孔子用诗、书、礼、乐教育学生，他的学生中懂得六艺（礼、乐、射、御、书、数）的有七十二人。"贤人七十，弟子三千"这条成语由此而来。毛泽东在《青年的运动方向》的报告中引用"贤人七十，弟子三千"，是说明中国古代有名的教育家孔子办学校时，他的学生虽然多，其中学艺高的也不少。但他的学生比起延安来，不但数量上少得多，而且都是脱离实际的不参加劳动生产的人。

毛泽东的讲话是对延安广大师生辛勤劳动，学与习相结合的一种赞扬和肯定，阐明了革命青年必须走与工农群众相结合的道路。青年和知识分子在延安学习不仅使他们增强了文化知识和革命理论，通过生产劳动也磨炼了他们的革命意志，历练了人生。同时，毛泽东的讲话也是对孔子办学脱离生产劳动的一种批判。他说孔子不喜欢生产运动。中国古代在圣人那里读书的青年们，不但没有学过革命的理论，而且不参加劳动。这实际也是对传统教育思想在批判中继承发展，使其与生产实践相结合。

不大注意人民的经济生活

20世纪50年代中期，随着我国农业经济的恢复和发展，在一些富裕地区产生了农业合作化运动。它是为实行社会主义公有制改造，在自然乡村范围内，由农民自愿联合，自愿入社，农民进行集体劳动，各尽所能，按劳分配的农业社会主义经济组织。因此，这一时期的农村集体经济组织和集体经济比较正常。

1955年年底，毛泽东看到孔子的故乡曲阜县办起合作社的一份报告《一个在三年内增产百分之六十七的农业生产合作社》，他在这份报告上写下按语：

> 这是一个办得很好的合作社，可以从这里吸取许多有益的经验。曲阜是孔夫子的故乡，他老人家在这里办过多年的学校，教出了许多有才干的学生，这件事是很出名的。可是他不大注意人民的经济生活。他的学生樊迟问起他如何从事农业的话，他不但推开不理，还在背后骂樊迟做"小人"。现在他的故乡的人民办起社会主义的合作社来了。经过了两千多年仍然是那样贫困的人民，办了三年合作社，经济生活和文化生活都开始改变了面貌。

这就证明，现在的社会主义确实是前无古人的。社会主义比起孔夫子的"经书"来，不知道要好过多少倍。有兴趣去看孔庙孔林的人们，我劝他们不妨顺道去看看这个合作社。（《毛泽东文集》第六卷，人民出版社1999年版，第455页）

从字里行间可以看出，毛泽东对这个合作社的赞美，真是溢于言表。看到孔子的故乡所发生的变化，毛泽东对他心目中的圣人也予以无情批评。他批评孔子虽然办学很出名，但不大注意人民的经济生活，也不教学生从事农业的本领。

樊迟请学稼，请为圃，孔子为何说他是"小人"呢？很多注释认为这是孔子轻视生产劳动和劳动者，忽视了实际生产技能的教育，体现了孔子教育思想的片面性。孔子的教育主要是礼的教育，以礼为教育的主要标准。"上好礼，则民莫敢不敬。"在上位者只要重视礼、义、信，百姓就会主动来归附。因此教育也以礼、义、信为主要内容，"学而优则仕"，培养在上位的君子。稼圃乃小人之事，樊迟请学之，故被孔子斥责为"小人"。也就是毛泽东说的骂樊迟做"小人"。准确地说不是骂，而是对樊迟行为的评价。

孔子办学，以"礼、乐、射、御、书、数"六艺教学，但他教育学生不注意生产劳动，这是孔子办学的片面性。毛泽东借用"孔子背后骂樊迟做小人"的故事，来提倡各级干部不要学孔子不注意生产劳动，而是要求各级干部要关心农业生产，关心人民群众的经济生活。

给毛岸英讲樊迟学稼的故事

抗日战争时期，毛泽东的长子毛岸英被辗转送到苏联学习。抗战胜利后的1946年年初，毛岸英从苏联回到延安。

毛泽东看到分别十九年的儿子，心里十分高兴。一天，岸英被父亲叫去，父子俩来到王家坪院子，在一棵大槐树下并肩而坐。毛泽东详细询问了岸英在苏联的学习情况。

话题转到读书的问题上来。毛泽东站起来，抬头遥望延河那边凤凰山上正在开荒的人群，慈祥地说：

"岸英，你在苏联长大，对国内生活不熟悉。你在苏联上了大学，住的是洋学堂，我们中国还有个大学堂，这就是中国的农业大学，再上一上中国的劳动大学吧！"

岸英深领父亲的用意，点点头。

"是的，我离开中国这么久，在苏联过的大多是学校生活，中国农村我不知道，也不会种田，我愿意向农民学习。"

毛泽东谈兴渐浓。他问岸英："你知道孔子吗？"

"知道一些。"

"孔子是中国第一等圣人。历朝历代帝王都捧他。可是当孔子学生问孔子会种田吗？孔子说'我不如老农'，孔子的学生又问他'会种菜吗'？孔子说'我不如老圃'。"

说到这，毛泽东也笑了，又说："过些时候，我替你找个校长，住劳动大学去！"（何鹄志、刘仁荣：《满门英烈》，中共中央党校出版社1994年版，第222页。华英编著：《毛泽东的儿女们》，中外文化出版公司1989年版，第32页）

不久，毛泽东果然给岸英找来一位劳动模范，他叫吴满有。毛泽东指着吴满有对岸英说：

"这就是校长吴满有。"又对吴满有说，"我现在给你送一个学生，他住过外国的大学，没住过中国的大学。"

吴满有有些惶恐地说："咱叫什么大学，咱啥也不懂。"

毛泽东谦虚地说："我知道的你都知道，你知道的我还不知道。他还是娃娃，我就拜托给你。你要教他嘛，告诉他，庄稼怎么种出来的，怎么多打粮食。"

吴满有信心十足地说："那我行。"

就这样，没过几天毛岸英来到了距延安城南15里的吴家枣园。出发那天，毛泽东还语重心长地说："岸英，你要和老乡们一同吃、一同住、一同劳动，从开荒一直到收割后再回来，等你劳动大学毕业了，再上'延安大学'好不好？"

1947年春，胡宗南部派兵进犯延安，形势紧张，村长便把毛岸英送回到毛泽东身边。毛泽东仔细地打量着，摸了摸儿子的双手，一层厚茧子。

"这就是你在劳动大学的毕业证书！"毛泽东满意地说。

在"劳动大学"里，毛岸英初步了解了中国农村的现状、农民的感情和生活方式，懂得了土地、劳动、收获对于生命的意义。

古代圣人孔子认为弟子樊迟学稼学圃是"小人"所为，持反对态度。

在孔子看来，学好了礼、乐、诗、书这套从政本领，老百姓听话了，哪里用得着自己去种庄稼呢！在封建社会，统治阶级不参与劳动，这是制度决定了的。孔子的这一教育思想从历史角度看不足为怪，但在今天的社会里是要受到批判的。

现代伟人毛泽东对自己的儿子在苏联上了洋学堂并不满意，认为还没上过中国这个革命的"劳动大学"，对中国的情况了解很少，缺乏实践，这一课应当补上。所以，亲手把刚回国的儿子送到"劳动大学"去学习，去锻炼成长。他对长子讲孔子反对樊迟学稼的故事，其意在反其道而行之，使教育与生产劳动相结合。

欲速则不达

孔子的弟子几乎都请教过"为政"的问题，可是孔子的答案并不一样。子夏问政被记在《论语·子路篇》第十七章：

> 子夏为莒父宰，问政。
> 子曰："无欲速，无见小利。欲速则不达，见小利则大事不成。"

莒：地名，山东莒县。

本章大意是：孔子的学生子夏，做了鲁国莒父县的县官以后，向孔子请教施政的办法。孔子说："不要求快，不要贪图小利。一味图快，反而达不到目的；只顾小利，就办不成大事。"

孔子倡仁义，轻功利。认为做事若只图眼前小利、急于求成，就难于达到目的，也有害于仁义之道。子夏曾主持鲁邑莒父的政事，然其处事之病"常在近小"，贪于眼前功利。故孔子批评其"欲速则不达"，并以"无欲速，无见小利"相告诫。

欲速则不达，朱熹注："欲事之速成，则急遽无序，而反不达"（《四书章句集注·论语集注》）。进一步用正统儒家重义轻利的观念解释"欲速则不达"的含义，发展为君子立人治政的一项重要原则。

孔子本章中的两个论点——不要求快，不要只顾细小的利益。在今天看来，仍然有着一定的参考价值。"欲速则不达"一语，常常被后人用来说明不遵循客观规律，办事一味图快，急功冒进，反而难以达到目的。

文化教育工作不要犯盲动主义

毛泽东首次引用孔子这句话，大约是1944年10月在陕甘宁边区文教工作者会议上所作的讲演中。谈到解放区的文化教育问题时，他说：

> 凡是需要群众参加的工作，如果没有群众的自觉和自愿，就会流于徒有形式而失败。"欲速则不达"，这不是说不要速，而是说不要犯盲动主义，盲动主义是必然要失败的。在一切工作中都是如此；在改造群众思想的文化教育工作中尤其是如此。（《毛泽东选集》第三卷，人民出版社1991年第2版，第1012—1013页）

1944年，中国共产党领导的解放区和各抗日根据地经过大生产运动和整风运动，在经济、军事、工作作风等方面均呈现出蓬勃向上的新局面。相比之下，解放区文化教育事业落后问题已到亟待解决的地步。

当时，党在部队和农村虽广泛开展了各种形式的扫盲活动，创办了许多不同类型的文化识字班，但由于解放区广大农村长期处于封闭落后的环境中，广大人民群众的文化水平还是处于很低的状态，封建迷信仍然极为盛行，医药卫生相当落后。在解放区的经济形势取得根本好转之后，党将提高解放区人民文化素质的问题提到议事日程上来，毛泽东《文化工作中的统一战线》这篇讲话就是这时发表的。

毛泽东在讲话中首先分析了解放区文化的现状，认为解放区的文化已经有了它进步的方面，但是还有它落后的方面。解放区已有人民的新文化，但是还有广大的封建遗迹。为此，他号召必须告诉群众，自己起来同自己的文盲、迷信和不卫生的习惯做斗争。为了进行这个斗争，其前提就是要建立包括教育、艺术、医药三方面的广泛的统一战线。

毛泽东接着就这三方面展开论述。在教育方面，毛泽东建议要创办包括集中正规的学校，分散的不正规的村学、读报组、识字组，以及经过改造过的旧的村塾在内的各种教育形式，开展扫盲活动；在艺术工作方面，要通过话剧、秦腔和秧歌等多种形式，充实群众的文化生活；在医药方面，要团结并改造好旧医生，让他们与我们的新医生一道，解决人民的病苦，清除他们脑中的巫神。

讲话的最后,毛泽东明确强调了革命文化工作的性质和工作原则。他指出:我们的文化是人民的文化,文化工作者必须有为人民服务的高度的热忱,必须联系群众,而不要脱离群众。革命文化的这种本质属性要求我们在开展文化工作时必须遵循两条原则:一条是群众实际上的需要,而不是我们的头脑中幻想出来的需要;一条是群众的自愿,由群众自己下决心,而不是由我们代替群众下决心。

这里,毛泽东引用"欲速则不达"这一孔子名言来说明:我们一切工作要从实际出发。而从主观愿望出发,离开客观实际的需要和可能,急于求成是做不好工作的。强调"欲速则不达",这不是说不要速,而是说不要犯盲动主义,盲动主义是必然要失败的。在改造群众思想的文化教育工作中尤其是如此。

欲速不达,先学楷书

毛泽东专职保健医生、专家医疗组副组长、解放军第三〇五医院原院长徐涛教授,在毛泽东诞辰100周年写的纪念文章《毛泽东的保健养生之道》中,专题谈到毛泽东的书法艺术。

徐涛在毛泽东身边工作,有更多的机会亲眼看见毛泽东写字或练习书法,并聆听毛泽东关于书法的议论。

毛泽东书法造诣很深,可以说行草兼备,自成一家。徐涛教授也是一名书法爱好者,喜爱和欣赏毛泽东的书法,曾向毛泽东请教过如何练习书法。

有一次,毛泽东在办公之余和徐涛闲谈,俩人由"速记"谈到中国的文字,真草隶篆等。徐涛说他还是喜欢草字,并提出想跟毛泽东学学写草字。

毛泽东问徐涛:"你想学草字还是草书?"

"草字、草书不一样吗?"徐涛当时听了觉得很奇怪。那时他对书法几乎一无所知。其实徐涛是想学书法。

"草字是草字,草书是书法,一字之差大不一样。"

"它们有什么差别?"徐涛又问。

"书法就不单是字喽,里面有规律有章法。"

"我要想学书法该怎么入门呢?"

"第一要多看帖,第二要多练习。写多了就熟了。"毛泽东背靠床架,慢慢地回答。

"那我看帖时要注意什么?"

"你要反复看、反复记。等到帖的内容能快背下来时就更熟了。"这是徐涛第一次提到想跟毛泽东学书法的事。

又过了一段时间,有一天徐涛到卧室去看毛泽东主席。毛泽东坐在大床上正在看碑帖。

"主席,你在看什么帖呢?"徐涛问。

"《兰亭序》。"

"上次你跟我讲要多看帖、多练习,你能再跟我讲讲吗?"

"噢,看来你还真想学呀!你看,"毛泽东指着手中的字帖说,"字的结构有大小、疏密;笔画有长短、粗细、曲直、交叉;笔势上又有虚与实、动与静;布局上有行与行间关系,黑白之间的关系。你看,这一对对的矛盾都是对立面的统一啊!既有矛盾又有协调统一。中国的书法里充满了辩证法呀!"他讲得很认真。

"主席,你怎么又讲起哲学来了?"

"你先不要打岔,"毛泽东挥了挥手说,"比如王羲之的书法,我就喜欢他的行笔流畅,看了使人舒服。我对草书开始感兴趣就是看了此人的帖产生的。"

"主席,我要学草书从那儿下手呢?"

"不要好高鹜远,欲速不达,可先学楷书,小楷是基本功,以后再学行书、草书。"

"那我看什么帖好呀?"

"先看千字文,多看多记,还能学到一些常识,比如千字文里讲了天文、地理、农业、气象、矿产、特产、历史、修养。你能背出来时看得也就差不多了。"

"那得看多久呀?"

"不念个十遍八遍,你背不出来,一步步来不要急。也可学'标准草书'。"

"还有什么'标准草书'?"

"就是于右任编的那一本。""将来要写出自己的风格!"他又补充了一句。

"什么?自己的风格?"我又觉得奇怪。

"就是你的个性呀!你就没有自己的个性?对字帖要学它,又不全学它。学得又像又不像,要发挥你自己的特点。"

我没有讲话。他看我没听懂又说:"如果每个人写的都和字帖或是某人的字一模一样,那书法就停止不前没有发展了。世界上的东西如果全都一样,那叫什么世界呀?世界本身就是丰富多彩的。"

"主席,我好像开始懂了一点。"(徐涛:《毛泽东的保健养生之道》,《缅怀毛泽东》下卷,中央文献出版社1993年版,第621—622页)

这是毛泽东做徐涛书法"老师"的第二堂课。毛泽东在这里强调学草书,"一步步来,不要急"。告诉徐涛,可先学楷书,小楷是基本功,以后再学行书、草书。并借用孔子的话,说不要好高骛远,欲速不达。这也是他自己的切身经验。

医生看病要防止欲速不达

20世纪50年代中期。那时,中央警卫局在中南海按期举办周末舞会。与其他场所舞会相比,除了级别最高之外,更重要的是为中央领导人提供了集休息、娱乐、健身和社交活动的一个机会。舞间休息聊天,是毛泽东的一个爱好,也是他多年养成的调查研究的一个习惯。大多数舞伴同首长比较熟悉,年纪轻,顾虑少,敢说话。

毛泽东有一次参加舞会,休息时与几个小青年聊天,问她们工作、学习、生活有什么困难没有。有位女舞伴对毛泽东说,工作和学习领导都给安排得很好,就是最怕得病,得了病,本来就很难受,可是看一次病要排半天队,好容易轮到了,医生只问了两句话,还没等你把话说完,就给开了药方,回来吃了药,病还是不好,再也不想去看病了。

其他几个年轻舞伴也你一言我一语,向毛泽东主席反映了对看病的一些意见。毛泽东听后说:

医生看病还是应该仔细一些,中医看病不是讲要望、闻、问、切吗?不能快刀斩乱麻,要防止欲速不达,就是十个病人都得了同样的病,症状也不会完全相同,得病的原因和病情的轻重也会各有不同,用药也就应该有所区别,各有侧重,不能像吃大锅饭一样,一锅粥人各一碗。(沈同:《在毛主席身边的日子:一个警卫员的回忆》,中央文献出版社1993年版,第42页)

毛泽东把大家说得哄堂大笑。

这次聊天毛泽东听到了对医生看病存在的一些意见,之后明确指出,医生看病还是应该仔细一些,不能快刀斩乱麻,要防止欲速不达。

从几个年轻舞伴反映的情况分析,一是看病难,每次看病需要排半天队;一是医生看病求数量,而忽视了质量。患者多排队看病,医生为了求快,对一般患者一问便知,所以,往往还没等患者陈述完病情,就急于开方下药。应当说医生的出发点是好的,是为了求快,解决患者之急,但这样做难免有些患者不满意、不高兴,或药不对症,治疗效果适得其反,如毛泽东批评指出的"欲速不达"。

毛泽东还说,医生看病本身就是对病人的一种慰问,不但要诊断清楚病人得的是什么病,还应该了解致病的原因和与病情有关的生活情况,以及病人的心理状态,这些问题都是得病的原因,也是治病的依据,如果不了解这些情况,那就只能是头痛医头、脚痛医脚了。治病也应该有全局观点,从病人身体的全局出发,抓住重点,才好对症下药,做到药到病除,治病救人是不能简单粗率的。

毛泽东说,医生看病还是应该仔细一些,不能快刀斩乱麻,要防止欲速不达。无论何时何地,这都是医务工作者应当认真遵循的原则。

欲速则不达,不如慢一点

1965年初春,国家计委在周恩来总理的领导下,正在编制第三个五年计划和长期发展计划。对计划中提出的一些宏伟目标,周恩来感到此事关系重大,需要请示一下毛泽东。于是指定由负责这项工作的余秋里去向正在杭州的毛泽东汇报。

6月12日,余秋里带领编制组去了杭州。听了余秋里关于编制第三个五年计划和长期计划的一些问题的汇报后,毛泽东说道:

> 基本建设投资太多,指标也定得过高。五年投资要从1080亿元压缩到800亿—900亿。内地建设鉴于过去的经验,欲速则不达。

还不如慢一点，慢一点能达到。""要留点余地给老百姓。对老百姓不能搞得太紧张，把老百姓搞翻了不行，这是个原则问题。（浙江省委党史研究室编：《毛泽东与浙江》，中共党史出版社1993年版，第231页）

中华人民共和国成立后，我国的社会主义经济实行有计划的管理。在探索和发展我国社会主义计划经济中，至1962年第二个五年计划到期后，中央确定，从1963年起，用三年的时间，继续贯彻"调整、巩固、充实、提高"的方针，作为第二个五年计划到第三个五年计划之间的过渡阶段。这样，第三个五年计划推迟到1966年。

从1961年到1965年，经过五年调整，国民经济调整任务基本完成。我国的工农业生产发展协调，经济增长速度较快，企业管理水平和经济效率都有所提高。1965年年初，周恩来总理在第三届全国人民代表大会第一次会议上，宣布我国国民经济即将进入一个新的发展时期，1966年将开始执行第三个五年计划，全国人民要努力奋斗，把我国逐步建设成为一个具有现代农业、现代工业、现代国防和现代科学技术的社会主义强国。周恩来郑重地向全国人民提出四个现代化，这时正是国家计委编制第三个五年计划的时候。

鉴于十多年社会主义建设的经验教训，按照毛泽东的思路制订"三五"计划时，要改变过去以发展重工业为中心的指导思想，大力发展农业，主要解决人民的吃穿用问题为发展国民经济的首要任务。但60年代中期，美、苏两国对中国的军事威胁日趋加紧，经济工作中备战的问题摆到了党的重要议事日程上来。

毛泽东在杭州西湖，认真听取和审阅了余秋里关于编制第三个五年计划和长期计划的一些问题的汇报。毛泽东首先从备战问题考虑，虽说大规模的战略后方（三线）建设已开始，但要压缩，战线不要拉得太长，项目不要搞得那么多。建设就像打仗，少搞些项目就能打歼灭战。

毛泽东坚持定计划要留有余地。要留点余地给老百姓，这是个原则问题。特别指出内地建设鉴于过去的经验，欲速则不达。还不如慢一点，慢一点能达到。这里显然毛泽东是吸取了"大跃进"的教训。头几年的"大跃进"就是急躁冒进，就是欲速则不达。

从毛泽东审阅"三五"计划的一些意见看，他这时主张发展要求稳、求慢，发展重点侧重于农业和备战需要；反对计划指标高、速度快、战线长等。根据毛泽东的意见,国家计委对发展国民经济第三个五年计划再次进行了修改。

"欲速则不达",这是孔子的警告!大至文化教育和经济计划,小至练习书法和看病吃药,毛泽东都重视这个警告,他很懂"速"与"达"的辩证法。

一言兴邦，一言丧邦

"一言兴邦，一言丧邦"，语出《论语·子路篇》第十五章：

> 定公问："一言而可以兴邦，有诸？"孔子对曰："言不可以若是。其几也，人之言曰：'为君难，为臣不易。'如知为君之难也，不几乎一言而兴邦乎！"

> 曰："一言而丧邦，有诸？"孔子对曰："言不可以若是。其几也，人之言曰：'予无乐乎为君。唯其言而莫予违也。'如其善而莫之违也，不亦善乎！如不善而莫之违也，不几乎一言而丧邦乎！"

本章大意是：鲁定公问孔子：有一句话可以使国家兴盛这种事吗？孔子回答说：话不能这样简单机械地理解，也就是说不可以把一句话看得太高，恐怕语言还没有这么大的作用，关键还是在于国君治国有个什么态度。人们说"做国君难，做臣子也不容易。"如果君主了解了做国君的艰难，那他在治国上就会认真勤勉、谨言慎行，不近于一句话便使国家兴盛吗？也可以说是"一言兴邦"了。

鲁定公接着又问：有一句话而丧失国家这种事吗？孔子回答说：话不能这样简单地理解。人们以国君口气说："我做国君没有别的乐趣，只是我说的话没有人敢违抗罢了。"假如说得对而没人违抗，不是很好吗？如果说得不正确也没有人违抗，不就近乎一句话可以亡国吗？也就是说"一言丧邦"了。

"一言兴邦"与"一言丧邦"相对。比喻君主一言事关国之兴亡，故不可不慎。很明显孔子突出了君主在治国中的重要作用。朱熹注解："因此言而知为君之难，则必战战兢兢，临深履薄，而无一事之敢忽"（《四书章句集注·论语集注》）。所以这一章说明，孔子看到了在君主专制的政治体制下，作为最高统治者的君主的个人品质至关重要，对君主自己来说，乃是兴邦还是丧邦的决定因素，对社会而言，则是天下有道还是天下无道的决定因素。

针对臣下喜投君主之所好而不敢违其言的情况，孔子指出：如君主之言"善"，即使无敢违之者亦不妨；如君主之言"不善"而又无敢违之者，"则近一言而亡国也"（邢昺：《论语注疏》）。强调了君主如独断专言，臣下又不敢忠言直谏，就必然会埋下亡国的祸根。所以，以此告诫君主应该敬谨言语并善于纳谏，才能行善政而达到天下治。

"一言兴邦"与"一言丧邦"，在流传中成为成语，表示某某所言之于社会的重要性。

先生一言兴邦

杜斌丞（1888—1947），陕西米脂人，爱国民主人士。曾任国民党军第十七路军总参议，对促成杨虎城接受中国共产党的抗日民族统一战线政策，起过积极作用。

1936年8月13日，毛泽东致信杜斌丞，信中说：

> 值此国难日亟，国贼猖狂，大好河山，危险万状。伪蒙军向绥远进攻，冀察政委会质量之改组，凡此种种，愈见日寇之变本加厉。弟等一再呼吁，要求全国不分党派，一致团结御侮。一年以来成效渐著。虎臣先生同意联合战线，但望百尺竿头，更进一步。时机已熟，正抗日救国切实负责之时，先生一言兴邦，甚望加速推动之力，西北各部亦望大力斡旋。救西北救华北救中国之伟大事业，愿与先生勉之。（《毛泽东书信选集》，人民出版社1984年版，第36页）

九一八事变后，由于国民党政府采取不抵抗政策，东北很快沦陷。日寇侵略势力猖狂，野心越来越膨胀。至1935年，日本帝国主义企图利用当时我国各地方势力与南京政府之间的矛盾，阴谋策划"华北五省自治"，欲继东北后，把华北也变成它的殖民地。国民党政府屈服于日本侵略者的威胁，在相继签订丧失河北、察哈尔两省主权的《何梅协定》《秦土协定》之后，又于同年12月指派宋哲元等在北平成立"冀察政务委员会"。它是国民党政府适应日本帝国主义关于"华北政权特殊化"的要求而设立的伪政权机构。

1936年5月在侵华日军的策划下，以德王为头子的伪蒙古军，充当日本帝国主义的傀儡，又蠢蠢欲动，进攻绥远。

日本帝国主义的野蛮侵略，使中华民族处于生死存亡的严重关头，民族矛盾上升为主要矛盾。为了建立以国共合作为基础的抗日民族统一战线，中国共产党进行了长期不懈的努力。1933年年初，共产党发表宣言，首次提出红军准备在立即停止进攻苏区等条件下与任何武装部队订立共同对日作战的协定。

1935年，我国社会各阶层、各进步政党发起了更广泛的抗日救亡运动。中国共产党本着中华民族独立、解放的伟大目标，于当年8月1日发表了著名的《八一宣言》，号召国内各党派、各社会阶层、各武装部队都应团结起来，停止内战，一致抗日。

同年底，中共中央在瓦窑堡召开政治局扩大会议。会后，共产党一方面积极促进"一二·九"学生运动后全国人民中日益高涨的抗日救亡运动的浪潮，另一方面尽可能地向国民党上层领导人和军队将领宣传共产党的抗日主张。1936年5月5日，中国共产党向国民党政府发出《停战议和一致抗日》的通电，调整政策将"抗日反蒋"转变为"逼蒋抗日"。

1936年8月毛泽东在致信国民党军第十七路军总指挥杨虎城的同时，又致函第十七路军总参议杜斌丞，在信中毛泽东列举了伪蒙军向绥远进攻，伪冀察政委会质量之改组等种种侵略罪行，足见日寇侵略行为得寸进尺，变本加厉。呼吁全国不分党派，一致团结御侮。毛泽东在信中还说，杨虎城将军已同意联合战线，杜斌丞先生一言兴邦，甚望加速推动之力，促成抗日大业。毛泽东借用孔子"一言兴邦"之名言，希望像杜斌丞这样的爱国民主人士，能以民族利益为重，能为抗日救国切实负起责任，与共产党互勉，以推动和促进抗日民族统一战线早日建立。

一言兴邦是精神变物质

认识客观事物,需要一个反复实践的过程。毛泽东在《实践论》中,把人的认识过程概括为实践——认识——再实践——再认识这样一个循环往复的过程。在《人的正确思想是从哪里来的?》一文中,毛泽东又进一步地概括为:认识的过程,就是由物质到精神,再由精神到物质的过程。他指出:物质变精神,精神变物质,是日常生活中常见的飞跃现象。

对于这种变化,许多人觉得不可理解。针对这种问题,1963年5月11日,毛泽东在杭州会议上的讲话中说:

> 物质可以变精神,精神也可以变物质。说精神不能变物质,人民大会堂还不是工程师、工人变成的。一言兴邦,一言丧邦,就说的是精神变物质。(许全兴:《毛泽东晚年的理论与实践》,中国大百科全书出版社1993年版,第327页)

物质变精神,绝不是物质本身变成了精神,而是指人们在实践过程中正确地反映物质世界,通过人脑的加工制作将物质形态转化为观念形态的精神产品。而精神变物质,也不是精神本身变成了物质,而是指人们在实践中依照已获得的认识来改造物质世界,将观念形态的精神产品外化为物质产品。这种现象确实是人们日常生活中常见的飞跃现象。

这种理论应当说比较抽象,说不易懂得也是可以理解的。比如,南昌研究所一个青年说,物质变精神可以理解,精神变物质大部分可以解释,但变石头则不能理解。对此,毛泽东在1964年3月20日同人谈话中说:大理石有许多种,有自然的,有人造的,人造的大理石是不是石头?人民大会堂的大理石很多不是山里的,是人造的。人为什么能造大理石?因为理解了大理石的化学结构。化学这门学问是一门精神的学问,写在书上变成思想,然后再变成物质。

"一言兴邦,一言丧邦",孔子的这一思想,毛泽东是从哲学角度去谈、去理解的。毛泽东说:一言兴邦,一言丧邦,就说的是精神变物质。可以这样去理解:一种理论、理念、言论的好与坏,直接关系着是兴邦还是丧邦,也就是关乎一个国家、一个民族的兴旺或衰亡。

毛泽东看到了这一问题的实质,所以他十分注重全党的理论学习和建设。延安时期,毛泽东就指出,我们党的理论水平低,比较缺乏马列理论,提出了干部必读的十二本马列著作。中华人民共和国成立后,他更注重哲学的研究、普及和通俗化。他多次号召领导干部学哲学。他说:马克思主义学问中,"基础的东西是马克思主义哲学。这个东西没有学通,我们就没有共同的语言、共同的方法,扯了许多皮,还扯不清楚。有了辩证唯物论的思想,就省得许多事,也少犯许多错误"。因此,他劝同志们要学哲学,培养学哲学的兴趣,养成学哲学的习惯。

鉴于苏联的经验和教训,毛泽东注意到苏共在理论建设上存在的问题。他认为苏共党建理论主要讲的是组织建设,很少讲理论建设、思想建设,结果从教条主义走向修正主义。毛泽东深刻地指出:"苏联文件不重视理论,没有理论兴趣,不讲哲学,文法也不对,光说些事务上的事。……不讲这些东西,于革命事业不利。"

理论来之于实践,又能动地反作用于实践。物质可以变精神,精神可以变物质。毛泽东指出,一言兴邦,一言丧邦,就说的是精神可以变物质。马克思讲无产阶级专政,一言兴邦。赫鲁晓夫讲"三无世界"(指没有军队、没有武器、没有战争的世界)、全民党、全民国家,一言丧邦。赫鲁晓夫的思想逐渐演变为戈尔巴乔夫的新思维,最后葬送了苏共。毛泽东的预言为历史所证实。苏共不重视理论建设,不重视哲学,由教条主义走向修正主义,最终导致亡党亡国的教训,值得我们注意和记取。

对于一个政党,政治建设、思想建设、组织建设、作风建设等,固然都很重要,都关系到党的前途和命运,甚至在一定条件下某一问题可以凸显出来,但就总的来说,理论建设更为重要。这是因为理论是指导思想的基础。

毛泽东认为建设一个大党,非学习理论不可。理论建设是党的基础建设,是党的根本建设。高度重视全党的理论建设和学习,是毛泽东一以贯之的方针。从这里可以更深入地理解毛泽东"一言兴邦,一言丧邦,就说的是精神可以变物质"这句话的含义。

言必信,行必果

《论语·子路篇》第二十章:

> 子贡问曰:"何如斯可谓之士矣?"子曰:"行己有耻,使于四方,不辱君命,可谓士矣。"
>
> 曰:"敢问其次。"曰:"宗族称孝焉,乡党称弟焉。"
>
> 曰:"敢问其次?"曰:"言必信,行必果,硁硁然小人哉!抑亦可以为次矣。"
>
> 曰:"今之从政者何如?"子曰:"噫!斗筲之人,何足算也?"

本章记录的是孔子与弟子子贡关于"士"的标准的讨论。

子贡问道:"怎样才可以称作'士'呢?"孔子认为,士分三等:行能知耻,出使四方能不辱君命,为一等之士;宗族称他孝顺父母,乡里称他敬爱兄长,为二等之士;说话一定守信用,做事一定坚决果断,这虽是浅薄固执的小人,但也勉强称为三等之士。子贡说:"现在执政的人怎么样?"孔子说:"咳!这些器度狭小的人,算得什么?"

这里孔子为何称"言必信,行必果"的人"硁硁然小人哉"?"信"是儒学的核心观念之一,孔子对此颇多论述,他一方面强调"人而无信,不知其可也",另一方面又反对拘泥固执于"信"而不知变通的做法。所以,他才会说"言必信,行必果,硁硁然小人哉"!这里,孔子是从反面来否定一些书呆子固执"言必信,行必果"而不知变通的行为。

"言必信,行必果"一语原是贬义,指那种浅见固执的言行作风,后来其寓意发生变化,指言行一致的作风,形容履行诺言的决心,既要守信用,又要坚决实行。

共产党的"言必信,行必果"

对于孔子"言必信,行必果"这句古语,毛泽东是很欣赏的,是按其言行一致的意思理解和运用的。

1936年12月28日,毛泽东在《关于蒋介石声明的声明》这篇文章中,说明中国共产党对于抗日救国的态度和言行时,使用了这句古语:

> 共产党的"言必信,行必果",十五年来全国人民早已承认。全国人民信任共产党的言行,实高出于信任国内任何党派的言行。(《毛泽东选集》第一卷,人民出版社1991年第2版,第247页)

毛泽东这篇文章题为《关于蒋介石声明的声明》,是针对蒋介石在西安事变和平解决后发表的一个声明,即所谓《对张杨的训词》而写的。文中使用孔子"言必信,行必果"一语,一方面奉劝蒋介石从团结抗日的大局出发,信守自己的承诺,履行在西安答应的各项条件,断不可背信弃义。一方面说明中国共产党是革命的政党,是言行一致、说话算数的。从1921年建党到1936年,这十五年来全国人民信任共产党高出国内任何党派。这是党的先进性、党的性质决定的。

应该言必信,行必果

1938年10月14日,在中国共产党第六届中央委员会扩大的第六次全体会议上,毛泽东做了题为《论新阶段》的政治报告。在报告中毛泽东讲到"中国共产党在民族战争中的地位"这一问题时,再次引用了孔子这句名言说:

> 共产党员在和友党友军发生关系的时候,应该坚持团结抗日的立场,坚持统一战线的纲领,成为实行抗战任务的模范;应该

言必信，行必果，不傲慢，诚心诚意地和友党友军商量问题，协同工作，成为统一战线中各党相互关系的模范。(《毛泽东选集》第二卷，人民出版社1991年第2版，第522页)

进入1938年10月，中国的抗战形势发生了很大的变化，抗战进入战略相持阶段。形势的变化要求共产党人及时做出新的对策。为此，中共中央这期间在延安召开了扩大的六届六中全会，重点解决对统一战线中的独立自主、战争和战略等问题的认识。这次会议批准了以毛泽东为首的党中央政治局的路线，是一次很重要的会议。毛泽东在报告中提出"中国共产党在民族战争中的地位"这一问题，便是为了使全党同志明确地知道并认真地负起中国共产党领导抗日战争的重大历史责任。

毛泽东在报告中指出："我们的战争是在困难环境之中进行的。广大人民群众的民族觉悟、民族自尊心和自信心的不足，大多数民众的无组织，军力的不坚强，经济的落后，政治的不民主，腐败现象和悲观情绪的存在，统一战线内部的不团结、不巩固等等。"这其实是暗讽国民党政府的无能，以致形成了这种困难环境，从而说明共产党员不能不自觉地担负起团结全国人民克服各种不良现象的重大的责任。所以，在这里共产党员的先锋作用和模范作用是十分重要的。

毛泽东引用孔子语词"言必信，行必果"是在讲到"共产党员在民族战争中的模范作用"这部分内容时，对共产党员提出了一个要求：在民族战争中表现其高度的积极性，而这种积极性，应使之具体地表现于各方面，即应在各方面起其先锋的模范的作用。具体来说，在和友军发生关系时，应成为实行抗战任务的模范，"言必信，行必果"的诚实模范，统一战线中各党相互关系的模范。

奉劝江青要言行信果

"文革"中"评法批儒"的高潮是1974年。王洪文、张春桥、江青、姚文元"四人帮"借"评法批儒"攻击周恩来等一批老干部，以利于他们争权夺利。

7月17日，毛泽东在中南海紫光阁主持政治局会议。一开会，江青又是带头含沙射影地攻击周恩来是妨碍运动的"大儒"，王、张、姚也一齐上阵。

有些政治局委员坐不住了,他们不愿意听江青这种阴阳怪气的发言,责问道:"谁是大儒,何必旁敲侧击,摆在桌面上来不是更好吗？该检讨就检讨,党的会议嘛,何必这样!"

江青当然不服:"谁是大儒谁心里明白,应该有自知之明,这还要别人说吗!"其他几个帮手又是一阵攻击。

毛泽东开始只是听,听到后来,几次拿眼瞪江青,江青不理会。毛泽东脸色变了,动怒了:

"江青同志你要注意呢!别人对你有意见,又不好当面对你讲,你也不知道。"

毛泽东一说话,江青不敢顶撞,气氛便缓和下来。

毛泽东继续批评,但口气已经软些:"不要设两个工厂,一个叫钢铁工厂,一个叫帽子工厂,动不动就给人戴大帽子,不好呢!你那个工厂不要了吧。"

"不要了,钢铁工厂送给小平同志吧!"江青答道。她知道毛泽东说过邓小平"内部是钢铁公司",这个人硬得很,从来不买她的账,她也借这句话发泄一下心中的愤懑。

"当众说的!"毛泽东挺认真。

"说了算!"江青不嘴软。

"孔老二说的,言必信,行必果。"毛泽东说到这里,把脸转向在座的其他政治局委员:"听到没有,她并不代表我,她代表她自己。对她要一分为二,一部分是好的,一部分不大好呢。"

"不大好就改。"

"你也是难改呢。"(尹家民:《共和国风云中的毛泽东与周恩来》,中共中央党校出版社1999年版,第431—432页)

"批林批孔"运动进行到1974年夏天,毛泽东一方面对江、姚、张、王等人继续信任,另一方面似乎也意识到江青一伙在党内外积怨甚多,在利用"批林批孔"营私,他对江青的批评多了起来,有些还很严厉。比如这一次,夫妇二人在政治局会议上当众展开了对话。

其他人都没吭声。周恩来把话接过来,说有些事他也是有责任的。他讲了"一·二五"大会的情况。

"此人一触即跳。"毛泽东指的是江青。

"我没有跳。我本来不想去，后来总理说大家都要去，我没有办法，才去的。""一·二五"大会明明是江青对周恩来的一次突然袭击。江青在这里完全是颠倒黑白。

"我讲你的脾气。"毛泽东对江青说，然后面向大家，"总而言之，她代表她自己。"大家仍不吭声。最后，毛泽东对大家说：

"她算上海帮呢！你们要注意呢，不要搞成四人小宗派呢！"

张春桥、姚文元、王洪文都来自上海，毛泽东说的"上海帮"即由此而来。

"现在登奎也搬进来了。"江青说。她是在说他们的人不仅都是上海来的，而且人并不少，不是一个小宗派。

"你那里要当心，不要变成五人了。"毛泽东说。这是毛泽东第一次给这几个人使用了这样一个概念——"上海帮"。

所谓"一·二五"大会，是1974年1月25日，江青以中央的名义擅自在首都体育馆广场召集的"批林批孔"大会。江青、谢静宜分别讲了话。她们指桑骂槐、含沙射影攻击周恩来总理。

当天晚上，周恩来指示参加大会的秘书，连夜把大会的发言整理出来，于第二天上午，送到毛泽东处。

果然，毛泽东看完记录后，非常生气，叫人打电话找周恩来，让他通知政治局各委员，要开一个会，讨论江青私自召集的"一·二五"大会的问题。政治局委员们来到毛泽东的住处，毛泽东直逼江青一伙儿："这么大的一件事，你们和政治局商量了吗？和我商量了吗？"

对于毛泽东的发问，江青不敢作答，更不敢争辩。但她最后还是表了一个态："这次的事件，我是有责任。"

"要作检查！"毛泽东定了调。

江青本想大闹一场，揪出周恩来这个"大儒"，结果适得其反。

毛泽东知道江青口是心非，说话从不算数。在政治局会议上当众批评江青，并借用孔夫子"言必信，行必果"一语，警告江青不要"一触即跳"，要言行一致。江青当时是政治局委员，毛泽东在"批林批孔"运动中，竟然使用孔子的名言要求一位党的高级干部"言信行果"、说到做到，这种情况，并不多见。

你还缺一个"狂者进取"

《论语·子路篇》第二十一章：

> 子曰："不得中行而与之，必也狂狷乎！狂者进取，狷者有所不为也。"

本章大意是，孔子说："如果不能找到行为符合中庸之道的人交往，那也一定要找激进的或拘谨保守的人交往！激进的人一心向前，拘谨的人有些事是不做的。"

所谓狂者，是说他有很高的志向，狂妄，激进；要进取，但行动不足。狷者，指拘谨保守者，这样的人洁身自好，有所不为，不会同坏人坏事同流合污，但是偏于保守，缺乏进取。这是两种不同的态度，一个激进，一个保守。孔子认为这两者都有可取之处，但又都不是最好的。因此他说，最好是能"中行"，即行中庸之道。

南宋人朱熹认为，狂狷虽有偏执之弊，但狂狷者仍不失为耿直忠贞之士，通过教育可以成为"中道"之人："行，道也。狂者，志极高而行不掩；狷者，知未及而守有余。盖圣人本欲得中道之人而教之，然既不可得……故不若得此狂狷之人，犹可因其志节，而激励裁抑之，以进于道。"（《四书章句集注·论语集注》）

毛泽东引用孔子这句话是在党的八届八中全会闭幕会上。

1959年"庐山会议"后期，彭德怀由于给毛泽东写了一封信，受到了错误的批判，且对他的批斗在不断升级。从列席参加8月1日的常委会开始，彭德怀因无力辩白，在情急之下几次说过：不自杀、不当反革命、可以去种地参加劳动。由于批彭会议性质发生了变化，会议日程一再延长。又经过十多天的揭发、批判和帮助，尽管还认为彭德怀并没有彻底低头认罪，也不必再在庐山逼他"更深刻地检查"了。反正"庐山会议"之后，紧接着还要开军委扩大会议，总的来说，"反党"者已经认了错，服了输，八届八中全会可以圆满闭幕了。毛泽东在8月16日八届八中全会闭幕会上的讲话中说：

> 彭德怀跟大家、跟我说了三条：不当反革命、不自杀、开除了党籍还可以去种田。这叫"狷者有所不为"；你还缺一个"狂者进取"，是孔夫子说的。你就是服从命令，不造反，积极方面说。（李锐：《庐山会议实录》，河南人民出版社1994年版，第310页）

1959年7月，彭德怀在"庐山会议"期间，不顾个人安危，为民请命，直言上书毛泽东主席，对"大跃进"和人民公社化运动中的错误提出批评，认为是得不偿失，结果遭到错误的批判。由于受到了来自各方面的巨大压力，批斗不断升级，并在中共八届八中全会上被错定为"右倾机会主义反党集团"的首领。

为了促使彭德怀认错，毛泽东让聂荣臻、叶剑英两位元帅7月30日上午去劝说彭德怀。彭德怀事后记述说：

他们来劝我着重反省自己，即使有些批评不完全合乎事实，只要于党于人民总的方面有利，就不管那些细节。他们说，你不是常讲一个共产党员要能任劳任怨，任劳易任怨难吗？今天当着自己作检讨时，就要表现任劳任怨的精神。大约谈有两个多小时，最后热泪盈眶而别，感人至深。我非常感谢他们对我的帮助，决心从严检查自己。但他们走后，我内心还是痛苦的，今天的事情，不是任劳任怨的问题，而是如何处理才会有利于人民和党。反右倾机会主义的结果，不会停止"左"倾，而会更加深"左"倾危险。比例失调会更加严重，以致影响群众生产的积极性。

在重压之下，最终彭德怀违心地认了账。至此，八届八中全会可以闭幕了。毛泽东在8月16日的闭幕会上作了总结性的讲话。引用孔夫子的话，认为彭德怀虽然被定性为右派首领，能做到如他自己所说，不当反革命，不自杀，开除了党籍还可以去耕田。这是孔子的"狷者有所不为"，从积极方面说，就是服从命令，不造反，按孔子的思想理解，"狷者"尽管有些保守，但仍不失为耿直忠贞，不会去做不好的事情。然而，毛泽东认为彭德怀还缺一个"狂者进取"。还需要激进，就是要敢于承认错误，悔过自新，要振作，要勇于进取。

　　毛泽东还说，放下屠刀，立地成佛，现在讲，就是马克思主义者了。为什么能成佛？只要你放弃自己的纲领，真正跟大多数人合作，采取团结态度，你就是光明。并希望大家要做工作，应该同他们往来，不要老死不相往来。大家要采取热烈的态度，到他们那里去。不要怕沾什么俱乐部的边，你怕俱乐部，就不是马克思主义者。我们不要告别，要尽一切努力，把他们争取过来。

古人说"君子和而不同"

《论语·子路篇》第二十三章：

> 子曰："君子和而不同，小人同而不和。"

孔子说：君子讲究互相协调，而不盲目附从；小人则盲目附从，而不讲究协调。

和、同：是孔子哲学思想的范畴之一。和：指不同事物之间的和谐、协调；孔子主张以其仁、礼统一的学说作为协调各种意见的基本准则。同：与"和"范畴相对，指事物的绝对等同、同一。

孔子的和、同思想渊源于自西周末史伯至春秋末晏婴的和同观念。史伯提出"和实生物，同则不继"的观点（《国语·郑语》），晏婴又发挥"和"的含义是相异事物之相成相济；"同"用晏子的话说，"君所谓可，臣亦曰可；君所谓否，臣亦曰否"；晏婴认为"若以水济水，谁能食之？若琴瑟之专一，谁能听之？同之不可也如是"（《左传·昭公二十年》）。朱熹注"和而不同"曰："和者无乖戾之心，同者有阿比之意。"（《四书章句集注·论语集注》）

所谓和而不同、同而不和，就是承认不承认不同成分、不同意见存在的问题。君子能够听取不同的意见，也能给别人提出不同意见来讨论，强调团结、协作，这就是和而不同；而小人不同，只会逢迎拍马，盲目附和，从来不提不同意见，也不能容纳不同意见，就是拉帮结派，搞一言堂，这就是同而不和。

1939年2月,毛泽东在中央党校作《反对投降主义》的演讲中,引用了孔子这句话,他说:

"统一战线又讲亲爱、讲团结,另一方面又要斗争。""古时人说'君子和而不同,小人同而不和',这也是说统一里有斗争。""我们对无理之话一定要反对,因为它是真正破坏统一战线的。"(金冲及主编:《毛泽东传(1893—1949)》,中央文献出版社1996年版,第534页)

抗日民族统一战线是在日本发动全面侵华战争后,中国领土大片沦陷,中华民族危机之际,经过了共产党的不懈努力,由"抗日反蒋"政策转变为"逼蒋抗日",又经过双十二事变(西安事变),至1937年9月22日,国民党中央通讯社发表了《中共中央为公布国共合作宣言》。23日,蒋介石发表谈话,实际上承认了共产党的合法地位。至此,抗日民族统一战线正式形成,第二次国共合作开始。

革命战争年代的统一战线,就是在求同存异的原则下建立起来的。它团结了广泛的力量,成为革命战争取得胜利的一大法宝。

在国难当头民族危亡的时候,中国共产党以博大胸怀,捐弃前嫌,从国家和民族大局出发,提出与国民党第二次合作。为争取蒋介石政府抗日,求抗日之大同,在坚持独立自主的原则下,在许多非原则性问题上作了让步,这就是共产党坚持的"和而不同"。经验告诉我们:统一战线必须坚持求大同存小异;国共两党只要以国家、民族利益为重,不管过去积怨多深,是能够在大目标下统一起来的。

然而,蒋介石加入统一战线是被"逼"的,是不情愿的。他的方针是"攘外必先安内"。他的心腹之患仍然是共产党,而不是日本侵略者。所以,在统一战线方面,蒋介石采取两面政策,既主张团结抗日,又限共、溶共、反共,并摧残进步势力。据此,中国共产党以既联合又斗争的政策来对待它。共产党提出了"坚持抗战、反对投降,坚持团结、反对分裂,坚持进步、反对倒退"的口号,在同顽固派的斗争中坚持有理、有利、有节的原则,不仅有效地打退了国民党发动的三次反共高潮,而且继续保持了国共合作、共同抗日的局面。

对于国民党不断搞摩擦,搞冲突,甚至对于像汪精卫的投降主义行为,共产党应如何应对?毛泽东在1939年《反对投降主义》的讲演中,明确地提醒大家，在反对民族投降活动的同时要注意反对党内的阶级投降主义。他还说：最近为止，我们得到了许多材料，很多材料、很多小册子发给国民党党员，要防止共产党，而且要采取攻势。什么叫防止？就是不让共产党发展。什么叫攻势呢？就是他们提出的"一个党、一个主义、溶共"的政策，就是说要取消共产党、溶化共产党、取消共产主义。

应当说毛泽东始终坚持统一战线即讲和，讲团结，又要斗争，用以处理国共两党之间的关系。但这里强调的是"和"，应该严格区分"和"与"同"的界限。两党之间不是谁消灭谁的问题，不是同一的问题。而是在一个中国的原则下，两党共存，两党联合，相成相济，共同对敌。

宪问篇第十四

仁者不忧，知者不惑，勇者不惧

孔子与学生子贡讨论"君子之道"，孔子提出著名的"仁者不忧，知者不惑，勇者不惧"三原则。《论语·宪问篇》第二十八章记载：

> 子曰："君子道者三，我无能焉：仁者不忧，知者不惑，勇者不惧。"
> 子贡曰："夫子自道也！"

本章大意是，孔子说："君子之道有三个方面，我没能够做到：仁德的人不忧虑，智慧的人不迷惑，勇敢的人不畏惧。"孔子谦虚地说君子之道有三个方面，自己一点也没有能够做到。他的学生子贡却认为这正是孔子对自己的叙述。意思是，他认为孔子都做到了。

《礼记·中庸》："知（智）、仁、勇三者，天下之达德也。""好学近乎知（智）；力行近乎仁；知耻近乎勇。知斯三者，则知所以修身；知所以修身，则知所以治人；知所以治人，则知所以治天下国家矣。"朱熹注："谓之达德者，天下古今所同得之理也。"（《四书章句集注·中庸集注》）北宋人邢昺《论语注疏》："仁者乐天知命，内省不疚，故不忧也；知（智）者明于事，故不惑；勇者折冲御侮，故不惧。"

"仁""知（智）""勇"是孔子道德观的三个重要范畴。不忧、不惑、不惧乃"仁""知""勇"的表现，是君子应具备的品质。孔子自谦不能，以此自责并勉人。由此，智、仁、勇三者作为个体道德人格的修养要求，为历代儒家所强调。

知、仁、勇古称"三达德"

孔子主张知、仁、勇。《礼记·中庸》称:"天下之达道五,所以行之者三。曰:君臣也,父子也,夫妇也,昆弟也,朋友之交也。五者,天下之达道也。知、仁、勇三者,天下之达德也,所以行之者一也。"

毛泽东将智、仁、勇三者并举改造为德、智、体三育并重。1916年12月9日他在长沙致老师黎锦熙的信中说:

> 古称三达德,智、仁与勇并举。今之教育学者以为可配德智体之三言。诚以德智所寄,不外于身;智仁体也,非勇无以为用。(《毛泽东早期文稿》,湖南出版社1995年第2版,第59页)

孔子是中国历史上第一个伟大的教育家,开私人办学之先河。孔子的教育思想对后世影响很大。在孔子门下,有"弟子盖三千者,身通六艺者七十有二人"(《史记·仲尼弟子列传》)。

孔子生活时代实行的是"世卿世禄"制,也就是世袭制。孔子虽有学问,但出身低贱,不能为官从政。所以,为了实现自己的抱负,孔子收徒讲学,以期扩大社会影响,以引起统治者的注意,走"曲线从政"的道路,客观上也给了平民受教育的机会。孔子办学不仅仅为自己为官从政,更重要的目的是培养实现仁德之"士",培养治国安民的贤良之士,为他恢复周礼的政治主张服务。

因此,孔子办学重视"德教",特别重视学生思想品格和伦理道德教育,并将其放在首要地位。关于孔子的教育内容,《论语·述而篇》中曾说:"子以四教:文、行、忠、信。"即文学、品行、忠心和信实,这些属于他的"德教"范围,而以诗、书、礼、乐等古代文物典籍、文化知识作为他的"文教"内容,这些也属于政治思想教育和道德教育。

《述而篇》中又说:"子曰:志于道,据于德,依于仁,游于艺。""艺"指礼、乐、射、御、书、数六种技能。关于这一点,《学而篇》中讲得更明确:"弟子入则孝,出则悌,谨而信,泛爱众而亲仁,行有余力,则以学文。"这就是我们今天素质教育所提倡的"育才先育人,育人先育德,育德先育魂"的渊源。

孔子在重视德育和智育教育的同时，他认为一个人不仅有德有智，还要有勇。孔子的思想是一个有机联系的整体，尚勇思想是其中重要的一部分。在《论语》中，孔子多次提到勇，并对其作了精辟的阐述。孔子非常重视勇，把它作为衡量君子的重要标准之一。孔子所说的"勇""仁""智"共同构成了孔子理想人格的德行基础。不惧、果断和坚毅是勇德的基本内涵。

孔子还同样重视体育。孔子以射、御为体育的内容，射是射箭，御是驾车。射和御是当时最重要的军事技能。孔子非常重视射御之术，并将其列为弟子的必修科目。孔子尚勇这点明显地受到他所处时代的影响。西周时代的贵族男子，平时为官，战时为将，带兵出征。所以在教育中，军事技能的训练成为重要的内容。

毛泽东在青年时代就对孔子"知、仁、勇"三达德十分赞赏和肯定，并将其改造为德、智、体。他主张三育并重。针对"昔之为学者，详德智而略于体之弊"，他突出强调体育的作用和意义。在致黎锦熙的信中称赞智、仁、勇三达德，并列举古人有德智而轻体育短寿的例子，说明体育（勇）的重要。

毛泽东在信中还进一步说："昔者圣人之自卫其生也，鱼馁肉败不食，《乡党》一篇载之详矣。"他希望黎锦熙这位"一师"的师友注意身体。他关切地说："兄之德智美矣，惟身体健康一层，不免少缺。弟意宜勤加运动之功。弟身亦不强，近以运动之故，受益颇多。"

总的看来，毛泽东注重德、智、体全面发展的教育思想既汲取了西方现代的新思想，又改造继承了中国古代孔子的知（智）、仁、勇的思想。可以说德、智、体全面发展的教育思想贯穿于毛泽东的一生。

昏乱的道德观

1939年，陈伯达写作了《孔子的哲学思想》，发表前毛泽东看过后，觉得是好的。

就陈伯达的文章，毛泽东对孔子的言论发表一些意见，致信时任中共中央书记处书记、中央宣传部部长的张闻天。

毛泽东在信中说：

> 关于孔子的道德论，应给以唯物论的观察，加以更多的批判，以便与国民党的道德观（国民党在这方面最喜引孔子）有原则的

区别。例如"知仁勇",孔子的知(理论)既是不根于客观事实的,是独断的,观念论的,则其见之仁勇(实践),也必是仁于统治者一阶级而不仁于大众的;勇于压迫人民,勇于守卫封建制度,而不勇于为人民服务的。知仁勇被称为"三达德",是历来的糊涂观念,知是理论,是思想,是计划,方案,政策,仁勇是拿理论、政策等见之实践时候应取的一二种态度,仁像现在说的"亲爱团结",勇像现在说的"克服困难"了(现在我们说的亲爱团结,克服困难,都是唯物论的,而孔子的知仁勇则一概是主观的),但还有别的更重要的态度如像"忠实",如果做事不忠实,那"知"只是言而不信,仁只是假仁,勇只是白勇。还有仁义对举,"义者事之宜",可以说是"知"的范畴内事,而"仁"不过是实践时的态度之一,却放在"义"之上,成为观念论的昏乱思想。"仁"这个东西在孔子以后几千年来,为观念论的昏乱思想家所利用,闹得一塌糊涂,真是害人不浅。我觉孔子的这类道德范畴,应给以历史的唯物论的批判,将其放在恰当的位置。(《关于〈孔子的哲学思想〉一文给张闻天的信》,《毛泽东文集》第二卷,人民出版社1993年版,第162—163页)

毛泽东在致张闻天的信中,完全是以无产阶级政治家的观点,来批判两千年前的孔子,自是一家之言。他揭露了知、仁、勇的唯心论性质和为统治阶级服务的一面。

毛泽东主要分析了孔子学说中的"知、仁、勇"的说法,认为"知是理论,是思想,是计划,方案,政策,仁勇是拿理论、政策等见之实践时候应取的一二种态度。仁像现在说的'亲爱团结',勇像现在说的'克服困难'(现在我们说亲爱团结,克服困难,都是唯物论的,而孔子的知仁勇则一概是主观的),但还有别的更重要的态度如像'忠实',如果做事不忠实,那'知'只是言而不信,仁只是假仁,勇只是白勇。"结论是:"知仁勇被称为'三达德',是历来的糊涂观念。"这里可以看出,毛泽东是从主观与客观、理论和实践的视角来理解批判"三达德"的。毛泽东对孔孟学说,更多的是依据政治上的需要,古为今用,或赋予新的解释。可以说毛泽东是利用前人语言来表达自己的思想观点。

他还深刻地指出:"'仁'这个东西在孔子以后几千年来,为观念论的昏乱思想家所利用,闹得一塌糊涂,真是害人不浅。我觉孔子的这类道德范畴，应给以历史的唯物论的批判，将其放在恰当的位置。"他认为陈伯达在这个问题上的批判"不大严肃"。

孔子思想的核心"仁"字，在《论语》中出现百次以上，其含义宽泛而多变，孔子自己的讲解也有歧义，前后并不一致，更被后人"闹得一塌糊涂"，人们常常各取所需，见仁见智，众说纷纭。

毛泽东在致张闻天的信中，对孔子的"知、仁、勇"道德观作了唯物论的分析和批判，并有全新的发挥。确切地说毛泽东对知、仁、勇三者唯心论性质的揭露和对孔子昏乱道德观的批判无疑是正确的。

陈伯达按照毛泽东的意见修改了《孔子的哲学思想》一文，改定稿发表在延安《解放》第69期上。

青年毛泽东在阐述德、智、体三育并重时，肯定了孔子"仁知（智）勇"为"三达德"，而且这个观点贯穿于他的教育思想。即使早期，他对孔子的"三达德"也不是照搬，而是有改造，有创立。后来在延安他对孔子的道德观作唯物论的批判时，又指出了"三达德""昏乱""糊涂"，并对其具体内容做出了全新诠释，如说"仁"是"亲爱团结"，"勇"是"克服困难"，等等。这说明，毛泽东的批判，不是抛弃，而是扬弃，是剔除糟粕，汲取精华，是革命性改造，是现代性转换。毛泽东批判继承"仁知（智）勇"这"三达德"的思想方法，是辩证唯物论的。

卫灵公篇第十五

本人"军旅之事，未之学也"

许多人都以为孔子只是个文质彬彬的儒者，不知道他也曾经指导过战争。各诸侯国国君也与孔子讨论军事问题。《论语·卫灵公篇》第一章记载：

> 卫灵公问陈于孔子。
> 孔子对曰："俎豆之事，则尝闻之矣；军旅之事，未之学也。"
> 明日遂行。

卫灵公：姓姬名元，卫国国君。孔子周游到卫国时，他是在位国君。
陈：同"阵"。军队作战时布列的阵势。
俎豆之事："俎"和"豆"都是古代祭祀时的礼器，举行礼仪时用它们。俎豆之事，指礼仪一类的事情。
军旅之事：军和旅皆为古时军队编制单位。《周礼·地官司徒》："五旅为师，五师为军。"孔子以军旅合称，以借指军事、战争。

本章大意是：卫灵公问孔子，军队怎样排兵布阵。孔子回答说："祭祀礼仪一类的事情，我曾经听说过；军队作战方面的事情，我没有学习过。"第二天，孔子便离开了卫国。

"军旅之事，未之学也。"郑玄《论语正义·卫灵公》条注释："军旅末事，本未立，不可教以末事。"那么，什么是本事？宋人邢昺疏："本者，谓先教民使得所养，知尊君亲上之义也。本立，乃教以兵事。"

孔子这里"俎豆之事"与"军旅之事"对举，而且声明对前者"尝闻"，对后者"未学",此中大有深意,后儒邢昺和郑玄关于"本事"与"末事"的解释基本合于孔子之意。卫灵公是"无道"之君(《论语·宪问篇》第十九章),他来"问陈(阵)",要发动战争,孔子当然反对。孔子说你要了解以礼治国我学过,你要了解兴兵打仗我没学过!让卫灵公碰了个软钉子。

其实,孔子说自己"军旅之事,未之学也",只是一种借口。他既指导过鲁国抗齐战争(《左传·哀公十一年》),又指导过鲁国平息内乱的战争(《左传·定公十二年》《公羊传·定公十二年》),这说明孔子有战争指导大才。而且,孔子还教给学生军事技能。孔子所谓"六艺"教学,即礼、乐、射、御、书、数,它侧重于才能和技术训练。其中,射,指射箭;御,即驾车。均为军事技能,用于兴兵打仗之事。

卫灵公向孔子请教行军布阵之法,他回答说"未之学也"。孔子不是真不懂,是他反对战争,尤其是不义之战。"子不语",从来不讲。

毛泽东运用孔子"军旅之事,未之学也"这句话,是在他带领红军在井冈山创建革命根据地时期。

1928年3月底,毛泽东在中村得到了朱德、陈毅领导的湘南起义失利的消息后,便立即率领部队继续向湘南方向前进,以接应和掩护朱德、陈毅的部队同湘南农军向井冈山转移。在离开中村之前,毛泽东向全体指战员讲话时说:

> 上级让我当师长,但是,本人"军旅之事,未之学也"。可是,中国有句俗话:一个篱笆三个桩,一个好汉三个帮,三个臭皮匠,凑成诸葛亮。我们有这么多战士,这么多干部,大家都来当参谋长,大家都来当师长,只要群策群力,不愁打不好仗!(高凯、于玲主编:《毛泽东大观》,中国人民大学出版社1993年版,第532页)

继南昌起义之后,1927年9月毛泽东在湘赣边界领导发动了秋收起义。这次起义没有沿用国民革命军的番号,而将起义部队统一编为工农革命军第一军第一师,下辖三个团,共约五千人。起义失败后,毛泽东率领起义军转入江西,在永新县的三湾村进行了改编(即三湾改编),由原来的一个师缩编为一个团,随后,得到当地武装袁文才和王佐的帮助,上了井冈山,创建了中国第一个农村革命根据地。

1927年11月中旬,在共产国际代表罗米纳兹主导下,中央临时政治局召开扩大会议,批评湖南省委在秋收起义指导上"完全违背中央策略",指责毛泽东应负严重的责任,决定撤销其政治局候补委员和湖南省委委员职务。

1928年3月上旬,中共湖南特委派了周鲁来到井冈山,贯彻执行中央会议决议和12月31日给湖南省委的指示。周鲁指责以毛泽东为书记的前委"工作太右","烧杀太少",批判毛泽东是"右倾逃跑""枪杆子主义"。周鲁下车伊始,就发号施令,取消前委,另行成立中国工农革命军第一军第一师党委,由何挺颖任书记,毛泽东任师长,还错误地传达了临时中央对毛泽东的党内处分,将"开除中央临时政治局候补委员"宣布为"开除党籍"。

3月中旬,根据湖南特委的指示,毛泽东被迫率领部队离开井冈山向湘南挺进,配合湘南暴动。毛泽东率部进驻湖南酃县南部中村,在这里开始了打土豪、分田地的实际行动。毛泽东认真履行师长职责,召集会议鼓励大家说:上级让我当师长,但是,本人"军旅之事,未之学也";又借助俗语,启迪大家都来当参谋长,群策群力打好仗。

毛泽东上过师范学校,未进过军校半步,他要笔杆子不愿摸枪。据陈士榘上将回忆,他只见过一次毛泽东挎枪,就是这次改任师长之时。4月,毛泽东与朱德率领的南昌起义部队会师后,曾戏谑地对朱德说:"挎上盒子枪,师长见军长。"

"军旅之事,未之学也",也并不完全是毛泽东的谦虚之词。他在辛亥革命后,在湖南新军当过半年兵,只学过点"步法"和"肩枪"等简单军营日常生活知识。毛泽东没有进过军事院校,他先后读了"六年孔夫子",又在"一师"学了五年。他的军事理论和军事指挥才能,完全是后来在革命斗争的实践中学来的。大革命失败后,在汉口党的"八七会议"上,毛泽东提出了"须知政权是由枪杆子中取得的"。1935年遵义会议上,凯丰批评毛泽东说:无非是靠《三国演义》《孙子兵法》指挥打仗。毛泽东反问道:你说《孙子兵法》一共有多少篇?第一篇的题目叫什么?请你讲讲。凯丰顿时语塞,答不出来。于是,毛泽东批驳说:你怎么晓得我就熟悉《孙子兵法》呢?

延安初期,为了总结十年内战时期在军事斗争上的经验教训,毛泽东才比较系统地读一些军事著作。他通过多种渠道从国民党统治区购买并仔细研读了一批军事方面的书籍。如德国克劳塞维茨写的《战争论》,日本人写的军事操典,苏联人写的论战略、多兵种配合作战等,并仔细地研读了《孙子兵法》。1936年12月,毛泽东撰写出《中国革命战争的战略问题》这部军事著作,以及后来的《论持久战》等关于军事思想的代表作。

孔夫子讲"军旅之事,未之学也",是以此为借口批评卫灵公治国舍本逐末,图谋发动战乱;毛泽东讲"军旅之事,未之学也",虽然也暗含对临时中央主观决策乱处罚的批评,但是主要在于突出红军官兵群策群力是"诸葛亮",他不懂军事被迫当师长,依靠大家也能打好仗、打胜仗!

仁人·害仁·成仁

《论语·卫灵公篇》第九章提出了儒家道德修养的最高标准：

> 子曰："志士仁人，无求生以害仁，有杀身以成仁。"

孔子说："志士仁人，不能为求生而损害仁德，只能牺牲自己来成全仁德。"

杀身成仁，儒家最高的道德标准。南宋人朱熹注："志士，有志之士。仁人，则成德之人也"（《四书章句集注·论语集注》）。孔子认为仁德比生命更重要，为实现仁的道德理想，即使牺牲生命也不应有所顾惜；反对因贪生怕死而损害仁德。

《孟子·告子上》："生，亦我所欲也；义，亦我所欲也。二者不可兼得，舍生而取义者也。"孔孟认为，志士仁人在处理生死与仁义之间的关系上，如果两者不可兼得，宁可牺牲自己，也要保全仁义。要求人们在生死关头，不能屈辱贪生，而要勇于为正义的理想和事业而献身。

孟子提出"舍生取义"与孔子的"杀身成仁"是一脉相承的。这一思想成为儒家人生哲学和伦理道德观念的重要内容，在中国历史上产生过深远的影响。后人遂用"杀身成仁""舍生取义"指为追求真理和实现正义的事业而不惜牺牲生命。

杀身成仁之事

志士仁人，有高尚志向和道德的人。他们对生死问题的处理，以服从仁义的要求为准则。

学生毛泽东在湖南"一师"读书的最后一年（1917年下半年至1918年上半年），在伦理学老师杨昌济的指导下，读德国哲学家包尔生的《伦理学原理》一书。

《伦理学原理》导言部分说：

"列格路之就义，确有高尚伟大之正鹄，盖既欲以舍身为国之义，模范其国人，而又欲以罗马人高尚伟大之品性，昭示于敌国也。如谓仅恃区区盟约不渝之意识，而能成此伟举，则余所未敢信也。"

毛泽东读至此，提笔批注：

欲求某种效果，必行含有某种效果之行为，故杀身成仁之事，正鹄论之伦理学亦尊贵之也。（《毛泽东早期文稿》，湖南出版社1995年第2版，第151页）

《伦理学原理》为德国哲学家、伦理学家包尔生的主要代表作《伦理学体系》的一部分。杨昌济在湖南省立第一师范学校讲授修身课时，曾将此书作为教材。

正鹄，语出《中庸》第十四章："子曰：'射有似乎君子，失诸正鹄，反求诸其身。'"朱熹注释："画布曰正，栖皮曰鹄，皆侯之中，射之的也。"（《四书章句集注·中庸集注》）故正鹄，即目的之意。

包尔生的《伦理学原理》导言叙述：世人恒谓杀身成仁之事，非功利论之道德哲学所能阐明，如所传罗马人列格路之逸事，即与功利论之主义，不能无矛盾者也。

包尔生认为像"杀身成仁"这样的事，是与功利论相矛盾的，功利论道德哲学讲究功名、利禄，它无法诠释和阐明这种舍己为人、舍生取义行为。

关于罗马人列格路之逸事，包尔生接着叙述说："原列格路始为迦太基人所虏，及两国媾和而释之，及其归罗马也，痛陈和议之非计，使罗马人背盟宣战，而己则束身赴迦太基，从容就死。"迦太基，意为"新的城市"，是奴隶制国家，坐落于非洲北海岸（今突尼斯），与罗马隔海相望。最后因为在三次布匿战争中均被罗马打败而灭亡。

包尔生认为，列格路为了罗马，为了自己的国家而从容就死。这种成仁之事，在正鹄论之伦理学，优足以阐明之，无异于形式论之伦理学也。

包尔生认为，列格路英勇就义，有高尚伟大的目的。他舍身为国这种大义之举，成为国人的模范，不仅仅为了两国区区一纸之盟约，而是以罗马人那种高尚伟大的人格魅力，昭示于敌国。

包尔生最后评论说："彼列格路何尝不以生活为鹄（目的），惟其所鹄者，菲形质界之生活而精神界之生活耳。"然而，他真正的目的，不是物质生活，而是精神生活。有了这种高尚的精神追求，其效力国家，无论和战，必鞠躬尽瘁、死而后已。所以，列格路之精神必将与罗马民族之名俱千载不朽。

青年毛泽东结合作者的论述，在批注中发挥自己见解。他认为行为和效果是一致的。只有像列格路这种品德高尚的人，才能为了维护国家、民族、阶级利益和正义事业而奋不顾身，杀身成仁，义无反顾，勇于献出生命，成全自己的仁者形象。他的行为也说明正鹄论之伦理学更加尊贵之处。

真正诚心救国之志士仁人

后世以"孔曰成仁，孟曰取义"并提，曾激励起历代志士仁人为实现伟大理想的大无畏精神，鼓舞他们为了国家前途、民族利益和正义事业而奋不顾身，勇于牺牲。

毛泽东引用孔子这句名言是在1936年9月致蒋光鼐、蔡廷锴两位将军的信中，他说：

> 回顾1933至1934年兄我双方合作救国之时，又已整整三年矣。而国难日亟，寇进不已，南京当局至今尚无悔祸之心，内战持续如故，全国人民之水深火热又如故。瞻念前途，殷忧何极！然而国际形势进入了新的阶段，国内爱国运动蓬勃发展。光荣的十九路军系统在先生等领导之下，继续奋斗，再接再厉。弟等则转战南北，接近了抗日阵地。抗日救亡的统一战线得到了全国各党各派各界各军一切有良心的爱国人士之赞成与拥护，即国民党内部亦有了若干开始的转变。凡此都是不同于昔的新局面。驱除日寇，挽救危亡，为期实不甚远。……总之，真正之救国任务，必须有许多真正诚心救国之志士仁人，根据互相确信之政治纲领，

为联合一致之最大努力，方有彻底完成之望。(《毛泽东书信选集》，人民出版社1984年版，第73—74页)

1931年九一八事变，日本发动侵华战争。国民党政府依然实行"攘外必先安内"的国策，把"剿共"作为主要对象；对于日寇则采取不抵抗政策，一再退让，逐步把东北军撤入关内。东北沦陷后，日寇得寸进尺，侵略野心越来越膨胀。至1935年，日本军国主义阴谋策划"华北五省自治"，企图把华北也变成它的殖民地。1936年开始进攻河北、山西及东南沿海等地。

随着日本军国主义的野蛮侵略，中华民族已处于生死存亡的危急关头。面对强大的日本军国主义，国共不停止内战、不联合起来不足以形成抗日力量。为了一致对外，建立抗日民族统一战线，中国共产党进行了长期不懈的努力，积极倡导国共第二次合作。1935年发表了著名的《八一宣言》，号召国内各党派、各社会阶层、各武装部队都应团结起来，停止内战、一致抗日。并尽可能地广泛宣传共产党的抗日主张。1936年9月毛泽东在致蒋光鼐、蔡廷锴两位将军的信中，首先回顾1933年至1934年双方合作救国之时，到目前又已整整三年了。

1933年10月26日，时任国民党福建省政府主席蒋光鼐、国民党第十九路军总指挥蔡廷锴等将领，在中国共产党抗日政策的影响以及广大士兵和下级军官抗日情绪的推动下，同中华苏维埃共和国临时中央政府和工农红军签订了抗日反蒋初步协定。

1933年11月，第十九路军将领蒋光鼐、蔡廷锴以及与第十九路军有历史关系的陈铭枢等联合国民党内李济深等一部分势力，在福建成立中华共和国人民革命政府，公开宣布反对蒋介石，坚持抗日救国。12月由于蒋介石调集大批军队向福建进攻，采取收买拉拢、分化瓦解和军事进攻的手段，次年1月革命政府即告失败。

毛泽东在信中对两位将军组织抗日反蒋的福建人民革命政府的历史功绩给予充分肯定。然而，三年过去了，日本帝国主义之侵略愈演愈烈，华北大好山河，已沦亡于日本，东南半壁亦岌岌可危。中国人民凡有血气者，莫不以抗日救国为当务之急。然而，蒋介石这时仍指挥国民党军队，尾随红军"剿共"不已。内战持续如故，全国人民仍处于水深火热之中。

毛泽东在信中接着说：瞻念前途，殷忧何极！光荣的十九路军系统在先生等领导之下，继续奋斗，再接再厉。红军转战南北，也已接近了抗日阵地。时1936年中国共产党早已北上到达延安，正准备继续北上开辟抗日前线。毛泽东在信中引用孔子"志士仁人"之语，说真正之救国任务，必须有许多真正诚心救国之志士仁人，制定政治纲领，形成抗日救亡的统一战线。

毛泽东所指的志士仁人，泛指全国各党、各派、各界、各军一切有良心的爱国人士。他坚信只要建立起以国共两党为基础的抗日民族统一战线，团结抗日，驱除日寇，挽救危亡，求得中国民族之彻底解放、领土完整的新局面将为期不远。

言不及义

《论语·卫灵公篇》第十七章孔子批评"言不及义"者:

> 子曰:"群居终日,言不及义,好行小惠,难矣哉!"

本章记载的主要是孔子及其弟子周游列国时倡导以仁义治国理政的言论。这段话孔子同何人所说,批评的对象具体所指,已不可考,大意是:同大家整天混在一块,不说一句有道理的话,只喜欢卖弄小聪明,这种人很难有出息!

"言不及义"的原义就是言谈之间不涉及仁义。后来便用作整天东拉西扯,夸夸其谈,就是不办正事。

言不及社会主义

据记载,毛泽东首次运用孔子"言不及义"这段话,是在20世纪50年代初。

1953年10月中共中央召开第三次农业互助合作会议。他在会前和会议期间同中央农村工作部负责人几次谈话。11月4日,他在谈话中说:

> 要搞社会主义。"确保私有"是受了资产阶级的影响。"群居终日,言不及义,好行小惠,难矣哉"。"言不及义"就是言不及

社会主义，不搞社会主义。(《关于农业互助合作的两次谈话》，《毛泽东文集》第六卷，人民出版社1999年版，第302页)

1955年10月11日，毛泽东在扩大的中共七届六中全会上讲话。

> 有些同志对于党的决议和党在长时期中提倡的政策，差不多根本不理，似乎没有看过，也没有听过，不晓得什么道理。比如互助合作运动这件事，多少年以来，在中央革命根据地，在延安，在那一个根据地都搞过，却等于没有看见，没有听见。1951年冬季中央就有关于农业生产互助合作的决议，也是没有看见。一直到1953年言不及义，好行小惠。言不及义者，言不及社会主义；好行小惠者，好行"四大自由"之小惠。(1955年10月11日毛泽东在扩大的中共七届六中全会上所做结论)

中华人民共和国成立后，针对我国小农生产力薄弱、生产效率低、抗灾能力差等农业发展问题，党中央、毛泽东决定在农村地区实行农业合作化，通过各种互助合作的形式，逐步把小农个体农业经济，改造为以生产资料公有制为基础的农业合作经济。

然而，农业互助合作运动开始不久，就出现了急躁冒进的倾向。为此中央紧急下发了一系列文件。同时，在1953年召开的第三次农业互助合作会议前夕和在会议期间，毛泽东再次约见中央农村工作部负责人谈话，就办好农业生产合作社等事宜与他们进行了商榷，并反复阐述自己的观点。可见毛泽东对这项工作的重视。

农业互助合作自1951年秋实行以来，基本上是按照自愿原则，稳步前进的。但这期间也在一些地方出现了一些操之过急的现象。1953年4月在北京召开第一次全国农村工作会议。邓子恢部长在会上传达了毛泽东提出的"要10年到15年甚至更多一些时间内，完成农业的社会主义改造"的指示。根据这个部署要求互助合作运动必须采取稳步前进的方式，绝不能操之过急。这次会议后，局部地区发生的急躁冒进偏差及时地得到纠正。

但随着合作运动的不断进展，1953年11月召开的第三次农业合作会议，毛泽东又说，发展农业生产合作社，现在是既需要，又可能，潜在力很大。如果不去发掘，那就是稳步而不前进。"纠正急躁冒进"，总是一股风吧，吹下去了，也吹倒了一些不应当吹倒的农业生产合作社。实际上毛泽东对全国第一次农村工作会议的反对急躁冒进倾向提出了批评。

针对农业合作化运动中出现的"确保私有"错误观点，毛泽东在会议讲话中进一步指出，"确保私有"是受了资产阶级的影响。"群居终日，言不及义，好行小惠，难矣哉"。"言不及义"就是言不及社会主义，不搞社会主义。毛泽东强调农业合作化运动中也要搞社会主义，私有制不是社会主义，并引用"群居终日，言不及义，好行小惠，难矣哉"这句孔子名言对这一问题进行具体阐述。毛泽东认为，现在有些干部，在带领农民开展合作化的时候，受了资产阶级"确保私有"思想的影响，不搞社会主义。尽管他们也搞农贷，发救济粮，依率计征，依法减免，等等，但是他们不搞社会主义，只在小农经济基础上搞这一套。这种做法就是对农民行小惠。这些好事跟总路线、社会主义联系起来就不同了，就不是小惠了。必须搞社会主义，使这些好事与社会主义联系起来。

这里，毛泽东将"义"喻为社会主义，将"惠"理解成不搞社会主义，只改变一些生产现状，不从根本上解决问题的错误做法，对当时农业互助合作工作中存在的问题婉转地提出了批评，使分管农业工作的领导同志深刻认识到：这种错误做法如果继续下去，"希望大增产粮食，解决粮食问题，解决国计民生的大计，那真是难矣哉。"

毛泽东在这次讲话中，提出"确保私有""四大自由"是行小惠，"而且是惠及富农和富裕中农"，说"确保私有"是资产阶级观念。讲话还批评了"强迫解散"农业生产合作社的错误。

1955年下半年，毛泽东在七届六中全会上又一次对农业合作社稳步发展的方针提出批评，认为目前农村的社会改革高潮在有些地方已经到来，在全国也即将到来。这使得农业社会主义改造中的"左"倾急躁冒进情绪更加发展起来。原计划从1953年起用三个五年计划完成的农业社会主义改造，至1956年即在全国完成了。由于发展过快，给农业发展和农村工作带来了许多后遗症。

没有要点，言不及义

1959年6月20日，毛泽东在中南海颐年堂召开政治局会议，讨论宣传上"如何转"的问题。会议结束前，毛泽东也讲了话。在谈到宣传问题时，他同《人民日报》总编辑吴冷西说过这样一句话：

搞新闻工作，要政治家办报。书生办报，最大缺点是多谋寡断，没有要点，言不及义。（胡为雄：《毛泽东十四部书览要》，当代中国出版社1996年版，第286页）

注重宣传、新闻工作者的素质，提倡言之有物的新鲜活泼的文风，是毛泽东宣传和新闻思想的一个重要组成部分，因为舆论宣传和新闻工作质量如何，与从事这些工作的人员素质直接相关，与文章的质量直接相关。

舆论宣传和新闻工作者应具有哪些素质呢？毛泽东认为，他们首先要有政治家素质，有党性，有马克思主义理论修养，有冷静的头脑，有分析的方法。对于这一问题毛泽东在20世纪50年代以后的多次谈话中论述得较多。1957年同新闻出版界代表谈话时，毛泽东从在社会主义社会如何办报谈起，鼓励新闻出版界对办报心中无数不要紧，慢慢会有数的。对于马克思主义修养不足的问题也可以解决，只要好好学习就行。毛泽东认为在知识分子当中提倡学习马克思主义是很有必要的，学得多了，就会把旧思想推了出去，抛弃形而上学的思想方法。从这段谈话中明显可见，毛泽东认为掌握马克思主义的思想方法是报刊新闻工作者必备的素质之一。

毛泽东还指出，尤其是报纸的领导工作者，要学会按马克思主义办事，按客观情况办事，免除教条主义，才能办出群众爱看的报纸来。鉴于这一问题的重要，毛泽东提出一个要求：各省、市、自治区要有自己的马克思主义理论家，要有自己的出色的报纸和刊物的编辑和记者。这些话表明，毛泽东对报刊新闻工作者马克思主义理论素养和政治素养的具备问题十分关切。

1959年6月，毛泽东在颐年堂主持政治局会议，在谈到宣传问题时，毛泽东说，现在宣传上要转，非转不可。总的来说，反右斗争起，《人民日报》比过去好，老气没有了，但去年吹得太凶、太多、太大。现在的问题是改正缺点错误。毛泽东之所以说《人民日报》非转不可，原因是在组织宣传上《人民日报》也"大跃进"了，"去年吹得太凶、太多、太大"。

毛泽东最后说，报纸办得好坏，要看你是政治家办报还是书生办报。我是提倡政治家办报的，但有些同志是书生，最大的缺点是优柔寡断。我们做事情不要独断，要多谋，但多谋还要善断，不要多谋寡断，也不要多谋寡要，没有抓住要点，言不及义，这都不好。听了许多意见之后，要一下子抓住问题的要害。办报也要多谋善断，要一眼看准，立即抓住、抓紧，形势一变，要转得快。这里毛泽东指出书生办报的最大缺点：优柔寡断，言不及义，说了半天，没有抓住重点，没有指出要害。

《人民日报》总编辑吴冷西在《忆毛主席》一书中回忆说：会议结束时，毛泽东对我说，以后有事情多请示，可以找少奇同志，也可以找总理，也可以找我。会后，吴冷西曾请示过少奇。少奇对他说，《人民日报》要办好，要多听各方面的意见。毛主席说的多谋善断，你们首先要多谋，然后也要善断。对于比较重要的问题，你们可以而且应该提出自己的意见，但最后还是中央来断。这样至少可以避免少犯错误。

毛泽东批评书生办报优柔寡断，言不及义，最明显的标志是言不及政治。这与他主张政治家办报大相径庭。他要求言要及义，此处之义乃社会主义也，乃马列主义也。

孔夫子"就是有党"

《论语·卫灵公篇》第二十二章：

> 子曰："君子矜而不争，群而不党。"

孔子说："君子庄重矜持而不同别人争执，与人合群而不结党营私。"

这是孔子赞成的一种品德。朱熹注："和以处众曰群。然无阿比之意，故不党。"（《四书章句集注·论语集注》）清人刘宝楠《论语正义》："群易于党，能群而不党，故可贵。"孔子还说过："吾闻君子不党"（《论语·述而篇》），"君子周而不比"（《论语·为政篇》），"君子和而不同"（《论语·子路篇》），其义一致。

君子果真如孔子所言："矜而不争，群而不党"，毛泽东持怀疑态度。

在 1958 年 1 月的最高国务会议上，毛泽东对所谓"右派"言论，进行了逐一反驳。当谈及"君子群而不党"时说：

> 君子群而不党，没有此事，孔夫子杀少正卯，就是有党。（《我所知道的毛泽东——林克谈话录》，中央文献出版社 2000 年版，第 135 页）

林克曾任毛泽东的秘书。在谈到毛泽东对孔子和儒学的否定时，他说：孔子生在两千余年前，儒家学说一直是封建社会的正统学说，其维护陈旧道统伦理的说教规范，其中天命论等非唯物主义的观念，自然是与社会主义的时代风貌、马克思主义的认识观念格格不入的。对此，毛泽东历来持否定态度。

特别是当有人用孔孟行为、儒学观念对毛泽东进行指责时，毛泽东在反驳中，往往对孔孟儒学作言辞激烈的抨击。在1958年1月28日召开的最高国务会议上，毛泽东所发表的讲话中对所谓"右派"的很多言论进行了反驳。在谈及"君子群而不党"时，他举孔夫子杀少正卯之事，证明孔子"就是有党"，反证所谓"君子群而不党"说得荒谬。

孔夫子杀少正卯，《史记·孔子世家》记载："定公十四年，孔子年五十六，由大司寇行摄相事，有喜色。门人曰：'闻君子祸至不惧，福至不喜。'孔子曰：'有是言也，不曰乐其以贵下人乎？'于是诛鲁大夫乱政者少正卯。与闻国政三月……"孔子为什么诛少正卯？《史记》只说少正卯"乱政"。《荀子·宥坐》《孔子家语·始诛》等史籍也都均有记载。

然而，至南宋时朱熹对此事提出质疑。他说："若少正卯之事，则予尝窃疑之。盖《论语》所不载，子思、孟子所不言，虽以《左氏春秋》《内》《外传》之诬且驳，而犹不道，乃独荀况言之。思必齐、鲁陋儒，愤圣人之失职，故为此说，以夸其权耳。吾又安敢轻信其言，而遽稽以为决乎？聊并记之，以俟来者。"（《晦庵先生朱文公文集》卷六十七）自此，在孔子研究中，关于孔子诛少正卯一事便成了一个极有争议的问题。

其实，朱熹的话说得很明白："尝窃疑之。"怀疑是可以的，但怀疑并不等于否认史籍记载。毛泽东是相信孔子诛少正卯一事的。早在1953年9月在中央人民政府委员会第二十七次会议上，毛泽东就说："关于孔夫子的缺点，我认为就是不民主，没有自我批评的……'三月而诛少正卯'，很有些恶霸作风，法西斯气味。"

毛泽东这些话对孔子的批评十分严厉。合看1958年毛泽东在最高国务会上对"君子群而不党"的批驳，进一步说明孔夫子诛少正卯"就是有党"。毛泽东对"君子群而不党"持否定性看法。

安见温饱之不可以谋也

《论语·卫灵公篇》第三十二章记孔子讨论"道"与"食"的关系：

> 子曰："君子谋道不谋食。耕也，馁在其中矣；学也，禄在其中矣。君子忧道不忧贫。"

孔子说："君子用心谋求道，而不谋求衣食。耕田，也免不了饿肚子；学习，则有做官获得俸禄的希望。君子只担心得不到道，不担心物质生活的贫困。"

谋道不谋食，反映了孔子的政治与经济思想。孔子一贯主张士人应以弘道为志，即"志于道"（《论语·述而篇》），谋求的是道的实行，故认为不必亲自耕织，谋求衣食，否则就难免受冻挨饿。孔子这一思想与其"学而优则仕"命题相互补充，亦是其轻视"学稼"的认识根源。

孔子将"谋道"与"谋食"、"忧道"与"忧贫"、"学禄"与"耕馁"对举，他主张谋道、忧道和学禄，而对谋食、忧贫和耕馁说"不"。大有可以饿着肚子弘道的意味和嫌疑，故在实践中难于实行。

关于"君子谋道不谋食"

毛泽东早在青年时代对孔子"君子谋道不谋食"这句话就有自己的理解和认知。1913年12月，毛泽东在课堂笔记《讲堂录》中记道：

君子谋道不谋食,系对孳孳为利者而言,非谓凡士人均不贵夫谋食也。

志不在温饱,对立志而言,若言作用,则王道之极亦只衣帛食粟不饥不寒而已,安见温饱之不可以谋也。(《毛泽东早期文稿》,湖南出版社1995年第2版,第597页)

1917年暑假,仍在湖南"一师"读书的毛泽东和同学萧瑜(已毕业当教师)以"游学"的方式到乡村做调查,途中二人边走边争论,毛泽东说了这样一段话:

一个人快要饿死的时候他不会想到道德修养问题的。至于我自己比较信管仲的话:"衣食足而后知荣辱。"这正好与孔子的说法相反,他说:"君子谋道不谋食。"(萧瑜:《我和毛泽东的一段曲折经历》,昆仑出版社1989年版,第127页)

孔子"君子谋道不谋食"这句话,毛泽东在课堂笔记《讲堂录》中即有记录,并解释为:"系对孳孳为利者而言,非谓凡士人均不贵夫谋食也。""孳孳为利者",语见《孟子·尽心上》,原句是:"孳孳利者,跖之徒也。"孳孳:同"孜孜"。意思是:孜孜不倦地求利的人,是盗跖一类的人物。明白了孟子的原话,也就基本弄懂了青年时代毛泽东对孔子这句话的理解了。是说"君子谋道不谋食",是对孜孜不倦地求利的人而说的,并不是说凡夫俗子(普通老百姓)都不需要谋食。

接下来毛泽东对孔子这句话作了进一步阐述,"君子谋道不谋食",其志虽不在温饱,志在"谋道",然王道的最终目的不过是让老百姓过上"不饥不寒"的生活。"耕也,馁在其中矣",意思是耕田也免不了饿肚子。毛泽东反问:安见温饱之不可以谋也?

1917年暑假,毛泽东与萧瑜在"游学"路上,俩人就如何看待权力、金钱等问题展开讨论,边走边争议。

萧瑜对一切权力持否定态度,认为权力是个很坏的东西。毛泽东则认为,权力本身无所谓好坏,完全在于如何运用,并强调政治权力要比金钱权力好。资本家的金钱权力就是靠榨取劳动人民的血汗而得来。

萧瑜不同意毛泽东的观点,他将政治权力视为集各种邪恶权势之大成。

毛泽东依然是鄙视金钱权力。毛认为是这样：如果你有钱，如果你身居高位，那么所有的人会对你笑脸相迎，打躬作揖；然而，如果你没有钱，也不是官老爷，那么人们就不会理睬你。像县衙门那个门房对待我们那样，那是司空见惯的事。

萧瑜说：势利小人是句古话，与之相对的是道义君子。凡是小人，都崇拜权力，但这从来为圣贤所耻笑。三四千年以来，中国的学者信奉这一真理。孔子说："君子忧道不忧贫。"孟子也说："饱乎仁义也，所以不愿人之膏粱之味也。"汉朝的董仲舒说："正其义不谋其利，明其道不计其功。"人类的行为准则正是建立在这些圣贤遗训上。但金钱与政治势力太大，以致破坏了这些准则。

听了萧瑜的一番议论后，毛泽东反驳说："听起来是这么回事，但在现实生活中很难坚持这种准则。一个人快要饿死的时候他不会想到道德修养问题的。至于我自己比较信管仲的话：'衣食足而后知荣辱。'这正好与孔子的'君子谋道不谋食'说法相反。"毛泽东认为，"所有这些道德说教在原则上都是冠冕堂皇的，但却无法拯救濒于饿死的人类！"

两人最后争论的是道德问题与人类社会进步的关系。萧认为物质进步远比道德进步快；毛认为道德不能解决饥饿问题。

"衣食足而后知荣辱"，是管仲的话，对大多数人来说是正确的，吃饱喝足了才会去探讨礼义。管仲的话与"民以食为天"（《汉书·郦食其传》）意思相似。是说有饭吃，对老百姓来说是"天大的事"。都是说明衣食的重要。

从毛泽东与萧瑜二人争论看，青年时代毛泽东更看重物质基础，强调物质是第一位的。这与孔子"君子谋道不谋食"的观点很不一致，甚至是对立的。他在《讲堂录》中更强调的是"王道之极亦只衣帛食粟不饥不寒而已，安见温饱之不可以谋也"。对"王道"的解释更注重民生问题的解决，是对孔子"谋道不谋食"的背离和抨击。

不是处在"学也，禄在其中"的时代

1941年，抗日战争进入战略相持阶段。由于日本对华政策的改变，国民党又不断掀起反共高潮，陕甘宁边区和其他敌后抗日根据地一样，出现了严重的经济困难。

如何克服困难，发展经济工作，1942年年底毛泽东在西北局高干会议

提交的《经济问题与财政问题》书面报告,在讲到做好经济工作的重要性时,他说:

> 我们不是处在"学也,禄在其中"的时代,我们不能饿着肚子去"正谊明道",我们必须弄饭吃,我们必须注意经济工作。离开经济工作而谈教育或学习,不过是多余的空话。离开经济工作而谈"革命",不过是革财政厅的命,革自己的命,敌人是丝毫也不会被你伤着的。(《毛泽东文集》第二卷,人民出版社1993年版,第465页)

抗日战争时期,陕甘宁边区的财政来源主要是依靠外援。一是国民政府给八路军的军饷,一部分是海外华侨和后方进步人士的捐款。1941年皖南事变后,国民党的政策也由积极抗日转为消极抗日、积极反共。表现在经济上是停发给八路军的军饷和对边区实行经济封锁。由于国民党顽固派的军事包围、蚕食政策和严密经济封锁,陕甘宁边区和其他敌后抗日根据地一样,出现了严重的经济困难。

在严峻的军事斗争形势下,党内一部分干部思想上存在着重军事、轻经济的问题。毛泽东在《经济问题与财政问题》书面报告中直截了当地指出这是他们还没有懂得经济工作重要性的缘故;或者以为政治、党务、军事是第一位的,是重要的,经济工作虽然也重要,但不会重要到那种程度,觉得自己不必分心或不必多分心去管它。

毛泽东指出这种思想是不对的,并进一步强调陕甘宁边区当前中心的或第一位的工作:"就目前边区条件说来,就大多数同志说来,确确实实地就是经济工作与教育工作,其他工作都是围绕着这两项工作而有其意义。"

对于经济工作和教育工作这两项工作的相互关系,毛泽东论述说,两项工作中,教育(或学习)是不能孤立地去进行的,我们不是处在"学也,禄在其中"的时代,我们不能饿着肚子去"正谊明道",我们必须弄饭吃,我们必须注意经济工作。离开经济工作而谈教育或学习,不过是多余的空话。接着毛泽东指出忽视经济工作的危害性:离开经济工作而谈"革命",不过是革财政厅的命,革自己的命,敌人是丝毫也不会被你伤着的。在实际工作中,在抗日战争最艰苦的时候,为了切实抓好边区的经济工作,毛泽东领导根据地军民开展大生产运动,以支持全国抗战。

在报告最后,毛泽东对各级领导干部提出要求,他号召大批的干部必须从现在的工作或学习的岗位上转到经济工作的岗位上去。同时，必须充分地注意经济工作的领导，要调查研究经济工作的内容，负责制订经济工作的计划，配备经济工作的干部，检查经济工作的成效，再不要将此项极端重要的工作仅仅委托于供给部门或总务部门就算完事。

毛泽东是一个唯物主义者，他从实事求是的角度出发，唤起了人们对经济工作重要性的认识。在他看来，我们处于抗日最艰难的时期，不是处在"学也，禄在其中"的时代。时代不同了。抗战的现实要求我们共产党人不仅要"谋道"，也要"谋食"。

当仁不让，有求必应

《论语·卫灵公篇》第三十六章很短，但是提出一个影响久远的命题：

> 子曰："当仁，不让于师。"

孔子说："面对着仁德，即使是对老师，也不必谦让。"

儒家特别重视师生关系的和谐，强调师道尊严，学生不可违背老师。这是在一般情况下。但是，在仁德面前，即使是老师，也不谦让。这是把实现仁德摆在了第一位，仁是衡量一切是非善恶的最高准则。朱熹注："当仁，以仁为己任也；虽师亦无所逊。言当勇往而必为也。"（《四书章句集注·论语集注》）后世遂把孔子的话演化为成语"当仁不让"，表示遇到应该做的事，就勇敢地承担起来，立刻积极主动地去做，不推诿给别人。

毛泽东对孔子这句名言是在延安时期的一次即席讲话中引用的。1942年，毛泽东为办好《解放日报》第四版副刊，与副刊主编舒群反复商讨，拟订了一份征稿人名单，亲笔抄录。随后由中央办公厅按名单发出了通知，请大家参加毛泽东的"枣园之宴"。开宴那天，客人从四面八方赶来，相继入席。毛泽东站起来即席致辞：

> ……诸公驾到，非常感谢。今在枣园摆宴，我想诸位专家、学者必然乐于为第四版负责，当仁不让，有求必应，全力赴之，取之不尽，用之不竭……（贾思楠编：《毛泽东人际交往实录》，

江苏文艺出版社1990年版，第59页）

抗日战争进入相持阶段后，随着党领导的敌后抗日根据地和抗日武装力量的日益发展壮大，中共中央急需主办一大型日报，以加强对各地的宣传和工作指导。1941年春，中央政治局决定创办《解放日报》，作为中央机关报。5月15日，毛泽东为中央书记处起草了创办《解放日报》的通知。通知指出：5月16日起，将延安《新中华报》《今日新闻》合并，出版《解放日报》，新华通讯社事业亦加改进，统归一个委员会管理。一切党的政策，将经过《解放日报》与全国宣达。

毛泽东对《解放日报》的工作非常关心，倾注了大量心血。创办时，由毛泽东题写报名并撰写发刊词，阐明了报纸创刊的宗旨和任务。毛泽东经常亲自动手为《解放日报》写社论、改稿，许多具体工作他都亲自安排、具体指导。毛泽东还审阅和修改过许多《解放日报》拟发的重要文章。

有一段时间，人们忙于整风学习和生产劳动，写稿的人少了，《解放日报》第四版发生"稿荒"。毛泽东亲自出面为报纸约稿。原来《文艺》副刊栏目由丁玲负责主编，1942年3月她被调到中华全国文艺界抗敌协会延安分会后，副刊的重担就落在舒群身上。舒群向社长博古反映，说他是搞文艺写作的，不大懂其他社会科学、自然科学，而且副刊又要配合整风，任务太重，不能胜任。毛泽东很快知道了这件事，他直接找舒群谈话，鼓励舒群可以在实际工作中学习，努力做到点面结合。

毛泽东在做思想工作的同时，又具体帮助解决报纸副刊缺稿的问题。经与舒群商量，拟定《〈解放日报〉第四版征稿办法》。毛泽东直接点名提出请柯仲平、范文澜、邓发、彭真、冯文彬、艾思奇、陈伯达、周扬、蔡畅、吴玉章等十六位同志向副刊提供稿件，还规定每人每月征稿任务量，并要求对征集的稿件要从思想内容到文字润色等全面把好关。

为办报一事，毛泽东特在枣园摆下两桌酒席，宴请这十六位同志。人到齐了，毛泽东起身，在宣读了《〈解放日报〉第四版征稿办法》后，即席讲话中引用《论语》"当仁不让"一语，希望大家有求必应，全力以赴。毛泽东语言幽默、妙趣横生，严肃而生动，与会者无不感动，接着他热情洋溢地向大家敬酒。这次枣园之宴对解决《解放日报》副刊稿源问题起了很大作用，同时也推进了全党共同支持办好《解放日报》。

《解放日报》从1941年创刊，至1947年终刊，历时近六年。这一时期正值抗日战争和解放战争。延安《解放日报》的作者"当仁不让",踊跃投稿,报纸坚持出版,不断改进,及时传播党的声音,出色地完成了它的光荣使命,在中国新闻史上写下了光辉的一页。

孔子的有教无类

《论语·卫灵公篇》第三十九章是孔子语录中最短的一条：

子曰："有教无类。"

"有教无类"，孔子教育的基本主张。意谓教育不分种类。类，应作种类、族类、类别解。何晏注疏："类，谓种类。言人所在见教，无有贵贱种类也。"汉儒马融注："言人所在见教，无有种类。"（《论语马氏训说》） 皇侃疏："人乃有贵贱，同宜资教，不可以其种类庶鄙而不教之也。教之则善，本无类也。"（《论语集解义疏》）

孔子强调无论贵贱、富贫、贤愚，不分地区、国别、种族、年龄，一切人都享有受同等教育的权利，不应歧视。

孔子不仅是"有教无类"的主张者，同时也是此主张的实践者："自行束脩以上，吾未尝无诲焉。"（《论语·述而篇》）孔门三千弟子中，既有拥有很大权力和财富的贵族子弟，又有家境贫寒的平民百姓；既有商贾之人，又有劳动者，甚至还有为盗者。故南郭惠子以为"夫子之门何其杂"（《荀子·法行》）。

孔子"有教无类"这一重要主张及其实践，扩大了教育对象，打破了西周以来"学在官府"的文化教育垄断局面，是春秋时代文化下移的产物，孔子民本思想的体现，有利于文化教育的普及，对我国古代教育事业的发展产生过极大的影响。

毛泽东很欣赏孔子的这一教育思想，在1958年审订陆定一的《教育必须与生产劳动相结合》一文时，加写了一段话，把"有教无类"提到了人民性的高度来评价。

> 中国教育史有人民性的一面。孔子的有教无类，孟子的民贵君轻，荀子的人定胜天，……诸人情况不同，许多人并无教育专著，然而上举那些，不能不影响对人民的教育，谈中国教育史，应当提到他们。(《毛泽东文艺论集》，中央文献出版社2002年版，第191页)

孔子以前，无论是官学，还是乡学，都是官办的，也就是"学在官府"。只有少数奴隶主贵族子弟有权受教育。因而也只有贵族子弟才有当官的资格。到了春秋时代，即孔子生活的时代，随着周天子王权的削弱，社会的政治经济和文化教育都在下移，这就为私人办学提供了机会。孔子正是抓住了这一机会，首创私人办学，开门授徒，开展教育工作。

孔子一生热心救世，然而并不得志。只在鲁定公时从政几年，摄行相职的时间不长，就因与鲁定公政见不合，弃官离鲁，率领弟子周游列国，四处宣扬自己的政治主张，但终无人任用。孔子在政治上不畅达，但办教育还是成功的。他希望通过兴办教育来培养"贤才""君子"，扩大自己的影响，为官从政，以及实现他恢复周礼的政治主张。孔子几乎毕生致力于教育事业，不断总结办学经验，不断改进教学内容。在教育的对象问题上，孔子明确提出了"有教无类"的思想。

孔子"有教无类"思想是与他的"性相近也，习相远也"(《论语·阳货篇》)等人是可以教化的哲学思想相关的。"性相近"说明了人皆有成才成德的可能性，而"习相远"又说明了实施教育的重要性。正是基于这种人皆可以通过教育成才成德的认识，孔子扩大招生，广收弟子。不分贵族与平民，不分国界与华夷，只要交得起学费，有心向学，都可以入学受教。孔子的弟子来自鲁、齐、晋、宋、陈、蔡、秦、楚等不同国度，这不仅打破了当时的诸侯国界，也打破了当时的夷夏之分。孔子弟子中有来自贵族阶层的，如南宫敬叔、司马牛、孟懿子，但更多的是来自平民家庭的，如颜回、曾参、闵子骞、仲弓、子路、子张、子夏、公冶长、子贡等。而平民教育更能体现孔子"有教无类"的精神实质。

"有教无类"教育思想的实施，扩大了受教育对象，对于全体社会成员素质的提高无疑起到了积极的推动作用。因此,孔子"有教无类"的思想在教育史上是一大进步,为后世所称道。

毛泽东肯定孔子"有教无类"的教育思想具有"人民性"。谈中国教育史,应当提到这位古代的大教育家。毛泽东的话,不仅对人们研究中国教育史,而且对研究中国哲学史、思想史、文学史等都有重要意义。

季氏篇第十六

季氏将伐颛臾

《论语·季氏篇》第一章在《论语》一书中，是较长的部分。孔子与弟子冉求、子路讨论鲁国执政季孙氏要讨伐颛臾的政事：

季氏将伐颛臾。冉有、季路见于孔子，曰："季氏将有事于颛臾。"

孔子曰："求！无乃尔是过与？夫颛臾，昔者先王以为东蒙主，且在邦域之中矣，是社稷之臣也，何以伐为？"

冉有曰："夫子欲之，吾二臣者皆不欲也。"

孔子曰："求！周任有言曰：'陈力就列，不能者止。'危而不持，颠而不扶，则将焉用彼相矣？且尔言过矣。虎兕出于柙，龟玉毁于椟中，是谁之过与？"

冉有曰："今夫颛臾，固而近于费。今不取，后世必为子孙忧。"

孔子曰："求！君子疾夫舍曰欲之而必为之辞。丘也闻有国有家者，不患寡而患不均，不患贫而患不安。盖均无贫，和无寡，安无倾。夫如是，故远人不服，则修文德以来之。既来之，则安之。今由与求也，相夫子，远人不服，而不能来也；邦分崩离析，而不能守也；而谋动干戈于邦内。吾恐季孙之忧，不在颛臾，而在萧墙之内也。"

本章的大意是：

把持鲁国国政的季孙氏，将要攻打附属国颛臾。在季孙氏手下做事的冉求和子路去见老师孔子说："季孙氏打算对颛臾进行讨伐了。"

孔子说："冉求！只怕这要归罪于你吧！颛臾，从前周天子曾封它为东蒙山主持祭祀，并且又在鲁国的疆域之内，是鲁国的重要臣属，为什么要讨伐它呢？"

冉求说："季孙氏想要攻打，我们两人都不愿意啊！"

孔子说："冉求！古代史官周任说过：'能施展自己能力的，就去任职；不能够的，就该罢休。'譬如瞎子和他的助手同行，当瞎子遇到危险了，助手不去招呼他；将要摔倒了，助手也不去搀扶，那又何必用这个助手呢？你的话是错误的。又譬如：老虎和犀牛从槛里跑出来，龟甲和美玉在匣子里毁坏了，这难道不是看守人的责任吗？"

冉求说："现在这个颛臾，城池坚固而且又离季孙氏的封地费城很近。今天不夺取它，以后必定成为子孙的祸患。"

孔子说："冉求！有道德的人，就痛恨这种为自己的贪心找借口的态度。我听说无论诸侯或者大夫，不能忧虑财富不多，而应该忧虑财富不均；不能忧虑百姓太少，而应忧虑境内不安。财富平均，就不会有贫穷；境内和睦，就不会觉得人少；社会安定，就不会有被毁灭的危险。如果做到这样，而远方的人还不来归服，那就应该再修一下'文德'招来他们。他们已经来了，就让他们安心住下去。现在，子路与冉求两人辅助季孙氏，远方的人不归服，也不能招致他们来；国家四分五裂，也不能保全，还想在国境内使用兵力。我恐怕季孙氏的祸患，不在颛臾，而在国君那里啊。"

本章记述了孔子和他的两位学生关于讨伐颛臾的一次谈话。春秋时代，鲁国大夫季孙氏把持朝政，同鲁国国君鲁哀公矛盾日益加深，他知道鲁君迟早会收回主权，便想先发制人，攻打鲁国境内的属国颛臾，以防止有一天鲁君联合颛臾共同对付自己。

孔子得知后，极力反对。他说："吾恐季孙之忧，不在颛臾，而在萧墙之内。""萧墙"是鲁君的当宫门的屏风，"萧墙之内"是指鲁君。古代臣子觐见国君，行至此而肃（"肃""萧"古字通）然起敬，故称。孔子认为季孙所担忧的不是颛臾这个小国，而是本国的君主。这句话后来被人们概括为"祸起萧墙"或"萧墙之祸"，现在用来形容对某事的忧虑不在其外，而在其内。

本章在流传中形成不少成语和名句，除"祸起萧墙"外，还有"陈力就列，不能者止""不患寡而患不均，不患贫而患不安""远人不服，则修文德以来之""既来之，则安之""分崩离析"等，对后世的思想与语言，影响很大。

反共顽固派的"季孙之忧"

抗日战争时期，国民党内顽固派制造震惊中外的"皖南事变"。事变发生后，毛泽东以中共中央革命军事委员会发言人的身份对新华社记者发表关于皖南事变的谈话。

在谈话中，他借用了《论语·季氏篇》第一章"吾恐季孙之忧，不在颛臾，而在萧墙之内"这句话，揭露皖南事变的真相，声讨国民党反共顽固派摧残抗日力量、破坏统一战线的滔天罪行。

这就是后来收入《毛泽东选集》第二卷《为皖南事变发表的命令和谈话》，其中说：

> 如能实行以上十二条，则事态自然平复，我们共产党和全国人民，必不过为已甚。否则，"吾恐季孙之忧，不在颛臾，而在萧墙之内"，反动派必然是搬起石头打他们自己的脚，那时我们就爱莫能助了。（《毛泽东选集》第二卷，人民出版社1991年第2版，第775—776页）

皖南事变发生于1941年1月6日。

1940年10月19日，蒋介石发出"皓电"，限令黄河以南新四军于一个月内撤到黄河以北，同时密令其数十万军队准备进攻华中新四军，阴谋策划第二次反共高潮。中共中央在揭露蒋介石罪恶阴谋的同时，为顾全大局，决定将皖南的新四军撤到长江以北，并致电新四军领导人项英，乘国民党军尚未部署就绪，迅速率部北移。

1941年1月4日，项英率新四军军部和部队共九千余人北移。6日，当进入安徽泾县茂林地区时，遭到国民党军队七个师八万余人的包围和突然袭击。广大指战员浴血奋战七昼夜，除两千余人突围外，一部被俘，大部壮烈牺牲。军长叶挺与对方谈判时被扣，副军长项英、参谋长周子昆在突围中牺牲。

1月17日，蒋介石竟反诬陷新四军"叛变"，宣布取消其番号，并声称要将叶挺交军法审判。这就是震惊中外的皖南事变。

事变发生后，中国共产党向国民党提出严正抗议。针对蒋介石取消新四军番号的决定，1月20日，中共中央召开政治局会议，决定重建新四军军部。中央军委发布重建新四军军部的命令，任命陈毅为新四军代理军长，刘少奇为政治委员，继续领导新四军坚持长江南北敌后抗日斗争。同日，毛泽东发表了谈话，指出皖南事变是国民党酝酿已久的全国性反共突然事变的开端，其目的在借中国人的手，镇压中国的抗日运动，巩固日本南进的后方，以便放手南进，配合希特勒进攻英国的行动。

毛泽东在谈话中揭露蒋、日勾结，蓄谋消灭共产党和打击人民军队的罪行，号召全国人民起来斗争，并提出了取消1月17日的反动命令，惩办皖南事变祸首，恢复叶挺自由，交还新四军全部人枪，抚恤皖南新四军全部伤亡将士，撤退华中的"剿共"军，平毁西北的封锁线，释放全国一切被捕的爱国政治犯，废止国民党一党专政、实行民主政治等12条解决皖南事变的根本办法。

毛泽东在谈话中指出，国民党当局如能实行以上12条，则事态自然平复，我们共产党和全国人民，必不过为已甚。否则，顽固派将有"季孙之忧"，是玩火者必自焚。毛泽东义正词严地指出：共产党方面是珍重合作的，但必须国民党方面也珍重合作。老实说，我们的让步是有限度的，我们让步的阶段已经完结了。而国民党他们已经杀了第一刀，这个伤痕是很深重的。他们如果还为前途着想，就应该自己出来医治这个伤痕。以"亡羊补牢，犹未为晚"的姿态，妥善处置相关事宜。这是他们自己性命交关的大问题，我们不得不尽最后的忠告。

毛泽东在谈话中引用《论语》"吾恐季孙之忧，不在颛臾，而在萧墙之内"这句话，意在警告国民党顽固派再做有碍国共合作之事，那么，非但是中共方面不答应，就连全国人民也会对他们的行为不能容忍。到那时国民党的主要敌人就不再是日本侵略者了，而是愿意团结在抗日民族统一战线下的全体国民了。但如果国民政府采纳中共方面提出的12条正确意见的话，还不算迟，对国共合作的局面仍有挽回之机。中共的正义立场，得到了广大人民群众、各民主党派、海外华侨及国际舆论的广泛同情和支持。经过坚决斗争，终于打退了国民党顽固派发动的第二次反共高潮。

不患寡而患不均

《论语·季氏篇》第一章载孔子反对鲁国执政大夫季孙氏想要攻打颛臾

的一通话，其中有："丘也闻有国有家者，不患寡而患不均，不患贫而患不安。盖均无贫，和无寡，安无倾。"

大意是说：我听说过，对于诸侯国和大夫家，不必担心财富不多，只怕分配不均；也不必担心贫困，只怕社会不安宁。财富平均，就不会有贫穷；境内和睦，就不会觉得人少；社会安定，就不会有被毁灭的危险。

毛泽东于1953年9月召开的中央人民政府委员会扩大会议上，在批判民主人士梁漱溟的政治主张时引用了孔子"不患寡而患不均"这句话，他说：

> 用什么办法来让农民多得一些呢？你梁漱溟有办法吗？你的意思是"不患寡而患不均"。如果照你的办法去做，不是依靠农民自己劳动生产来增加他们的收入，而是把工人的工资同农民的收入平均一下，拿一部分给农民，那不是要毁灭中国的工业吗？（1953年9月16日—18日，毛泽东在中央人民政府委员会第27次会议期间的讲话）

在1953年9月召开的全国政协常委会扩大会议上，周恩来总理作了关于过渡时期总路线的报告。随后转为中央人民政府委员会扩大会议，梁漱溟作为政协委员也列席了这次会议。在9月11日的讨论会上，梁漱溟在发言中反映农民问题。他说："希望共产党进了城市不要忘掉农民，有些农民的干部不好，把持乡村政权，违法乱纪，生产搞不好，肚子吃不饱，农民没有信心，大批涌进城市当小工，每天可挣一元钱。他们在北京露宿，街头煮饭，影响市容。公安部门把他们遣送回去，他们明天又来。工人有工会可靠，农民的农会却靠不住。有人说：'工农的生活有九天九地之差。'工人在九天之上，农民在九地之下。希望对农民行仁政，要体恤农民。"又说："尤其共产党之成为领导党，主要亦在过去依靠了农民，今天要是忽略了他们，人家会说他们进了城，嫌弃他们了。这一问题望政府重视。"

在梁漱溟发言的第二天，毛泽东在讲话中，没点名地批评了梁漱溟的观点，认为梁的言论是反对党关于过渡时期总路线的。他说："有人不同意我们的总路线，认为农民生活太苦，要求照顾农民。这大概是孔孟之徒施以仁政的意思吧？……"

对毛泽东的话梁漱溟感到很意外，心里不服。他认为自己是拥护总路线的。于是，他给毛泽东写信，要求找机会在大会上复述自己的观点，让大家来评议。

此后几天,会议对梁漱溟的言论进行了严厉的批判。毛泽东参加了大会,并在他人发言中有插话。梁漱溟不顾一切地要求发言,并与毛泽东发生当面争执。

9月16日至18日,会议继续举行。会议的主要议题是批判民主人士梁漱溟的错误思想。毛泽东在会议上作主题讲话,指名道姓批评梁漱溟:梁漱溟说工人在"九天之上",农民在"九地之下"。事实如何呢?差别是有,工人的收入是比农民多一些,但是土地改革后,农民有地,有房子,生活正在一天一天地好起来。有些农民比工人的生活还要好些。有些工人的生活也还有困难。用什么办法来让农民多得一些呢?你梁漱溟有办法吗?你的意思是"不患寡而患不均"。如果照你的办法去做,不是依靠农民自己劳动生产来增加他们的收入,而是把工人的工资同农民的收入平均一下,拿一部分给农民,那不是要毁灭中国的工业吗?这样一拿,就要亡国亡党。

很明显毛泽东批评梁漱溟的工农差别问题,意思是说工人和农民收入差距大,这点有破坏工农联盟之嫌,这是问题之一。其二,毛泽东认为梁漱溟的意思是"不患寡而患不均",即工农分配不平均。毛泽东正是借用孔子这句话批判梁漱溟把工人的工资和农民的收入平均一下的主张,并指出这种主张是有危害的。就当时的时代背景而言,我国正在实行过渡时期的总路线,正面临着工业和农业哪个优先发展的问题。为了适应国家的经济发展,绝对的平均主义是不存在的。显然,毛泽东把孔子"不患寡而患不均"的主张,看成了利益分配上的绝对平均主义,认为追求绝对的平均,不利于社会主义经济的发展,不利于无产阶级政权的稳固,危害极大。

既来之,则安之

《论语·季氏篇》第一章载孔子曰:"故远人不服,则修文德以来之。既来之,则安之。"

远人:指远方部族,一说指边远夷狄之人。既来之,则安之:指内修文德以使远人归服,施恩惠以使来者安存。

孔子主张"为政以德""养民也惠"的"德政"和"惠民"政策,认为王者只要内修仁德,以道德教化,就会使远方之民乐于归附。远人既已归附,又须施以恩惠,以使来者安居乐业。

"既来之,则安之"是孔子对冉求说的一段话。原意是已经把他们招抚来，就要把他们安顿下来。现在引申为：既然来了，就要安下心来，坦然地去面对所发生的事情。

毛泽东引用孔子这句话是在延安时期致王观澜的信中。王观澜的爱人徐明清，在毛泽东诞辰一百周年之际，写有回忆文章《毛主席对王观澜的教导和关怀》一文，其中记述了1941年12月16日，毛泽东到延安中央医院看望王观澜后，又致信病中的王观澜说：

> 既来之，则安之，自己完全不着急，让体内慢慢生长抵抗力和它做斗争，直至最后战而胜之，这是对付慢性病的方法。就是急性病，也只好让医生处治，自己也无所用其着急，因为急是急不好的。对于病，要有坚强的斗争意志，但不要着急。这是我对于病的态度。（《缅怀毛泽东》下卷，中央文献出版社1993年版，第489页）

王观澜，1906年出生在浙江临海县的一个贫苦农民家庭。中国共产党最早从事农民运动和土地革命的领导人之一。是新华通讯社前身红中社的第一任负责人，《红色中华》的第一任总编辑。

红军到达陕北后，王观澜因长征途中患肠胃病埋下了病根，身体一直很虚弱，再加工作繁忙，过度操劳，经常犯病。爱人徐明清多次劝他住院好好治疗一下，可王观澜总说"一点小病用不着如此麻烦"，不顾病情不断加重，仍坚持工作。徐明清见状焦急万分，担心他虚弱的身体会彻底被拖垮，无奈中只好向毛泽东求援。

毛泽东把王观澜叫去，看到他身体这般虚弱，十分关切地说：做事要分轻重缓急，懒人要学勤快，勤快人要学巧干。毛泽东的话，使他十分感动，工作更加积极努力。中共七大之前，王观澜曾被王明、康生诬陷为是"托派"，毛泽东亲自出面干预，认为王观澜经过他十年的亲自考验，这个同志如果不是好同志，党内就没有好同志了。王观澜被选为七大代表。但不久，因肠胃病与严重神经衰弱症住进了医院。

毛泽东很快知道了。一天早晨，他与傅连暲大夫走了很远的山路，从杨家岭来到中央医院特意看望王观澜。王观澜说："已经几天不能睡觉了。"毛泽东亲切地安慰说：不要着急，我在长征以前也常失眠，长征天天走路把我的病治好了。你病好后，要多走路，多做体力活动，身体就会好起来的。毛泽东还嘱咐医院领导要精心治疗，劝慰徐明清要放宽心。

毛泽东探望重病中的王观澜后，仍惦念着他的病情。于12月16日又亲笔给他写了信，并引用孔子"既来之，则安之"的话，劝慰王观澜安心养病，既然病已这样，就不要着急。就是急性病，也只好让医生处治，自己急也无用，因为急是急不好的。毛泽东还说：对于病，要有坚强的斗争意志，但不要着急。这是我对于病的态度。毛泽东的话鼓舞了王观澜同疾病做斗争的勇气。他最终以坚强的意志战胜了病魔，重新投入工作。

毛泽东是在"既然来了，就要安下心来，坦然地去面对所发生的事情"的引申意义上，使用孔子"既来之，则安之"一语的。

阳货篇第十七

诗可以兴观群怨

《诗经》,春秋时代称《诗》。学《诗》、教《诗》、用《诗》,是孔子师生常项活动。《论语·阳货篇》第九章记孔子对学生讲《诗》的社会作用及学《诗》的意义:

> 子曰:"小子何莫学夫《诗》?《诗》,可以兴,可以观,可以群,可以怨。迩之事父,远之事君。多识于鸟兽草木之名。"

孔子说:"后生们为什么不学《诗》呢?《诗》,可以即景生情,可以观察风俗,可以沟通情感,可以抒发怨恨。近可以运用其中的道理侍奉父母,远可以运用其中的道理侍奉国君,还可以多知道一些鸟雀、野兽、花草、树木的名字。"

兴观群怨,是孔子关于《诗》的认识和对诗歌社会作用的高度概括。

兴者,"兴,起也,言修身当先学诗"(何晏引包咸注)。孔子要求诗通过联想来知晓社会人生的道理,从而为礼制政治服务。"感发志意"(朱熹注),是说诗是用比兴的方法抒发感情,使读者感情激动,从而影响读者的意志。

观者,"观风俗之盛衰"(郑玄注),"考见得失",(朱熹注)。即通过诗来观察一定社会国家的道德风尚,通过诗可以帮助读者认识风俗的盛衰和政治的得失,并可见出作者的心志。

群者,"群居相切磋"(孔安国语)。意谓诗可以帮助人沟通思想感情,互相切磋砥砺，提高修养，保持社会和谐，即朱熹所释的"和而不流"。

怨者，"怨刺上政"（孔安国语）也。可以通过诗对现实社会政治生活进行批评，指责执政者为政之失，抒发对苛政的怨情。

兴、观、群、怨是孔子的一个重要的美学思想，它总结了从远古至春秋的历史年代里人们对艺术认识的美学内容，开创了中国美学史上重视艺术的社会认识功用和情感教育特征之传统，对后世影响较深。

毛泽东议论孔子论《诗》这句话，大约是在20世纪五六十年代。毛泽东热爱中国古典诗词。他不仅广泛阅读、倾力欣赏古典诗词，还关心中国古典诗词这一珍贵文学遗产的继承和发展。他说：

> 旧体诗词有许多讲究，音韵、格律，很不易学，又容易束缚人们的思想，不如新诗那样"自由"，这是一方面。但另一方面，旧体诗词源远流长，不仅像我这样的老年人喜欢，而且……中年人也喜欢。我冒叫一声，旧体诗词要发展，要改革，一万年也打不倒。因为这种东西，最能反映中华民族和中国人民的特性和风尚，可以兴观群怨嘛，怨而不伤，温柔敦厚嘛……（张贻玖：《毛泽东和诗》，中央文献出版社1998年版，第131页）

刘思齐主编的《毛泽东与文化人》一书这样记载：1986年年末，梅白撰文回忆二十多年前听过毛泽东谈对古体诗词的见解。一天，梅白问："主席为什么说怕谬种流传，误人子弟？"

毛泽东回答时，讲了诗"可以兴观群怨"这番话。

梅白，曾任湖北省委副秘书长，因工作关系多次在毛泽东身边。也就是说梅白和毛泽东在一起谈论古体诗词，大约是在20世纪五六十年代，所谈内容与毛泽东致诗人臧克家的一封信有关。

毛泽东对于诗歌历来十分重视，1957年他请著名诗人臧克家专门谈诗，当得知《诗刊》就要创刊时，十分高兴。毛泽东说他最近写了一些东西，《文汇报》向他要，正在考虑。臧克家当即恳请：给我们《诗刊》发表吧！毛泽东略思索一下说：好吧，就给你们！

以后，臧克家他们给毛泽东写了信，附上传抄的一些毛泽东诗词，请毛泽东审正。1957年1月12日毛泽东回了信，并在抄稿上亲笔改正了几个错字。信中说：

"这些东西，我历来不愿意正式发表，因为是旧体，怕谬种流传，贻误青年;再则诗味不多,没有什么特色。既然你们以为可以刊载,又可为已经传抄的几首改正错字,那么,就照你们的意见办吧。""诗当然应以新诗为主体,旧诗可以写一些,但是不宜在青年中提倡,因为这种体裁束缚思想,又不易学。"

由《诗刊》创刊号首次发表的毛泽东诗词18首,在全国产生了巨大影响。毛泽东给《诗刊》的首任主编臧克家写的《关于诗的一封信》,众所周知。但毛泽东与梅白谈论古体诗词讲的那段话,在相当长的一段时间里,却鲜为人知。但在诗歌界的一定范围内是流传的。毛泽东关于中国诗歌的上述意见,对新中国诗歌的发展影响很大。它几乎决定了新中国诗坛新、旧体诗歌同时发展,虽有一主一副,却形成了双水分流的基本格局。

对孔子的诗论,毛泽东是接受的。孔子论《诗》可以兴观群怨,无疑指《诗经》而言。而毛泽东论诗可以兴观群怨,即引用孔子这句话,其含义大体一致,但毛泽东是指中国古典诗词,即旧体诗词,已不仅局限于《诗经》范围。这是二者的区别所在。

说孔子"患得患失"

"患得患失"语出《论语·阳货篇》第十五章：

> 子曰："鄙夫可与事君也与哉？其未得之也，患得之；既得之，患失之。苟患失之，无所不至矣。"

"患得患失"，是孔子对品德低下的人从政的一种评论：当他尚未得到职位的时候，生怕得不到；已经得到了，又怕失去。倘若担忧失去，那就什么事都会干得出来。孔子认为不能与这种人共事。这是孔子教育弟子，为实现儒家政治主张，不要考虑个人利害得失，以此作为个人道德修养功夫之一。

"患得患失"即由该章中"患得之""患失之"缩减演变而来，意为担心得不到，得到了又担心失掉。患得患失的人，孔子是鄙视的，称其为"鄙夫""小人"。现在用于形容总是考虑个人利害得失。

毛泽东引用孔子这句话是在1939年关于《孔子的哲学思想》一文给张闻天的信中，而"患得患失"这句话又恰恰是在谈论孔子本人。毛泽东在信中是这样说的：

> 说孔子"患得患失"时不必引孔子做鲁国宰相"有喜色"一例，因为不能指出当做了官的时候除了"有喜色"之外应取什么更正当的态度，问题在于那个官应不应做，不在有无喜色。（《毛泽东文集》第二卷，人民出版社1993年版，第162页）

《孔子的哲学思想》一文是陈伯达写的，1939年发表在延安《解放》杂志第69期上。

正式发表前，应张闻天的要求，毛泽东认真读了陈文。1939年2月20日，毛泽东给张闻天写了一封长信，首先肯定陈文"大体上是好的"，同时谈了七个方面的修改意见。上面所引便是其中的第四条意见。

陈伯达《孔子的哲学思想》的初稿未能保留下来，从毛泽东写给张闻天的信中可看到，陈文在讲孔子"患得患失"时，具体例子是指孔子做鲁国宰相时"有喜色"。

据司马迁《史记·孔子世家》所载：鲁定公十四年（前496年），鲁定公任命孔子由大司寇代理宰相职务。孔子得知后心里非常高兴，脸上也露出了得意的神色。孔子的一个弟子对他说："我听说君子祸患临头而不怕，福事来到而不喜。"孔子说："是有这句话。但是不也有'乐在身居高位而能礼贤下士'的话吗？"

孔子代理宰相职务后，按照自己一贯的仁政理念治理国家。三个月后，鲁国得到大治。

孔子"摄行相事"虽然很短，但尚有政绩。从这点而论，这个官是应做的。所以，毛泽东认为说孔子"患得患失"时，不宜引孔子做鲁国宰相"有喜色"一例。

后来，孔子见国君鲁定公和大权在握的季桓子迷恋声色难于自拔，国家政治出现了难以挽回的丧乱迹象，于是毅然决然地抛弃官职，带领弟子离开了鲁国。

孔子批评"事君"的执政者患得患失，陈伯达批评孔子"摄行相事"有喜色是患得患失，毛泽东认为陈文所举的例子不足以证明孔子患得患失。"因为不能指出当做了官的时候除了'有喜色'之外应取什么更正当的态度，问题在于那个官应不应做，不在有无喜色。"

在否定之否定中，毛泽东肯定了孔子批评患得患失的正确性，也为说孔子患得患失进行了辩白。

反对饱食终日的亡国现象

孔子是位勤奋求知、勤勉做事的儒师,他批评无所事事懒惰者的言论记载在《论语·阳货篇》第二十二章:

> 子曰:"饱食终日,无所用心,难矣哉!不有博弈者乎?为之,犹贤乎已。"

孔子说:"整天吃饱了饭,不用一点心思,难得有出息啊!不是还有掷骰子、下棋的游戏吗?干点这个,也比闲着好啊。"

孔子经常教育他的学生向颜回学习,不要追慕富贵与享受,用心读书。孔子反对一天到晚吃得饱饱的没事干,不用心思考虑问题,认为这样的人没有成就。

孟子说得更为尖刻:"人之有道也,饱食,暖衣,逸居而无教,则近于禽兽。"(《孟子·滕文公上》)做人有做人的道理,如果只是吃得饱,穿得暖,安居逸乐,却不接受教育,不知礼义,那就和禽兽差不多了。

虽然语言的表达方式不同,一个是仁者叮咛,一个是智者雄辩,但两人所表达的思想却是一脉相承的,都是要求有所学、有所思、有所为的积极进取的人生态度,反对好吃懒做,消极无聊地打发日子。

毛泽东运用"饱食终日"这句话是在全面抗战前夕。1937年5月3日,毛泽东在延安召开的中国共产党全国代表会议上做了题为《中国共产党在抗日时期的任务》的报告。他说:

中国正迫近着判定自己存亡的关头，中国的救亡抗战，必须用跑步的速度去准备。我们并不反对准备，但反对长期准备论，反对文恬武嬉饱食终日的亡国现象，这些都是实际上帮助敌人的，必须迅速地清除干净。（《毛泽东选集》第一卷，人民出版社1991年第2版，第256页）

继九一八事变东北沦陷之后，1933年驻华日军以武力迫使南京国民政府签订《塘沽协议》后，由单纯的武力征服改变为在继续准备发动武力进攻的同时，紧锣密鼓地开展"华北五省自治"运动。

侵华日军首先谋划建立"蒙古国"，在察哈尔制造了两次张北事件等多起事件。1935年6月27日，又逼迫南京政府签订《秦土协定》，"割让"察东六县予伪满洲国。国民党第二十九军撤出察哈尔境内长城以北地区，国民党党部也撤出察省。1935年7月6日，日军又制造河北事件，迫使南京国民政府竟与之签订了臭名昭著的《何梅协定》，承诺国民党党部和中央军完全撤出河北、平津，撤换平、津两市长，取缔一切抗日组织活动，并且凡是日本认为有"反日"嫌疑的中方势力都"不得重新进入"。这样日本就可以肆无忌惮地扶植河北平津"地方人士"作为傀儡，实施其"自治"阴谋，这无异于将河北、平津拱手让与日本。

1935年10月20日，日军又加紧对以平津卫戍司令宋哲元为重点对象的上层策变活动，同时继续对南京政府施加压力。经过讨价还价，12月18日终于在北平成立了具有一定"自治"之实的伪冀察政务委员会。同时大批日军进入关内，威胁北平、天津。一时间，华北空气极其紧张。1936年西安事变爆发，在全国人民的压力下，蒋介石虽然开始转变态度，被迫抗战，但在抗战上对日本则畏敌如虎，大唱"抗日三天亡国"论，没有战胜日本帝国主义的勇气，把抗战之胜利寄望于国际援助上。

面临如此紧迫的态势，南京政府当局竟继续对日妥协退让，丧权辱国，步步撤退。一些官僚和惰民对国事漠不关心，表现出得过且过、饱食终日、腐化堕落、吃喝嫖赌的颓废情绪。这导致日军得寸进尺，越发贪得无厌，华北地区和中华民族产生了空前严重的危机。

全面抗日战争爆发前夜，蒋介石虽然被逼答应了国共一致抗日，但作为抗战的主要一方——南京国民政府在抗战准备上却不尽如人意。

毛泽东在《中国共产党在抗日时期的任务》这篇讲话中说：政治上、军事上、经济上、教育上的国防准备，都是救亡抗战的必需条件，都是不可一刻延缓的！我们并不反对准备，但反对长期准备论，反对文恬武嬉、饱食终日的亡国现象，这些都是实际上帮助敌人的，必须迅速地清除干净。毛泽东在讲话中引用"饱食终日"一语，批判那些高唱"长期准备论"的人，名义上是长期准备抗战，实质上是消极抗日，这是与我们积极抗日的路线背道而驰的。

微子篇第十八

往者不可咎,来者犹可追

孔子师徒在楚国游历时,时常遇到狂放不羁的隐者,他们了解孔子的学说主张,对其持不合作态度,多有批评性意见。《论语·微子篇》第五章记楚国狂人接舆"歌而过孔子"就是一例:

> 楚狂接舆歌而过孔子曰:"凤兮!凤兮!何德之衰?往者不可谏,来者犹可追。已而!已而!今之从政者殆而!"
> 孔子下,欲与之言。趋而辟之,不得与之言。

本章大意是:一个叫接舆的楚国狂人,他唱着歌走到孔子所坐车的旁边,说凤凰啊,凤凰!你的德行为什么这么衰微呢?过去的已经不可挽回,未来的还来得及去改。算了吧,算了吧,今天的当政者太危险了!孔子下车,想和他交谈。可是这个人很快地跑掉了,没有跟他说上话。

这个故事记下了楚人接舆对孔子的批评。接舆是一位当世隐者。钱穆认为,之所以称接舆,是因他接孔子之车而歌,故以接舆名之。他对世道不满,又感到无力去改变它,于是,选择了放弃,采取避世隐居的态度。他讥笑孔子是"知其不可而为之",劝孔子不如也学他放弃努力,追随他们隐居。"凤兮!凤兮!何德之衰?"钱穆在《论语新解》中指出,古俗相传,世有道则凤鸟见,无道则隐。接舆以凤比喻孔子,认为在世无道时不能隐去,是德行衰败的表现。

孔子虽不赞成隐者避世的态度,但对隐者坚守自己的志向,不与社会不良风气同流合污的态度抱着尊重的态度。接舆劝孔子避世归隐，孔子不从。其济世之心，不为楚狂所谅。孔子认为改变社会现状是上天赋予自己的使命，尽管世道不好，也不能脱离社会隐居，积极救世是自己不可推卸的责任。

"往者不可谏，来者犹可追"是接舆劝说孔子的话。这句话广为人知。其意是说：过去的就已经过去了，也没法挽回了，未来如何还来得及去追求。

毛泽东引用《论语》中的这句话，是在解放之初与李达的一次谈话中。1949年12月，由刘少奇介绍，毛泽东、李维汉以及张庆孚等人做历史证明人，党中央批准李达为中共正式党员。在李达诚恳申请重新入党时，毛泽东向他指出：

> "早年离开了党，这在政治上摔了一跤，是个很大的损失，往者不可咎，来者犹可追。"毛泽东表示：同意李达重新入党，不要候补期，并愿意作为他的历史证明人。（黄丽镛编著：《毛泽东读古书实录》，上海人民出版社1994年版，第195—196页）

李达，湖南零陵人。曾留学日本，并最早接触了马列主义。李达与毛泽东相识于1921年在上海召开的中共第一次代表大会上。李达为上海代表，毛泽东为湖南代表，经大家一起讨论，推选陈独秀为党的总书记，李达当选为宣传主任，成为中国共产党的主要创始人之一。

1922年5月，李达应毛泽东邀请到长沙一起筹备创办湖南自修大学。同年11月应毛泽东邀请李达自上海来到长沙，出任湖南自修大学校长，并主编自修大学机关刊物《新时代》。当时，毛泽东一家与李达一家同住清水塘，两人朝夕相处，共同研讨马列主义和中国革命的问题，也常讨论如何办好自修大学的问题。

1923年暑期，李达回上海会见陈独秀，对国共合作事宜提出了一些不同看法。当时陈独秀主张共产党全体加入国民党，等到将来条件和时机成熟，再做社会革命，也就是后来所说的"二次革命"。但李达却坚持他的立场，主张共产党员以个人身份加入国民党，共产党本身应当保持自己组织上的独立性。二人因政见不合，李达即萌发了脱党的念头。脱党后，李达专任大学教授，过书斋生活，这是脱党的一个原因。另一个重要原因是，不同意国共合作采取"党内合作"的组织形式，加上对陈独秀的家长制作风不满。

李达虽然中断了与陈独秀的联系，以致脱了党，但毛泽东还是待他如党内同志一样。1927年春，毛泽东在武昌举办中央农民运动讲习所时，就曾请李达去讲学，讲授马列主义的理论。此后不久，毛泽东还委托李达去做唐生智的统战工作。

大革命失败后，在国民党反动统治的险恶环境中，李达坚守马克思列宁主义的理论阵地，致力于研究、宣传马克思主义。成为卓有建树的马克思主义理论家。1935年6月，在延安的毛泽东读到了老朋友李达和雷仲坚合译的《辩证法唯物论教程》，并写下了一万多字的批语。此书使毛泽东又萌生了要与李达建立联系的想法。1937年5月李达撰写的巨著《社会学大纲》在上海出版，毛泽东很快收到了李达寄来的书，非常高兴，誉其为"中国人自己写的第一本马克思主义哲学教科书"，号召党的高级干部学习此书。

1947年秋天，毛泽东、周恩来曾几次邀请李达去解放区，他因健康状况不好而未成行。1948年年底，全国革命胜利在即，李达转道香港经天津到达北平后，与准备参加新政协的代表们住在一起，中共中央特派一辆专车把他单独接到香山。当日晚，毛泽东、刘少奇、周恩来、朱德一同向他询问了湖南情况，随后毛泽东单独留他话旧。

在故友重逢后的长谈中，李达表示要重新入党。李达毕竟是党的发起人之一，当初还只有二十几岁，只是与陈独秀闹了点意气，才脱党的，他的政治信仰一直是马克思主义的。如今想重新回到党内，毛泽东心里当然是高兴的。对李达早年离开了党，毛泽东以为"往者不可咎"，当年脱党的失误虽无法挽回，关键是今后"来者犹可追"，接受教训，努力图新，及时补救，希望李达对党的事业做出新的贡献。体贴、安慰和勉励之情溢于言表。

《论语》中"往者不可谏，来者犹可追"一语（毛泽东使用时，改"往者不可谏"为"往者不可咎"，其意大体相同），成为正确解决中共创始人之一李达当年脱党而今重新入党的指导原则。事情处理得很有章法，入情入理，圆满无缺。这就是思想的力量。

四体不勤，五谷不分

《论语·微子篇》第七章像一篇记叙小品，记述孔子师徒又遇到一位接舆式的隐者荷蓧丈人，他对孔子也是持批评态度：

> 子路从而后，遇丈人，以杖荷蓧。子路问曰："子见夫子乎？"丈人曰："四体不勤，五谷不分。孰为夫子！"植其杖而芸。子路拱而立。止子路宿，杀鸡为黍而食之，见其二子焉。明日，子路行以告。子曰："隐者也。"使子路反见之。至则行矣。
>
> 子路曰："不仕无义。长幼之节，不可废也；君臣之义，如之何其废之？欲洁其身，而乱大伦。君子之仕也，行其义也。道之不行，已知之矣！"

本章的大意是：子路随孔子出行，落在了后面，遇见一个老人，用手杖扛着锄草的工具。子路问道："您看见我的老师吗？"老人说："四肢不劳动，五谷不能分辨，谁是你的老师呢？"说完放下手杖自己锄草去了。子路拱着手恭敬地站在一旁等着。老人留子路住宿，杀了鸡，煮米饭给子路吃，又让他的两个儿子出来相见。第二天，子路赶上孔子，告知了这件事。孔子说："这是位隐士啊。"让子路回去拜见他。等子路返回那里，老人已经出门了。

子路说："不做官是不符合义的。长幼之间的礼节尚且不可废弃，君臣之间的大义怎么能废弃呢？想洁身自好，反而乱了君臣的大伦。君子出来做官，为的是履行君臣之义。至于我们的政治主张行不通，早就知道的啊！"

对"四体不勤，五谷不分"这句话的理解颇有争议：一说是讥讽子路。钱穆不同意："据下文，丈人甚有礼貌，似不会邂逅子路即予面斥。"(《论语新解》) 一说是丈人自谓。即丈人在讲他自己年岁大了，腿脚不方便，视力也不好，很难辨认出人的相貌，所以接着又问一句："谁是你的老师啊？"但是，更多的人是把这一句理解为是丈人责难批评孔子。丈人的意思是说：不事劳动，又不知道生产知识，哪里配称什么老师！

后来用这一成语典故，批评一些书呆子脱离劳动，缺乏生产知识，不会从事生产劳动。

脱离实际，四体不勤

毛泽东喜欢用"四体不勤，五谷不分"这句话，批评不合理的教育制度。

早在1958年"成都会议"上，毛泽东就这样批评过。"成都会议"一开始，毛泽东提出二十五个问题，要求大家讨论。

其中"关于教育与文化等问题"，大家发言时毛泽东插话说：

> 学制、课程要由各省、市去研究改变，有了典型，教育部门才能改出来。历来统一的东西，都是由典型到普及的。

接着讲到勤工俭学时，他说：

> 资本主义国家就是半工半读，专读书就是最坏的，见书不见物，脱离实际，四体不勤。不一定全自给，有半自给、四分之一自给。方针是不要全读书，一定要又读又劳动。我们民族又穷又白，省下来的钱多办学校，中小学可以大办，农业学校也要发展。只有教育发展了，才能赶上英国。靠文盲建设不起社会主义。（李锐：《大跃进亲历记》上册，南方出版社1999年版，第207页）

从毛泽东的讲话中可以看出，他对现行的教育制度和教学内容是不满意的，要求改革。要求各省、市自己去研究，以点带面。他比较欣赏"半工半读"，反对脱离实际的死读书，主张"又读又劳动"，读书与生产相结合。他认为专读书，不结合实际，教出的学生是不合格的，是"脱离实际，四体不勤"的书呆子。毛泽东认为，学问除书本知识外，主要是在实践中学来的。

孔夫子教学也有问题

荷蓧丈人批评孔子"四体不勤，五谷不分"的话，毛泽东牢记在心。他对孔子办学总体上赞赏有加，但对孔子的学生不参加劳动，没有生产知识，很不满意。

1964年2月13日，毛泽东在人民大会堂召开教育工作座谈会。当日是甲辰年春节，后来称此会为"春节座谈会"。出席会议的有刘少奇、邓小平、彭真、陆定一等中央领导和民主人士，还有清华大学校长蒋南翔和北京大学校长陆平等十六人。

在座谈会中，毛泽东说：我们的教育路线方针是正确的，但是方法不对，要改变。针对当时教育界的现状，他指出："学制可以缩短。""现在课程太多，害死人，使中小学生、大学生天天处于紧张状态。""我看课程可以砍掉一半，学生整天看书并不好，要有娱乐、游泳、打球、课外自由阅读的时间。""现在的考试办法是用对付敌人的办法，实行突然袭击。题目出得很古怪，使学生难以捉摸，还是考八股文章的办法，这种做法是摧残人才，摧残青年，我是不赞成，要完全改变。"

说到这里，毛泽东联想到两千年前的孔子办学，他接着说：

> 孔夫子不是这个办法，孔夫子只有六门课程：礼、乐、射、御、书、数，教出颜回、曾参、子思、孟子四大贤人。

毛泽东谈教育时想到了孔学的可取之处，然而他马上又转为批判的口吻，说道：

> 孔夫子教学也有问题，没有工业、农业劳动，因此四体不勤，五谷不分，这不行。（《周恩来总理在第三届全国人民代表大会上的政府工作报告》，1964年12月31日《人民日报》。王子今：《毛泽东与中国史学》，中共中央党校出版社1993年版，第322页）

毛泽东这天的座谈插话，成了著名的"春节谈话"。没有下发书面文件，也没有原文照宣，仅由陆定一整理后，口头传达了谈话精神。

毛泽东指出孔子办学的缺点，就是只能培养"四体不勤，五谷不分"的学生，教育脱离生产劳动，这样的培养目标是不行的，必须进行教育革命。这个批判，在当时可以说具有根本意义。

他还曾列举了古今中外许多名人，如高尔基、李时珍、祖冲之、孔子、曹雪芹等，都没上过大学，都是在实践中自修成的。

对于"四体不勤，五谷不分"的批判，继1964年"春节谈话"后，1965年12月21日，毛泽东在杭州的一次会议上指出："现在这种教育制度，我很怀疑。从小学到大学，一共十六七年，二十多年看不见稻、粱、菽、麦、黍、稷，看不见工人怎样做工，看不见农民怎样种田，看不见商品是怎样交换的，身体也搞坏了，真是害死人。"

毛泽东的谈论学校教育的话，这方面内容很多，有的是即兴发言，有的则是正式文件的批示，无疑都体现了他对教育的关注和重视。有的带有他个人对于学校教育的主观态度和强烈情感。事实上毛泽东对学校教育弊病的批评是相当深刻的，而这种弊端的一个显著特征，正是脱离实际的"四体不勤，五谷不分"！

如今提倡素质教育，学校教育的任务不是简单地传授知识，更不是追求升学率，而是全面提高人的素质。毛泽东有关教育的谈话，对于今天的教育改革，对于今天的素质教育，仍然具有重大的指导意义。

不要求全责备

《论语》的内容，不只是孔子与学生的语录，也有他们前人言行的记录。《论语·微子篇》第十章就记载了西周大名人周公旦的谈话：

> 周公谓鲁公曰："君子不施其亲，不使大臣怨乎不以。故旧无大故，则不弃也。无求备于一人。"

周公：姓姬名旦，周文王之子，周武王之弟，周成王之叔，也是鲁国始封之君。他因要辅佐周成王，未到鲁国就封。

鲁公，姓姬名伯禽，周公旦的儿子，继周公之后就任鲁君，所以史称"鲁公"。

本章的大意是：周公对鲁公说："君子不疏远他的亲族，不让大臣抱怨未被信任。老臣故友没有大的过失，就不要抛弃他们。不要对一个人求全责备。"

当年，周成王封伯禽为鲁公。这里的这段话，不是孔子的言论，而是古代周公旦告诫他儿子鲁公的话。这话全面表达了古代明君的用人思想，《论语》编者一定是认为完全符合孔子的意思，或者孔子曾经引用过周公这段话，所以选了进来。最后一句"无求备于一人"最为重要，说明孔子的人才观中有个要点：金无足赤，人无完人。对于一个人，在看到他缺点的同时，更要看到他的优点。所以对下级不要过于苛刻，不要求全责备，而这样地对待下级又正是"明君"的表现。

毛泽东在1975年7月25日对电影《创业》的编剧张天民来信所写的批语中，引用了《论语》记录的周公名言"求全责备"。毛泽东的批语曰：

> 此片无大错，建议通过发行。不要求全责备。而且罪名有十条之多，太过分了，不利调整党的文艺政策。（《毛泽东文艺论集》，中央文献出版社2002年版，第234页）

"文革"中，"林彪叛逃事件"于1971年9月发生后，全国文艺界开始出现复兴局面。长春电影制片厂也恢复正常创作，厂里派出几个队伍到全国各地寻找创作题材。当时"工业学大庆"的运动刚刚恢复，宣传大庆属于一个大题材。长影剧组组织大庆人写大庆，搜集了几百万字的素材，写出剧本提纲。到了第二年，主管文艺的江青下发了关于拍摄大庆和大寨电影的批示，大意是说，大庆红旗是毛主席树立的，王铁人是站得住的。

长春电影制片厂为了拍《创业》这部电影吃了不少苦头，许多镜头是在零下38摄氏度的大雪天里拍摄出来的。历经两年多，1974年一部以大庆石油工人艰苦创业的真实故事改编的电影《创业》诞生了。它以大庆石油会战为题材，真实而生动地展示了中国工人阶级在党的独立自主、自力更生方针指引下，以英雄气概艰苦创业的生活画面。这部影片还打破了"四人帮"为文艺创作规定的条条框框，尊重生活逻辑和艺术规律，塑造了"铁人"式的石油工人周挺杉和党的工作者华程的感人形象。影片拍完后，便在第四届人大会议的闭幕式上放映，受到了代表们的好评，而且在《人民日报》上有整版介绍，标题和其他样板戏一样。但公映不到半个月，就遭遇到了"文革旗手"江青的责难。

江青看后暴跳如雷，粗暴地指责《创业》"在政治上、艺术上都有严重错误"，下了三条禁令将这部电影打入冷宫：一是不许继续印制拷贝；二是不许发表评介文章，停止播放；三是不许向国外发行。后来，他们又以文化部核心组的名义，下发了对电影《创业》的十条意见，即《创业》的十大"罪状"：

1. 不如报告文学感人，也不如报告文学脉络清晰；2. 笼统地提到党中央和中央首长，起到了给刘少奇、薄一波之流涂脂抹粉的作用；3.……较明显地存在着写活着的真人真事问题；4. 革命乐观主义精神表现较差；5. 周挺杉表现了一个鲁莽汉子的形象，是单薄的，有缺陷的，因而是不典型的；6. 有意用贬低周挺杉的方式来提高华程；7. 工程师章易之的转变有人为情感化的倾向；8.有很多地方表达不清，让人看不懂；9.回述了铁人的过去，造成结构上的拖沓；10.主要人物的言语概念化。并要求电影的主创人员要不停地写政治检讨。

正当"四人帮"对《创业》进行围剿的时候，刚刚恢复工作不久的邓小平，在毛泽东和周恩来的支持下，以极大的勇气和魄力，对包括文艺在内的各条战线进行全面整顿。他为了进一步整顿文艺，要求文艺界找一个典型案例，出一篇有分量的材料。胡乔木找到白桦、张锲等人去商量，他们推举了张天民，因为电影《创业》是被"四人帮"干扰得最严重的一部片子。出面找张天民的人是贺龙元帅的女儿贺捷生，因为她对领导上层和文艺界都比较熟悉。当然，张天民主笔来写这个报告是要顶着坐牢的危险，他得到了妻子赵亮的支持，她对他说："你如果要蹲监狱，我来带孩子。"后来，邓小平夸奖赵亮说，虽然她不是共产党员，但比我们表现更好。

广大电影工作者深受鼓舞，《创业》的编剧写信进行申诉。上书毛泽东的信写好后，为了防止江青查压，长影采取了障眼法，把信复制了三封通过三个渠道递交给毛泽东，一份由邓小平转交，一份由毛泽东的秘书转交，一份投到信筒里。编剧张天民的亲笔信，对江青（当时任中共中央政治局委员）和当时文化部党的核心小组批判《创业》，指责它"在政治上、艺术上都有严重错误"并罗列十条意见，提出不同的看法，建议重新上映该片。这封信终于到达了毛泽东的手里，据说是帮毛泽东读书的北大老师卢荻给他读的这封信。一个星期之后，1975年7月，毛泽东作了调整党的文艺政策的重要谈话。7月25日，对电影《创业》问题做了重要批示。《创业》是一部反映大庆工人革命精神的好影片。"四人帮"反对工业学大庆，罗织十大罪名，将《创业》一棍子打死。毛泽东的指示，强烈谴责了"四人帮"破坏党的文艺政策。此信增发文化部及来信人所在单位。由此该片得解禁。"四人帮"垮台后，《创业》由于曾遭到过江青的非议而名声大噪，风光一时。

在《论语》中，周公要求君子无求全责备于一人；在批语中，毛泽东要求对电影《创业》不要求全责备。对象不一样，要求是一样的。

子张篇第十九

纣之不善，不如是之甚也

殷（商）纣王是亡国之君，历来名誉不好。孔子的学生子贡倒敢讲实话，替纣王辩护。《论语·子张篇》第二十章记载：

> 子贡曰："纣之不善，不如是之甚也。是以君子恶居下流，天下之恶皆归焉。"

子贡说："殷纣王虽然不好，但并不像传说中的那么厉害。所以君子憎恨处于下流，一居下流，天下的什么坏名声都会集中在他身上。"

下流：旧注："地形卑下之处，众流之所归。喻人身有污贱之实，亦恶名之所聚也。"

社会上每每见到这样的事：一个人一旦受到有关方面的表彰，四面八方吹捧的文章立刻蜂拥而至；相反，一个人一旦受到有关方面的批评，脏水、污水，不管有你的份没你的份，也会尽朝你的身上泼来。

然而，此事现在有，古代也有。难怪孔子的学生子贡说："君子恶居下流"，因为居于下流的结果，将会被"天下之恶皆归焉"的污水所包围、所吞没。子贡举纣王为例，他的这个论点，就有了有力的事实证据。

君子恶居下游

对于《论语》中子贡的这一观点,毛泽东是给予肯定的。

1957年夏反右派运动中,爱国民主人士邵力子先生虽然处境岌岌可危,但他坦然面对。在一次讨论会上,邵力子在发言中借用"君子恶居下游"这句话,受到了毛泽东的赞同。

邵力子的话是这样说的:

"不少给党提意见的人是出于好心的,不能因为给党提点意见就说成是右派分子的进攻……君子恶居下游……"邵力子的发言一下子引起了轩然大波,会议马上转为对他的批斗。会后,有关方面把邵力子的发言打印成材料上报,想借此大做文章,同时令其检查反省。毛泽东看完材料,用手中的红蓝铅笔在上面写下了如下的批示:"邵力子这话没有错!"(冯彩章主编:《毛泽东与他的友人》,中国青年出版社1996年版,第216—217页)

"邵力子这话没有错!"也就是说,他引用"君子恶居下游"(《论语》原话"游"为"流")这话也没有错。子贡评论天下之恶皆归纣王的话是对的。

1957年3月中上旬,毛泽东在全国宣传工作会议上发表了讲话,着重讲了知识分子问题、准备整风问题和加强党的思想工作问题,强调要继续贯彻执行"百花齐放,百家争鸣"的方针。

为了贯彻"双百"方针,调动人民群众建设社会主义的积极性,4月27日中共中央发出指示,决定在全党进行一次以正确处理人民内部矛盾为主题,以反对官僚主义、宗派主义和主观主义为内容的整风运动。4月30日毛泽东等中央领导人邀请各民主党派负责人和无党派民主人士谈话。毛泽东号召党内外人士给执政党提意见,欢迎大家"鸣""放",帮助党整风,以此促进党的建设,希望通过各界人士的批评,使党的作风真正得到改进。此后,全党整风运动逐步展开。广大群众和爱国人士积极响应中央的号召,向各级党组织和党员干部提出了大量有益的批评和建议。与此同时,极少数资产阶级右派分子乘机鼓吹所谓"大鸣大放",对共产党的领导和社会主义制度进行攻击。

4月底至5月初，毛泽东接见来访的苏联客人，他们对于我们报纸上发表一些反社会主义的言论提出疑问，认为不应允许这些言论公开。毛泽东则认为："只有让他们暴露出来，才好反驳。"并认为真正的右派分子不过百分之一，不足怕。

毛泽东在静观事态的发展之后，于5月15日写了《事情正在起变化》一文，强调应开始注意批判修正主义。毛泽东认为党外知识分子中，右派约占百分之一到百分之十，党内也有一部分知识分子新党员，跟社会上的右翼知识分子互相呼应。

6月8日，毛泽东为中共中央起草了《组织力量反击右派分子的猖狂进攻》的党内指示。同时，《人民日报》发表《这是为什么？》社论，自此，整风运动转变为整风反右运动。关于反右派的问题，中国共产党在《关于建国以来党的若干历史问题的决议》中有过结论：在整风过程中，极少数资产阶级右派分子乘机鼓吹所谓"大鸣大放"，向党和新生的社会主义制度放肆地发动进攻，妄图取代共产党的领导，对这种进攻进行坚决的反击是完全正确和必要的。但是反右派斗争被严重地扩大化了，把一批知识分子、爱国人士和党内干部错划为"右派分子"，造成了不幸的后果。

对于反右派斗争的严重扩大化，邵力子这位经历曲折的老人是有自己的看法的。有些人他是了解的，他们只是给领导提了几条意见，怎么可能一下子就成了右派呢？他在发言时引用"君子恶居下游"的话，为一些所谓右派分子辩白。邵力子的发言没有什么，只是谈了对反右运动的看法，"君子恶居下游"也只是《论语》中一句勉励人上进的话。可是那些人不懂，加上思想上"左"得厉害，因而无限上纲，进行批判。

对于爱国民主人士邵力子先生，毛泽东是非常熟悉的。1945年抗战胜利后，毛泽东赴重庆与国民党谈判，邵力子是国民党方面的代表之一，那时就给他留下了深刻印象。解放前夕，邵力子又作为南京政府和平谈判代表团成员之一来到北平，他先后两次会见。在和谈失败后，邵力子和代表团其他成员，脱离国民党政府，留在北平，站到了人民革命一边。邵力子一贯主张国共合作，被称为"和平老人"。中华人民共和国成立后他与毛泽东的交往更多，毛泽东曾委派七十岁高龄的邵力子亲赴淮河流域考察，邵力子对新中国的热爱和拥护，是有目共睹的。像这样的一位民主人士，怎么会是右派呢？

毛泽东批阅新送来的关于邵力子的材料，看完材料，用手中的红蓝铅笔在上面写下了如下的批示："邵力子这话没有错！"后来，毛泽东还特意批评了那些"左"得过火的言论。写下批示后,毛泽东仍不放心,明确指示对邵力子要特殊保护,使其免遭一场无辜的政治批斗。

桀纣之恶,未有如此之甚也

1958年11月20日上午,毛泽东召集柯庆施、李井泉、王任重和陶鲁笳四个人到他在武汉东湖畔的住所开座谈会。在这次座谈会十天之前,即第一次"郑州会议"上,毛泽东说:"把商纣王、秦始皇、曹操看作坏人是错误的。"

在这次座谈会上,他详细地谈了自己对这三位历史人物的评价。谈到商纣王,毛泽东说:

> 史书上把纣王描写得像一个青面獠牙、十恶不赦的坏人。太过分了。连孟夫子也为他抱不平地说"尽信书则不如无书"。"桀纣之恶,未有如此之甚也,是以君子恶居下流,天下之恶均归焉。"(陶鲁笳:《毛泽东教我们当省委书记》,中央文献出版社1996年版,第103页)

《论语》原文是:"纣之不善,不如是之甚也。是以君子恶居下流,天下之恶皆归焉。"毛泽东在讲话中所引《论语》内容,虽然与原文在字面上略有出入,但大体意思是相同的。

其中"桀纣之恶"句,桀指夏桀,夏朝的亡国之君。

长期以来,人们习惯上认为,夏桀王、商纣王都是暴君,皆暴虐无道,因为他们均是亡国之主。所谓"武王伐纣",几乎成了正义战胜邪恶的代名词,是大快人心的,没有谁会替商纣王说好话的。毛泽东则认为:"桀纣之恶,未有如此之甚也。"桀王、纣王虽然可恶,但还没有像传说的那么厉害。

显然,毛泽东借用《论语》的话,为商纣王翻案。毛泽东曾说:我们的党是讲真理的党,凡是错案、冤案,十年、二十年要翻,一千年、二千年也要翻。他实事求是地评价商纣王说:纣王宠妲己、剖比干心,这两件坏事,使他得到了一个大暴君的恶名,于是天下之恶就都归到纣王头上了,似乎他什么好事都没有做。其实纣王这个人聪明善辩,能武能文。他打起仗来是很有英雄气概的。

毛泽东对待历史人物如何评价问题,一贯主张一分为二的观点。这里他既指出纣王的缺点，同时也肯定纣王的优点。接着毛泽东列举史实来说明纣王的"能武能文"。他说：商朝晚期，江淮之间的夷人强盛起来，威胁商朝，纣王的父辈曾几次对东夷用兵，得了些胜利，但没有打退东夷向商朝的扩张和侵犯。纣王当政后亲率大军东征夷人，打了一场空前的大胜仗，俘虏了"亿兆夷人"，由此打退了东夷的扩张，保卫了商朝在东南方的安全。而且纣王尚武重文，他对东南的经营，使中原文化逐渐发展到了东南，这对我国历史是有贡献的。毛泽东又说，商朝就是做生意的意思，它标志着商朝已开始有了商品交易，到纣王时已成为当时最富强的、文化最高的奴隶制国家。

毛泽东所说纣王用兵东夷，打了大胜仗，并"经营东南"有功，明显是受郭沫若考证的影响，其论断基本上与郭沫若是一致的。郭沫若的《驳〈说儒〉》一文里写道："殷代末年有一个很宏大的历史事件，便是经营东南，这几乎完全为周以来的史家抹杀了。这件事，在我看来，比较起周人的翦灭殷室，于我们民族的贡献更要伟大。这件事，由近年的殷墟卜辞的探讨，才渐渐地重见了天日。"郭沫若还说，商朝亡国，周武王出兵而来，牧野（今河南淇县南，又称朝歌）之战中，"不是殷人出了汉奸，而是俘虏兵掉头了"，把殷纣王当成"混世魔王"，"那真是有点不大公道"。

毛泽东总结纣王亡国的教训时说，一是对周文王、周武王完全丧失了警惕性，根本不听商朝大贵族微子、箕子和王子比干的反复进谏，结果比干被杀，箕子被囚为奴，微子见势不妙逃走了。纣王陷入了众叛亲离的绝境。一是纣王不会做俘虏工作，把大量战俘集中于京城附近。当周武王率领的大军距商都70里的地方，商王才得到消息，开始讨论应敌的对策。这时商朝的主力军还远在东南战场，一时征调不回来，纣王只得把大量东夷战俘武装起来开向前线。结果战俘纷纷起义，掉转矛头，配合周军进攻商纣。纣王见大势已去，遂登鹿台自焚而死。纣王宁死不降，亦不失英雄气概。

这次，毛泽东是借《论语》中子贡"纣之不善，不如是之甚也"的话，作为重新评价商纣王的切入点。又在郭沫若考证材料的基础上，对商纣王做出比较客观的全新的评价，体现了唯物史观的思想活力。

纣之不善，不如是之甚也

有趣的历史事件是：在1970年"庐山会议"上，林彪、陈伯达集团抢班夺权受挫之初，毛泽东发起"批陈"斗争时，将子贡"纣之不善，不如是之甚也"这句话赠给林彪，来稳定他的情绪。

1970年8月23日，中共九届二中全会在庐山开幕。周恩来主持开幕式，在会上刚宣布会议三项议程，林彪突然在大会上讲话，鼓吹了一番"天才论"之后，又重申"设国家主席"的主张。

接着林彪集团的成员在各个小组里也纷纷发言，陈伯达还将自己的发言记录稿，作为二号简报付印。在会议开幕的当天晚上，陈伯达连夜选编了一份"称天才"的材料，即《恩格斯、列宁、毛主席关于称天才的几段语录》，为林彪摇旗呐喊。林彪、陈伯达的行为，扰乱了会议原定议程，受到毛泽东的严厉批评。

在党的九届二中全会之前，毛泽东已经明确表示：四届人大不设国家主席。但是，林彪却迫不及待，他几次建议毛泽东自己当国家主席，毛泽东则在4月12日说："我不能再作此事，此议不妥。"本来，林彪在党的九大上，已被作为毛泽东的法定接班人写入党章。但他利令智昏，他的意见虽然遭到毛泽东的当面否定，但他并不甘心，依然坚持设国家主席。他名义上是让毛泽东当国家主席，实质是他自己急着想获得这个位置。所以，对毛泽东的话置若罔闻。

在庐山党的九届二中全会上，林彪一伙以为时机成熟，伙同陈伯达等表演了一出政治闹剧。先是林彪在全会的开幕式上，突然发表坚持设国家主席和坚持"称天才"的讲话，陈伯达、叶群、吴法宪、李作鹏、邱会作等人则在各组同时宣讲"称天才"的材料，陈伯达还抢先发出了吹捧林彪坚持设国家主席的华北组二号简报，从而打乱了会议议程，引起了一场混乱。

毛泽东震怒了。8月25日，按原定日程，是分组讨论。毛泽东临时决定：召开中央政治局常委扩大会议，当机立断，做出三项指示：立即休会，停止讨论林彪在开幕式上的讲话；收回华北组二号简报；不要揪人，要按九大精神团结起来，陈伯达在华北组的发言是违背九大方针的。

毛泽东怒视陈伯达一眼，十分严厉地说："你们继续这样，我就下山，让你们闹。设国家主席的问题不要再提了。要我早点死，就让我当国家主席！谁坚持设，谁就去当，反正我不当！"

毛泽东的话，使陈伯达丢魂丧胆，使林彪极为难堪。可能是为了给林彪留点面子，毛泽东对林彪说："我劝你也别当国家主席。谁坚持设，谁去当。"

休会期间，毛泽东找了许多人个别谈话，了解陈伯达的幕后活动。他在考虑如何"分割"林彪和陈伯达。虽然二人同时登场，但林彪毕竟是写入党章的"接班人",倘若在庐山搞一锅端,震动太大,向人民不好交代。毛泽东最后决定分而击之。

中央政治局常委扩大会议后,毛泽东找林彪谈话,挑明了陈伯达问题的实质,就是反党。林彪听了表现得很慌乱,把责任推到陈伯达头上,毛泽东便对他说了《论语·子张篇》里的一句话:"纣之不善,不如是之甚也!"林彪听不懂,又不敢当面询问毛泽东。于是回住处后立即打电话回北京,问清楚了意思是:纣王虽然不好,但并不如人们所说的那样过分。(徐效钢等编:《毛泽东庐山用书写真集》,解放军文艺出版社1997年版,第107页)

8月31日,毛泽东写了《我的一点意见》,对陈伯达进行总清算。会议也由此转入批判陈伯达。

一般认为,毛泽东以古喻今在这里引用《论语》这句话,是以纣王比喻林彪,说真正坏的还是陈伯达。林彪一时也可能以纣王自慰,暗自庆幸自己还不至彻底败露。但是,从后来毛泽东多次谈及庐山这次闹剧来看,他当时已经感觉到,在"文革"中毛羽丰满的林彪集团已经在觊觎党和国家的最高权力了。所以,毛泽东实际上是将纣王比喻陈伯达。因为在九届二中全会上,主要的批判对象还是陈伯达和他编写的"称天才"语录材料,但暗示的是陈伯达背后还有人主使。下山后回到北京,林彪也很快明白了这一点,于是便有了一年以后的"九一三"事件。林彪急于夺权,结果身败名裂。

君子之过也，如日月之食焉

《论语·子张篇》第二十一章是孔子的学生子贡谈论君子如何对待过错：

> 子贡曰："君子之过也，如日月之食焉：过也，人皆见之；更也，人皆仰之。"

子贡说："君子的过失，如同日食、月食一样：犯错误的时候，人人都能看得到；当改正错误的时候，人人都景仰他。"

子贡这个比喻十分恰当。他认为有道德的人一旦有过错，就像日食和月食一样，大家都看得明明白白。然而，有过错不要紧，君子闻过则喜，知过必改。一旦改掉身上的缺点，人们不但会原谅你，还会由此产生深深的敬仰之情，更加仰慕你。

子夏曰："小人之过也必文。"（《论语·子张篇》）文就是掩饰，小人犯了过错一定要掩饰。就是文过饰非。

这是《论语·子张篇》中记录君子和小人对待错误的两种不同的态度。后来子贡这句话成为规劝人们勇于改正错误的名句。

我们一定要请他更正

1939年9月，毛泽东在延安接受了美国记者斯诺的访问。这是斯诺第二次来延安，所以与毛泽东相对比较熟悉，相互交谈也很自然，有什么说什么。

在谈话中，斯诺告诉毛泽东，他在重庆曾访问过张群将军，询问了他对抗战一些问题的意见。斯诺还谈到，蒋介石自己最近也告诉一位德国记者说："现在中国已经没有一个共产党员剩下来了。"这显然是否认共产党的合法地位。因此，也否认了统一战线的观念。斯诺问毛泽东对这些言论有什么意见。

毛泽东在回答斯诺的问题时，引用了《论语》中子贡说的这句话，对蒋介石进行了委婉的批评。他说：

> 古人说"君子之过也，如日月之食焉：过也，人皆见之；更也，人皆仰之。"蒋先生如果真的说了这样的话，那实在是他的过错，是一个全体共产党员皆不能忍受的过错，我们一定要请他更正。（《同美国记者斯诺的谈话》，《毛泽东文集》第二卷，人民出版社1993年版，第240—241页）

抗日战争全面爆发后，经过共产党人和其他爱国人士的共同努力，1937年9月20日，国民党中央通讯社发表了《中共中央为公布国共合作宣言》。次日，蒋介石又发表了《对中国共产党宣言的谈话》。虽然对中共仍有所指责，但事实上承认了共产党在全国的合法地位，至此，以国共合作为基础的抗日民族统一战线正式形成。

抗日民族统一战线虽说形成了，但就蒋介石本人来说并不是情愿的。这次承认与共产党第二次合作，是被逼的，是抗战大势所趋，是为了保护他"领袖"的地位，因为日本人要亡你的国，要灭你的种。

也就是说国民党虽然在事实上承认了共产党的合法地位，但并不肯平等相待。在合作抗日的同时，他们仍大肆鼓吹"一个主义""一个政党""一个领袖"的理论，并在1939年年初国民党五届五中全会上制定了"溶共""限共""防共""反共"的方针。对于国民党两面派的做法，毛泽东早有认识。共产党所采取的对策是既联合又斗争，以民族大业为重，恰当地处理好两党的合作关系。

斯诺与毛泽东第一次见面是在1936年7月。在这一次晤谈后，他坚定了共产党领导下的抗战必胜的信心，期待着与毛泽东再次会面。1939年9月，时国民党加紧对陕甘宁抗日根据地的封锁，准备掀起新的反共高潮。斯诺通过种种关系才得以辗转到达延安，与毛泽东再次相逢。

斯诺实现了再次访问毛泽东的愿望。在谈话的一开始，他告诉毛泽东，他在重庆、西安等地听到一些国民党人士对于抗战政治基础的解释，他们说现在没有什么统一战线的问题，中国只有一个合法的党，就是国民党，只有一个合法的政府，就是国民政府，除此以外再没有其他合法的党了。"边区政府"都是完全非法的，终究被取消。对国民党这种掩耳盗铃的做法，毛泽东进行了有理有据的反驳。他说："中国早已有实际上的统一战线，在大多数人民的心中、口中、文字中、行动中，也已有了名义上的统一战线，这就是说，在大多数人的心中、口中、文字中、行动中，已有了名义上与实际上的统一战线。"他还幽默地将那些不承认统一战线存在的人比作鲁迅笔下的阿Q，对斯诺说：在一小部分人中间，他们也许实际上承认了统一战线，而在名义上却是不愿承认的，在他们的口头上与文字上是没有什么统一战线的。我们从前对于这些人的这样一种态度，称之为阿Q主义。

对于共产党的地位，毛泽东坚定地说："从它诞生的那一天起，它就是一个独立的政党，从来也没有一天、半天、一小时或者一分钟放弃过它的独立性，从来也没有向什么个人或什么集团或什么党派屈服过。"

斯诺还谈到，蒋介石自己最近也告诉一位德国记者说："现在中国已经没有一个共产党员剩下来了。"这显然是否认共产党的合法地位，因此，也否认了统一战线的观念。

对于蒋介石否认共产党合法地位、否认统一战线的言论，毛泽东采取了一种委婉的批评方式。他首先说，蒋介石先生说了什么共产党不存在的话，我以为这是不确实的。因为：第一，蒋先生是一个政治家，他不但有政治常识，而且懂得更多的东西。第二，蒋先生是抗战领袖，他不应该说这样的话。第三，他如果说这样的话，岂不是与他从前的话相矛盾吗？因为他在1937年9月23日发表过谈话，承认了共产党的合法存在。所以，我相信，这种毫无常识的话，这种不利于团结抗战的话，这种与蒋先生过去所说互相冲突的话，他应该是不会说的。

毛泽东之所以进行这样的分析，完全是出于维护抗日统一战线大局的角度出发。毛泽东认为斯诺转述的话，大多数有良心有诚意的国民党员都不会那样说的，因为他们都是懂得抗战第一、团结第一的人。至于作为国民党党魁的蒋介石，更不会讲，因为蒋介石在名义上必定是中国抗战的最高统帅。毛泽东选择的是一种对蒋介石的充分信任的态度，这即是给蒋介石留足了情面，也是国共合作团结一致的需要。

毛泽东接着坚定而不失委婉地指出，如果蒋介石果然说了这样的话，

"那我们就有权利请他更正"，接着引用《论语》中子贡谈"君子之过"这句名言，劝说蒋先生如果果真说了这样的话，犯了错，也不足为怪。错了，只要能真心改过，一定还会受到全国人民的爱戴，仍然可以做你的"抗战领袖"。

改也，人皆仰之

毛泽东再次引用《论语·子张篇》子贡谈"君子之过"的名言，是在二十年后紧接"庐山会议"召开的中央军委扩大会议的讲话提纲中。

继1959年7月"庐山会议"（中央政治局扩大会议和党的八届八中全会）之后，8月下旬，回到北京后接着召开了中央军委扩大会议。会议的主要内容仍然是继续揭批彭德怀。

1959年9月11日，毛泽东在军委扩大会议的讲话提纲中曾引了《论语》中"君子之过也，如日月之食焉"这句话，劝勉彭德怀敢于公开承认自己的过失，并坚决改正。强调这是对待错误的正确态度。毛泽东说：

> 欢迎彭德怀同志的觉悟。我们大家都要帮助他（其他人也一样）。我相信，他会改好的，只要他肯改，我们肯帮。……要准备听几年闲话；要诚恳待人，不讲假话；要靠拢大多数。如此就一定可以变过来。否则不能。

"人非圣人，孰能无过。""君子之过也，如日月之食焉。过也，人皆见之。改也，人皆仰之。"（《在中央军委扩大会议上的讲话提纲》，《建国以来毛泽东文稿》第八册，中央文献出版社1993年版，第523页）

要明了这个讲话提纲中意思，先得简要回顾一下"庐山会议"。

1959年的"庐山会议"，从7月2日到8月16日，历时46天。其中，8月1日前为中央政治局扩大会议，8月2日到16日为党的八届八中全会。

此次"庐山会议"，前期人们称之为"神仙会"。主要是指会议开得比较轻松。因为党的工作经过大半年的调整，许多问题得到了解决，形势已开始好转，大家复杂而沉重的心情有所解脱。为了让大家开怀畅谈，总结经验教训，安排好今后工作，中央决定在风光秀丽的庐山召开这次政治局扩大会议。所以与会者权且都来当当"神仙"，开一个"神仙会"。

上山后，毛泽东征求大家对形势的看法，总的概括为：成绩很大，问题不少，前途光明。并向人们打招呼，说这次会议主要是反"左"，还要搞一个文件。

会议开始后，以分组座谈讨论形式为主。毛泽东审阅确定了十九个问题供各组讨论。大家畅所欲言，最后形成《纪要》，发给全党，预计半个月左右就散会。

虽说会议气氛比较轻松，但各组讨论都颇为热烈，意见不一，时有争论。毛泽东从一份份会议《简报》中，掌握着讨论情况。反面的意见很尖锐，话往往说得也很难听。

彭德怀一向性情耿直，对工作中的缺点和问题，敢于直言。他先后在小组会上七次发言，大约是因有些话比较过头，《简报》没登。他本想找毛泽东当面谈谈又未果，于7月13日晚，向随从参谋口述，给毛泽东写了封信。没想到由此酿成了大祸。

由于彭德怀直言上书，对党领导的"大跃进"运动，说成是"小资产阶级的狂热性"，是浮夸、谎报，把全民大炼钢铁说成是"有失有得"，等等。彭德怀由此遭到错误的批判。由于批判在不断升级，会议日程也一再延长。会议性质由纠"左"变成了反右。这一点也违背了毛泽东的初衷。

经过近一个月的揭发、批判和帮助，尽管还认为彭德怀并没有彻底低头认罪，但毕竟已经认了错，其错误性质基本可以定性了。反正"庐山会议"后，还得开军委扩大会议。

为什么还要开军委扩大会议呢？因为涉及彭德怀的职务问题。国防部长干不干？毛泽东赞成开一次军委扩大会讨论，要民主嘛，每个师来两个人。

9月9日，即在军委扩大会议期间，彭德怀写信给毛泽东。信中表示拥护中共八届八中全会和军委扩大会议对他的批判，决心继续彻底反省自己的错误，为此请求中央考虑，在军委扩大会议结束以后允许他学习或者离开北京到人民公社中去，一边学习，一边参加部分劳动，以便在劳动人民集体生活中得到锻炼和思想改造。并表示"我诚恳地感谢你和其他许多同志对我耐心教育和帮助"。这正是毛泽东希望得到的反应，他对此感到满意，立即批示，通报全党。

当天，毛泽东《对彭德怀来信的批语》中说：我热烈地欢迎彭德怀同志的这封信，认为他的立场和观点是正确的，态度是诚恳的。倘从此彻底转变，不再有大的动摇（小的动摇是不可免的），那就是"立地成佛"，立地变成一个马克思主义者了。我建议,全党同志都对彭德怀同志此信所表示的态度,予以欢迎。一面严肃地批判他的错误,一面对他的每一个进步都表示欢迎,用这两种态度去帮助这一位同我们有三十一年历史关系的老同志。对其他一切犯错误的同志,只要他们表示愿意改正,都用这两种态度对待他们。必须坚信,我们的这种政策是能感动人的。而人在一定的条件下,是能改变的,除开某些个别的例外的情况不计在内。

在军委扩大会议的讲话提纲中,毛泽东还借用了《论语》中子贡谈"君子之过"的话,讲清认错改错的道理:我们是人,不是神,每个人都难免犯错误。有了过错并不可怕,可怕的是不敢承认错误,不知道改正错误。错了,改了,就是好同志。古人讲,居上位的君子,有了过错,人人都看得见,但勇于改正了错误,人们同样看得清清楚楚,不但会原谅你,还会由此而更敬重你、佩服你。

尧曰篇第二十

存亡绝续

《论语·尧曰篇》第一章：

> 谨权量，审法度，修废官，四方之政行焉。兴灭国，继绝世，举逸民，天下之民归心焉。

本章的大意是：认真制定度量衡，检查法规制度，恢复废弃的官职，政令就能在全国通行了。复兴被灭亡的国家，接续已断绝的家族，选拔被遗落的人才，天下百姓就会真心归服了。

兴灭继绝，是"兴灭国，继绝世"的简称，是孔子的社会政治思想。春秋时代，王室与公室衰微，权力下移，许多诸侯国及贵族世家在社会大变革、大动乱中失国亡家，宗法断绝。孔子慨叹鲁国"禄之去公室，五世矣；政逮于大夫，四世矣；故夫三桓之子孙，微矣"（《论语·季氏篇》）。孔子主张复兴已亡之诸侯国，让贵族世家宗族存续不绝，反映了他政治主张中保守的一面。

春秋战国以前，实行的是诸侯分封制，国是个地方政治单位。这就是所谓的封建。这些诸侯国，当其中一个国家快要灭亡了，乃至已经灭亡绝后了，其他的国还要找到这个国家的后人，扶助他起来复国，这就是所谓"兴灭国"。"继绝世"，是指某诸侯国的当国大宗族即使绝后，也要想办法使他延续存在。这就是中国民族文化精神。

很明显，"存亡续绝"即由"兴灭继绝"一语转化而来，认真体会二者之义，其字面意思大体是一致的，所不同的是毛泽东赋予了这一古语新的生命力，在使用上也不完全是《论语》原意。

民族国家存亡绝续之日

1936年，值日本全面侵华前夜。东北沦陷，华北危机，中华民族生死存亡危机之秋。同年9月22日，毛泽东致信蔡元培先生。开篇即使用"存亡绝续"一语，信中说：

> 今日者何日？民族国家存亡绝续之日。老者如先生一辈，中年者如泽东一辈，少年者则今日之学生，不论贫富，不分工农商学，不别信仰尊尚，将群入于异族侵略者之手，河山将非复我之河山，人民将非复我之人民，城郭将非复我之城郭，所谓亡国灭种者，旷古旷世无与伦比，先生将何以处此耶？共产党创议抗日统一战线，国人皆曰可行，知先生亦必曰可行，独于当权在势之衮衮诸公或则曰不可行，或则曰要缓行，盗入门而不拒，虎噬人而不斗，率通国而入于麻木不仁窒息待死之绝境，先生将何以处此耶？（《毛泽东文集》第一卷，人民出版社1993年版，第443页）

自九一八事变后，由于蒋介石奉行"攘外必先安内"的国策，对日本野蛮侵略行为采取不抵抗、一再忍让态度，致使东北沦失后，日军侵略越来越猖獗，野心越来越大，接着向华北发动了新的侵略。1935年5月，日寇向国民党政府提出了对华北统治权的无理要求，并以武力相要挟。国民党政府对日寇完全屈服，与日签订了丧权辱国的《何梅协定》，使中国在河北、察哈尔的主权大部丧失。10月，日寇得寸进尺，又阴谋策划"华北五省自治"运动。11月25日，日寇指使汉奸成立"冀东防共自治政府"，冀东20多个县的国土便脱离了中国的统辖。南京国民政府继续坚持不抵抗政策，竟准备成立"冀察政务委员会"以适应日寇"华北政权特殊化"的要求。

同时大批日军进入关内，威胁北平、天津。一时间，华北空气极其紧张。华北事变的发生，使中华民族面临着亡国灭种的危机。在严重的民族危机面前，中国共产党于8月1日发表宣言，号召全国人民团结起来，停止内战，一致抗日。12月9日，北平学生三千余人在中国共产党领导下举行示威游行，并迅速扩大为全国性的抗日救亡运动，极大地促进了民族觉醒。

同时，为了促进国共第二次合作，建立起抗日民族统一战线，中共尽可能地向国民党上层领导人、军队将领及各民主党派、爱国人士宣传抗日主张。

蔡元培先生，是颇具影响的现代名人。九一八事变后，拥护国共合作，积极开展抗日爱国运动。毛泽东致信蔡先生，开篇即说："今日者何日？民族国家存亡绝续之日。"揭露和痛斥了南京国民政府"盗入门而不拒，虎噬人而不斗，率通国而入于麻木不仁窒息待死之绝境"的妥协退让、丧权辱国、置民族利益于不顾的罪行。希望蔡元培先生能振臂一呼，协助共产党人早日促成抗日民族统一战线的形成。

现在是中国存亡绝续的关键

1941年，抗战进入战略相持阶段，随着党领导的敌后抗日根据地和抗日武装力量的日益发展壮大，中共中央急需主办一个大型日报，以加强对各地的宣传和工作指导。为了适应对敌斗争的需要，中央政治局决定在延安创办《解放日报》，作为中央机关报。

5月16日，毛泽东在为延安《解放日报》撰写的发刊词中使用了"存亡绝续"一语。他说：

> 本报之使命为何？团结全国人民战胜日本帝国主义一语足以尽之。这是中国共产党的总路线，也就是本报的使命。在目前的国际国内形势下，这一使命是更加严重了。
>
> 现在的问题是：世界是帝国主义强盗互相屠杀的世界，还是世界人民和平的世界？中国是日本帝国主义的中国，还是中国人的中国？这些问题，在现在帝国主义战争变为世界范围的战争，日本帝国主义企图最后灭亡中国之时，已经尖锐地摆在我们面前了。……现在是中国存亡绝续的关键，全国一切抗日党派抗日人民必须团结起来，对付日本帝国主义这个主要的敌人。（《毛泽东文集》第二卷，人民出版社1993年版，第353页）

《解放日报》是中共中央在延安时期创办的第一个大型日报。它是适应抗战的需要，1941年经中央政治局决定，将《新中华报》与新华社主办的《今日新闻》合并，在延安出版的大型日报，是中共中央机关报。

5月15日，毛泽东为中央书记处起草了《中央关于出版〈解放日报〉等问题的通知》。指出："一切党的政策，将经过《解放日报》与新华社向全国传达，《解放日报》的社论，将由中央同志及重要干部执笔。"

5月16日，《解放日报》在延安正式创刊，这是抗日民主根据地出版的第一个大型日报，毛泽东题写报名并为该报撰写发刊词。毛泽东在发刊词中阐明了报纸创刊的宗旨和任务，论证了党报使命与中国共产党使命的一致性，那就是团结全国人民战胜日本帝国主义。

中日战争持续到1941年，太平洋战争爆发后，东南亚国家也被日军占领。日本在亚洲大陆已经进行了四年战争。日寇是得寸进尺，贪得无厌，亡我之心不死。正如毛泽东在《解放日报》发刊词中指出："日本帝国主义在四年战争中不能解决的中国问题，它现在企图来'最后解决'了，一切对日本帝国主义的进攻加以轻视的意见是不对的，在这种意见之下，就是国共摩擦，就是反共高潮，就是两个战争。我们主张是国共团结，是消灭摩擦，是一个战争。须知只有一个战争，一个专对日本帝国主义的战争，才能打退日本帝国主义的进攻与驱逐日本帝国主义。"

太平洋战争爆发后，日军急于迅速解决中国问题，对解放区的扫荡愈演愈烈。在进攻中采用了"囚笼政策""铁壁合围""蚕食政策"等新的战术手段，并推行野蛮毒辣的"三光"政策，以彻底破坏抗日根据地军民的生存条件。致使根据地人民的生命财产遭到重大损失，华北解放区的抗战进入了空前艰难困苦的阶段。

日本在提出建立"大东亚共荣圈"方针的同时，又加紧对亚洲的扩张侵略，战线越来越长，因此，日本不得不重新调整侵华政策。随着日本对华政策的改变，国民党反动派也由积极抗日，变为消极抗日、积极反共。不断制造摩擦和冲突。1941年1月，制造了震惊中外的皖南事变，致使新四军军部及其所属的一支部队，九千余人，在奉命北上到日寇后方开展游击战争途中，突遭国民党军队的包围袭击。因寡不敌众，除两千多人突围外，大部分壮烈牺牲，少部分被俘。皖南事变是蒋介石一手策划并蓄谋已久的，是抗战期间国民党的又一次反共高潮。

中国共产党从维护抗战大局出发，与国民党坚持既联合又斗争的原则。在斗争中求团结，求同存异，共同御侮。毛泽东在发刊词中指出："现在是中国存亡绝续的关键，全国一切抗日党派抗日人民必须团结起来，对付日本帝国主义这个主要的敌人。"毛泽东一再告诫人们,主要的敌人是日本帝国主义。"须知只有一个战争,一个专对日本帝国主义的战争。"抗日是首要任务,中国到目前为止仍然没有摆脱亡国灭种的危机。这是对国民党内顽固派的警告,是对国人的提醒,同时也是共产党人勇于承担拯救民族危亡重担的告白!

不是"不教而诛"

《论语·尧曰篇》第二章记载孔子的学生子张问孔子怎样才能治理好一个国家,孔子答道:只需尊奉"五种美德",除掉"四种恶政"就可以:

子张曰:"何谓四恶?"
子曰:"不教而杀谓之虐;不戒视成谓之暴;慢令致期谓之贼;犹之与人也,出纳之吝谓之有司。"

本章的大意是:子张问:"什么叫四种恶政呢?"
孔子说:"不教育便杀戮叫作虐;不告诫便要求成功叫作暴;不监督而突然限期叫作贼;同样是给人财物,却出手吝啬,叫作小气。"
孔子是反对"不教而杀"的。他认为不事先教育就杀戮,这是执政者的一种恶行。
毛泽东对孔子这一观点是认同的。在1956年党的八届二中全会上,在讲到准备开展党内整风运动时,他引用了孔子"不教而杀(诛)"这句话。毛泽东说:

预先出告示,到期进行整风,不是"不教而诛",这是一种小民主的方法。有人说,如果用这个办法,到下半年,恐怕就没有什么好整了。我们就是希望达到这个目的,希望在正式整风的时候,主观主义、宗派主义和官僚主义都大为减少。(1956年11月

15日毛泽东在中共八届二中全会上的讲话）

中共八届二中全会根据毛泽东的提议，确定从1957年下半年起，开展党内整风运动。

毛泽东说：我们准备在明年开展整风运动。整顿三风：一整主观主义，二整宗派主义，三整官僚主义。中央决定后，先发通知，把项目开出来。比如，官僚主义就包括许多东西：不接触干部和群众，不下去了解情况，不与群众同甘共苦，还有贪污、浪费，等等。如果上半年发通知，下半年整风，中间隔几个月。凡是贪污了的，要承认错误，在这期间把它退出来，或者以后分期退还，或者连分期退还也实在没有办法，只好免了，都可以。但是总要承认错误，自己报出来。这就是给他搭一个楼梯，让他慢慢下楼。对于其他错误，也是采取这个办法。预先出告示，到期进行整风，不是"不教而诛"，这是一种小民主的方法。

毛泽东的话讲得十分清楚明白，既阐述了整风内容，也说明了拟采取的方法。整风，对党员干部要教育批评，对犯错误的同志要批判要处分，是事先打了招呼，发了通知，贴了安民告示的，是有教而诛。整风宗旨依然是"惩前毖后，治病救人"。

毛泽东说得比较具体，他还说：整风是在我们历史上行之有效的方法。以后凡是人民内部的事情、党内的事情，都要用整风的方法，用批评和自我批评的方法来解决，而不是用武力来解决。我们主张和风细雨，当然，这中间个别的人也难免稍微激烈一点，但总的倾向是要把病治好，把人救了，真正要达到治病救人的目的，不是讲讲而已。

孔子把"不教而诛"视为恶政之首，其目的是争取行权治政的最佳效果；毛泽东主张整党预先"告示"，做到"有教而诛"，其目的是争取整风建党的最佳效果。

主要参考书目

毛泽东著作

《毛泽东选集》(1—4卷)，人民出版社1991年版。
《毛泽东文集》(1—8卷)，人民出版社1993—1999年版。
《建国以来毛泽东文稿》(1—13卷)，中央文献出版社1987—1998年版。
《毛泽东军事文集》(1—6卷)，军事科学出版社、中央文献出版社1993年版。
《建国以来毛泽东军事文稿》(上、中、下卷)，军事科学出版社、中央文献出版社2010年版。
《毛泽东早期文稿》，湖南出版社1990年版、1995年版。
《毛泽东外交文集》，中央文献出版社、世界知识出版社1994年版。
《毛泽东文艺论集》，中央文献出版社2002年版。
《毛泽东诗词集》，中央文献出版社1996年版。
《毛泽东书信选集》，人民出版社1984年版。
《毛泽东致韶山亲友书信集》，中央文献出版社1996年版。
《毛泽东读文史古籍批语集》，中央文献出版社1993年版。
《毛泽东哲学著作批注集》，中央文献出版社1988年版。
《毛泽东西藏工作文选》，中央文献出版社、中国藏学出版社2001年版。
《毛泽东新闻工作文选》，新华出版社1983年版。
《毛泽东在七大的报告和讲话集》，中央文献出版社1995年版。
《毛泽东著作选读》(上、下册)，人民出版社1986年版。

研究毛泽东专著

《毛泽东传(1893—1949)》，金冲及主编，中央文献出版社1996年版。
《毛泽东传(1949—1976)》(上、下册)，逄先知、金冲及主编，中央文献出版社2003年版。
《毛泽东年谱(1893—1949)》(上、中、下卷)，逄先知主编，人民出版社、中央文献出版社 1993 年版。

《毛泽东经济年谱》，顾龙生编著，中央党校出版社 1993 年版。

《东方巨人毛泽东》，李捷、于俊道主编，解放军出版社 1996 年版。

《毛泽东大观》，高凯、于玲主编，中国人民大学出版社 1993 年版。

《毛泽东大典》（三卷），李峰华主编，沈阳出版社 1993 年版

《毛泽东全书》（六卷），蒋建农主编，河北人民出版社 1998 年版。

《毛泽东研究全书》（六卷），张静如主编，长春出版社 1997 年版。

《历史选择了毛泽东》，叶永烈，上海人民出版社 1992 年版。

《从井冈山走进中南海——陈士榘老将军回忆毛泽东》，刘恩营整理，中共中央党校出版社 1993 年版。

《历史的真迹——毛泽东风雨沉浮五十年》，邸延生著，新华出版社 2002 年版。

《历史的真言——李银桥在毛泽东身边工作纪实》，邸延生著，新华出版社 2000 年版。

《历史的情怀——毛泽东生活纪事》，邸延生著，新华出版社 2008 年版。

《历史的真知——"文革"前夜的毛泽东》，邸延生著，新华出版社 2006 年版。

《十年纪事：1937—1947 年毛泽东在延安》，刘益涛著，中共党史出版社 2007 年版。

《红都纪事》，舒云，河南人民出版社 1997 年版。

《1957：大转变之谜——整风反右实录》，朱地著，山西人民出版社、书海出版社 1995 年版。

《大跃进亲历记》，李锐著，南方出版社 1999 年版。

《庐山会议实录》，李锐著，河南人民出版社 1994 年版。

《神火之光》，陈晓东著，中共中央党校出版社 1995 年版。

《缅怀毛泽东》（上、下册），编辑组，中央文献出版社 1993 年版。

《中国第一人——毛泽东》，胡真编著，湖南人民出版社 1999 年版。

《毛泽东佚事》，刘继兴著，中国文史出版社 2011 年版。

《毛泽东珍闻录》，黄允升主编，中央文献出版社 2000 年版。

《毛泽东的幽默故事》，谭逻松等编，同心出版社 1996 年版。

《毛泽东的幽默》，陈祥明等编，中国电影出版社 1994 年版。

《毛泽东人际交往实录》，贾思楠编，江苏文艺出版社 1989 年版。

《毛泽东与名人》（上、下册），孙琴安、李师贞著，江苏人民出版社

1993年版。

《毛泽东与中共早期领导人》，黄允升等著，中共中央党校出版社1997年版。

《毛泽东与十大元帅》，李智舜著，中共中央党校出版社1994年版。

《毛泽东与党外人士》，谭玉琛主编，河北人民出版社1993年版。

《毛泽东尊师风范》，黄露生著，中央文献出版社2011年版。

《毛泽东和他的父老乡亲》，赵志超著，湖南文艺出版社1992年版。

《毛主席教我们当省委书记》，陶鲁笳著，中央文献出版社1996年版。

《毛泽东和省委书记们》，李约翰等著，中央文献出版社2000年版。

《领袖情·毛泽东与周世钊》，陈明新编著，中央党校出版社1997年版。

《毛泽东与周世钊》，周彦瑜等编，吉林人民出版社1993年版。

《警卫毛泽东纪事》，阎长林著，吉林人民出版社1992年版。

《我和毛泽东的一段曲折经历》，萧瑜著，昆仑出版社1989年版。

《毛泽东的感情世界》，彬子编，吉林人民出版社1990年版。

《毛泽东与著名艺术家》，孙琴安著，重庆出版社2000年版。

《传统下的毛泽东》，汪澍白著，中国青年出版社1996年版。

《说不尽的毛泽东》（上、下册），张素华、边彦军、吴晓梅著，中央文献出版社、辽宁人民出版社1993年版。

《一代巨人毛泽东》，侯树栋主编，中国青年出版社1993年版。

《百折不回的毛泽东》，杨庆旺著，中央文献出版社2003年版。

《毛泽东思想方法导论》，石仲泉、刘武生编，中央文献出版社1992年版。

《文人毛泽东》，陈晋著，上海人民出版社1997年版。

《毛泽东之魂》，陈晋著，吉林人民出版社1993年版。

《毛泽东的领导艺术》，陈登才主编，军事科学出版社1989年版。

《毛泽东的语言艺术——妙用成语典籍》，陈琦等编，辽宁人民出版社1993年版。

《毛泽东衍名艺术》，孙雷、孙宝义著，辽宁人民出版社1996年版。

《毛泽东的精辟比喻》，施善玉编著，中国物资出版社1993年版。

《毛泽东口才》，柏桦编著，海南出版社1996年版。

《跟毛泽东学口才》，陈冠任编著，中央文献出版社2003年版。

《毛泽东的智慧》，林治波主编，中共中央党校出版社1998年版。

《一代伟人与古代智慧》，含章编著，红旗出版社1998年版。

《毛泽东家书》，谢柳青编著，中原农民出版社年代版。

《毛泽东读书笔记解析》（上、下册），陈晋主编，广东人民出版社1996年版。

《毛泽东读书生活》，龚育之、逄先知、石仲泉著，三联书店1986年版。

《毛泽东读书生涯》，王炯华著，长江文艺出版社1998年版。

《毛泽东的读书生涯》，孙宝义编，知识出版社1993年版。

《毛泽东怎样读书》，石玉山著，中国大百科全书出版社1991年版。

《博览群书的毛泽东》，范忠诚主编，湖南出版社1993年版。

《跟毛泽东学读书》，莫志斌、陈特水编著，中央文献出版社2003年版。

《毛泽东治国先治学》（上、下），徐文钦、沈凤霞著，江苏文艺出版社2011年版。

《毛泽东晚年读书纪实》，徐中远著，中央文献出版社2012年版。

《毛泽东的学习思想与实践》，胡小林、于云才著，山东人民出版社2003年版。

《毛泽东读史》，张贻玖著，当代中国出版社2005年版。

《跟毛泽东学史》，薛泽石主编，红旗出版社2000年版。

《听毛泽东讲史》，薛泽石主编，中央文献出版社2003年版。

《毛泽东与中国史学》，王子今著，中共中央党校出版社1993年版。

《毛泽东读古书实录》，黄丽镛编著，上海人民出版社1994年版。

《毛泽东评说中国历史》，赵以武主编，广东人民出版社2000年版。

《毛泽东评说中国历史》，景有权、迟力主编，吉林人民出版社1998年版。

《毛泽东历史笔记解析》，唐汉主编，红旗出版社1998年版。

《毛泽东引古论事》，曾珺编著，国际文化出版公司2011年版。

《毛泽东谈古论今》，吴江雄著，安徽人民出版社1998年版。

《毛泽东这样学习历史 这样评点历史》，盛巽昌、欧薇薇、盛仰红著，人民出版社2005年版。

《毛泽东评点古今人物》（上、下卷），周溯源编著，红旗出版社1998年版。

《毛泽东评点古今人物》（上、中、下册），周溯源编著，红旗出版社2002年版。

《毛泽东评述中国历史名人名著》，邱延生著，人民出版社2013年版。

《毛泽东评述诸子百家》，邱延生著，人民出版社2013年版。

《毛泽东评点历代王朝》（上、下），胡长明著，山西人民出版社2011年版。

《毛泽东评点中国皇帝》（上、下），唐汉、振肖著，红旗出版社1998年版。

《毛泽东评说历代帝王》，毕桂发主编，解放军出版社2002年版。

《毛泽东瞩目的文臣武将》，陈铎、王翰主编，长江文艺出版社2001年版。

《毛泽东瞩目的巾帼红颜》，陈铎、王翰主编，长江文艺出版社2002年版。

《毛泽东妙评帝王将相鉴赏》，刘修铁著，新疆人民出版社2002年版。

《毛泽东评点二十四史》（人物精选）（上、中、下卷），邓振宇主编，时事出版社1997年版。

《毛泽东和中国文学》，董学文著，春风文艺出版社1994年版。

《毛泽东与中国文学》，孙琴安著，重庆出版社2000年版。

《毛泽东评说中国文学》，曲一日著，吉林人民出版社1998年版。

《毛泽东读评五部古典小说》，徐中远著，华文出版社1997年版。

《毛泽东晚年过眼诗文录》（上、下卷），王守稼、吴乾兑、许道勋、董进泉、刘修明检点注释，花山文艺出版社1993年版。

《毛泽东欣赏的古典散文》，郑小军编，浙江古籍出版社1994年版。

《毛泽东评说中国古代散文赏析》，毕桂发主编，中央文献出版社2003年版。

《跟毛泽东学文》，周宏让主编，红旗出版社2002年版。

《毛泽东妙评古诗书鉴赏》，刘修铁编著，新疆人民出版社2002年版。

《毛泽东评点古今诗书文章》，柳文郁、唐夫主编，红旗出版社1998年版。

《毛泽东圈注史传诗文集成·文赋卷》，费振刚、董学文著，吉林人民出版社1996年版。

《毛泽东妙用诗词》，吴直雄著，京华出版社1998年版。

《毛泽东诗话词话书话集观》，刘汉民编著，长江文艺出版社2002年版。

《毛泽东诗词鉴赏》，臧克家主编，河北人民出版社1991年版。

《毛泽东谈文说艺》，刘汉民著，长江文艺出版社1992年版。

《毛泽东的艺术世界》，李树谦著，辽宁教育出版社1993年版。

《毛泽东与中国文学艺术》，余飘主编，河南人民出版社1993年版。

《毛泽东谈作家与作品》，白金华编，吉林人民出版社1993年版。
《毛泽东楹联艺术鉴赏》，吴直雄著，当代世界出版社1995年版。
《毛泽东楹联、名句、趣事》，路浩编著，解放军文艺出版社2003年版。
《1975：文坛风暴纪实》，夏杏珍著，中央党史出版社1995年版。
《〈毛泽东选集〉典故》，陈钧编著，中国广播电视出版社1992年版。
《毛泽东著作典故集注》，王玉琮著，中国工人出版社1992年版。
《毛泽东在江苏》，中共党史出版社1993年版。
《毛泽东在湖北》，中共党史出版社1993年版。

研究先秦诸子著作

《诸子集成》（1—8册），上海书店1986年版。
《诸子通考》，蒋伯潜著，浙江古籍出版社1985年版。
《先秦诸子系年》（上、下册），钱穆著，中华书局1985年版。
《先秦诸子的若干研究》，杜国庠著，三联书店1955年版。
《论语》（定州汉墓竹简），文物出版社1997年版。
《论语》（名著名家导读），蔡尚思著，巴蜀书社1996年版。
《新论语》，孔子述，孔门弟子撰，钱宁重编，三联书店2012年版。
《论语评注》，杨伯俊译注，中华书局1980年第2版。
《论语新解》，钱穆注，三联书店2002年版。
《论语外编——孔子佚语汇编》，裴传永汇释，济南出版社1995年版。
《孔子集语译注》，薛安勤注译，吉林文史出版社1996年版。
《孔子集语校补》，[清]孙星衍等辑，郭沂校补，齐鲁书社1998年版。
《孔子评传》，匡亚明著，南京大学出版社1990年版。
《孔子新传》，金景芳、吕绍纲、吕文郁著，湖南出版社1991年版。
《孟子》（中华经典藏书），万丽华、蓝旭译注，中华书局2008年版。
《孟子译注》（上、下册），杨伯俊编著，兰州大学中文系孟子注释小组修订，中华书局1963年版。
《孟子》（名著名家导读），杨伯俊著，巴蜀书社1996年版。
《孟子评传——走向内圣之境》，杨国荣著，广西教育出版社1994年版。
《孟子评传》，吕涛著，山西人民出版社1987年版。
《大儒列传·孟子》，吴乃恭著，吉林文史出版社1997年版。
《孟子评传——走向内圣之境》，杨国荣著，广西教育出版社1994年版。

《国学大师说孔孟》，章太炎、康有为、陈独秀等著，云南人民出版社2009年版。

《老子》（马王堆汉墓帛书），马王堆汉墓帛书整理小组编，文物出版社1976年版。

《老子》，饶尚宽译注，中华书局2006年版。

《老子校诂》，马叙伦著，古籍出版社1956年版。

《老子注译》，高亨著，华钟彦校，河南人民出版社1980年版。

《老子校释》，朱谦之撰，中华书局1984年版。

《老子译话》，杨柳桥著，古籍出版社1958年版。

《老子新译》（修订本），任继愈译著，上海古籍出版社1985年第2版。

《老子全译》，沙少海、徐子宏译注，贵州人民出版社1989年版。

《重订老子正诂》，高亨著，古籍出版社1956年版。

《中国古代哲学家老子及其学说》，[苏]杨兴顺著，杨超译，科学出版社1957年版。

《老子评注及评介》，陈鼓应著，中华书局1984年版。

《老子外传·老子百问》，孙以楷、钱耕森、李仁群著，安徽人民出版社1992年版。

《发现老子》，杨润根注，华夏出版社2007年版。

《老子正宗》，马恒君著，华夏出版社2007年版。

《老子的帮助》，王蒙著，华夏出版社2009年版。

《道德经》（图文版），夏华等编译，万卷出版公司2012年版。

《庄子》（中华经典藏书），孙通海译注，中华书局2007年版。

《庄子今注今译》，陈鼓应注释，中华书局1983年版。

《自事其心——重读庄子》，李牧恒、郭道荣著，四川人民出版社1996年版。

《庄学研究》，崔大华著，人民出版社1992年版。

《庄子通论》，孙以楷、甄长松著，东方出版社1995年版。

《列子》（中华经典藏书），景中评注，中华书局2007年版。

《列子》（全本全注全译丛书），叶蓓卿译注，中华书局2011年版。

《列子译注》，严北溟、严捷著，上海古籍出版社1986年版。

《老庄论道》，罗安宪著，沈阳出版社2012年版。

《道家文化与现代文明》，葛荣进主编，中国人民大学出版社1991年版。

《道教与传统文化》，文史知识编辑部编，中华书局1992年版。

《道家及其对文学的影响》（修订本），李生龙著，岳麓书社2005年版。

《道教——中国道教文化百科999问》，铁梅编著，青海人民出版社2012年版。

《商君书·韩非子》，岳麓书社1990年版。

《韩非子集释》（上、下册），陈奇猷校注，上海人民出版社1974年版。

《韩非子选》，王焕镳选注，上海人民出版社1974年版。

《韩非的智慧》，黄浩著，延边大学出版社1992年版。

《荀子简注》，章诗同注，上海人民出版社1974年版。

《白话荀子》，杨任之译，缪礼治校订，岳麓书社1991年版。

《荀子的智慧》，廖名春著，延边大学出版社1992年版。

《管子白话今译》，滕新才、荣挺进评注，中国书店1994年版。

《商君书注释》，高亨注释，中华书局1974年版。

《商君书选注》，注释组，辽宁人民出版社1975年版。

《墨子闲诂》（上、下册），[清]孙诒让撰，中华书局1986年版。

《白话墨子》，梅季、林金保校释，岳麓书社1991年版。

《墨子研究》，曹强胜、孙卓彩主编，中国社会科学出版社2008年版。

《墨学研究》，徐希燕著，商务印书馆2001年版。

《纵横家的智慧》，谢挺、陈慧、郭震编著，延边大学出版社1992年版。

《孙子兵法》（银雀山汉墓竹简），整理小组编，文物出版社1976年版。

《孙子兵法新译》（银雀山汉墓竹简校本），李兴斌、杨玲注译，齐鲁书社2001年版。

《〈孙子〉古本研究》，李零著，北京大学出版社1995年版。

《十一家注孙子》，[春秋]孙武撰，[三国]曹操等注，上海古籍出版社1978年版。

《(今译新编)孙子兵法》，郭化若编译，中华书局1962年版。

《孙子今译》，[春秋]孙武撰，郭化若译，上海人民出版社1977年版。

《孙子译注》（二十二子详注全译本），蒋玉斌著，黑龙江人民出版社2003年版。

《孙子兵法新论》，吴如嵩著，解放军出版社1989年版。

《孙子今论》，邱复兴著，白山出版社1998年版。

《孙子兵学艺术》，万怀玉著，白山出版社2005年版。

《孙子新探——中外学者论孙子》，解放军出版社1990年版。

《毛泽东与孙子兵法》，苟君厉编著，中国档案出版社2008年版。

《孙子兵法研究史》，于汝波主编，军事科学出版社2001年版。

《孙子学文献提要》，于汝波主编，军事科学出版社1994年版。

《孙武传》，刘春志著，河北人民出版社1997年版。

《兵圣孙武》，谢祥皓、李政教主编，军事科学出版社1992年版。

《孙子评传》，杨善群著，南京大学出版社1992年版。

《孙子兵法辞典》，吴如嵩主编，白山出版社1993年版。

《孙子兵法辞典》，赵国华、刘项、刘国建主编，湖北人民出版社1995年版。

《孙子兵学大典》（1—10卷），邱复兴主编，北京大学出版社2004年版。

《孙子兵法 孙膑兵法》（中华经典藏书），骈宇骞、王建宇、牟虹、郝小刚译注，中华书局2009年版。

《孙膑兵法》（银雀山汉墓竹简），整理小组编，文物出版社1975年版。

《孙膑兵法校理》，张震泽撰，中华书局1984年版。

《孙膑兵法注译》（内部资料），沈阳军区后勤部《孙膑兵法》注释组1975年版。

《齐孙子兵法解》，李京撰，中国书店1990年版。

《孙膑兵法浅说》，霍印章著，解放军出版社1986年版。